C. G. Jung und der östliche Weg
Herausgegeben und mit einer Einleitung von J. J. Clarke

C. G. Jung und der östliche Weg

Herausgegeben und mit einer Einleitung von
J. J. Clarke

WALTER VERLAG
ZÜRICH UND DÜSSELDORF

Titel der amerikanischen Originalausgabe:
C. G. Jung – Jung on the East
Edited and with an introduction by J. J. Clarke
Erschienen bei Routledge, London
© der Textauswahl und der Einleitung 1995 by J. J. Clarke
Übersetzung der Einleitung aus dem Englischen von Helga Egner

Die Texte wurden entnommen:
C. G. Jung: *Gesammelte Werke* in 20 Bänden, herausgegeben von Lilly Jung-Merker,
Elisabeth Rüf und Leonie Zander.
© Walter: Olten und Freiburg im Br. 1971 ff.;
C. G. Jung – *Erinnerungen, Träume, Gedanken*, aufgezeichnet und herausgegeben von Aniela Jaffé.
© Walter: Olten und Freiburg im Br. 1971
Tantra Yoga Seminar, vervielfältigtes Typoskript.
© Erbengemeinschaft Jung, Zürich.

Die Deutsche Bibliothek – CIP-Einheitsaufnahme
C. G. Jung und der östliche Weg / hrsg. und mit einer Einf.
von J. J. Clarke. – Zürich ; Düsseldorf : Walter, 1997
ISBN 3 - 530 - 40019 - X
NE: Clarke, John J. [Hrsg.]

© der deutschen Ausgabe:
1997 Walter Verlag, Zürich und Düsseldorf
Satz: Jung Satzcentrum, Lahnau
Druck und Einband: Wiener Verlag, Himberg
Printed in Austria
ISBN 3 - 530 - 40019 - X

Inhalt

Einleitung................................. 7

Teil I: Der Weg nach Osten

1 Jungs Reise nach Indien........................ 51
2 Jungs Weg nach China 61
3 Auf der Suche nach Indiens spirituellen Werten.............. 72
4 Ost und West – ein psychologischer Vergleich............... 83
5 Die Verlockungen des Ostens...................... 91

Teil II: China und der Weg des Tao

6 Die chinesische Weltsicht 101
7 *Yin* und *Yang* – die Einheit der Gegensätze 109
8 Chinesische Alchemie und psychische Individuation 114
9 Ein Gespräch mit dem *I Ging* 162

Teil III: Indischer Yoga und Meditation

10 *Brahma* und die Vereinigung der Gegensätze.............. 187
11 Die psychologische Symbolik des *Kundalini-Yoga*............ 202
12 Yoga und die spirituelle Krise des Westens 213
13 Meditation und westliche Psychologie.................. 222

Teil IV: Buddhismus und der Weg psychischen Heilens

14 Tod und seelische Wandlung 243
15 Die Wirklichkeit der Psyche im buddhistischen Denken 260
16 Zen, Erleuchtung und Psychotherapie 280
17 Mandalas und der Pfad zu psychischer Ganzheit 301
18 Die Befreiung vom Leiden 308

Anhang

Quellenverzeichnis 315
Verzeichnis der Abbildungen 317
Bibliographie 318
Personenregister 322
Begriffe der östlichen Philosophien und Religionen 324

Einleitung

Trotz ihrer anhaltenden Popularität rufen Jungs Abhandlungen über die östliche Gedankenwelt und östliche Religionen ambivalente Reaktionen hervor. Einerseits wecken diese Schriften bei einer großen Leserschaft ein starkes und bleibendes Interesse und bilden für viele Menschen eine wichtige psychologische Brücke zu den verlockenden, wenn auch oft schwer faßbaren, geistigen Überlieferungen des Ostens. Andererseits haben selbst manche von Jungs eigenen Anhängern nur widerstrebend ihre Bedeutung für das Verständnis seines Gesamtwerks anerkannt, und Kritiker sind manchmal geneigt, sie als typische Beispiele für seinen vermeintlichen Hang zum «Mystischen» abzutun. Die Veröffentlichung einer Auswahl seiner Schriften zu diesem Thema wird einen solchen Widerspruch wohl nicht auflösen, aber vielleicht ermutigt sie zu weiterem Nachdenken über die Beziehung dieser Schriften zu Jungs psychologischem Denken im allgemeinen wie auch über ihre Bedeutung für uns heute.

Jungs Interesse am Osten war gewiß weder eine oberflächliche noch eine vorübergehende Angelegenheit, es war vielmehr tief verwurzelt und hielt sein Leben lang an (Jung lebte von 1875 bis 1961). Die Lektüre der vorliegenden Textauswahl wird dazu beitragen, den Umfang seines Interesses an der östlichen Philosophie wie auch die Tiefe seiner Kenntnisse zu bestätigen. Tatsächlich spielten die philosophischen und religiösen Überlieferungen Chinas und Indiens in seiner geistigen Entwicklung eine wichtige Rolle. Schon als er sich von FREUD entfernte und seinen eigenen Zugang zur Psychologie zu entwickeln begann und bis weit in die dreißiger Jahre hinein, als seine Ideen ihre volle Ausdruckskraft und Reife erlangten, flossen östliche Gedanken und Begriffe überall ein in seine Schriften, und er zog sie auf mancherlei Weise heran, um seine eigenen widersprüchlichen Ansichten zu klären und zu begründen. Konzepte wie «das Selbst», «Individuation», «Archetypen» und «Aktive Imagination» – zentrale Begriffe in der Theorie und Praxis der Analytischen Psychologie – sind in einem gewissen Grad von seinen Untersuchungen der Texte und Vorstellungen der alten Traditionen Chinas und Indiens beeinflußt.

Jung war keineswegs ein unkritischer Anhänger des östlichen Wegs oder ein Vertreter jener spezifisch westlichen «Orientophilie», für die alles, was aus dem Osten kommt, heilig und über alle Kritik erhaben ist, trotz eines diesbezüglichen Rufes in der Öffentlichkeit. Er anerkannte die Schwierigkeiten, die breite Kluft zwischen der östlichen und der westlichen Denkweise zu überbrücken, und äußerte häufig scharfe Vorbehalte gegen die Anwendung östlicher Techniken durch Menschen im Westen, und er nahm die Theosophen ins Gebet, weil sie die spirituelle Leere des Westens mit dem zudeckten, was er die «orientalischen Prunkgewänder»[1] nannte. Doch zugleich war er der Auffassung, daß uns das östliche Denken auf verschiedenen Gebieten viel zu geben hätte. Auf der individuellen Ebene, so glaubte er, werfen die Lehren des Buddhismus, Yoga und Taoismus Licht auf die Strukturen der menschlichen Psyche und liefern auch wichtige Beiträge zur Philosophie des Geistes. Auf einer allgemeineren gesellschaftlichen Ebene bieten seiner Ansicht nach bestimmte Schriften des Ostens ein brauchbares Werkzeug für Selbstprüfung und Diagnose der Kulturkrankheiten des Westens und zeigen Wege auf, wie diese Krankheiten behandelt werden könnten. Jung war bestimmt kein Revolutionär, der westliche Überlieferungen umstoßen oder Christen von ihrem angestammten Glauben abbringen wollte; auch war er kein Romantiker – im allgemeinen Sinn dieses facettenreichen Begriffs –, der einer unerträglichen Gegenwart entkommen wollte, indem er veraltete Glaubensvorstellungen mit Hilfe des exotischen Ostens wiederzubeleben suchte. Doch als ein Kritiker vieler Aspekte des modernen Lebens – des einseitigen Materialismus, der Anbetung des wissenschaftlichen Rationalismus und der Tendenz zur Icherhöhung – betrachtete er die Philosophien des Ostens als einen Weg, um das im Westen vernachlässigte innerseelische Leben zu erkunden und ihm eine neue Richtung zu weisen.

«Die Weisheit und die Mystik des Ostens haben ... uns sehr viel zu sagen, wennschon sie ihre eigene, nicht nachzuahmende Sprache sprechen. Sie sollen uns an das erinnern, was wir in unserer Kultur an Ähnlichem besitzen und schon vergessen haben, und unsere Aufmerksamkeit auf das richten, was wir als unerheblich zur Seite schieben, nämlich auf das Schicksal unseres inneren Menschen.»

Trotzdem, in seiner Sicht ist diese «Weisheit» nicht etwas, das «wie eine Salbe» angewendet werden kann, sondern etwas, dem wir uns mit der uns eigenen westlichen Denkweise nähern sollen, das wir entsprechend unseren eigenen Traditionen bedenken und in Begriffen unserer eigenen kulturellen Art und Weise wiederentdecken müssen; deshalb bestand er darauf, daß wir sie zuerst «erwerben müssen, um sie zu besitzen».[2] Jungs Annäherung an den Osten war also komplex, nämlich beides: glühend enthusiastisch und gleichzeitig von kritischer Vorsicht gehalten. Darin kommt eine Ambivalenz zum Vorschein, die jene seiner Leserschaft widerspiegelt, und eine Nachdenklichkeit, die uns heutigen Menschen immer wieder neue Wege des Denkens eröffnet.

Jung und die Rezeptionsgeschichte der Philosophie und Religion des Ostens

Obwohl Jung bezüglich der Erforschung östlicher Ideen in vieler Hinsicht ein Pionier war, war er keineswegs der erste Europäer, der sich in einen Dialog mit den religiösen und philosophischen Überlieferungen des Ostens verwickeln ließ. Um seine Schriften auf diesem Gebiet angemessen einschätzen zu können, müssen wir sie in einen größeren geschichtlichen Zusammenhang einordnen. Vom 13. Jahrhundert an, als MARCO POLO seine Expedition nach China unternahm, bis hin zur heutigen Verehrung von HARE KRISCHNA, Yoga und Zen waren Menschen des Westens vom Osten fasziniert, und fremdartige Bilder über den Osten sind tief in die westliche Fantasie eingedrungen. Es geht dabei nicht bloß um populäre Stereotypen, die sich beispielsweise in Redewendungen wie «der mystische Osten», «östliche Weisheit» und «orientalische Gewaltherrschaft» verdichtet haben, sondern um einen Faktor, der seit langem die westliche Kunst, Literatur und Kultur ganz allgemein durchdringt. Vielen Menschen ist die Mode der *Chinoiserie* des 18. Jahrhunderts vertraut, sie kennen den starken Einfluß der japanischen Kunst auf europäische Malerei und Gestaltung im späten 19. Jahrhundert und sie wissen um die östliche Dimension, die man der Literatur des Westens hinzugefügt hat, angefangen etwa bei den fantastischen Geschichten von *Tausendundeine Nacht* bis hin zu den Romanen KIPLINGS und zur Dichtung von W. B. YEATS und EZRA POUND. Viele Leser werden sich an das ungewöhnliche Aufblühen der «Asienmanie» in der Beat- und Hippygeneration erinnern und an deren ungeheuren Appetit auf alles Östliche, seien es Glocken und Räucherstäbchen oder Meditation und spirituelle Erleuchtung. Was nicht immer erkannt wird, ist das Ausmaß, in dem der Osten das *intellektuelle* Leben des Westens durchdrungen hat, wie sehr er neuerdings auch in einige der entscheidenden geistigen Auseinandersetzungen eingedrungen ist und dort den verschiedensten Zwecken dienen muß.

Mehrere Wellen östlichen Denkens sind in den vergangenen vierhundert Jahren über die Ansichten des abendländischen Christentums hinweggeflutet: zuerst die Philosophie des KONFUZIUS in der Zeit der Aufklärung, als Europa sich in ein exaltiertes Fantasiebild von China vernarrt hatte. Philosophen der Aufklärung – von BAYLE und LEIBNIZ bis hin zu VOLTAIRE und QUESNAY –, die sich auf ausführliche und einfühlsame Berichte der jesuitischen Missionare in China bezogen, verstanden den Konfuzianismus als ein politisches Vorbild für den Umsturz der bestehenden Ordnung und als Modell für ein neues, rationaler begründetes säkulares Staatswesen in Europa. In der Romantik, im späten 18. und frühen 19. Jahrhundert, wechselte das Interesse von China auf Indien über. Die religiöser oder gar mystisch veranlagten Romantiker, die sich gegen den Rationalismus und den Materialismus der früheren Epoche wendeten, fanden in den *Veden* und den *Upanischaden* nicht nur eine alte, möglicherweise vorbiblische Quelle der Weisheit und Zivilisation, sondern auch eine Philosophie, die zu ihrer eigenen paßte und ihnen ein Vorbild an spiritueller Harmonie und kultureller Vollständigkeit anbot, die nach ihrer Überzeugung dem Westen fehlten. Sogar HEGEL, der gegenüber der Schwärmerei für alles, was aus dem Osten kam, kritischer eingestellt war als die meisten, suchte als erster Denken und Kultur Chinas und Indiens in eine universale Geschichte des menschlichen Geistes zu integrieren. Daß der Buddhismus im 19. Jahrhundert zum Gegenstand europäischen Interesses wurde, ist primär dem deutschen Philosophen ARTHUR SCHOPENHAUER zuzuschreiben, der nicht nur viele Grundelemente indischen Denkens seinen philosophischen Schriften einverleibte, sondern in der zweiten Hälfte des Jahrhunderts den buddhistischen Ideen auch zu einer weiten Verbreitung und Volkstümlichkeit verhalf. Diese Ideen hatten auf so überragende Gestalten wie WAGNER und NIETZSCHE einen gewaltigen Einfluß, sie drangen damals aber auch auf entscheidende Weise in die Auseinandersetzungen zwischen Philosophen und Theologen ein und lieferten den Skeptikern ein starkes Argument gegen die angebliche Einzigartigkeit und moralische Überlegenheit des Christentums. Bis zum Übergang ins 20. Jahrhundert hatte sich die Orientalistik – die Wissenschaft vom Osten – als eine akademische Disziplin etabliert und zu gewaltigen Anstrengungen auf dem Gebiet der Übersetzung östlicher Texte geführt. Es waren sowohl einzelne Wissenschaftler, wie FRIEDRICH MAX MÜLLER und PAUL DEUSSEN, als auch wissenschaftliche Unternehmungen, wie etwa die Pali Text Society und die Buchreihe der *Sacred Books of the East,* in denen diese Bemühungen ihren Niederschlag fanden. Dies bedeutete, daß ein wachsender Grundbestand an östlichem Wissen für akademische Zwecke verfügbar wurde; darüber hinaus halfen aber Organisationen wie die Theosophische Gesellschaft und Bücher wie etwa EDWIN ARNOLDS *The Light of Asia,* ganz zu schweigen vom World Parliament of Religions in Chicago 1893, das alte Gedankengut des Ostens einem immer breiteren Publikum in Europa und Amerika näherzubringen. Als Jung in der Zwischenkriegszeit seine wissenschaftlichen Untersuchungen der östlichen Religionen aufnahm, hatten viele gebildete Leute im Westen bereits mehr als nur oberflächliche Kenntnisse über die religiösen und philosophischen Gedanken Asiens erlangt, und viele hatten sich dem Osten als Quelle von Inspiration zugewandt, den sie als Vorbild für eine Erneuerung des Abendlandes verstanden, das immer stärker als eine untergehende Zivilisation empfunden wurde.

Dies ist der grobe Raster, in den wir C. G. Jungs Schriften über östliche Philosophien einordnen müssen, sein Zugang dazu schwingt mit und widerhallt in einer ganzen Tradition – oder genauer gesagt: einer Sub-Tradition – abendländischen Denkens; und sein persönlicher Beitrag zur Wissenschaft vom Osten kann in gewissem Sinn als eine weitere Phase in der wiederholten Hinwendung des Westens zum Osten – der *Ostung* [engl. *orientation* (Anm. Übers.)] – bezeichnet werden. Außerdem war er, begünstigt durch seine umfassende Bildung und sein kulturelles Umfeld, gut eingestimmt auf das wachsende allgemeine und akademische Interesse am östlichen Denken um die Jahrhundertwende, und dank seiner eingehenden Beschäftigung mit Philosophen wie SCHOPENHAUER und NIETZSCHE wußte er um die kraftvolle Geistestradition, welche der neuen Anteilnahme und Begeisterung für den Osten zugrunde lag.

Der weite Kulturbereich, den wir Orientalistik oder Wissenschaft vom Osten genannt haben, ist von Historikern bestimmt nicht immer völlig verstanden oder gewürdigt worden, weder in allgemeiner noch in intellektueller Hinsicht, und im europäischen Bewußtsein ist er nicht als ein besonders eindrucksvolles oder wirksames Element westlicher Kulturgeschichte aufgefallen. Die Rolle, die der Osten bei der Entwicklung des modernen abendländischen Geistes gespielt hat, ist seitdem zwar nicht eigentlich kritisiert, aber doch an den Rand gedrängt worden. Dies ist zweifellos zum Teil darauf zurückzuführen, daß Europa in den letzten zweihundert Jahren eine globale Vormachtstellung erlangte, die, jedenfalls in den Köpfen der führenden Politiker, darauf hinzielt, die als gegeben vorausgesetzte Überlegenheit und historische Sendung Europas in bezug auf den Osten zu bestätigen. Es kann auch in Zusammenhang mit dem sich gleichzeitig entwickelnden naturwissenschaftlichen Rationalismus gesehen werden, der in wachsendem Maß die vernunftorientierte Tagesordnung des Westens beherrschte und dazu führte, daß die «mystischen» Ergüsse des Ostens mitsamt den unzeitgemäß gewordenen Ideen des prämodernen Europa fallengelassen wurden. Auf ähnliche Weise ist Jungs Interesse am Osten oft als eine Bestätigung für seinen notorischen Hang zum Mystischen mißverstanden oder als ein Beweis für seinen erschöpften Rückzug aus dem modernen Leben hin zu vergangenen Glaubensformen angesehen worden. Sogar seine eigenen Anhänger zeigen sich wenig geneigt, diesen Aspekt seines Werks ernstzunehmen; manche einfühlsamen Untersuchungen ignorieren ihn oder gehen mit verlegener Hast darüber hinweg. Eine solche Haltung wird noch gefördert durch die Tatsache, daß Jungs Aufzeichnungen über dieses Gebiet sprunghaft waren und in keiner irgendwie systematischen Bearbeitung zusammengefaßt sind. Die Sub-Tradition der Wissenschaft vom Osten im weitesten Sinn ist oft gegen den Strom geschwommen, gegen allgemein anerkanntes orthodoxes Denken angestürmt und hat Grundmauern untergraben, die vor langer Zeit gelegt wurden. Manches davon trifft auch auf Jungs Beschäftigung mit dem Osten zu, wie wir im folgenden sehen werden.

Jungs Weg nach Osten

Es wurde oft behauptet, Jungs Beschäftigung mit dem Osten habe 1928 begonnen, als er RICHARD WILHELMs Übersetzung des chinesischen taoistischen Textes *Das Geheimnis der Goldenen Blüte* las, und habe zehn Jahre später mit seiner Reise nach Indien und Ceylon (dem heutigen Sri Lanka) ein Ende gefunden; tatsächlich aber wurde sein Interesse 1909 beim Studium der Geschichte der Religionen und Mythologie geweckt, und noch in den letzten Monaten seines Lebens beschäftigte er sich mit dem Buddhismus. Schon als kleines Kind plagte Jung seine Mutter, ihm aus einem Buch mit Geschichten über BRAHMA, VISHNU und SHIVA vorzulesen, die ihn «mit unerschöpflichem Interesse erfüllten».[3] In seiner Jugend wurde Jungs Einbildungskraft von der Lektüre SCHOPENHAUERS gefangengenommen, der aus seiner Bewunderung für die hinduistische und buddhistische Philosophie und aus seiner intellektuellen Verwandtschaft kein Geheimnis machte und dessen Einfluß auf die Ausgestaltung der reifen Weltanschauung Jungs mindestens so groß war wie jener FREUDS. Es finden sich einige flüchtige Verweise auf östliches Gedankengut in den sogenannten «Zofingia»-Vorträgen aus seiner Basler Studentenzeit kurz vor der Jahrhundertwende, aber spätestens bis zur Zeit der Niederschrift seiner ersten wirklich «jungianischen» Bücher – *Wandlungen und Symbole der Libido* (1911/1912) und *Psychologische Typen* (1921) – hatte er sich ein umfassendes Wissen über vedische, buddhistische und taoistische Mythologie und Ideen angeeignet, die er als den westlichen symbolischen Quellen ebenbürtig und als eng mit diesen verwoben behandelte. Die Bibliographien dieser Bücher belegen Jungs umfangreiche Lektüre sowohl von Primär- als auch von Sekundärtexten und zeigen seine Vertrautheit mit den Klassikern: dem *I Ging*, dem *Ramayana*, der *Bhagavadgita*, wie auch mit den Veröffentlichungen führender Indologen, beispielsweise MAX MÜLLER, OLDENBERG und DEUSSEN. Was ihn bei seiner damaligen Lektüre höchst wirkungsvoll zu beeindrucken schien, sind die das östliche Denken, das chinesische wie das indische, dominierenden Ideen der Dualität und der komplementären Natur der Gegensätze. Diese Ideen sollten, in psychologische Begriffe umgesetzt, mit der Zeit eine zentrale Rolle auch in seiner Gedankenwelt spielen.[4]

In den zwanziger Jahren kam die unmittelbare Anregung für Jungs Beschäftigung mit dem Osten vor allem von drei Männern: von OSKAR A. H. SCHMITZ, dessen Buch *Psychoanalyse und Yoga* Jungs Einblicke in die Entsprechung von Psychotherapie und östlichen spirituellen Methoden vorwegnahm; von HERMANN KEYSERLING, einem vielgereisten Amateurphilosophen, dessen Buch *The East and West in their Search for a Common Truth* [zuerst erschienen in: *The Christian Mercury*, Schanghai 1912 (Anm. Übers.)] die Notwendigkeit einer Art Synthese zwischen östlichem und westlichem Denken nachdrücklich betonte; und, auf höchst bedeutungsvolle Weise, von dem Sinologen RICHARD WILHELM. KEYSERLING hatte in Darmstadt die «Schule der Weisheit» gegründet, um östliches Denken zu erforschen, dort lernte Jung 1923 bei einem seiner Besuche WILHELM kennen. Sofort verband sie eine enge Freundschaft, die bis zum Tod WILHELMS sieben Jahre später andauerte, eine Beziehung, die auf Jungs geistige Entwicklung einen ungeheuren Einfluß ausübte. In einem Nachruf[5] schrieb Jung: «WILHELMS Lebenswerk ist mir darum von so hohem Wert, weil es mir so viel erklärte und bestätigte, was ich versuchte, erstrebte, dachte und tat», und er fühlte sich «so sehr bereichert durch ihn, daß es mir scheint, als hätte ich mehr von ihm empfangen als irgendein anderer»[6]. WILHELM war Missionar in China gewesen, wo er sich dem Studium der Sprache und der Literatur des Landes emsiger widmete als der Bekehrung seiner Menschen – einmal hatte er sich Jung gegenüber gebrüstet, er habe faktisch keinen einzigen Chinesen bekehrt! Jung war offensichtlich beeindruckt von WILHELMS Einfühlung in die chinesischen Menschen, in ihre Literatur und ihre philosophische Weltsicht, die dazu führte, daß WILHELM, wie Jung es ausdrückte, «die Fähigkeit (besaß), mit voraussetzungsloser Einstellung der Offenbarung eines fremden Geistes zu lauschen und jenes Wunder der Einfühlung zu vollbringen, das ihn dazu befähigte, die geistigen Schätze Chinas Europa zugänglich zu machen»[7]. Mit seiner Übersetzung chinesischer Texte schuf er «eine Brücke ... zwischen Ost und West und (vermachte) dem Abendland das kostbare Erbe einer vielleicht dem Untergang geweihten tausendjährigen Kultur»[8]. Der erste dieser Texte wurde 1929 in Deutschland veröffentlicht, und Jung wurde gebeten, einen psychologischen Kommentar dazu zu schreiben. Diese Einladung gab ihm die Möglichkeit, den Grundstein zu seiner eigenen Brücke der Verständigung zu legen, indem er die Vorstellungen dieses alten alchemistischen Textes mit seinen eigenen Ideen über das Selbst und das Unbewußte verband.[9] Jahre nach dem Tod WILHELMS wurde er eingeladen, dieselbe Aufgabe für die englische Ausgabe des *I Ging* zu übernehmen, die 1950 erschien, und wie bei dem früheren Kommentar nahm er die Gelegenheit wahr, den Text fest in Ideen einzubinden, an denen er gerade arbeitete, insbesondere in das Konzept der «Synchronizität».[10]

Jungs Interesse am Osten nahm in den dreißiger Jahren stark zu. Außer WILHELM lernte er noch weitere Orientalisten kennen, zu denen die Indologen HEINRICH ZIMMER und J.W. HAUER zählten. Die Beziehung zu ersterem war die wichtigere; die beiden Männer wurden enge Freunde, und ZIMMER, der an der Universität Heidelberg Professor für Sanskrit war, wurde von Jung oft zu Vorlesungen in den Psychologischen Club Zürich eingeladen. ZIMMERs Bedeutung für die geistige Entwicklung Jungs betraf das Gebiet mythologischer Studien; er befähigte Jung, enge Parallelen zwischen indischem Denken und analytischer Psychologie wahrzunehmen. Jung anerkannte:

«Er hat mir bei unserer Zusammenarbeit nicht nur durch seine reichen Fachkenntnisse, sondern vor allem auch durch seine geniale Erfassung des Sinngehalts der indischen Mythologie unschätzbare Einblicke in die östliche Seele ermöglicht.»[11]

Mittlerweile hatte Jung seine Lehre über das Selbst und dessen Beziehung zum Ich formuliert, und das Werk seines Freunds gab ihm die Möglichkeit, bedeutsame Ähnlichkeiten zwischen seinem eigenen Denken und dem des indischen Yoga festzustellen und zu bestätigen, daß seine psychologischen Einsichten in dieser Frage uralte Theorien und Praktiken Indiens widerspiegelten. Solche Einsichten ließen ihn ausrufen: «Die von der unseren so unendlich verschiedene Philosophie des Ostens bedeutet [auch] für uns ein überaus wertvolles Geschenk.»[12]

ZIMMER hatte ein ganz besonderes – persönliches wie auch berufliches – Interesse, an dem zeitgenössischen indischen Heiligen SHRI RAMANA MAHARSHI, während Jung in seiner Einführung zu ZIMMERS Ausgabe der Schriften MAHARSHIs[13] nicht gerade Begeisterung für den Heiligen an den Tag legte, wie wir bald sehen werden.

Die Bedeutung des schon erwähnten Indologen J. W. HAUER ist in Jungs Interesse am *Kundalini-* (oder tantrischen) Yoga begründet. Schon früher hatte Jung diese spezielle Form des indischen Yoga durch JOHN WOODROFFES *The Serpent Power* [dt.: *Die Schlangenkraft*] kennengelernt, und 1932 lud er HAUER, damals Professor für Sanskrit an der Universität Tübingen, ein, im Psychologischen Club Zürich eine Vorlesung über Kundalini zu halten. Die Vorlesung ließ eine etwas verwirrte Hörerschaft zurück, und um die Dinge zu klären, stieß Jung mit zwei Vorlesungen nach, in denen er die Bindeglieder zwischen dem tantrischen System und seinem eigenen Konzept der Indviduation zu entwickeln suchte.[14] Mittlerweile war er überzeugt davon, daß mit Hilfe der Konzepte der analytischen Psychologie eine Brücke der Verständigung zwischen Ost und West errichtet werden könne; und in seiner Vorlesung wollte er zeigen, daß die Symbolik des tantrischen Pfads zur Erleuchtung, bei dem die «Schlangenkraft», den psychischen Zentren (Chakren) folgend, emporsteigt, das Wesen des Individuationsprozesses – in dem das Individuum seelische Vollständigkeit anstrebt – zu erhellen vermag.

Eine wichtige Stufe dieses Ost-West-Brückenschlags wurde 1933 erreicht, als in der Villa der Theosophin OLGA FRÖBE-KAPTEYN am Lago Maggiore die «Eranos»-Tagungen gegründet wurden, in die ZIMMER und HAUER wie auch Jung selbst einbezogen waren. Diese Tagungen setzten sich von Anfang an das Ziel, zwischen den Kulturen und Philosophien des Ostens und des Westens zu vermitteln und die östlichen Philosophien zu studieren – nicht in der Absicht, sie nachzuahmen, sondern damit, wie FRÖBE-KAPTEYN es ausdrückte, «östliche Weisheit, Symbolik und Methodik uns zu einer Wiederentdeckung unserer eigensten geistigen Werte verhelfen können». Jung war bei diesem Unternehmen der wichtigste Förderer und hielt dort selbst viele Vorträge, doch versammelte sich auf den Tagungen über die Jahre hinweg auch eine ganze Reihe anderer hervorragender Gelehrter: zum Beispiel der Sinologe ERWIN ROUSSELLE, der Religionsphilosoph RUDOLF OTTO, die Theologen MARTIN BUBER und PAUL TILLICH, der Anthropologe PAUL RADIN und der Religionshistoriker MIRCEA ELIADE. «Yoga und Meditation im Osten und im Westen» war das Thema der ersten dieser Konferenzen, und östliche Themen dominierten die Tagungen bis zu ihrem Ende 1951, obgleich sie mit den Jahren erweitert wurden und ein breites Spektrum von Fragestellungen berücksichtigten, die mit der Geschichte und Psychologie religiöser Erfahrung und mit Mythologie zu tun hatten. Jung boten diese Tagungen die Chance, seine Kenntnisse der östlichen Philosophien zu vertiefen, und sie lieferten ihm zugleich ein Forum, vor dem er einige seiner zentralen Ideen über die Archetypen und das kollektive Unbewußte entwickeln konnte.

Der Höhepunkt, und in mancher Hinsicht der Wendepunkt in Jungs Beziehung zum Osten, war 1938 eine dreimonatige Reise nach Indien, die er auf Einladung der Britisch-Indischen Regierung unternahm, um an den Feierlichkeiten aus Anlaß des fünfundzwanzigsten Jahrestags der Gründung der Universität Kalkutta teilzunehmen. Trotz der formellen Verpflichtungen und eines schlimmen Anfalls von Dysenterie, der einen zehntägigen Krankenhausaufenthalt erforderlich machte, nahm Jung die Gelegenheit wahr, ausgiebig in Indien und Ceylon herumzureisen und eine Anzahl indischer Gelehrter kennenzulernen. An mehreren Universitäten hielt er Vorträge, und er besuchte einige der bedeutenden historischen und religiösen Stätten. Besonders angerührt war er von den *Stupas* (halbkugelförmigen Monumenten) in Sanchi, wo Buddha seine «Feuerpredigt» gehalten hatte, und in seiner Autobiographie erinnerte er sich, daß er von einer «unerwarteten Gewalt» ergriffen und von einer starken Emotion überwältigt wurde, die sich einzustellen pflegte, wenn er einer Sache, einer Person oder einem Gedanken begegnete, deren Bedeutung ihm noch unbewußt war. Die «exquisit obszönen Skulpturen» des Tempels in Konarak mit ihren überlebensgroßen Darstellungen von Liebesakten prägten sich ihm auf andere Weise ein; sehr beeindruckt war er auch vom Gefühl des tiefen geschichtlichen Verwurzeltseins, das jeden Aspekt der «träumenden Welt Indiens» – so seine Formulierung – unterstrich.[15]

Dennoch ist sein Reisebericht von einem starken Gefühl der Ambivalenz gegenüber Indien geprägt. Diese Ambivalenz ist zum Teil darauf zurückzuführen, daß sich 1938 der Schwerpunkt seines Interesses von der Philosophie des Ostens zur europäischen Alchemie zu verlagern begann. Diese Verschiebung war schon einige Jahre zuvor durch seine Lektüre des chinesischen alchemistischen Textes *Das Geheimnis der Goldenen Blüte* vorbereitet worden. Jung beschrieb seine Reise als «ein Intermezzo in meiner damaligen intensiven Beschäftigung mit der alchemistischen Philosophie»[16]; und er verbrachte einen Großteil seiner freien Zeit in Indien und während der langen Seereise damit, einen europäischen alchemistischen Text aus dem Mittelalter zu studieren. Vor seiner Rückreise hatte er einen eindrucksvollen Traum, den er als Aufforderung deutete, zurückzukehren «in das allzulange vernachlässigte Anliegen des Abendlandes», und der ihn daran gemahnte, daß «Indien nicht meine Aufgabe war, sondern nur ein Stück des Weges».[17] Als er sich viele Jahre später die Reise vergegenwärtigte, zeichnete er sich als jemanden, der in sich selbst verharrte «wie ein Homunculus in der Retorte» und seine ihm eigene Wahrheit verfolgte trotz der exotischen und Gedanken anregenden Ablenkungen, die ihn umgaben. Sein ganzes Indienerlebnis war durchdrungen von einem Gefühl der Distanz, ja der Fremdheit gegenüber Indien und seinem «fremden Kulturgeist». Vielleicht war es dieses Gefühl, das ihn davon abhielt, SHRI RAMANA MAHARSHI aufzusuchen, obwohl sein Freund HEINRICH ZIMMER ihn sehr dazu gedrängt hatte. Die Gründe, die er dafür in seiner Autobiographie angab – daß nämlich Heilige seiner Art überall in Indien zu sehen seien («er ist ein Typus, der war und sein wird. Darum brauchte ich ihn auch nicht aufzusuchen») und daß dieser in Indien nur «der weißeste Punkt in einer weißen Fläche»[18] sei –, scheinen nicht die ganze Geschichte zu erzählen. Es kann sein, daß Jung, um seine Haltung und seine Unabhängigkeit zu bewahren, einen Mann meiden wollte, der vermutlich seine Abwehr hätte durchdringen können; denn ebenso wie er sich von Kindheit an geweigert hatte, seine Knie vor der christlichen Glaubenshaltung zu beugen, blieb auch seine Einstellung der östlichen Spiritualität gegenüber geprägt durch eine wachsame Objektivität. Er durfte, wie er es ausdrückte, «nichts anderes annehmen ... als das, was ich selber erreichen konnte», «vollends kann ich keine Anleihen beim Osten machen, sondern muß aus mir selber leben».[19] Wie wir bald sehen werden, müssen wir diese Einstellung als gegeben voraussetzen, wenn wir Jungs Zugang zur östlichen Philosophie und Spiritualität ganz verstehen wollen.

Wie wir skizziert haben, hatte sich Jungs Interesse zunächst auf den chinesischen Taoismus und dann auf den indischen Yoga konzentriert. Etwa um 1935 rückte ein neues Thema in den Vordergrund, nämlich der Buddhismus. Dieses Interesse trug in der Vorkriegszeit auf verschiedenerlei Weise Frucht. 1935 schrieb er einen psychologischen Kommentar zur deutschen Übersetzung des *Bardo Thödol (Das tibetanische Totenbuch)*[20] und 1939 einen entsprechenden Kommentar zu *Das tibetische Buch der großen Befreiung*[21], dessen Veröffentlichung allerdings durch den Krieg verzögert wurde. Diese esoterischen Werke aus dem Umkreis des tibetischhen Mahāyāna-Buddhismus stellten eine neue Phase im abendländischen Verständnis der Philosophien Asiens dar. Bis dahin hatte sich im Westen das Wissen um die buddhistischen Überlieferungen weitgehend auf das Gebiet des Hinayana-Buddhismus beschränkt, der in Südasien florierte, doch in der Zwischenkriegszeit wurden die Erkenntnisse durch neue Forschungen über die nördlichen Mahāyāna-Schulen Tibets, Chinas und Japans bereichert. Diese Texte, besonders der ersterwähnte, sollten einen beträchtlichen Einfluß auf spätere Generationen ausüben, wobei *Das tibetanische Totenbuch* zum speziellen Liebling der Blumenkinder der sechziger Jahre wurde. Befreit von mythischen und metaphysischen Elementen vermittelten sie Jung tiefe psychologische Einsichten und wurden zu einer wichtigen Bestätigung seiner Theorie vom Selbst als einer ontologischen Urgegebenheit und zu einem Bild für das Potential und die Einheit der Gesamtpersönlichkeit. Auch *Das tibetische Buch der großen Befreiung* verstand er als Botschaft einer im wesentlichen psychologischen Einsicht und als eine Bestätigung seines Glaubens in die Zentralität der Psyche, die «keine Nonentität (ist), die jeder Qualität ermangelt», wie Materialisten behaupten würden, sondern «in Wahrheit die einzige Kategorie des Seins, von der wir unmittelbare Kenntnisse haben».[22]

Eine weitere Bestätigung für diese Einsichten fand Jung im Zen-Buddhismus. Sein Interesse am Zen reicht zurück in die Zeit, als er mit *Wandlungen und Symbole der Libido* beschäftigt war, es wurde jedoch neu belebt, als er durch HEINRICH ZIMMER mit den Schriften von D. T. SUZUKI bekanntgemacht wurde. SUZUKI war in seinem Geburtsland Japan erzogen worden, lebte aber lange Zeit in Amerika und schrieb während seines langen Lebens eine Reihe von Büchern, die im Westen die Hauptquelle für die Erkenntnis des Zen sind. Eine seiner einflußreichsten Publikationen, *Die große Befreiung. Einführung in den Zen-Buddhismus,* war von ZIMMER ins Deutsche übersetzt worden, und Jung wurde gebeten, für die Ausgabe von 1939 ein Geleitwort zu schreiben.[23] Wiederum war Jungs Anliegen strikt psychologischer Art. Er fand die Ideen des Zen «eigenartig», verwies auf ihr «fremdartiges Dunkel» und gab zu, daß die Zengespräche sich manchmal anhörten «wie blühender Unsinn».[24] Dennoch war er überzeugt, daß Zen nicht einfach «mystifizierende Geheimniskrämerei» sei und daß auch der Abendländer ihn verstehen kann, wenn er ihn von einem psychologischen Ansatz aus untersuchte. Die zentrale Erfahrung des *Satori* (Erleuchtung) war zwar von einem Europäer schwer zu würdigen, doch konnte er sowohl mit der Sprache der christlichen Mystik als auch mit den Begriffen der Psychotherapie ihrem Sinn nach erfaßt werden. Wie die Erfahrungen der Mystiker, MEISTER ECKHART zum Beispiel, haben die Techniken des Zen die Wandlung des Bewußtseins hin zu einem höheren Zustand zum Ziel und wie in der Psychotherapie geht es darum, dem psychischen Leben eine neue Richtung zu geben und seine Neuorientierung und seine Suche nach Vollständigkeit zu fördern.

Jungs Interesse wandte sich zwar damals der Alchemie Europas zu, was eine weitere ungeheuer produktive Phase in seinem Leben mit sich brachte, doch während seiner letzten Lebenszeit hielt die Beschäftigung mit östlichen Ideen seine Aufmerksamkeit unablässig gefangen. Von den östlichen Philosophien war es der Buddhismus mit seiner Sorge um die Heilung menschlichen Leidens, der seiner eigenen Sorge um psychisches Heilen am besten entsprach und ihn zugleich persönlich zutiefst berührt zu haben scheint; und obwohl Jung in keinem Sinn jemals Buddhist geworden ist, ist es gerade der Buddhismus, mit der er sich in seinen letzten

Jahren spirituell eng verwandt fühlte. Seine einleitenden Bemerkungen zu einer Veröffentlichung der *Reden Gotamo Buddhos*[25] aus dem Jahr 1956 bekunden eine ehrliche Anerkennung für die «vielfache Hilfe und Anregung, die ich gerade der buddhistischen Lehre verdanke», und enthalten das Eingeständnis, daß die buddhistischen Lehren einen Weg der psychischen Heilung anbieten, der den «verschiedenen Christentümern» überlegen ist. Er beschäftigte sich bis ans Ende seines Lebens mit buddhistischen Texten, und in einem Brief, den er ein Jahr vor seinem Tod im Jahr 1961 schrieb, sagt er, er habe sich während einiger Monate auf ein seit langem geplantes Studium der Reden Buddhas eingelassen und «versuche, der ungewöhnlichen Psychologie der Gestalt Buddhas näherzukommen».[26]

Jungs Beschäftigung mit dem Osten

Wir müssen uns die Anlässe und die Beweggründe näher ansehen, die Jung dazu bewogen haben, sich in einen lang andauernden Dialog mit dem Osten einzulassen. Selbst wenn er ein persönliches Interesse an Themen dieser Art gehabt haben mag: der beträchtliche Energieaufwand für das Studium und die Kommentierung östlicher Texte und Ideen könnte auch als eine unrentable Ablenkung von seiner klinischen Arbeit angesehen werden, und mit den Publikationen über östliche Philosophie riskierte er damals sehr wohl, seinem Ruf als «Naturwissenschaftler» zu schaden.

Damit wir aus all dem klug werden, müssen wir die Angelegenheit auf unterschiedlichen Ebenen untersuchen. Zuallererst darf nicht unterschätzt werden, in welchem Umfang der Osten in Jungs eigenen Individuationsprozeß eingegangen ist. Jung hat sich dieser Materie nicht als unbeteiligter Gelehrter genähert; sogar eine oberflächliche Lektüre der in diesem Band zusammengestellten Texte wird deutlich machen, in welchem Maß der Stoff ihn persönlich berührt hat. Es ist wahr, er hatte oft Mühe, sich mit der christlichen Tradition zu identifizieren, und zweifellos war seine Einstellung zur Kultur und zur Religion, in denen er erzogen worden ist, von Offenheit weit entfernt. Christus war zwar für ihn ein Symbol für den Individuationsprozeß des Selbst, doch ließ ihn dieses Symbol unbefriedigt und er selbst schien keine große spirituelle Erfüllung daraus zu gewinnen. Außerdem kam ihm die christliche Theologie oft als viel zu verstandesmäßig vor und nicht fähig, die tiefsten Schichten der Psyche zu erreichen. Die wesentlichen Wandlungserfahrungen in seinem Leben, wie etwa die frühe Fantasie von Gott, der das Basler Münster zerstört, und die spätere Begegnung mit den inneren imaginalen Figuren, etwa Philemon, waren für ihn von einer Bedeutsamkeit, die über die Schranken christlicher Lehrmeinungen hinauszureichen schien. Es kommt hinzu, daß Christus, obwohl ein Symbol des Selbst, für ihn kein völlig fleischgewordenes Bild der Ganzheit und auch kein Symbol für die vollständige psychische Integration darstellte; das Christussymbol enthielt nämlich immer auch die Bedeutung der Jenseitigkeit, was die konkret gewordene Erfahrung beeinträchtigte und auch die positive Rolle des Bösen im menschlichen Leben. Obgleich er beide Wege als «richtig» anerkannte, räumte Jung doch ein, daß, verglichen mit Christus, «Buddha der vollständigere Mensch» sei. «Er ist eine historische Persönlichkeit und darum für den Menschen leichter verständlich. Christus ist historischer Mensch *und* Gott, und darum viel schwerer faßbar».[27] Außerdem forderte das Christentum Glauben, und dies war etwas, das Jung immer abging. Es besteht kein Zweifel, daß er in den östlichen Religionen eine Innerlichkeit entdeckte und eine Betonung der Gültigkeit persönlicher Erfahrung, die im Hauptstrom der christlichen Überlieferung zu fehlen schienen. Ein stark persönlicher Bezug zur Gnostik, der während der Zeit innerer Unsicherheit und Desorientierung nach dem Bruch mit FREUD lebendig war, hat ihn anscheinend auf seinen Dialog mit den Religionen des Ostens vorbereitet und in ihn hineingeführt. Selbstentdeckung und Selbsttransformation, die ihn in Buddhismus und Yoga so sehr ansprachen, müssen ihm wie ein gewaltiges Echo des gnostischen inneren Wegs vorgekommen sein. Überdies war seine weithin bekannte Faszination durch das Mandalasymbol nicht durch wissenschaftliches Interesse entzündet worden, sie entstammt seinem Bedürfnis, sich zu erholen und in einer Periode innerer Unruhe und Orientierungslosigkeit den eigenen Lebensweg zu entdecken und ihm eine neue Richtung zu geben. Als er in den Jahren 1918 und 1919 eine große Zahl von Mandalabildern gestaltete, entdeckte er, wie er es ausdrückte, «das Selbst, die Ganzheit der Persönlichkeit», eine Entdeckung, die später durch seine Erkenntnis bestätigt wurde, daß die rituellen Mandaladiagramme des Ostens anscheinend ebenfalls als Mittel zur psychischen Integration dienten.[28] Nichts von all dem läßt darauf schließen, daß Jung sich auf irgendeine Weise dem östlichen Glaubenssystem verpflichtet hätte, denn wie wir noch sehen werden, äußerte er schwerwiegende Vorbehalte in bezug auf die

Zweckmäßigkeit einer Aneignung östlicher religiöser Wege durch den abendländischen Menschen. Aber wir können darüber spekulieren – nicht mehr als das –, ob diese Faktoren in seinem eigenen seelischen Wachstum einen wichtigen Katalysator darstellten.

Besonders auffällig in Jungs persönlicher Entwicklung ist seine Fähigkeit, den unbekannten und manchmal beunruhigenden Elementen seiner eigenen Persönlichkeit die Stirn zu bieten und mit ihnen zu raufen, seine Fähigkeit, dem «Schatten» entgegenzutreten und ihn zu integrieren. Seine Autobiographie legt ergreifendes Zeugnis ab von seiner Bereitwilligkeit – und das von früher Kindheit an –, Erlebnissen, die auf unterschiedliche Weise fremd und bedrohlich waren, ins Auge zu sehen und sie zu erforschen. Diese Fähigkeit schlägt sich in seiner Beziehung zum Osten auf zumindest zwei Arten nieder. Erstens entdeckte er bei seinen Forschungen über den Osten eine Neigung, in die Gesamtheit der menschlichen Erfahrungen auch jene Seiten einzubeziehen, die irgendwie als böse oder negativ beschrieben werden könnten. Es muß in diesem Zusammenhang daran erinnert werden, daß es ein wesentlicher Grundzug der Psychologie Jungs war, die Wichtigkeit entgegengesetzter Strömungen innerhalb der Persönlichkeit anzuerkennen. Dafür fand er enge Parallelen in den philosophischen Systemen sowohl Indiens als auch Chinas. Auf seiner Reise nach Indien scheint dieser Sachverhalt in seinem Bewußtsein äußerst bedeutsam und gegenwärtig gewesen zu sein. Er sagte es später so: «Was mich in Indien hauptsächlich beschäftigte, war die Frage nach der psychologischen Natur des Bösen»; und er fährt fort, daß es ihm «sehr eindrücklich (war), wie dieses Problem im indischen Geistesleben integriert wird».[29] Während das Christentum Gut und Böse als entgegengesetzte und unversöhnliche Pole festzulegen suchte und das Böse als die absolute Verneinung des Guten, bemühten sich die indischen Philosophien um die Befreiung von diesen und allen anderen augenscheinlichen Gegensätzen, weil sie sie als einander ergänzend erlebten und einen mittleren Weg des Ausgleichs zwischen unvereinbaren Tendenzen einschlugen. Ähnlich werden die Gegensätze *Yang* und *Yin,* die in der chinesischen Philosophie grundlegend sind, nicht als sich wechselseitig ausschließend, sondern als komplementär angesehen; dementsprechend ist, um mit Jungs Worten zu sprechen, das *Tao* «der ‹rechte Weg› ... eine mittlere Straße zwischen den Gegensätzen, befreit von ihnen und sie doch in sich einigend»[30]. Das fremdartige Anderssein des Ostens, das viele als ein Zeichen relativer Rückständigkeit deuten, interpretierte Jung als einen Ausdruck davon, wie die Pyche zwischen widerstrebenden Tendenzen polarisiert wird: Während der Westen die extravertierten Seiten der Psyche entwickelt und verfeinert habe, und damit die rationale Urteilskraft und die Kontrolle der äußeren Welt, habe die Kultur des Ostens im Gegensatz dazu jene psychischen Eigenschaften entwickelt, die mit dem Verständnis und der Kontrolle der inneren Welt verknüpft sind. Psychische Gesundheit bedeutete in Jungs Sicht ein Ausbalanciertsein dieser gegensätzlichen Tendenzen; indem das fremde «Andere» in eine Art Anpassung hineingezogen wird, versucht die Psyche, diesen Ausgleich zu erlangen.

Zweitens ist Jungs Vorliebe, sich mit dem zu befassen, was fremd und anders ist, auch im Hinblick auf die äußere Welt nachzuweisen, sei es die seiner Patienten oder der verschiedenen Kulturen des Menschen. Auch hier sehen wir wieder, wie er sich mit dem «Anderen» beschäftigt und sich in einen Dialog einläßt, indem er seine eigenen Meinungen und Anschauungen in Beziehung und in Übereinstimmung mit dem zu bringen suchte, was auf den ersten Blick unvereinbar fremd zu sein schien. Ob er sich mit schizophrenen Patienten befaßte, mit mittelalterlicher Alchemie, mit der Gnostik oder mit Überlieferungen und Texten des Ostens, seine Methode war durchwegs die des Dialogs, mittels dem er Verständnisbrücken bauen wollte. Diese Form der Annäherung ist in Jungs Karriere schon zu erkennen, als er, damals Assistenzarzt an der psychiatrischen Klinik Burghölzli in Zürich, dafür eintrat – damit der herrschenden medizinischen Meinung widersprechend –, daß es möglich sei, im seltsamen Verhalten und in den Äußerungen schizophrener Patienten einen Sinn zu finden. Er hörte genau zu, bezog sich auf die Patienten und kam zu dem Schluß, daß anscheinend verrückte Symptome «gelesen» und auf vollkommen bedeutungsvolle Weise «interpretiert» werden können. Dieser im wesentlichen hermeneutische Zugang wurde zum Modell für seinen späteren Umgang mit Patienten, mit denen er eine Beziehung herzustellen suchte, die viel mehr durch wechselseitigen Rapport und Dialog geprägt war als durch naturwissenschaftliche Objektivität und klinische Autorität. Therapie wurde daher für ihn zu einer persönlichen Beziehung, in der er auf den Patienten von Mensch zu Mensch eingehen wollte, denn er erkannte, daß der Analytiker in den analytischen Prozeß ebenso verwickelt ist wie der Patient.

Einen gleichartigen dialogischen Zugang finden wir bei seinem Umgang mit symbolischen Kulturphänomenen und Glaubenssystemen: eine

Welt, die Gnostik, mittelalterliche Alchemie, christliche Theologie, Aspekte des Okkulten und eben auch philosophische Texte des Ostens einschloß. Wenn er seine eigenen Theorien ausformulierte, etwa über die psychologischen Typen oder das kollektive Unbewußte, war es ihm ein Anliegen, seine Erkenntnisse mit einer ganzen Reihe philosophischer, historischer und mythologischer Präzedenzfälle und Parallelen in Beziehung zu setzen. Zum Teil ging es um die Anreicherung der empirischen Grundlage, von der er seine Folgerungen abzuleiten suchte; denn Jung wußte, daß es, wie im Fall des kollektiven Unbewußten, nötig sein würde, Erfahrungen einzubeziehen, die außerhalb der rein europäischen Quellen lagen. Doch darin kam auch seine Überzeugung zum Ausdruck, daß Selbst-Verständnis nur möglich ist, wenn man in einem gewissen Sinn außerhalb seiner selbst stehen kann. Das Ziel seines unaufhörlichen hermeneutischen Spielens im Zusammenhang mit der Alchemie und in geringerem Maße mit den östlichen Religionen war die Erleuchtung der Psyche, aber auch die weitere Ausarbeitung seiner eigenen psychologischen Theorien. Genauso wie ein Patient nach Jungs Auffassung seine Symptome anhand von mythologischen und symbolischen Hervorbringungen der Menschheit erfassen muß – ein Vorgang, den er «Amplifikation» nannte –, so müssen auch die Philosophien, Theologien und psychologischen Theorien europäischer Herkunft in einen weiteren Kontext eingeordnet und mit den Theorien und Ideen anderer Zeiten und Orte verglichen werden.

Wie Jung mit dieser Betrachtungsweise dem Osten gegenübertritt, wird an seiner ersten größeren Schrift über östliches Denken deutlich, seinem Kommentar über *Das Geheimnis der Goldenen Blüte*. Die Entdeckung dieses Werks durch die Vermittlung seines Freunds RICHARD WILHELM stellte einen wichtigen Wendepunkt in seinem Leben dar. Sie bildete, wie er sagte, «das erste Ereignis, das meine Einsamkeit durchbrach», und brachte ihm «eine ungeahnte Bestätigung» seiner Gedanken über die menschliche Psyche, woran er gerade arbeitete.[31] Der Bruch mit FREUD im Jahr 1913 hatte ihn nicht nur in eine persönliche Krise hinein-, sondern auch von der größeren psychoanalytischen Bewegung abgetrieben, und seine neuen und umwälzenden Ideen über die Psyche, die zum großen Teil den Bruch heraufbeschworen hatten, schienen mit der vorherrschenden verstandesbetonten Stimmung jener Zeit nicht in Einklang zu sein und erfuhren wenig Aufmerksamkeit oder Unterstützung. Diese Ideen können als drei grundsätzliche Gedanken beschrieben werden. Der erste Gedanke betrifft die Wirklichkeit der Seele: Jung war der Überzeugung, daß die Psyche nicht bloß eine sekundär in Erscheinung tretende Erweiterung der stofflichen Welt darstellt, sondern eine Art eigenständiger Mikrokosmos, der zwar an Körperfunktionen gebunden ist, aber nicht einfach darauf reduziert werden darf. Verwandt damit ist der zweite Gedanke, nämlich daß die Erkundung, Kultivierung und Entwicklung dieser inneren Welt die bedeutungsvollste Berufung der Menschheit sei. Dieser Gedanke wurde später in das Konzept der «Individuation» eingebunden, doch damals, besonders während der Zeit, die er als die Zeit der «Auseinandersetzung mit dem Unbewußten» bezeichnete, kam Jung zu dem Schluß, das Ziel der seelischen Entwicklung sei das «Selbst» – für ihn der Inbegriff der äußersten Verwirklichung menschlicher Möglichkeiten wie auch für die Einheit der Persönlichkeit als ein Ganzes, samt ihren unvereinbaren, gegensätzlichen und oft miteinander im Streit liegenden Elementen. Als drittes ist Jungs Idee zu erwähnen, daß neben dem persönlichen Unbewußten auch noch ein *kollektives* Unbewußtes existiere. Diese Idee besagt, daß die Psyche des Individuums nicht einfach im Sinne seiner persönlichen Geschichte verstanden werden darf, sondern im Sinne der Geschichte des Menschengeschlechts; tatsächlich erben wir gewissermaßen Muster psychischen Verhaltens; genauso wie wir Muster physischen Verhaltens erben. Das bedeutet nicht, wie manchmal angenommen wird, daß wir konkrete Erinnerungen erben, sondern vielmehr, daß die Inhalte des kollektiven Unbewußten, die Jung als Archetypen begriff, Muster *potentiellen* Verhaltens sind, nicht wirkliche Bilder oder Gedanken. Demnach erben wir als Mitglieder des Menschengeschlechts die Fähigkeit oder Anlage, charakteristische seelische Verhaltensweisen zu entwickeln, die aber, wenn auch gewissermaßen einzigartig bei jedem einzelnen, auch wiedererkennbare Eigenschaften der ganzen Menschheit sind.

Diese Ideen standen klar im Widerspruch zur anerkannten Lehre, und außerdem ruhten sie, wie Jung selbstkritisch wahrnahm, auf einer ziemlich schmalen Erfahrungsgrundlage. Die Ergebnisse seiner fünfzehnjährigen Bemühungen «schienen in der Luft zu hängen, indem sich nirgends eine Vergleichsmöglichkeit bot», wie er selbst eingestand, denn es war ihm «kein Gebiet menschlicher Erfahrung bekannt, an welches sich meine Ergebnisse mit einiger Sicherheit hätten anlehnen können», höchstens die verstreuten und fragmentarischen Berichte früher christlicher Gnostiker.[32] Seine Begegnung mit RICHARD WILHELM im Jahr 1923 war der Durchbruch, auf den er schon seit einigen Jahren gehofft hatte, denn es wurde ihm, so glaubte er, der entscheidende Beweis angeboten für seine Theorie über die Archetypen des kollektiven Unbewußten, der seine Ansicht bekräftigte, daß «die Psyche jenseits aller Kultur- und Bewußtseinsunterschiede ein gemeinsames Substrat besitzt».[33] Es gab noch mehr Gratifikationen. Erstens und vor allem machte ihn die Lektüre von *Das Geheimnis der Goldenen Blüte* mit einer Kultur bekannt, die weit mehr als jene des Westens die Tiefe und Komplexität der Psyche erkannte und an die lebensnotwendige Bedeutsamkeit ihrer Erforschung und Kultivierung glaubte. Nach diesem Text zu urteilen, hatten die Chinesen schon lange begriffen, daß es «denn doch wesentlich vernünftiger» ist, «der Seele dieselbe Gültigkeit einzuräumen wie der erfahrbaren Welt und ersterer die gleiche ‹Wirklichkeit› zu verleihen wie letzterer».[34] Ihre Wertschätzung der subtilen Tiefen und Schattierungen der Psyche, ihrer inneren Dynamik und Spannungen sowie ihrer Tendenz, einen Zustand des Ausgleichs und der Harmonie zu erlangen: all dies lieferte Jung eine Bestätigung seines Konzepts über die Psyche, das er damals gerade ausarbeitete. Und zweitens: Ihre Introspektionsfähigkeit und ihr Verständnis für das grundlegende psychische Bedürfnis nach innerer Wandlung und Selbstverwirklichung schienen seinen eigenen therapeutischen Bemühungen bemerkenswert ähnlich zu sein und die grundsätzliche Richtigkeit seiner klinischen Methoden zu bestätigen. Tatsächlich kam er zu dem Schluß, daß er bei seiner beruflichen Arbeit «unbewußt auf jenen geheimen Weg geführt worden war, um den sich die besten Geister des Ostens seit Jahrtausenden gemüht haben».[35]

Jungs Initialerlebnis bei der Begegnung mit WILHELM und seiner Arbeit am *Geheimnis der Goldenen Blüte* wurde zum Muster für seinen Umgang mit vielen weiteren Texten des Ostens. So erkennen wir an seinem psychologischen Kommentar über *Das tibetanische Totenbuch*, daß er dieses nicht als eine (für den abendländischen Menschen) seltsame metaphysische oder sogar mythologische Erzählung liest, sondern als ein Werk mit tiefer psychologischer Einsicht, das dazu beitragen kann, uns auf den Weg der Individuation und der Ganzheit zu bringen. Was in einem bestimmten Sinn wie ein Buch mit Unterweisungen für die Toten und Sterbenden aussieht, kann als eine Initiation in die Begegnung mit dem unbewußten Geist gelesen werden. Ähnlich ablehnend steht er in seinem Kommentar über *Das tibetische Buch der großen Befreiung* allen metaphysischen Behauptungen gegenüber und findet, der Wert des Texts liege in seiner Eigenschaft, uns über die Wirklichkeit der Seele zu belehren und die Einseitigkeit der westlichen materialistisch-reduktionistischen Sicht zu korrigieren. In diesem Text mit seinen stark introspektiven und introvertierten Tendenzen findet Jung seine Überzeugung bestätigt, daß «Materie ... eine Hypothese» ist und nicht eine vorgegebene Wirklichkeit und daß psychisches Sein «in Wahrheit die einzige Kategorie des Seins (ist), von der wir *unmittelbare* Kenntnis haben, weil nichts bekannt sein kann, wenn es nicht als psychisches Bild erscheint».[36]

In ähnlicher Weise wollen Jungs Schriften über Yoga und Zen über die Ost-West-Kluft hinweg eine Brücke schlagen, indem sie diese beiden Traditionen des Ostens auf westliche philosophische und psychologische Belange beziehen. So verfolgt Jung im Falle des Yoga das Ziel, die «reiche Metaphysik und Symbolik des Ostens» in Begriffe zu übertragen, die mit den spirituellen und psychologischen Bedürfnissen des Westens in Zusammenhang zu bringen sind, und zu zeigen, wie zwischen den verschiedenen Dualismen, welche die westliche Kultur peinigen – Naturwissenschaft versus Religion, Körper versus Geist, Vernunft versus Gefühl –, durch die Ideen und die Praxis des Yoga vermittelt werden kann. Im Falle des Zen scheinen beim ersten Hinsehen die Idee des *Satori* (Erleuchtung) und die Technik des *Kôan* (paradoxe Fragen, um Erleuchtung zu fördern) oft «blühender Unsinn» zu sein, seltsame Anschauungen, «die dem gewöhnlichen europäischen Verstande so gut wie unverdaulich sind».[37] Auch hier geht Jung wieder von der Voraussetzung aus, daß östliche Vorstellungen einem vollkommen anderen Begriffsgebäude entstammen als die des Westens; doch ist ein fruchtbarer Dialog nicht nur möglich, sondern auch höchst wünschenswert, denn selbst wenn wir uns den japanischen Zen nicht einfach aneignen können: die Idee des *Satori* als ein Prozeß der Selbsterkenntnis, ein psychologischer Durchbruch, ein plötzliches Erwachen kann ein interessantes Licht auf entsprechende Prozesse innerhalb der westlichen Psychotherapie werfen.

Im Falle des *I Ging* erhält Jungs dialogische Begegnung mit dem Osten eine ganz wörtliche Bedeutung. Mit diesem klassischen chinesischen Text hatte Jung in den frühen zwanziger Jahren durch die Übersetzung von JAMES LEGGE Bekanntschaft gemacht und sich auf eine Reihe von Experimenten mit ihm eingelassen, wobei sich, wie er sagte, «allerhand nicht zu leugnende Merkwürdigkeiten (ergaben) – sinnvolle Zusammenhänge mit meinen eigenen Gedankengängen, die ich mir nicht erklären konnte».[38] Einige Jahre später wurde er eingeladen, einen psychologischen

Kommentar zur englischen Ausgabe von WILHELMS Übersetzung des *I Ging* beizusteuern, und er nahm die Gelegenheit wahr, mit dem Text einen systematischen Dialog zu führen, sich mit ihm in einen bemerkenswerten Austausch von Frage und Antwort einzulassen. Das Experiment brachte, wie die Leser selber sehen können, einige interessante Ergebnisse hervor. Wiederum setzt Jung sich mit einem eigenartigen alten Text auseinander, der sogar von modernen Chinesen gering geschätzt wird und für viele kaum mehr ist als «eine Sammlung alter Zaubersprüche»; und er schafft es, ihm mit einem Verfahren Sinn zu geben, das der früheren Behandlung seiner schizophrenen Patienten unmittelbar entspricht. Darüber hinaus hatte das Werk für ihn auch auf einer theoretischen Ebene Bedeutung, denn es beschenkte ihn mit einer Methode, die die Welt viel mehr im Sinne von Bedeutungskorrelationen denn von mechanischen Ursachen betrachtete, eine Vorstellung, die zur Grundlage für seine Theorie der Synchronizität, der bedeutungsvollen Koinzidenz, werden sollte.[39]

Bis jetzt ist deutlich geworden: Jung bemühte sich um diese Dialoge, weil er nach Mitteln suchte, um den Sinn der psychischen Integration zu erkennen und sie zu fördern. Seiner Ansicht nach hatte dies aber weiterreichende Folgen für die moderne westliche Kultur als Ganze; und damit beginnen wir einen weiteren Aspekt des Engagements Jungs für den Osten zu erkunden, ein Engagement, das sich auf eine globale Ebene zubewegt. Schon in einem frühen Stadium seiner Forschungen über die individuelle menschliche Seele erkannte er, daß die Probleme seiner Patienten nicht von den umfassenderen sozialen, kulturellen und politischen Kernfragen abgesondert werden können und daß in Wirklichkeit der ein guter Analytiker ist, der die Dinge aus einer breiten historischen Perspektive zu sehen vermag. Er sprach oft über die Notwendigkeit, die Erfahrungen medizinischer Spezialisten aus ihrem engen Handlungsraum heraus- und in einen größeren Zusammenhang hineinzuführen, und bemühte sich, die Relevanz seiner psychologischen Theorien für die Philosophie und die Ideengeschichte hervorzuheben. Daß er sich mit weitreichenden moralischen und sozialen Fragen im Umkreis der Psychotherapie beschäftigte, wurde schon 1912 klar, als er schrieb: «Wir finden im Kranken immer einen Konflikt, der ... mit den großen Problemen der Sozietät zusammenhängt», und: «Die Neurose ist ... innigst mit dem Problem unserer Zeit verknüpft».[40] Diese Sorge steigerte sich im Verlauf der folgenden Jahrzehnte mit ihren apokalyptischen Ereignissen – einer Zeit, die mit Jungs wachsendem Interesse an östlichem Denken zusammenfiel und in seiner erstmals 1933 erschienenen populären Artikelsammlung *Modern Man in Search of A Soul* ihren Ausdruck fand. Was nun war der Inhalt dieser großen Sorge, und wie verband sie sich mit seinem Interesse am Osten?

Kurz gesagt: Jung gewann damals die Überzeugung, daß die europäische Zivilisation und das Christentum eine beispiellose Krise durchmachten. 1931 schrieb er: «Wir leben unleugbar in einer Epoche von Rastlosigkeit, Nervosität, Verwirrung und weltanschaulicher Desorientiertheit größten Ausmaßes», und er meinte, «daß der allgemeine Geisteszustand des Europäers ungefähr überall einen bedenklichen Mangel an Gleichgewicht aufweist».[41] In seinem Behandlungszimmer hatte er mittlerweile festgestellt, daß «die christlichen Wahrheiten ... ihre Autorität und ihre psychologische Daseinsberechtigung verloren» haben.[42] Herkömmliche, in der Metaphysik als sicher geltende Aussagen und überkommene Wahrheiten überzeugten nicht mehr. Die Ausbildung des rationalen Bewußtseins im Westen war im Begriff, uns von unseren instinktiven Wurzeln im kollektiven Unbewußten zu lösen. Die Naturwissenschaft hatte das stützende Gewebe des Glaubens, das frühere Zeiten so mühevoll gewoben hatten, zu Fetzen zerrissen. Und auf der politischen Ebene wurde der einzelne immer mehr von einer «kollektiven Besessenheit» eingeholt und mit einer «psychischen Epidemie» geschlagen. Die Krise war jedoch nicht neueren Ursprungs, denn sie kann, wie Jung ausführte, bis in die Zeit der Reformation, der naturwissenschaftlichen Revolution und der Aufklärung zurückverfolgt werden, eine Epoche, in der die europäische Kultur ihren alten Überlieferungen mit ihrem reichen Schatz an archetypischen Mythen, Bildern und Ritualen den Rücken kehrte. Die Moderne wird oft als eine Zeit des Fortschritts und der Befreiung beschrieben, für Jung war sie jedoch auch eine Periode, in der die europäische Kultur dazu verleitet wurde, sich von ihren traditionellen kulturellen und psychischen Wurzeln zu entfernen, und in der die Pflege des naturwissenschaftlichen Rationalismus und der Technologie zu einer einseitigen Entwicklung jener menschlichen Fähigkeiten führte, die – auf Kosten des inneren geistigen Lebens – unsere Aufmerksamkeit auf die Welt draußen konzentrierte. Die Folge war der «atemlose Bemächtigungsdrang». «Für Selbsterkenntnis», so klagte er, «hat man keine Zeit und glaubt auch nicht, daß solche irgendeinem vernünftigen Zwecke diene ... Man glaubt ausschließlich an das Tun und fragt nicht nach dem Subjekt des Tuns.»[43]

Jungs Interesse an östlichen Philosophien muß im Licht dieser Sorge gesehen werden. Er war der «Lockungen des exotischen Geruchs des Ostens» überdrüssig und suchte ausdrücklich nach einer Verständigung mit dem Osten, die helfen würde, eine spirituelle Heilbehandlung für den Westen zu formulieren. In alchemistischen Begriffen ausgedrückt: Der Osten stellte nicht das Gold dar, sondern eher den Stein der Weisen, den Katalysator, mit dessen Hilfe geistige Wandlung stattfinden könnte. «Der Osten scheint», so Jung, «tatsächlich mit der Verursachung unserer derzeitigen Geistesveränderung etwas zu tun zu haben», und aus seinen Tiefen heraus würden «neue Geistesformen» geschaffen werden.[44] Den Kern seiner Überlegungen zu dieser Frage bildete seine Überzeugung von dem unausgeglichenen Charakter der westlichen Psyche. Die westliche einseitige Betonung der extravertierten Einstellung muß zugunsten der Introversion ausgeglichen werden, und die Funktionen des Fühlens und der Intuition müssen das gleiche Gewicht wie Denken und Empfinden erhalten. Für Jung bot der Osten einen Standpunkt an, der das, was er als die «barbarische Einseitigkeit» der westlichen Anschauung bezeichnete, ersetzen könnte. Nach seiner Ansicht lieferten die östlichen Philosophien und Übungen dem Westen ein Modell der Selbstbewußtheit, das das Potential enthielt, die selbstbefreienden Kräfte des Geistes aufzudecken und zu entbinden und damit den Weg zu einer vollständigeren Stufe der psychischen Integration und Ganzheit zu eröffnen. Doch bedeutete dies nicht, daß der Osten in den Augen Jungs das angestrebte psychische Gleichgewicht erreicht hätte, dem sich der Westen mehr und mehr entzog. Oft wies er darauf hin, daß der Osten in Wirklichkeit ebenso einseitig sei wie der Westen, denn er neige dazu, die nach innen gerichteten Seiten der Psyche in gleichem Maße überzubetonen wie der moderne Westen seine nach außen gerichteten Aspekte. Er erwähnte, daß beide Standpunkte, wie sehr sie sich auch widersprechen, ihre psychologische Berechtigung haben: «Beide sind einseitig, indem sie versäumen, jene Faktoren, die nicht zu ihrer typischen Einstellung passen, zu sehen und zu berücksichtigen», wobei der eine die Welt der Bewußtheit unterschätzt, der andere die Welt des Geistes.[45] Trotzdem ist für Jung die Situation des Westens von Natur aus gefährlicher, weil extremer und politisch explosiver. Dazu kommt, daß er, selbst ein Europäer, es als seine besondere Berufung empfand, sich mit den Problemen zu befassen, mit denen seine eigene Kultur konfrontiert war.

Jungs Vorbehalte und Deutungen

Aus dem Vorhergehenden ist wohl deutlich geworden, daß Jung nicht vorschlug, der Westen solle, wie einige seiner Zeitgenossen zu empfehlen begannen, unser abendländisches christliches Erbe völlig zerstören und es durch die *Vedanta*-Philosophie oder den Buddhismus ersetzen. Angesichts der geistigen Krise im Westen haben sich viele Menschen dem Osten zugewandt, um einen Ersatz für den Gott zu suchen, der sie enttäuscht hat; die Gefahr einer derartigen Strategie war jedoch, so meinte Jung, daß es ihr nicht gelingen könnte, die Ursache der Krankheit, die in uns selbst liegt, an der Wurzel zu treffen. «Studieren Sie den Yoga», riet er, «Sie werden unendlich viel daraus lernen, aber wenden Sie ihn nicht an.»[46] Solche Vorbehalte treffen wie ein Schock den vorschnellen Leser, den man vielleicht dazu gebracht hatte zu glauben, im zwanzigsten Jahrhundert sei Jung einer der Hauptbefürworter der Aneignung des östlichen Weisheitsweges gewesen. In Jung hat man schon oft eine Art Rattenfänger gesehen, der in diesem Jahrhundert einen stetig wachsenden Zug von jungen Leuten auf eine Pilgerfahrt nach Osten führe. Diese Einschätzung ist eine vollkommene Mißdeutung von Jungs Standpunkt und sie versäumt, seine energischen Vorbehalte und Beurteilungen zu berücksichtigen, mit denen er seine Forschungen über den Osten umgab. Zweifellos war er ein großer Bewunderer der östlichen Philosophien, verwies er doch darauf, daß er «diese geistige Errungenschaft des Ostens ... für etwas vom Größten» hielt, «was menschlicher Geist je geschaffen hat»[47], anscheinend stufte er sie häufig höher ein als die westliche Kultur und benutzte sie als ein Werkzeug, um Kritik zu üben an der kulturellen Tradition Europas. Er war davon überzeugt, daß der Westen den Osten gewissermaßen brauche und im Zusammenhang mit der gegenwärtigen spirituellen Krise viel von ihm zu lernen habe. Trotzdem war er sorgfältig darauf bedacht, sich von ihm abzusetzen, und hielt seine Begeisterung für ihn innerhalb wohldefinierter Grenzen.

Die erste dieser Grenzen betrifft die eigentlichen metaphysischen Grundlagen der östlichen Philosophie. Bei seiner Annäherung an *alle* religiösen und metaphysischen Überzeugungen, die westlichen wie die östlichen, von der Alchemie und der Astrologie bis hin zur christlichen Theologie, machte sich Jung ausdrücklich einen *phänomenologischen* Zugang zu eigen. Das heißt, daß er alle transzendenten, die Erfahrung übersteigenden Voraussetzungen in Klammern setzte und sich allein um die Erfahrung als solche kümmerte. Er betonte: «Daher ist unsere Psychologie eine Wissenschaft der bloßen Phänomene ohne irgendwelche metaphysischen Implikationen.»[48] «Darum entkleide ich die Dinge ihres metaphysischen Aspektes, um sie zu Objekten der Psychologie zu machen.»[49] So bezog er sich, um ein Beispiel aus der christlichen Theologie zu verwenden, bei der Behandlung der Auferstehungslehre nicht auf deren vermeintliche transzendente oder theologische Bedeutung, sondern vielmehr auf ihren symbolischen und psychologischen Sinn. Auch bei seinen weitreichenden Forschungen über die Alchemie befaßte er sich nicht mit den metaphysischen Lehrmeinungen, die für sich beanspruchten, ihr Fundament zu bilden, sondern vielmehr mit ihrer Bedeutsamkeit für die Erfahrung psychischer Wandlung. In dieser Hinsicht glich seine Methodologie der eines Anthropologen, der beispielsweise die religiösen Überzeugungen einer Kultur untersucht und zugleich bemüht ist, in der Frage der Wahrheit oder der Gültigkeit derartiger Überzeugungen keine Position zu beziehen.

Dies ist die Richtung, die Jung im Hinblick auf die Lehren östlicher Religionen verfolgte. Auch hier suchte er alle metaphysischen Forderungen beiseite zu lassen, indem er ihnen gegenüber eine agnostische Haltung einnahm und seine Aufmerksamkeit auf ihre psychologische Bedeutung konzentrierte. Er hielt daran fest, daß seine Psychologie rein *empirisch* ausgerichtet sei und sich ausschließlich auf die Äußerungen menschlicher Erfahrung gründe; sie behandelt demgemäß «alle metaphysischen Forderungen und Behauptungen als geistige Phänomene und betrachtet sie als Aussagen über den Geist und seine Struktur»[50]. So liest er in seinem Kommentar über den *Bardo Thödol (Das tibetanische Totenbuch)* den Bericht über die Erfahrungen der toten Seele auf ihrer Reise vom Tod zur Wiedergeburt unter psychologischen Gesichtspunkten, und in seiner Diskussion des *I Ging* beschreibt er seine Annäherungsweise als «psychologische Phänomenologie» und besteht darauf, daß er den Text in rein «pragmatischer Art» verwende und daß deshalb «nichts Okkultes daran zu sein braucht».[51] Wie sehr er sich in seinen Forschungen vom Wahrheitsanspruch östlicher Philosophien distanziert, wird aus einem Brief aus dem Jahr 1935 deutlich, in dem auch seine hermeneutischen Absichten gut zusammengefaßt sind, in dem Jung schreibt:

«Sie scheinen zu vergessen, daß ich in erster Linie Empiriker bin, der nur aus der Empirie heraus an die Frage westlicher und östlicher Mystik herangeführt wurde. Ich gründe mich z. B. keineswegs auf das Tao oder auf irgendwelche Yogatechniken, sondern ich habe gefunden, daß die taoistische Philosophie sowohl wie der Yoga sehr viele Parallelen haben zu den seelischen Vorgängen, wie wir sie beim westlichen Menschen beobachten können.»[52]

Manchmal jedoch nimmt Jung eine radikalere, reduktionistische Haltung ein und scheint zu behaupten, metaphysische Aussagen dürften als *nichts anderes* denn als psychologische Aussagen behandelt werden. So schreibt er in seinem Kommentar zu *Das Geheimnis der Goldenen Blüte*:

«Meine Bewunderung der großen östlichen Philosophen ist so unzweifelhaft, wie meine Haltung zu ihrer Metaphysik unehrerbietig ist. Ich habe sie nämlich im Verdacht, symbolische Psychologen zu sein, denen man keinen größeren tort antun könnte, als sie wörtlich zu nehmen.»[53]

Noch unmißverständlicher ist seine Behauptung: «Die Götter- und Geisterwelt ist ‹nichts als› das kollektive Unbewußte in mir.»[54] Diese Bemerkungen scheinen nicht gerade nahezulegen, daß metaphysische Forderungen in agnostische Parenthesen eingeschlossen werden sollten, sondern vielmehr, daß solche Forderungen überhaupt keine wirklich metaphysischen Forderungen sind, eine Ansicht, die von dem folgenden Ratschlag gestützt wird:

«Jegliche Aussage über das Transzendente soll vermieden werden, denn sie ist stets nur eine lächerliche Anmaßung des menschlichen Geistes, der seiner Beschränktheit unbewußt ist.»[55]

Das Wort «Beschränktheit» ist hier wichtig, es führt zu weiteren Einschränkungen, denn es verweist auf die Tatsache, daß Jungs ganze Philosophie stark von der KANTschen Kritik der menschlichen Vernunft durchdrungen ist, wonach Ansprüche an das Wissen eine bestimmte, umschriebene Grenze nicht überschreiten können. Metaphysische Forderungen, östliche wie westliche, übertreten diese Grenzen, und in Jungs Augen tendieren einige östliche Philosophien besonders dazu, dies zu tun. Er glaubte, daß indische metaphysische Spekulationen eines festen empirischen Fundaments ermangeln und implizit auf präkantianischen Annahmen über den tatsächlichen grenzenlosen Wissensbereich des Menschen beruhen. An bestimmten, entscheidenden Punkten hat «östliche Intuition ... ihre Grenzen überschritten»[56], und die Yogaphilosophie im besonderen leidet an einer «merkwürdige(n) Abtrennung von der Welt der konkreten Einzelheiten, die wir Realität nennen».[57]

Dieses Überschreiten der Wirklichkeit und die Abtrennung von ihr wurden in Jungs Denkweise in dem offenkundig, was die Yogalehre zum *Selbst* ausführte. Jung war davon überzeugt, daß seine eigene Vorstellung von der Psyche und dem Selbst eine starke Ähnlichkeit mit dem zentralen Thema der Yogaphilosophie aufwies und daß das indische Konzept des *Atman* eine genaue Parallele zur psychologischen Idee des Selbst bildete. Das Selbst repräsentierte in den Augen Jungs die Verwirklichung des größtmöglichen Potentials der Psyche, und im Gegensatz zur FREUDschen Tradition verstand er das Ich nicht als einen unter Umständen absoluten Herrscher, der über die Kräfte im Innern der Psyche regiert, sondern als wesentlichen Bestandteil eines dynamischen Systems. Deshalb hatte er große Sympathie für die Yogalehre und ihr Bedürfnis, über die Enge des individuellen Ich hinauszugelangen und eine höhere Eigenpersönlichkeit zu gewinnen, in der das Individuum seine Identität mit reiner kosmischer Bewußtheit erlebt. Doch an dieser Stelle macht sich in dem Dialog zwischen dem westlichen Denker und seinem östlichen Gegenüber eine tiefe Spaltung bemerkbar. Das höchste Ziel des Yoga ist nicht einfach die Integration des Ich in die Ganzheit des Selbst, sondern eher ein Zustand des vollkommenen Versunkenseins *(Samādhi),* in dem die einzelne Person als solche praktisch aufhört zu existieren. Das Ziel des Yoga, so glaubte Jung, ist die Identität mit dem «universalen Bewußtsein», das jedoch, «logisch betrachtet, identisch mit Unbewußtheit» ist, «was an völlige Identität der subjektiven und objektiven Gegebenheiten grenzt».[58]

Hier begegnete Jung zwei wesentlichen Schwierigkeiten. Die erste war theoretischer Art, denn in der abschließenden Analyse konnte er keinen logischen Sinn ausmachen. Während es für die Yogaphilosophie kein Problem ist, sich ein Selbst zu denken, in dem das Ich des einzelnen in eine höhere Ganzheit aufgenommen wurde, konnte sich Jung im Unterschied dazu «einen bewußten geistigen Zustand, der nicht auf ein Subjekt, d. h. ein Ich bezogen ist, nicht vorstellen», denn wenn «kein Ich existiert, ist niemand da, dem etwas bewußt werden kann».[59] Damit eine höhere Eigenpersönlichkeit gewonnen werden kann, muß ein individuelles Bewußtsein bestehen bleiben, ein Ich, das die Arbeit tut; es muß «immer jemand oder etwas übrig bleiben, um die Verwirklichung zu erfahren und zu sagen: ‹Ich weiß um die Einswerdung; ich weiß, daß keine Unterschiedenheit besteht.›»[60] Demnach ist für Jung die indische Doktrin der Nicht-Dualität, der schließlichen Aufhebung des Unterschieds zwischen Subjekt und Objekt, ganz einfach ein Widerspruch in sich. Er blieb angesichts des östlichen Monismus letztlich und hartnäckig pluralistisch und behauptete, daß unterhalb des indischen nicht-dualistischen Standpunkts doch «das Universum in seiner ganzen Vielfalt und nicht aufzulösenden Wirklichkeit verborgen» liege.[61]

Eine Konsequenz dieses theoretischen Unterschieds war, daß Jung die Möglichkeit eines endgültig und voll realisierten Zustands der Selbsterleuchtung verwarf. Der Yogaphilosophie zufolge kann das Selbst, wenn auch sehr schwer, einen Zustand der Erleuchtung erreichen, in dem die Psyche sich vollkommen transparent wird und das Ich völlig in das höhere Selbst aufgenommen ist. Doch Jung zufolge kann die Gesamtheit des Selbst, bewußt und unbewußt, dem Ich niemals vollkommen klar werden. Nach seiner Auffassung ist das Leben der Psyche, obwohl fähig zu wachsender Integration und Harmonie, unvermeidlich ein Leben der inneren Spannung und des dialektischen Widerspruchs. Er sagt, «daß das Leben des Unbewußten weitergeht und immer wieder problematische Situationen erzeugt». Und: «Es gibt schlechterdings keine Veränderung, welche unbedingt und auf längste Sicht hinaus gültig wäre. Das Leben will immer wieder aufs neue erworben werden.»[62] Diese Ansicht liegt sowohl mit dem Buddhismus als auch mit dem Yoga offen im Streit, denn beide halten an der Hoffnung auf einen höchsten Erleuchtungszustand fest, in dem Leiden unumkehrbar transzendiert wird. Demgegenüber blieb Jung dabei, daß wir «die völlige Erlöstheit vom Leiden dieser Welt ... wohl der Illusion überlassen» müssen[63]; in der Tat: «Vollständige Befreiung bedeutet Tod.»[64]

Diese Aussage leitet über zum zweiten Typ von Schwierigkeiten, die Jung mit den östlichen Philosophien hatte. Schwierigkeiten von mehr praktischer Art. Wir haben bereits seine Aussage zitiert, daß östliche Philosophien, wie etwa Yoga, trotz ihres großen Weisheitsschatzes von westlichen Menschen nicht nachgeahmt werden sollten, wobei er sogar andeutete, daß ein solcher Versuch mit Sicherheit gefährlich sein werde. So verkündete er mit Blick auf Zenübungen, daß deren «direkte Übertragung ... auf westliche Verhältnisse weder empfehlenswert noch überhaupt möglich»[65] sei, und warnte «vor der so oft versuchten Nachahmung und Anempfindung östlicher Praktiken».[66] Warum war er dieser Ansicht, und wie kann sie mit seiner ausgesprochenen Begeisterung für die psychologischen Einsichten des Ostens versöhnt werden? Bestimmt nicht, weil er von der Überlegenheit des Westens überzeugt gewesen wäre: «Wenn ich mich dermaßen kritisch ablehnend gegenüber dem Yoga verhalte, so bedeutet das keineswegs, daß ich diese geistige Errungenschaft des Ostens nicht für etwas vom Größten halte, was menschlicher Geist je geschaffen hat.»[67] Und oft wiederholte er Meinungen wie: «Es ist gerade der Osten, der uns ein anderes, weiteres, tieferes und höheres Begreifen lehrt.»[68]

Wollen wir uns auf diesen scheinbaren Widerspruch in Jungs Denken einen Reim machen, so müssen wir verstehen, daß Jung ein ausgeprägtes Gefühl für das kulturelle und historische Eingebettetsein religiöser und philosophischer Überzeugungen hatte. Er betrachtete Kulturen wie zum Beispiel die indische, die chinesische und die europäische mit ihren komplexen Denkmustern und ihren rituellen und emotionalen Reaktionen als fest in ihrer spezifischen Geschichte und ihren Traditionen verwurzelt. Für ihn waren sie lebendigen Organismen gleich; und auch das menschliche Bewußtsein selbst ist wie ein Organismus, der sich an eine einzigartige Umgebung angepaßt hat und in ihr wächst; demnach ist es irrig anzunehmen, Menschen des Westens könnten sich von ihren besonderen geschichtlichen Wurzeln trennen und sich auf andere aufpfropfen. Im besten Fall führt ein solcher Versuch zu oberflächlicher Imitation, ohne daß man eine andere Kultur jemals wirklich integrieren und ganz verstehen könnte, und im schlimmsten Fall könnte er zu ernster psychischer Desorientierung und sogar zur Psychose führen. Aus diesem Grund war Jung so konsequent kritisch gegenüber dem eingestellt, was er als den Versuch beschrieb, «fertige Symbole, gewachsen auf exotischem Boden», anzuziehen «wie ein neues Kleid», denn: «Wenn man nun versuchte, seine Blöße mit orientalischen Prunkgewändern zu verhüllen, wie es die Theosophen tun, so würde man seiner eigenen Geschichte untreu.»[69] Häufig war ein solcher Versuch westlicher Menschen symptomatisch für ein Konsumverhalten, das ihre Neigung verriet, den augenblicklichen Krankheiten mit Hilfe von Palliativen zu entkommen, die sie aus exotischen fernen Ländern bezogen. Unser «Nachahmungstrieb» verleitet uns dazu, «derartige ‹magische› Motive aufzugreifen und sie äußerlich wie eine Salbe zu gebrauchen».[70] Die Konsequenzen können Jung zufolge in der Tat in manchen Fällen ganz furchtbar sein. Die tranceähnlichen Zustände, die im Yoga und in den wirkkräftigen Techniken des Tantrismus gesucht werden, waren besonders zu fürchten, denn in ihnen lag die reale Gefahr verborgen, daß westliche Menschen, da ihnen der kulturelle Halt fehlt, für den innerhalb der traditionellen indischen Lebensweise gesorgt ist, in einen psychotischen Zustand versetzt werden könnten.

Statt dessen sollten wir, so betonte Jung, unseren Problemen mit unseren eigenen Methoden entgegentreten. Yoga und seine Philosophie können uns inspirieren und motivieren, um aber im Einklang zu sein mit uns und unserem kulturellen Erbe, müssen wir einen Pfad des psychischen Wachstums und der spirituellen Entwicklung suchen, der bei unseren eigenen inneren Ressourcen beginnt. Es ist daher wichtig für uns, «auf unserem Boden und mit unseren Methoden aufzubauen». «Wir müssen von innen zu den östlichen Werten gelangen, nicht von außen, wir müssen sie in uns, im Unbewußten, suchen.»[71] Im Verlauf der Jahrhunderte, so meinte Jung, werde der Westen seine eigene Form des Yoga entwickeln, die den angestammten kulturellen Ressourcen des Abendlandes entspringt, wobei die Psychotherapie schon einen bedeutenden Schritt in diese Richtung darstellt.

Fragen an Jung

An dieser Stelle erheben sich unvermeidlich einige Fragen und Probleme. Im Licht der oben angeführten Überlegungen könnten wir uns langsam wundern, warum es, nach der Ansicht Jungs, wünschenswert oder gar möglich sei, sich überhaupt auf den Osten einzulassen; denn wenn dessen Wege zu geistigem Wachstum im Vergleich mit den unsrigen so völlig andersartig sind, welchen Vorteil bringt es, mit ihm ein Gespräch zu beginnen? Zuallerlerst kann man sich fragen, ob Jungs Annäherung an den Osten in gewissem Sinn zu vorsichtig war, insgesamt zu eurozentrisch. Im Licht der späteren Geschichte mögen seine Befürchtungen, die er in den dreißiger Jahren in Worte faßte, unnötig einschränkend anmuten, ist doch die Beschäftigung mit den Idealen und Methoden des Yoga und Zen, seit Jung seine Warnungen formulierte, noch mit exponentialer Geschwindigkeit angewachsen. Es ist wahr, bei einer «gedankenlosen» Aneignung der östlichen Methoden lauern Gefahren, wie er mit Recht betonte. Viele Psychiater hatten in den sechziger Jahren mit jungen Leuten zu tun, deren vollständiges Eintauchen in die östlichen Praktiken zu geistigem Zusammenbruch geführt hatte. Alle

Anzeichen lassen aber darauf schließen, daß im großen und ganzen die Yogatechniken des Hinduismus, des Buddhismus und des Taoismus erfolgreich in die westliche Kultur einbezogen werden und ihre Wirkungen in einer Vielzahl von Zusammenhängen nützlich sein können. Um Jung gegenüber fair zu sein: Man konnte kaum von ihm erwarten, daß er die kulturelle Explosion im Gefolge des Zweiten Weltkriegs hätte voraussehen können oder das Ausmaß, in dem die Kulturen der Welt sich zunehmend miteinander vernetzen würden; doch die Verwirklichung seines Projekts, «unseren eigenen Yoga zu schaffen», hat schon begonnen: auf tausenderlei Weise in Bereichen wie der allgemeinen Gesundheitspflege, der Psychotherapie, beim persönlichen Wachstum und in der Berufsausbildung.

Vielleicht hat Jung das Ausmaß, in dem die Menschen in ihrer eigenen Kultur «verwurzelt» und deshalb daran gehindert sind, an einer anderen sinnvoll teilzuhaben, auch zu übertrieben dargestellt. Bei seinem Versuch, die fundamentalen Unterschiede zwischen Ost und West hervorzuheben, geriet er in Denkweisen über Kulturen und kulturelle Unterschiede, die uns heute naiv vorkommen. Zu oft scheint er populäre Stereotypen zu bekräftigen, wenn er beispielsweise Redewendungen gebraucht wie «der geheimnisvolle Osten», «der verwirrende Geist des Ostens», «die Unergründlichkeit Indiens» oder «die träumende Welt Indiens», und seine wiederholten Hinweise auf «die Fremdheit» und die «Unverständlichkeit» der Seele des Ostens bergen in sich die Gefahr, uns in alle möglichen Vorurteile einzusperren, von denen wir uns seit einiger Zeit zu befreien suchten. Die Gefahr liegt hier nicht bloß darin, daß wir Unterschiede, wie etwa die Kennzeichnung des Westens als «extravertiert» und die des Ostens als «introvertiert», allzusehr vereinfachen, sondern daß wir die Meinung unterstützen, es gebe einige fundamentale, wesentliche Unterschiede in der Mentalität der Menschen des Ostens und des Westens – eine solche Einstellung kann leicht in Rassismus der einen oder anderen Art hineingleiten. Jung selbst kam dem gefährlich nahe, als er in den dreißiger Jahren eine Psychologie der nationalen Unterschiede zu entwickeln suchte und darlegte, Juden und Arier seien in psychologischer Hinsicht verschieden beschaffen. Zu seiner Verteidigung sagte Jung, sein Versuch, zwischen germanischer und jüdischer Psychologie zu unterscheiden, enthalte kein Werturteil, und es solle dabei «keine Minderbewertung der semitischen Psychologie gemeint sein, so wenig als es eine Minderbewertung des Chinesen bedeutet, wenn von der eigenartigen Psychologie des fernöstlichen Menschen die Rede ist»[72]. Dennoch möchte uns heute seine Rede von «der eigenartigen Psychologie des fernöstlichen Menschen» als ebenso unannehmbar erscheinen wie seine Rede von der eigenartigen Psychologie der Juden.

Eine gegenteilige Kritik wurzelt darin, daß Jung, nachdem er beschlossen hatte, der Osten gehöre zu einem Begriffssystem, das vollkommen «anders» sei, noch weiterging und diesem vermittels seiner eigenen psychologischen Theorie einen Sinn zu geben versuchte. Wenn wir Jungs Bemühen um einen Dialog prüfen, kommen wir nicht umhin zu fragen, ob er nicht einfach alte spirituelle Überlieferungen des Ostens seinen eigenen westlichen psychologischen Theorien angeglichen hat. Sein erklärtes Ziel, eine «Verständnisbrücke» zwischen Ost und West bauen zu wollen, ist bewundernswert, und sein unentwegt wiederholter Lobpreis der östlichen Philosophien stellt ein belebendes Gegengift gegen die westliche Arroganz dar, seine Versuche jedoch, östliche Weisheit in die Sprache der analytischen Psychologie zu übertragen, machen seinen «Dialog» manchmal zu einer etwas einseitigen Angelegenheit. Hier haben wir ein Problem, das uns über Jung hinausführt, denn Kritiker stellten in den letzten Jahren oft die Frage, ob es jemals einen echten Dialog zwischen Ost und West geben könne, solange eine Seite in der Position faktischer Kontrolle verharre und die europäische Denkweise dabei den Rang einer planetaren Herrschaft beibehalte. Jungs eigene Betrachtungsweise macht dieses Problem besonders deutlich. Daß er versucht, östliche metaphysische Forderungen in Parenthesen einzuschließen und sie rein phänomenologisch zu behandeln, klingt harmlos genug, aber wie wir gesehen haben, gleitet dieser Versuch unmerklich hinüber in eine entwertende Haltung, die sich weigert, die östliche Philosophie aus ihr selbst heraus ernst zu nehmen.

Die Richtung der Kritik zielt auf die theoretische wie auch auf die praktische Ebene. Auf der theoretischen Ebene bleibt uns nur zu fragen, bis zu welchem Grad Jung die östliche Metaphysik angemessen begriffen hat. Wir haben bereits seine Bedenken im Hinblick auf den Begriff des *Samādhi* zur Kenntnis genommen, bei dem der einzelne in einen höheren Seinszustand versetzt sein soll. Könnte es nicht sein, daß Jung hier, wie Kritiker, etwa ALAN WATTS, nahelegen, einfach seinem eigenen westlichen Begriffssystem auf den Leim gegangen ist und dessen kategorischem Beharren auf der Dualität von Subjekt und Objekt, die von der Subjekt-Prädikat-Struktur der westlichen Sprachen gestützt wird? Jung neigte dazu, den Zustand des *Samādhi* als eine Regression in einen primitiveren Zustand zu verstehen, wie er sich unheilvoll in der Massenhysterie Nazideutschlands manifestierte. Doch Yogaphilosophie weist in eine andere Richtung und fordert uns auf, uns die Möglichkeit eines höheren Bewußtseinszustands vorzustellen, in dem das Bewußtsein nicht ausgelöscht, sondern in einen Zustand übergeführt ist, wo die Bedürfnisse und Beschränkungen des individuellen Ich aufhören, von Bedeutung zu sein. Dies könnte als ein geistiger Zustand beschrieben werden, der den gewöhnlichen Bewußtseinszustand transzendiert, und Jungs Versuch, ihn mit dem Individuationsprozeß zu vergleichen, der rein psychisch ist, könnte dann durchaus eine Verdrehung beider Konzepte zur Folge haben.

Eng damit verknüpft sind praktischere Fragen, welche die Meditation betreffen. Jungs Vorbehalte gegenüber der Anwendung der Yogapraxis sind, wie ich vorgetragen habe, nicht ganz und gar grundlos, selbst nicht in einer Zeit, in der die Meditationspraxis im Westen recht weit verbreitet ist. Es bleibt trotzdem der bohrende Verdacht bestehen, daß Jung das Wesen der Meditation mißverstanden oder jedenfalls viel zu eng gefaßt hat. Die diesbezügliche Kritik richtet sich darauf, daß Jung diese zentrale spirituelle Praxis des Ostens mit ihrer Konzentration und Versenkung in dem Sinn verstanden habe, daß beim Praktizierenden ein tranceähnlicher Zustand herbeigeführt werde, in dem er sich von der Welt entferne und dem Unbewußten ausliefere, was eine Auflösung des Ich zur Folge habe und zurückführe zu einer Erfahrung der Einheit und Zeitlosigkeit. Eine derartige Kritik ist nicht ganz richtig, denn in seiner Diskussion über Zenmeditation schrieb Jung ausdrücklich *Zazen* (Meditation) das Ziel zu, das Bewußtsein mehr zu verfeinern als zu transzendieren: «Es handelt sich eben nicht darum, daß etwas *anderes gesehen* wird, sondern daß man *anders sieht*», argumentierte er, und er sprach vom *Satori* als von einer «Erleuchtung», einer «Offenbarung» und einem Einblick in das Selbst.[73] Dennoch ist es wahr, daß seine Darstellungen über Meditation im allgemeinen den Verlust des rationalen, denkenden Bewußtseins hervorheben wie auch einen Rückzug von der äußeren Welt, vom Körper, den Sinnen und allen praktischen Dingen und daß er von ihr als von der «Leere des Tiefschlafs» und von «einem Zustand von Traum oder Selbsthypnose» spricht, der den Menschen «der Welt und ihren Illusionen entrücken kann».[74] Eine solche Auffassung trifft zwar auf einige Yogamethoden und -schulen zu, läßt aber nicht der ganzen Breite von Praktiken, die man in Asien findet, Gerechtigkeit widerfahren; zugleich hat sie die Tendenz, bestimmte recht verhängnisvolle Mythen und Stereotypen über östliche Religionen im westlichen Denken aufrechtzuerhalten.

In dieser Hinsicht muß man anerkennen, daß Jungs Deutung der östlichen Philosophien, wenn auch oft kühn und neuartig, in vielem von der Zeit abhängig war, in der er lebte, und vom Zustand der Forschung, die damals vorherrschte. Einige der Interpretationsprobleme, die wir gerade besprochen haben, sind darauf zurückzuführen, daß in den ersten Dekaden des Jahrhunderts, als Jung seine Ideen entwickelte, die abendländische Meinung über indische Philosophie von der neukantianischen neuromantischen Ansicht des neunzehnten Jahrhunderts dominiert wurde, die indische Philosophie gründe in dem Glauben, die Welt sei eine Illusion. Das höchste Ziel sei es, den Schleier der *Mâjâ* zu durchdringen und völlige Gleichheit mit der zeitlosen Welt des Jenseits zu erreichen, eine Deutung, die in der zweiten Hälfte dieses Jahrhunderts eine beträchtliche Wandlung erfahren hat. Außerdem können heute die Übersetzungen östlicher Texte, mit denen Jung gearbeitet hat, in vielem als unzulänglich und sogar verderbt eingeschätzt werden. Zum Beispiel wird RICHARD WILHELMS Übersetzung von *Das Geheimnis der Goldenen Blüte,* so wertvoll sie gewesen sein mag, um den Westen in das taoistische Denken einzuführen, heute von Gelehrten als eine in vieler Hinsicht mangelhafte Übertragung eines Textes beurteilt, der seinerseits bereits eine verstümmelte und gereinigte Version des Originals gewesen war. Auch hält man heute die Übersetzungen tibetischer Texte durch EVANS-WENTZ, zu denen Jung psychologische Kommentare schrieb, für im wesentlichen entstellt, und zwar als Folge technischer Unzulänglichkeiten des Übersetzers – er war ein keltischer Gelehrter, der wenig Tibetisch verstand – und infolge der Tatsache, daß sein Ansatz von seinen theosophischen Überzeugungen gefärbt war. Sogar im Fall der Sekundärquellen, wie etwa SUZUKIS *Die große Befreiung,* gibt es vergleichbare Probleme. Es ist unmöglich, die historische Bedeutung der Rolle SUZUKIS bei der Einführung des Zen im Westen zu überschätzen, aber seine Ansichten über Zen sind in den letzten Jahrzehnten zum Gegenstand einiger Kontroversen geworden, besonders seine Hervorhebung der *Kôan*-Technik zuungunsten der *Zazen*-Meditation. Diese Einseitigkeit sickerte unvermeidlich in Jungs eigene Lesart, welche die plötzliche und irrationale Natur der Erleuchtungserfahrung betont. Jung war sich keiner dieser Unzulänglichkeiten in den von ihm benutzten Übersetzungen bewußt, und er kann nicht dafür verantwortlich gemacht werden, daß sich die Wissenschaft vom Osten seit seiner Zeit weiterbewegt hat. Dennoch müssen diese Überlegungen unbedingt die Art und Weise beeinflussen, wie wir heute Jungs Schriften über dieses Thema lesen.

Jung für die heutige Zeit

Es gibt also wichtige Fragezeichen im Hinblick auf Jungs Methode, seine Deutungen und die Texte, die er benutzte. Dennoch, von einem historischen Standpunkt aus gesehen, muß Jungs Beschäftigung mit dem Osten unbedingt als eine bedeutsame Unternehmung betrachtet werden, da er sich gleichsam auf Meeren bewegte, die auf keiner Karte verzeichnet waren, und dabei seinen Ruf riskierte. Sicher übernahm er vieles von den ganz Großen, auf deren Schultern er stand (etwa LEIBNIZ und SCHOPENHAUER) und die sich seit der Aufklärung darum bemühten, europäisches Denken in einen globalen Zusammenhang zu integrieren, doch hatten seine Versuche, die Psychotherapie – damals noch im zarten Kindesalter – mit Buddhismus und Yoga in Beziehung zu setzen, für das geistige Leben des Westens eine Ausdruckskraft, die ganz neu und schöpferisch war und noch lange in der Zukunft ihr Echo haben wird. Es ist schwierig, innerhalb eines größeren akademischen Kontextes den Einfluß von Jungs hermeneutischer Beschäftigung mit dem Osten genau zu beurteilen. Die Liste der Denker, die sich, nicht immer unkritisch, mit Jungs Ideen in diesem Bereich befassen, ist lang und bemerkenswert und umfaßt unter anderem den Historiker ARNOLD TOYNBEE, die Anthropologen MARY DOUGLAS und RODNEY NEEDHAM, den Theologen PAUL TILLICH und die Religionshistoriker R. C. ZAEHNER und EDWARD CONZE. TOYNBEE zum Beispiel machte in seinem Versuch, seine eigene Brücke der Verständigung zwischen Ost und West zu errichten, viel Wesens darum, was er alles Jungs Ideen über östliche Philosophie verdanke; und der ausgezeichnete Orientalist ZAEHNER profitierte viel von Jungs Ideen, weil sie, wie er es ausdrückte, «offenbar vieles in den orientalischen Religionen aufhellen, das zuvor dunkel geblieben war». Jungs Wirkung ist auch in dem an Bedeutung zunehmenden Bereich der vergleichenden Religionswissenschaft deutlich sichtbar, wo sein bahnbrechendes Beispiel inzwischen oft anerkannt worden ist, insbesondere was den immer wichtigeren Dialog zwischen den großen Weltreligionen betrifft. Und trotz all der Vorbehalte und

Warnungen, in die Jung seine Aussagen zu diesen Fragen einzuhüllen versuchte, haben seine Schriften über die östlichen Religionen seit den Tagen der Beat- und Hippiegeneration auf viele junge Menschen eine große Anziehungskraft ausgeübt, die, enttäuscht von ihren angestammten Überlieferungen, vom Osten Inspiration erhoffen.

Aber wie steht es mit Jungs Bedeutung für die heutige Zeit? Die wissenschaftliche Forschung hat sich weiterbewegt, der Dialog zwischen den Religionen folgt seinem eigenen Schwung, und die ungestüme Begeisterung der fünfziger und sechziger Jahre ist nun Gegenstand der Geschichte. Doch Jungs Schriften über den Osten sind auch heute noch äußerst relevant und können immer noch mit großem Gewinn unter ganz verschiedenen Gesichtspunkten gelesen werden. Selbst wenn wir nicht all seinen Deutungen und Folgerungen zustimmen: Der rein intellektuelle Eifer, mit dem er den als fremdartig und sogar exotisch betrachteten Texten ferner Kulturen gegenübertrat, wie auch seine vorausschauenden Einsichten über viele der Probleme, die weiterhin die vergleichende Forschung beschäftigen, konstituieren ein Modell für moderne Geisteswissenschaftler. Ich habe in dieser Einleitung zu zeigen versucht, daß Jungs Annäherung an die Anschauungen und Texte des Ostens weitaus kritischer und reflektiver war, als oft vermutet wird. Er war sich der begrifflichen Probleme, die mit der Übertragung der grundlegenden Begriffe des Ostens in westliche Sprachen verbunden waren, deutlich bewußt, und seine Erkenntnis, daß es notwendig sei, das «Anderssein» der Schriften und Kulturen, mit denen er sich befaßte, zu bewahren, findet gegenwärtig ihren Widerhall in wichtigen intellektuellen Auseinandersetzungen. Die Kritik von Leuten wie WATTS, die wir oben erwähnt haben, könnte das Wesentliche verfehlen: daß Jung sich nämlich in eine philosophische Debatte mit dem Osten einließ und dessen angeblich ewige Wahrheiten nicht einfach unkritisch verschlungen hat. Es ist bemerkenswert, daß der Titel des ersten Abschnitts in Jungs Kommentar über *Das Geheimnis der Goldenen Blüte* – sein wohl bedeutendster Beitrag auf diesem Gebiet – lautet: «Warum es dem Europäer schwer fällt, den Osten zu verstehen». Der Titel signalisiert deutlich, daß sein Zugang eher eine bedachtsame Begegnung als eine blinde Überantwortung war, und zwar seit dem Beginn seiner intensiv dem Osten gewidmeten hermeneutischen Arbeitsperiode. Diese Art der Annäherung ist mit ein Grund, warum Jung uns auch heute noch anzusprechen vermag.

Es gibt aber noch wesentlichere Gründe dafür, daß wir unser Gespräch mit Jung fortsetzen. In der Zeit, als er die meisten seiner Abhandlungen über östliches Denken schrieb, blühten die modernistischen Anschauungen des Positivismus und Marxismus. Beide standen nicht nur der Religion im allgemeinen in unversöhnlicher Feindschaft gegenüber, sondern allem, was nach Mystik schmeckte, und beide unterstützten eine aggressive Konfrontation mit Denkweisen, die nicht in den vorgeschriebenen Rahmen des wissenschaftlichen Rationalismus paßten. Doch das geistige Klima hat sich inzwischen dramatisch verändert. In den letzten Jahrzehnten des zwanzigsten Jahrhunderts bildete sich eine pluralistischere relativistische Wissenschaftslehre heraus, in der Erkenntnis abhängig ist von der Möglichkeit auseinanderstrebender und wetteifernder Denkwege. Und obwohl das Zeitalter großartiger Systematisierungen heute wohl als vergangen eingeschätzt wird, verzeichnen wir eine wachsende Bereitschaft, sich in einem einfühlenden Dialog wieder mit dem auseinanderzusetzen, was bis vor kurzem als überlebte und verworfene Denkweisen und Erfahrungen betrachtet wurde. Typisch dafür ist die Anerkennung durch verschiedene Fachleute, daß Entwicklungen in der neuen Physik auffallende Ähnlichkeiten mit den sogenannten «mystischen» Ideen der alten Taoisten aufweisen. Diese Einsicht war von Jung in seinen Überlegungen über Synchronizität und das *I Ging* schon vorweggenommen worden. Ein weiteres Beispiel ist der Versuch, ein neues holistisches Paradigma zu formulieren, das mit den heutigen ökologischen und die Umwelt betreffenden Werten vereinbar ist, wobei sich gar manche dem Osten zuwenden, um sich inspirieren zu lassen – dort wo auch Jung begonnen hatte, Forschungen anzustellen.

Obwohl es ein Fehler wäre, Jungs Denken mit der sogenannten postmodernen Weltanschauung gleichzusetzen – seine Beschäftigung mit dem Selbst als Ziel des Lebens und mit universellen archetypischen Strukturen verhindern dies –, zeigt sein hermeneutischer Zugang zum östlichen Denken, in mancher Hinsicht eine Übereinstimmung mit neuen intellektuellen Einstellungen. Diese Übereinstimmung wird auf vielerlei Weise deutlich: in seiner unehrerbietigen, wenn nicht gar dekonstruktiven Haltung gegenüber östlicher Metaphysik, in seiner Weigerung, dem westlichen Bewußtsein eine privilegierte Stellung einzuräumen, in seiner Ablehnung der Idee des unvoreingenommenen Beobachters und, vielleicht am deutlichsten, in seiner Erkenntnis, daß jeder Versuch, Texte und Ideen aus dem Osten zu interpretieren, unvermeidlich in ein Durcheinander linguistischer und symbolischer Vieldeutigkeit gerät. Am nächsten steht er wohl dieser Denkweise, wenn er im letzten Absatz seiner Autobiographie LAO TSE zitiert: «Alle sind klar, nur ich allein bin trübe.»

Vor allem aber wird Jungs Stimme immer noch wohlwollend von denen gehört werden, die sich auf ihrer Suche nach Selbst-Verständnis, persönlichem Wachstum und spiritueller Erleuchtung weiterhin nach Osten wenden. Die übertriebene Lobhudelei, mit der östliche Weisheit bedacht wurde und die kennzeichnend ist für verschiedene Bewegungen im Westen, von den Theosophen bis hin zu den Hippies, ist in manchem einer gemäßigteren, nachdenklicheren Annäherungsweise gewichen, deren Anziehungskraft zwar nicht weniger weit reicht und die nicht weniger ernsthaft ist in ihrem Wunsch, die bekannten und die unbekannten Unzufriedenen ihrer Zeit anzusprechen, die aber doch auch viele darauf vorbereitet hat, sich uneingeschränkt mit Ideen und Praktiken einer Vielzahl nicht-westlicher Kulturen abzugeben und sie zu erleben, ohne deshalb ungestüm das eigene kulturelle Erbe wegzuwerfen. Es ist reizvoll, darüber nachzudenken, ob Jung, wäre er Zeuge dieser Entwicklungen gewesen, einige seiner Vorbehalte gemildert und die neuen Tendenzen als eine Fortsetzung seines Projektes, eine Verständigungsbrücke zwischen Ost und West zu bauen, betrachtet hätte.

Anmerkungen

Falls nicht anders vermerkt, beziehen sich die Ziffern in diesen Anmerkungen auf die Seiten der vorliegenden Sammlung.

1 S. 94 (GW/I § 28)
2 «Über den indischen Heiligen. Einführung zu H. Zimmer: *Der Weg zum Selbst*», in: C. G. Jung: Gesammelte Werke in 20 Bänden, herausgegeben von Lilly Jung-Merker, Elisabeth Rüf und Leonie Zander. Walter-Verlag Olten und Freiburg im Breisgau 1971 ff. (= GW); Band 11, §§ 963 und 961.
3 *Erinnerungen, Träume, Gedanken von C. G. Jung*. Aufgezeichnet und herausgegeben von Aniela Jaffé. Walter-Verlag Olten und Freiburg im Breisgau 1971, S. 24.
4 Vgl. S. 109–113
5 Vgl. S. 61–71
6 S. 70 [bei Clarke: «than from any other man» (Anm. Übers.)] (GW 15 § 96)
7 *Erinnerungen, Träume, Gedanken*, S. 382.
8 S. 61 (GW 15 § 74)
9 Vgl. S. 114–161

10 Vgl. S. 162–184
11 S. 72 (GW 11 § 950)
12 S. 79 (GW 11 § 961)
13 Vgl. S. 72–82
14 Vgl. S. 202–212
15 Vgl. S. 51–60 (Erinnerungen, bes. S. 280ff.)
16 S. 51 (Erinn. S. 278)
17 S. 59 (Erinn. S. 286)
18 S. 73 (GW 11 § 952)
19 S. 52 (Erinn. S. 278f.)
20 Vgl. S. 243–259
21 Vgl. S. 260–279
22 S. 270, 265 (GW 11 §§ 776 u. 769 – engl. S. nicht korrekt angegeben)
23 Vgl. S. 280–300
24 S. 280, 282, 283 (Zitate verstreut in GW 11 §§ 877, 881, 882)
25 Vgl. S. 312, 310 (Zitate in GW 18 §§ 1588 u. 1577)
26 C. G. Jung: *Briefe*. 3 Bände, herausgegeben von Gerhard Adler und Aniela Jaffé. Walter-Verlag Olten und Freiburg im Breisgau 1972, 1973, zitiert als Jung, *Briefe I–III*. Hier Jung, *Briefe III*, S. 291.
27 S. 56 (Erinn. 283)
28 Vgl. S. 301–307, insb. 301 (Zitat in Erinn. 199)
29 S. 52 (Erinn. 279)
30 S. 188 (GW 6 § 192)
31 S. 303 (Erinn. 201)
32 GW 13, S. 13.
33 S. 119 (GW 13 § 11)
34 S. 155 (GW 13 § 75)
35 S. 118 (GW 13 § 10)
36 S. 261, 265 [Hervorhebung Hrsg. (Anm. Übers.)] (GW 11 §§ 762 u. 769)
37 S. 283, 280 (GW 11 §§ 872, 882 und 877)
38 S. 162 (Erinn. 380)
39 Vgl. S. 162–184
40 GW 7, §§ 438 und 430.
41 *Modern Man in Search of a Soul*. London: Routledge 1984, S. 266 [deutsch zitiert nach GW 11, § 514].
42 Ebenda, S. 268 [deutsch zitiert nach GW 11, § 516].
43 GW 14/II, § 368
44 *Modern Man in Search of a Soul*, S. 250 [deutsch zitiert nach GW 10, § 190].
45 S. 277 (GW 11 § 786)
46 S. 218 (GW 11 § 868)
47 S. 221 (GW 11 § 876)
48 S. 260 (GW 11 § 759)
49 S. 154 (GW 13 § 73)
50 S. 260f. (11 § 760)
51 [Text in der deutschen Fassung nicht enthalten, deshalb deutsch von Übers. Der engl. Text: «... nothing ‹occult› is to be inferred» (Anm. Übers.)] (GW 11 § 1000??).

52 Jung, *Briefe I*, S. 252.
53 S. 154 = (GW 13 § 74)
54 S. 258 = (GW 11 § 857)
55 S. 158 = (GW 13 § 82)
56 GW 11, § 818.
57 Jung, *Briefe III*, S. 181.
58 GW 9I, § 520.
59 S. 269 = (GW 11 § 774)
60 GW 11, § 817.
61 Ebenda.
62 GW 8, § 142.
63 GW 16, § 400.
64 Jung, *Briefe I*, S. 313.
65 S. 294 = (GW 11 § 905)
66 S. 232 [bei Clarke «indian» statt «östlicher» (Anm. Übers.)]. (GW 11 § 933)
67 S. 221 = (GW 11 § 876)
68 S. 115 = (GW 13 § 2)
69 S. 94 (GW 9/I §§ 27 und 28)
70 GW 12, § 126.
71 S. 269 = (GW 11 § 773)
72 GW 10, § 1014.
73 S. 287 = (GW 11 § 891)
74 Jung, *Briefe I*, S. 387.

Hinweis zu den nachfolgenden Texten von C. G. Jung

Alle Anmerkungen, die sich auf Jungs Schriften in diesem Buch beziehen, stammen von Jung selbst, mit Ausnahme derjenigen in eckigen Klammern, die von den Herausgeberinnen der Gesammelten Werke hinzugefügt wurden, und denjenigen in runden Klammern, die in der englischen Ausgabe dieses Buches zusätzlich angeführt sind und von den Herausgebern oder Übersetzern der englischen Ausgabe von Jungs Gesamtwerk beigefügt wurden. Sie sind jeweils entsprechend gekennzeichnet.
Die unterschiedliche Schreibweise östlicher Begriffe in den verschiedenen Bänden der Gesammelten Werke wurde beibehalten.

Teil I

Der Weg nach Osten

1 Jungs Reise nach Indien

Aus: Erinnerungen, Träume, Gedanken

Die Reise nach Indien (1938) entsprang nicht meiner eigenen Absicht, sondern ich verdankte sie einer Einladung der Britisch-Indischen Regierung, an den Feierlichkeiten teilzunehmen, die anläßlich des 25jährigen Jubiläums der Universität Calcutta stattfanden.

Ich hatte damals bereits viel über indische Philosophie und Religionsgeschichte gelesen und war vom Wert östlicher Weisheit zutiefst überzeugt. Aber ich mußte sozusagen als Selbstversorger reisen und blieb in mir selber wie ein Homunculus in der Retorte. Indien hat mich wie ein Traum berührt, denn ich war und blieb auf der Suche nach mir selber, nach der mir eigenen Wahrheit. So bildete die Reise ein Intermezzo in meiner damaligen intensiven Beschäftigung mit der alchemistischen Philosophie. Diese ließ mich nicht los, sondern veranlaßte mich, den ersten Band des «Theatrum Chemicum» von 1602, der die wichtigsten Schriften des GERARDUS DORNEUS enthält, mitzunehmen. Im Laufe der Reise habe ich das Buch von Anfang bis zu Ende durchstudiert. Ureuropäisches Gedankengut war auf diese Weise in konstante Berührung gebracht mit den Eindrücken eines fremden Kulturgeistes. Beide waren in ungebrochener Linie aus den seelischen Urerfahrungen des Unbewußten hervorgegangen und hatten daher gleiche oder ähnliche, oder wenigstens vergleichbare Einsichten erschaffen.

In Indien stand ich zum ersten Mal unter dem unmittelbaren Eindruck einer fremden, hochdifferenzierten Kultur. Auf meiner afrikanischen Reise waren ganz andere Eindrücke maßgebend gewesen als die Kultur; und in Nordafrika hatte ich nie Gelegenheit gehabt, mit einem Menschen zu reden, der imstande gewesen wäre, seine Kultur in Worte zu fassen. Aber nun hatte ich Gelegenheit, mit Vertretern indischen Geistes zu sprechen und diesen mit dem europäischen Geist zu vergleichen. Das war mir von größter Bedeutung. Ich habe mich mit S. SUBRAMANYA IYER, dem Guru des MAHARADSCHA VON MYSORE, dessen Gast ich einige Zeit war, eingehend unterhalten; ebenso mit vielen anderen, deren Namen mir leider entfallen sind. Hingegen habe ich die Begegnung mit allen sogenannten «Heiligen» vermieden. Ich habe sie umgangen, weil ich mit meiner eigenen Wahrheit vorlieb nehmen mußte und nichts anderes annehmen durfte als das, was ich selber erreichen konnte. Es wäre mir wie Diebstahl vorgekommen, wenn ich von den Heiligen hätte lernen und ihre Wahrheit für mich akzeptieren wollen. Ihre Weisheit gehört ihnen, und mir gehört nur das, was aus mir selber hervorgeht. In Europa vollends kann ich keine Anleihen beim Osten machen, sondern muß aus mir selber leben – aus dem, was mein Inneres sagt, oder was die Natur mir bringt.

Ich unterschätze durchaus nicht die bedeutende Gestalt des indischen Heiligen, maße mir aber keineswegs das Vermögen an, ihn als isoliertes Phänomen richtig einzuschätzen. Ich weiß z. B. nicht, ob die Weisheit, die er ausspricht, eine eigene Offenbarung, oder ein Sprichwort ist, das seit tausend Jahren auf den Landstraßen zirkuliert. Ich erinnere mich an eine typische Begebenheit in Ceylon. Zwei Bauern fuhren mit den Rädern ihrer Karren in einer engen Straße ineinander. Statt des zu erwartenden Streites murmelte jeder mit zurückhaltender Höflichkeit Worte, die wie «adûkan anâtman» lauteten und bedeuteten: «Vorübergehende Störung, keine (individuelle) Seele.» War das einmalig? War es typisch indisch?

Was mich in Indien hauptsächlich beschäftigte, war die Frage nach der psychologischen Natur des Bösen. Es war mir sehr eindrücklich, wie dieses Problem vom indischen Geistesleben integriert wird, und ich gewann eine mir neue Auffassung darüber. Auch in der Unterhaltung mit gebildeten Chinesen hat es mich immer wieder beeindruckt, daß es überhaupt möglich ist, das sogenannte «Böse» zu integrieren, ohne dabei «das Gesicht zu verlieren». Das ist bei uns im Westen nicht der Fall. Für den östlichen Menschen scheint das moralische Problem nicht an erster Stelle zu stehen wie bei uns. Das Gute und das Böse sind für ihn sinngemäß in der Natur enthalten und im Grunde genommen nur graduelle Unterschiede einer und derselben Sache.

Es machte mir tiefen Eindruck, als ich sah, daß die indische Geistigkeit ebensoviel vom Bösen hat wie vom Guten. Der christliche Mensch strebt nach dem Guten und verfällt dem Bösen; der Inder hingegen fühlt sich außerhalb von Gut und Böse oder sucht diesen Zustand durch Meditation oder Yoga zu erreichen. Hier erhebt sich jedoch mein Einwand: bei einer solchen Einstellung haben weder das Gute noch das Böse eigentlich Kontur, und dies bewirkt einen gewissen Stillstand. Man glaubt nicht recht ans Böse, man glaubt nicht recht ans Gute. Am ehesten bedeuten sie das, was *mein* Gutes oder *mein* Böses ist, was mir als gut oder als böse erscheint. Man könnte paradoxerweise sagen, die indische Geistigkeit entbehre ebenso sehr des Bösen wie des Guten, oder aber sie sei dermaßen von den Gegensätzen belastet, daß sie des Nirdvandva, der Befreiung von den Gegensätzen und den zehntausend Dingen, bedürfe.

Das Ziel des Inders ist nicht moralische Vollkommenheit, sondern der Status des Nirdvandva. Er will sich von der Natur befreien und dementsprechend auch in der Meditation in den Zustand der Bildlosigkeit und Leere gelangen. Ich dagegen möchte in der lebendigen Anschauung der Natur und der psychischen Bilder verharren. Ich möchte weder von den Menschen befreit sein, noch von mir, noch von der Natur; denn das alles sind für mich unbeschreibliche Wunder. Die Natur, die Seele und das Leben erscheinen mir wie die entfaltete Gottheit, und was könnte ich mir mehr wünschen? Der höchste Sinn des Seins kann für mich nur darin bestehen, daß es *ist,* und nicht darin, daß es nicht oder nicht mehr ist.

Es gibt für mich keine Befreiung à tout prix. Ich kann von nichts befreit werden, das ich nicht besitze, begangen oder erlebt habe. Wirkliche Befreiung ist nur möglich, wenn ich das getan habe, was ich tun konnte, wenn ich mich völlig hingegeben und völlig Anteil genommen habe. Entziehe ich mich der Anteilnahme, so amputiere ich gewissermaßen den entsprechenden Seelenteil. Es kann natürlich der Fall eintreten, daß mir die Anteilnahme zu schwer fällt, und es gibt gute Gründe dafür, daß ich mich nicht völlig hingeben kann. Aber dann bin ich zum Bekenntnis des «non possumus» gezwungen und zu der Einsicht, daß ich vielleicht etwas Wesentliches unterlassen und eine Aufgabe nicht vollbracht habe. Ein solch eindrückliches Wissen um meine Untauglichkeit ersetzt den Mangel an positiver Tat.

Ein Mensch, der nicht durch die Hölle seiner Leidenschaften gegangen ist, hat sie auch nie überwunden. Sie sind dann im Haus nebendran, und ohne daß er es sich versieht, kann eine Flamme herausschlagen und auf sein eigenes Haus übergreifen. Insofern man zuviel aufgibt, zurückläßt und quasi vergißt, besteht die Möglichkeit und die Gefahr, daß das Aufgegebene oder Zurückgelassene mit doppelter Gewalt zurückkommt.

In Konarak (Orissa) traf ich mit einem Pandit zusammen, welcher mich bei meinem Besuch des Tempels und des großen Tempelwagens liebenswürdig begleitete und belehrte. Die Pagode ist von der Basis bis zur Spitze mit exquisit obszönen Skulpturen bedeckt. Wir unterhielten uns lange über diese bemerkenswerte Tatsache, die er mir als Mittel zur Vergeistigung erklärte. Ich wandte ein – auf eine Gruppe junger Bauern weisend, die mit offenen Mäulern die Herrlichkeiten eben bewunderten – daß diese jungen Leute wohl kaum im Begriffe der Vergeistigung stünden, sondern sich eher ihren Kopf mit sexuellen Phantasien füllten, worauf er entgegnete: «Aber das ist es ja gerade. Wie können sie sich je vergeistigen, wenn sie nicht zuvor ihr Karma erfüllen? Die zugegeben obszönen Bilder sind ja dazu da, die Leute an ihr Dharma (Gesetz) zu erinnern, sonst könnten diese Unbewußten es vergessen!» Ich fand es höchst merkwürdig, daß er glaubte, junge Männer könnten ihre Sexualität vergessen, wie Tiere außerhalb der Brunstzeit. Mein Weiser aber hielt unentwegt daran fest, daß sie unbewußt wie Tiere seien und tatsächlich eindringlicher Ermahnung bedürften. Zu diesem Zwecke würden sie vor dem Betreten des Tempels durch dessen Außendekoration auf ihr Dharma aufmerksam gemacht, ohne dessen Bewußtmachung und Erfüllung sie keiner Vergeistigung teilhaft würden.

Als wir durch das Tor des Tempels schritten, wies mein Begleiter auf die beiden «Versucherinnen» hin, die Skulpturen von zwei Tänzerinnen, die mit verführerisch geschwungenen Hüften den Eintretenden anlächelten. «Sehen Sie diese beiden Tänzerinnen», sagte er. «Sie bedeuten dasselbe. Natürlich gilt dies nicht für Leute wie Sie und ich, denn wir haben eine Bewußtheit erreicht, die darüber steht. Aber für diese Bauernjungen ist es eine unerläßliche Belehrung und Ermahnung.»

Als wir den Tempel verließen und einer Lingamallee entlang spazierten, sagte er plötzlich: «Sehen Sie diese Steine? Wissen Sie, was sie bedeuten? Ich will Ihnen ein großes Geheimnis verraten!» Ich war erstaunt, denn ich dachte, daß die phallische Natur dieser Monumente jedem Kind bekannt sei. Er aber flüsterte mir mit größtem Ernst ins Ohr: «These stones are man's private parts.» Ich hatte erwartet, er würde mir sagen, daß sie den großen Gott Shiva bedeuteten. Ich sah ihn entgeistert an, er aber nickte gewichtig, wie wenn er sagen wollte: «Ja, so ist es. Das hättest du in deiner europäischen Ignoranz wohl nicht gedacht!»

Als ich Zimmer diese Geschichte erzählte, rief er entzückt aus: «Endlich höre ich einmal etwas Wirkliches von Indien!»

Unvergeßlich sind für mich die Stupas von Sanchi. Sie ergriffen mich mit unerwarteter Gewalt und versetzten mich in eine Emotion, die dann bei mir einzutreten pflegt, wenn ich einer Sache oder Person oder eines Gedankens ansichtig werde, deren Bedeutung mir noch unbewußt ist. Die Stupas liegen auf einem Felshügel, zu dessen Anhöhe ein angenehmer Weg über große Steinplatten in grüner Wiese führt. Es sind Grabmäler, bzw. Reliquienbehälter von halbkugeliger Form, eigentlich zwei übereinandergestülpte Reisschalen (konkav auf konkav), entsprechend der Vorschrift des Buddha im Mahā-Parinibbāna-Sûtra. Sie sind von den Engländern in pietätvoller Weise wieder hergestellt worden. Das größte dieser Gebäude ist von einer Mauer mit vier kunstvollen Toren umgeben. Wenn man eintritt, führt der Weg nach links zu einer Circumambulation im Sinne des Uhrzeigers. An den vier Kardinalpunkten stehen Statuen des Buddha. Hat man die eine Circumambulation vollendet, so betritt man einen zweiten höher liegenden Rundweg, der im selben Sinne verläuft. Der weite Blick über die Ebene, die Stupas selber, die Tempelruinen und die einsame Stille des heiligen Ortes bilden ein unbeschreibliches Ganzes, das mich ergriff und festhielt. Nie zuvor war ich von einem Ort dermaßen verzaubert worden. Ich trennte mich von meinen Gefährten und versank in die überwältigende Stimmung.

Da hörte ich aus der Ferne näher kommend rhythmische Gongtöne. Es war eine Gruppe japanischer Pilger, die, einer hinter dem andern marschierend, einen kleinen Gong schlugen. Sie skandierten damit das uralte Gebet: Om mani padme hum – wobei der Gongschlag auf das «hum» fiel. Sie verneigten sich tief vor den Stupas und traten dann durch das Tor ein. Dort verneigten sie sich wieder vor der Buddhastatue und intonierten einen choralartigen Gesang. Dann vollzogen sie die doppelte Circumambulation, wobei sie vor jeder Buddhastatue einen Hymnus sangen. Indem meine Augen sie beobachteten, gingen Geist und Gemüt mit ihnen, und etwas in mir bedankte sich schweigend bei ihnen dafür, daß sie meiner Unartikuliertheit in so trefflicher Weise zu Hilfe gekommen waren.

Meine Ergriffenheit zeigte mir, daß der Hügel von Sanchi etwas Zentrales für mich darstellte. Es war der Buddhismus, der mir dort in einer neuen Wirklichkeit erschien. Ich verstand das Leben Buddhas als die Wirklichkeit des Selbst, die ein persönliches Leben durchdrungen und für sich in Anspruch genommen hat. Für Buddha steht das Selbst über allen Göttern und stellt die Essenz der menschlichen Existenz und der Welt überhaupt dar. Als ein unus mundus umfaßt es sowohl den Aspekt des Seins an sich, wie auch den seines Erkanntseins, ohne den eine Welt nicht ist. Buddha hat die kosmogonische Würde des menschlichen Bewußtseins wohl gesehen und verstanden; darum sah er deutlich, daß, wenn es einem gelänge, das Licht des Bewußtseins auszulöschen, die Welt ins Nichts versänke. SCHOPENHAUERS unsterbliches Verdienst war es, dies noch oder wieder erkannt zu haben.

Auch Christus ist – wie Buddha – eine Verkörperung des Selbst, aber in einem ganz anderen Sinne. Beide sind Weltüberwinder: Buddha ist es aus sozusagen vernünftiger Einsicht, Christus wird es als schicksalsmäßiges Opfer. Im Christentum wird es mehr erlitten, im Buddhismus mehr gesehen und getan. Beides ist richtig, aber im indischen Sinne ist Buddha der vollständigere Mensch. Er ist eine historische Persönlichkeit und darum für den Menschen leichter verständlich. Christus ist historischer Mensch *und* Gott, und darum viel schwerer erfaßbar. Im Grunde genommen war er auch sich selber nicht erfaßbar; er wußte nur, daß er sich opfern müsse, wie es ihm von innen her auferlegt wurde. Sein Opfer ist ihm zugestoßen als ein Schicksal. Buddha handelte aus Einsicht. Er hat sein Leben gelebt und ist als alter Mann gestorben. Christus ist wahrscheinlich nur sehr kurz als das, was er ist, tätig gewesen.

Später ist im Buddhismus dasselbe eingetreten wie im Christentum: Buddha wurde sozusagen zur Imago der Selbstwerdung, die nachgeahmt wird, während er selber verkündet hatte, daß durch die Überwindung der Nidâna-Kette jeder einzelne Mensch zum Erleuchteten, zum Buddha, werden könne. Ähnlich verhält es sich im Christentum: Christus ist das Vorbild, das in jedem christlichen Menschen als dessen ganzheitliche Persönlichkeit lebt. Die historische Entwicklung führte aber zur «imitatio Christi», bei welcher der Einzelne nicht seinen eigenen schicksalmäßigen Weg zur Ganzheit geht, sondern den Weg nachzuahmen sucht, den Christus gegangen ist. Ebenso führte sie im Osten zu einer gläubigen imitatio des Buddha. Er wurde zum nachgeahmten Vorbild, und damit war schon die Schwächung seiner Idee gegeben, wie in der imitatio Christi der verhängnisvolle Stillstand in der Entwicklung der christlichen Idee vorausgenommen ist. Wie Buddha vermöge seiner Einsicht selbst den Brahmagöttern überlegen ist, so ruft Christus den Juden zu: «Ihr seid Götter» (Johannes 10, 34), und ward aus Unvermögen der Menschen nicht vernommen. Dafür nähert sich der sogenannte «christliche» Westen mit Riesenschritten der Möglichkeit, eine Welt zu zerstören, anstatt eine neue zu schaffen.[1]

Indien ehrte mich mit drei Doktordiplomen – Allahabad, Benares und Calcutta. Das erste repräsentiert den Islam, das zweite den Hinduismus und das dritte die Britisch-Indische Medizin und Naturwissenschaft. Das war etwas zu viel, und ich bedurfte einer Retraite. Ein zehntägiger Spitalaufenthalt verschaffte sie mir, als ich in Calcutta von einer Dysenterie erwischt wurde. So entstand für mich im unerschöpflichen Meer der Eindrücke eine rettende Insel, und ich fand den Boden wieder, d. h. einen Standort, von dem aus ich die zehntausend Dinge und ihren verwirrenden Strudel, die Höhen und Tiefen, die Herrlichkeit Indiens und seine unaussprechliche Not, seine Schönheit und seine Dunkelheit betrachten konnte.

Als ich wieder leidlich hergestellt ins Hotel zurückkehrte, hatte ich einen Traum, der so charakteristisch war, daß ich ihn erzählen möchte:

Ich befand mich mit einer Anzahl meiner Zürcher Freunde und Bekannten auf einer unbekannten Insel, die vermutlich in der Nähe der südenglischen Küste lag. Sie war klein und fast unbewohnt. Die Insel war schmal und erstreckte sich in nordsüdlicher Richtung etwa 30 km lang. Im südlichen Teil lag an der felsigen Küste ein mittelalterliches Schloß, in dessen Hof wir standen, als eine Gruppe von Touristen. Vor uns erhob sich ein imposanter Bergfried, durch dessen Tor eine breite steinerne Treppe sichtbar war. Wie man eben noch sehen konnte, mündete sie oben in eine Pfeilerhalle, die von Kerzenschimmer schwach erleuchtet war. Es hieß, dies sei die Gralsburg, und heute abend werde hier «der Gral gefeiert». Diese Information schien geheimer Natur zu sein, denn ein unter uns befindlicher deutscher Professor, der auffallend dem alten MOMMSEN glich, wußte nichts davon. Ich unterhielt mich mit ihm aufs lebhafteste und war von seiner Gelehrsamkeit und sprühenden Intelligenz beeindruckt. Nur eines störte mich: er sprach anhaltend von einer toten Vergangenheit und dozierte sehr gelehrt über das Verhältnis der britischen zu den französischen Quellen der Gralsgeschichte. Anscheinend war er sich weder des Sinnes der Legende bewußt, noch bekannt mit ihrer lebendigen Gegenwart, während ich von beiden aufs stärkste beeindruckt war. Auch schien er die unmittelbare wirkliche Umgebung nicht wahrzunehmen, denn er benahm sich so, als ob er in einem Hörsaal vor seinen Studenten spräche. Vergebens versuchte ich ihn auf die Eigenartigkeit der Situation aufmerksam zu machen. Er sah die Treppe nicht und nicht den festlichen Schimmer der Halle.

Ich blickte etwas hilflos um mich und entdeckte, daß ich an der Mauer eines hohen Burggebäudes stand, dessen unterer Teil wie mit einem Spalier bedeckt war. Es bestand aber nicht wie üblich aus Holz, sondern aus schwarzem Eisen, das kunstvoll wie ein Weinstock geformt war, mit Blättern, Ranken und Trauben. Auf den horizontalen Ästen standen im Abstand von je zwei Metern kleine, ebenfalls eiserne Häuschen, wie Nistkästen. Plötzlich sah ich eine Bewegung im Laub; zuerst schien sie von einer Maus herzurühren, dann aber sah ich deutlich ein kleines eisernes Kapuzenmännchen, einen Cucullatus, der von einem Häuschen in ein anderes huschte. «Nun», rief ich erstaunt dem Professor zu, «da sehen Sie ja...»

In diesem Augenblick trat ein Hiatus ein, und der Traum änderte sich. Wir waren – die gleiche Gesellschaft wie vorher, aber ohne den Professor – außerhalb der Burg in einer baumlosen felsigen Landschaft. Ich wußte, daß etwas geschehen mußte, denn der Gral war noch nicht in der Burg, und er sollte noch am gleichen Abend gefeiert werden. Es hieß, er sei im nördlichen Teil der Insel in einem kleinen unbewohnten Haus versteckt, dem einzigen, das sich dort befände. Ich wußte, daß es unsere Aufgabe war, den Gral von dort zu holen. Wir waren etwa unserer sechs, die sich aufmachten und nach Norden wanderten.

Nach mehrstündigem angestrengtem Marsch langten wir an der schmalsten Stelle der Insel an, und ich entdeckte, daß sie von einem Meeresarm in zwei Hälften geteilt war. An der engsten Stelle betrug die Breite des Wassers etwa hundert Meter. Die Sonne war untergegangen, und die Nacht brach an. Müde lagerten wir uns am Boden. Die Gegend war menschenleer und öde. Kein Baum, kein Strauch, nur Gras und Felsen. Weit und breit keine Brücke und kein Schiff. Es war sehr kalt, und meine Gefährten schliefen einer nach dem anderen ein. Ich überlegte, was zu tun sei und kam zu dem Schluß, daß ich allein über den Kanal schwimmen und den Gral holen müsse. Schon zog ich meine Kleider aus, als ich erwachte.

Als ich mich notdürftig aus der überwältigenden Mannigfaltigkeit der indischen Eindrücke herausgearbeitet hatte, tauchte dieser ureuropäische Traum auf. Schon etwa zehn Jahre zuvor hatte ich feststellen können, daß vielerorts in England der Traum vom Gral noch nicht ausgeträumt ist, trotz aller um seine Legenden und Dichtungen angehäuften Gelehrsamkeit. Diese Tatsache hatte mich umsomehr beeindruckt, als mir die Übereinstimmung des poetischen Mythus mit den Aussagen der Alchemie über das «Unum Vas», die «Una Medicina», den «Unus Lapis», deutlich geworden war. Mythen, die der Tag vergaß, wurden weiter erzählt von der Nacht, und mächtige Figuren, die das Bewußtsein banalisiert und auf lächerliche Kleinigkeiten reduziert hat, werden vom Dichter wieder erweckt und vorausschauend belebt; darum können sie auch «in veränderter Gestalt» von einem Nachdenklichen wieder erkannt werden. Die großen Vergangenen sind nicht gestorben, wie wir wähnen, sondern haben bloß den Namen gewechselt. «Klein an Gestalt, doch groß an Gewalt» bezieht der verhüllte Kabir ein neues Haus.

Der Traum wischte mit starker Hand alle noch so intensiven indischen Tageseindrücke weg und versetzte mich in das allzulange vernachlässigte Anliegen des Abendlandes, das sich einstmals in der Quest des Hl. Gral wie auch in der Suche nach dem «Stein der Philosophen» ausgedrückt hatte. Ich wurde aus der Welt Indiens herausgenommen und daran erinnert, daß Indien nicht meine Aufgabe war, sondern nur ein Stück des Weges – wenn auch ein bedeutendes – der mich meinem Ziel annähern sollte. Es war, als ob der Traum mich fragte: «Was tust du in Indien? Suche lieber für deinesgleichen das heilende Gefäß, den salvator mundi, dessen ihr dringend bedürft. Ihr seid ja im Begriff, alles zu ruinieren, was Jahrhunderte aufgebaut haben.»

Ceylon, dessen Eindrücke ich als letzte meiner Reise mitnahm, ist nicht mehr Indien, es ist bereits Südsee und hat etwas vom Paradies an sich, in dem man nicht zu lange verweilen kann. Colombo, einen internationalen geschäftigen Hafen, wo abends zwischen fünf und sechs Uhr Wassermassen aus heiterem Himmel stürzen, ließen wir bald hinter uns, um das Hügelland des Innern zu gewinnen. Dort liegt Kandy, die alte Königsstadt, gehüllt in einen feinen Nebel, der mit warmkühler Feuchtigkeit eine grüne Üppigkeit des Pflanzenwuchses unterhält. Der Dalada-Maligawa-Tempel, der die Reliquie des heiligen Zahnes (von Buddha) enthält, ist zwar klein, aber von besonderem Charme. Ich verbrachte längere Zeit in der Bibliothek im Gespräch mit den Mönchen und sah mir die auf silberne Folien geritzten Texte des Kanons an.

Dort erlebte ich eine unvergeßliche Abendzeremonie. Junge Burschen und Mädchen schüttelten ganze Berge von entstielten Jasminblüten vor den Altären aus und sangen dabei leise ein Gebet, ein Mantra, vor sich hin. Ich dachte, sie beteten zu Buddha, aber der Mönch, der mich führte, erklärte mir: «Nein, Buddha ist nicht mehr; er ist im Nirvana, zu ihm kann man nicht beten. Sie singen: Vorübergehend wie die Schönheit dieser Blumen ist das Leben. Möge mein Gott mit mir das Verdienst dieser Darbringung teilen.»[2] Daß junge Menschen so singen, ist echt indisch.

Die Zeremonie wurde eingeleitet durch ein einstündiges Trommelkonzert im Mandapam oder dem, was in indischen Tempeln als Wartehalle bezeichnet wird. Von den fünf Trommlern stellte sich je einer in eine Ecke des quadratischen Saales auf, der fünfte – ein schöner junger Mann – stellte sich in die Mitte. Er war der Solist und ein wahrer Künstler seines Faches. Mit nacktem, dunkelbraun glänzendem Oberkörper, roter Leibbinde, weißer Shoka (langer, bis auf die Füße reichender Rock) und weißem Turban, die Arme mit funkelnden Spangen bedeckt, trat er mit seiner Doppeltrommel vor den goldenen Buddha, um «den Klang zu opfern». Dort trommelte er allein eine wundersame Melodie von vollendeter Kunst, in schönster Bewegung des Körpers und der Hände. Ich sah ihn von hinten, er stand vor dem mit kleinen Öllämpchen umrahmten Eingang zum Mandapam. Die Trommel spricht in Ursprache zum Bauch oder plexus solaris; dieser «bittet» nicht, sondern erzeugt das «verdienstvolle» Mantra oder die meditative «Äußerung». Es ist also keine Verehrung eines nichtseienden Buddha, sondern einer der vielen Selbsterlösungsakte des erwachten Menschen.

Gegen Frühlingsanfang trat ich meine Heimreise an, dermaßen überwältigt von Eindrücken, daß ich in Bombay nicht mehr an Land ging, sondern mich in meine lateinischen alchemistischen Texte vergrub. Indien ist aber nicht etwa spurlos an mir vorübergegangen – im Gegenteil, es hat Spuren in mir hinterlassen, die von einer Unendlichkeit her in eine andere Unendlichkeit wandern.

Anmerkungen

1 Über das Problem der «imitatio» vgl. C. G. Jungs «Einleitung in die religionspsychologische Problematik der Alchemie» in Ges. Werke XII.
2 Für Gott wurde hier das Sanskritwort «deva» = Schutzengel gebraucht.

2 Jungs Weg nach China

Aus: Zum Gedächtnis Richard Wilhelms[1]

Von RICHARD WILHELM und seinem Werke zu sprechen, ist keine leichte Aufgabe, denn kometenartig und im Fernsten beginnend haben sich unsere Bahnen gekreuzt. Sie haben WILHELM wohl gekannt, bevor ich ihn kennenlernte, und sein Lebenswerk hat einen Umfang, den ich nicht ermessen habe. Auch habe ich jenes China, das ihn einst formte und später dauernd erfüllte, nie gesehen, noch ist mir dessen Sprache, die lebendige Geistesäußerung des chinesischen Ostens, geläufig. Ich stehe wohl als ein Fremder außerhalb jenes gewaltigen Wissens- und Erfahrungsgebietes, in welchem WILHELM als ein Meister seines Faches mitwirkte. Er als Sinologe und ich als Arzt, wir beide hätten uns wohl nie berührt, wenn wir Spezialisten geblieben wären. Wir begegneten uns aber im Menschenlande, das jenseits der akademischen Grenzpfähle beginnt. Dort lag unser Berührungspunkt, dort sprang der Funke über, der jenes Licht, welches mir zu einem der bedeutsamsten Ereignisse meines Lebens werden sollte, entzündete. Um dieses Erlebnisses willen darf ich wohl von WILHELM und seinem Werk sprechen, in dankbarer Ehrfurcht dieses Geistes gedenkend, der eine Brücke schuf zwischen Ost und West und dem Abendland das kostbare Erbe einer vielleicht dem Untergang geweihten tausendjährigen Kultur vermachte.

WILHELM besaß die Meisterschaft, die nur der erwirbt, der sein Fach überwindet, und so ist ihm seine Wissenschaft eine Menschheitsangelegenheit geworden, – nein, nicht geworden, sie war es schon zu Anfang und war es immer. Denn was anderes hätte ihn dem engen Horizont des Europäers und gar des Missionars dermaßen entrücken können, daß er, noch kaum bekannt mit dem Geheimnis der chinesischen Seele, die darin für uns verborgenen Schätze ahnte und um dieser kostbaren Perle willen sein europäisches Vorurteil opferte? Es kann nur eine allumfassende Menschlichkeit, eine das Ganze erahnende Größe des Herzens gewesen sein, die ihn dazu vermochte, sich einem zutiefst fremden Geiste bedingungslos zu öffnen und die mannigfachen Gaben und Fähigkeiten seiner Seele diesem Einfluß dienstbar zu machen. Seine verstehende Hingabe, jenseits alles christlichen Ressentiments, jenseits aller europäischen Anmaßung, ist allein schon das Zeugnis eines selten großen Geistes, denn alle Durchschnittsgeister verlieren sich entweder in blinder Selbstentwurzelung oder in ebenso verständnisloser wie anmaßlicher Tadelsucht. Bloße Oberflächen und Außenseiten der fremden Kultur betastend, essen sie nie vom Brote und trinken nie vom Weine der fremden Kultur, und es tritt so nie die communio spiritus ein, jene innerste Transfusion und Durchdringung, die zeugend neue Geburt vorbereitet.

76   Der Fachgelehrte ist in der Regel ein bloß männlicher Geist, ein Intellekt, dem Befruchtung ein fremder und widernatürlicher Vorgang ist, darum ist er ein sonderbar ungeeignetes Werkzeug zur Umgebärung eines fremden Geistes. Der größere Geist aber trägt die Merkmale des Weiblichen, ihm ist ein empfangender und gebärender Schoß gegeben, der Fremdes in bekannte Gestalt umzuschaffen vermag. Das seltene Charisma geistiger Mütterlichkeit war WILHELM in vollem Maße zu eigen. Ihm verdankt er seine bisher unerreichte Einfühlung in den Geist des Ostens, die ihn zu seinen unvergleichlichen Überzeugungen befähigte.

77   Als größte seiner Leistungen schwebt mir die Übersetzung und Kommentierung des «I Ging»[2] vor. Bevor ich WILHELMs Übersetzung kennenlernte, habe ich mich jahrelang mit LEGGEs[3] unzulänglicher Übersetzung beschäftigt und war daher in der Lage, den außerordentlichen Unterschied in vollem Maße zu erfahren. Es ist WILHELM gelungen, dieses alte Werk, in welchem nicht nur viele Sinologen, sondern auch die modernen Chinesen selber nichts mehr als eine Sammlung absurder Zaubersprüche erblicken, in neuer lebendiger Gestalt wiedererstehen zu lassen. Dieses Werk verkörpert, wie wohl kein anderes, den Geist chinesischer Kultur; haben doch die besten Geister Chinas seit Jahrtausenden daran mitgearbeitet und dazu beigetragen. Trotz seines sagenhaften Alters ist es nie alt geworden, sondern lebt und wirkt immer noch, für die wenigstens, die seinen Sinn verstehen. Und daß auch wir zu diesen Bevorzugten gehören, verdanken wir der schöpferischen Leistung WILHELMs. Er hat uns dieses Werk nahegebracht, nicht nur durch sorgfältige Übersetzerarbeit, sondern auch durch seine persönliche Erfahrung, einerseits als eines Schülers eines chinesischen Meisters alter Schule, andererseits als eines in die Psychologie des chinesi-

schen Yoga Eingeweihten, dem die praktische Anwendung des *«I Ging»* stets erneuertes Erlebnis war.

Mit all diesen reichen Gaben aber hat uns WILHELM auch eine Aufgabe überbürdet, deren Ausmaß wir zur Zeit vielleicht zu ahnen, aber sicher noch nicht zu überblicken vermögen. Wem, wie mir, das seltene Glück zuteil geworden ist, in geistigem Austausch mit WILHELM die divinatorische Kraft des *«I Ging»* zu erfahren, dem kann es auf die Dauer nicht verborgen bleiben, daß wir hier einen archimedischen Punkt berühren, von welchem aus unsere abendländische Geisteshaltung aus ihren Angeln gehoben werden könnte. Es ist gewiß kein geringes Verdienst, ein so weitläufiges und farbenreiches Gemälde einer uns fremden Kultur zu entwerfen, wie dies WILHELM getan hat, aber es will fast wenig bedeuten im Vergleich mit der Tatsache, daß er uns darüber hinaus noch einen lebendigen Keim des chinesischen Geistes eingeimpft hat, der geeignet ist, unser Weltbild wesentlich zu verändern. Wir sind nicht bloß bewundernde oder bloß kritische Zuschauer geblieben, sondern Teilnehmer des östlichen Geistes geworden, insofern es uns gelungen ist, die lebendige Wirksamkeit des *«I Ging»* zu erfahren.

Die der Praxis des *«I Ging»* zugrunde liegende Funktion – wenn ich mich so ausdrücken darf – steht nämlich, allem Anschein nach, in schärfstem Widerspruch zu unserer abendländischen wissenschaftlich-kausalistischen Weltanschauung. Sie ist mit anderen Worten äußerst unwissenschaftlich, sie ist geradezu verboten, daher unserem wissenschaftlichen Urteil entzogen und unverständlich.

Vor einigen Jahren fragte mich der damalige Präsident der British Anthropological Society, wie ich es erklären könne, daß ein geistig so hochstehendes Volk wie die Chinesen keine Wissenschaft zustande gebracht hätte. Ich erwiderte darauf, daß dies wohl eine optische Täuschung sein müsse, indem die Chinesen eine «Wissenschaft» besäßen, deren standard work eben der *«I Ging»* sei, daß aber das Prinzip dieser Wissenschaft, wie so vieles andere in China, von *unserem* Wissenschaftsprinzip durchaus verschieden sei.

Die Wissenschaft des *«I Ging»* beruht nämlich nicht auf dem Kausalprinzip, sondern auf einem bisher nicht benannten – weil bei uns nicht vorkommenden – Prinzip, das ich versuchsweise als *synchronistisches Prinzip* bezeichnet habe. Meine Beschäftigung mit der Psychologie unbewußter Vorgänge hat mich schon vor vielen Jahren genötigt, mich nach einem andern Erklärungsprinzip umzusehen, weil das Kausalprinzip mir ungenügend erschien, gewisse merkwürdige Erscheinungen der unbewußten Psychologie zu erklären. Ich fand nämlich zuerst, daß es psychologische Parallelerscheinungen gibt, die sich kausal schlechterdings nicht aufeinander beziehen lassen, sondern in einem andern Geschehenszusammenhang stehen müssen. Dieser Zusammenhang erschien mir wesentlich in der Tatsache der relativen Gleichzeitigkeit gegeben, daher der Ausdruck «synchronistisch». Es scheint nämlich, als ob die Zeit nichts weniger als ein Abstraktum, sondern vielmehr ein konkretes Kontinuum sei, welches Qualitäten oder Grundbedingungen enthält, die sich in relativer Gleichzeitigkeit an verschiedenen Orten in kausal nicht zu erklärenden Parallelismus manifestieren können, wie zum Beispiel in Fällen von gleichzeitigem Erscheinen von identischen Gedanken, Symbolen oder psychischen Zuständen. Ein anderes Beispiel wäre die von WILHELM hervorgehobene Gleichzeitigkeit chinesischer und europäischer Stilperioden, die kausal nicht aufeinander bezogen werden können. Ein Beispiel für Synchronismus größten Formates wäre die Astrologie, wenn sie über durchgängig gesicherte Resultate verfügte. Aber es gibt doch wenigstens einige hinlänglich gesicherte und durch umfangreiche Statistiken erhärtete Tatsachen, welche die astrologische Fragestellung der philosophischen Betrachtung würdig erscheinen lassen. (Der psychologischen Würdigung ist sie ohne weiteres sicher, denn die Astrologie stellt die Summe aller psychologischen Erkenntnisse im Altertum dar.)

82 Die tatsächlich vorhandene Möglichkeit, aus der Nativität den Charakter hinlänglich zu rekonstruieren, beweist die relative Gültigkeit der Astrologie. Da die Nativität aber keineswegs auf der wirklichen astronomischen Gestirnsstellung beruht, sondern auf einem arbiträren rein begrifflichen Zeitsystem, indem durch die Präzession der Äquinoktien der Frühlingspunkt sich längst aus 0° Aries astronomisch heraus verschoben hat, insofern es also tatsächlich richtige astrologische Diagnosen gibt, so beruhen sie nicht auf Gestirnswirkungen, sondern auf unsern hypothetischen Zeitqualitäten, das heißt mit anderen Worten, was in diesem Zeitmoment geboren oder geschaffen wird, hat die Qualität dieses Zeitmoments.

83 Dieses ist zugleich die Grundformel für die Praxis des «I Ging». Bekanntlich erreicht man die Kenntnis des den Moment abbildenden Hexagramms durch eine auf reinstem Zufall beruhende Manipulation der Schaf-

garbenstengel oder der Münzen. Die Runenstäbe fallen so, wie der Moment ist. Die Frage ist nur: Gelang es dem alten König Wen und dem Herzog von Dschou um das Jahr 1000 vor Christi Geburt, das Zufallsbild der gefallenen Runenstäbe richtig zu deuten oder nicht?[4] Darüber entscheidet einzig die Erfahrung.

Anläßlich seines ersten Vortrages im Psychologischen Club in Zürich über den *«I Ging»* hat WILHELM auf meine Bitte die Praxis des *«I Ging»* demonstriert und dabei eine Prognose gestellt, die in weniger als zwei Jahren sich buchstäblich und in aller wünschbaren Deutlichkeit erfüllte. Diese Tatsache könnte durch viele parallele Erfahrungen bestätigt werden. Es liegt mir aber hier nicht daran, die Gültigkeit der Aussagen des *«I Ging»* objektiv festzustellen, sondern ich setze sie voraus im Sinne meines verstorbenen Freundes und beschäftigte mich darum bloß mit der erstaunlichen Tatsache, daß die qualitas occulta des Zeitmomentes, ausgedrückt durch das Hexagramm im *«I Ging»*, lesbar geworden ist. Es handelt sich um einen der Astrologie nicht nur analogen, sondern sogar wesensverwandten Zusammenhang des Geschehens. Die Geburt entspricht den gefallenen Runenstäben, die Geburtskonstellation dem Hexagramm, und die aus der Konstellation erfolgende astrologische Deutung entspricht dem dem Hexagramm zugeordneten Text.

84

Das auf dem synchronistischen Prinzip sich aufbauende Denken, das im *«I Ging»* seinen höchsten Gipfel erreicht, ist reinster Ausdruck des chinesischen Denkens überhaupt. Bei uns ist dieses Denken seit HERAKLIT aus der Philosophiegeschichte verschwunden, bis wir bei LEIBNIZ ein fernes Echo davon wieder vernehmen. Aber es war in der Zwischenzeit nicht ausgelöscht, sondern lebte im Zwielicht der astrologischen Spekulation weiter und ist auch heute noch auf dieser Stufe stehengeblieben.

85

Hier rührt der «I Ging» Entwicklungsbedürftiges bei uns an. Der Okkultismus hat in unsern Tagen eine Renaissance erlebt, die wirklich ihresgleichen sucht. Beinahe verfinstert sich darob das Licht des abendländischen Geistes. Ich denke dabei nicht an unsere Akademien und deren Vertreter. Ich bin ein Arzt und habe es mit gewöhnlichen Leuten zu tun. Deshalb weiß ich, daß die Universitäten aufgehört haben, als Lichtbringer zu wirken. Man ist des wissenschaftlichen Spezialistentums und des rationalistischen Intellektualismus überdrüssig geworden. Man will von Wahrheit hören, die nicht enger macht, sondern weiter, die nicht verdunkelt, sondern erleuchtet, die nicht an einem abläuft wie Wasser, sondern ergreifend

86

bis ins Mark der Knochen dringt. Dieses Suchen droht in einem anonymen, aber weiten Publikum auf Abwege zu geraten.

87   Wenn ich an WILHELMs Leistung und Bedeutung denke, so fällt mir immer ANQUETIL DUPERRON ein, jener Franzose, der eben in jener Zeit, wo zum erstenmal seit beinahe achtzehnhundert Jahren das Unerhörte geschah, daß eine Déesse Raison den Christengott in Notre Dame vom Throne stieß, die erste *«Upanishad»*-Übersetzung nach Europa brachte. Heute, wo in Rußland weit Unerhörteres geschieht als damals in Paris, wo in Europa selber das christliche Symbol einen derartigen Schwächezustand erreicht hat, daß selbst die Buddhisten den Moment für Mission in Europa für gekommen erachten, ist es WILHELM, der uns ein neues Licht von Osten bringt. Dies ist die Kulturaufgabe, die WILHELM gefühlt hat. Er hat erkannt, wie vieles der Osten uns geben könnte zur Heilung unserer geistigen Not.

88   Einem Armen ist nicht damit geholfen, daß wir ihm ein mehr oder weniger großes Almosen in die Hand drücken, obschon er danach begehrt. Ihm ist viel besser geholfen, wenn wir ihm den Weg zeigen, wie er sich durch Arbeit dauernd aus seiner Not befreien kann. Die geistigen Bettler unserer Tage sind leider allzu geneigt, das Almosen des Ostens sich anzueignen und seine Art und Weise blindlings nachzuahmen. Das ist die Gefahr, vor der nicht genug gewarnt werden kann und die auch WILHELM deutlich gefühlt hat. Dem geistigen Europa ist mit einer bloßen Sensation oder einem neuen Nervenkitzel nicht geholfen. Wir müssen vielmehr lernen zu erwerben, um zu besitzen. Was der Osten uns zu geben hat, soll uns bloße Hilfe sein bei einer Arbeit, die wir noch zu tun haben. Was nützt uns die Weisheit der *«Upanishaden»,* was die Einsichten des chinesischen Yoga, wenn wir unsere eigenen Fundamente wie überlebte Irrtümer verlassen und uns wie heimatlose Seeräuber an fremden Küsten diebisch niederlassen? Die Einsichten des Ostens, vor allem die Weisheit des *«I Ging»*, haben keinen Sinn, wo man sich vor der eigenen Problematik verschließt, wo man ein mit hergebrachten Vorurteilen künstlich zurechtgemachtes Leben lebt, wo man sich seine wirkliche Menschennatur mit ihren gefährlichen Untergründen und Dunkelheiten verschleiert. Das Licht dieser Weisheit leuchtet nur in der Dunkelheit, nicht im elektrischen Scheinwerferlicht des europäischen Bewußtseins- und Willenstheaters. Die Weisheit des *«I Ging»* ist hervorgegangen aus einem Hintergrund, von dessen Schrecken wir etwas ahnen, wenn wir von chinesischen Metzeleien lesen oder von der fin-

steren Macht chinesischer Geheimbünde oder von der namenlosen Armut, dem hoffnungslosen Schmutz und den Lastern der chinesischen Masse.

Wir bedürfen eines richtigen dreidimensionalen Lebens, wenn wir die Weisheit Chinas als lebendig erfahren wollen. Darum bedürfen wir wohl zunächst der europäischen Weisheit über uns selbst. Unser Weg beginnt bei der europäischen Wirklichkeit und nicht bei Yogaübungen, die uns über unsere Wirklichkeit hinwegtäuschen sollen. Wir müssen WILHELMS Übersetzungsarbeit in weiterem Sinne fortsetzen, sollen wir uns als würdige Schüler des Meisters erweisen. Wie er östliches Geistesgut in europäischen Sinn übersetzte, so sollten wir wohl diesen Sinn in Leben übersetzen. Wie bekannt, übersetzt WILHELM den zentralen Begriff «Tao» mit *Sinn*. Diesen Sinn in Leben zu übersetzen, das heißt Tao zu verwirklichen, wäre wohl des Schülers Aufgabe. Mit Worten und guten Lehren wird aber Tao nicht geschaffen. Wissen wir genau, wie in uns oder um uns Tao entsteht? Etwa durch Nachahmung? Etwa durch Vernunft? oder Willensakrobatik?

Blicken wir nach Osten: Dort erfüllt sich ein übermächtiges Schicksal. Europäische Kanonen haben die Tore Asiens gesprengt, europäische Wissenschaft und Technik, europäische Diesseitigkeit und Begehrlichkeit überfluten China. Wir haben den Osten politisch überwunden. Wissen Sie, was geschah, als Rom den Nahen Osten politisch unterworfen hatte? Der Geist des Ostens zog in Rom ein. Mithras wurde der römische Militärgott, und aus dem unwahrscheinlichsten Winkel Vorderasiens kam ein neues geistiges Rom. Wäre es nicht denkbar, daß heutzutage Ähnliches geschieht und wir ebenso blind wären wie die gebildeten Römer, die sich über den Aberglauben der Χρηστοί wunderten? Es ist zu bemerken, daß England und Holland, die beiden ältesten Kolonialmächte des Ostens, auch am meisten von indischer Theosophie verseucht sind. Ich weiß, daß unser Unbewußtes voll östlicher Symbolik steckt. Der Geist des Ostens ist wirklich ante portas. Darum scheint es mir, daß die Verwirklichung des Sinnes, das Suchen des Tao, bei uns in weit stärkerem Maße bereits kollektive Erscheinung geworden ist, als man allgemein denkt. Ich betrachte zum Beispiel die Tatsache, daß WILHELM und der Indologe HAUER[5] zum Referat über Yoga beim diesjährigen Deutschen Psychotherapeutenkongreß gebeten worden sind, als ein überaus bedeutsames Zeichen der Zeit. Man bedenke, was es heißt, wenn der praktische Arzt, der ganz unmittelbar mit dem leidenden und darum empfänglichen Menschen zu tun hat, Fühlung mit östlichen Heilsystemen nimmt! So dringt der Geist des

Ostens durch alle Poren ein und erreicht die wundesten Stellen Europas. Es könnte eine gefährliche Infektion sein, vielleicht ist es aber auch ein Heilmittel. Die babylonische Sprachverwirrung des westlichen Geistes hat eine solche Desorientierung erzeugt, daß sich alles nach einfacher Wahrheit sehnt oder wenigstens nach allgemeinen Ideen, die nicht nur zum Kopf, sondern auch zum Herzen sprechen, die dem anschauenden Geiste Klarheit und dem ruhelosen Drängen der Gefühle Frieden geben. Wie das alte Rom es tat, so geschieht es auch heute, daß wir wieder allen exotischen Aberglauben importieren in der Hoffnung, darunter das richtige Heilmittel für unsere Krankheit zu entdecken.

91 Der menschliche Instinkt weiß es, daß alle große Weisheit einfach ist, und deshalb vermutet der Instinktschwache die große Wahrheit in allen billigen Simplifikationen und Plattheiten, oder er verfällt infolge seiner Enttäuschungen auf den entgegengesetzten Irrtum, daß die große Wahrheit möglichst dunkel und kompliziert sein müsse. Wir haben heute eine gnostische Bewegung in der anonymen Masse, die psychologisch derjenigen vor neunzehnhundert Jahren genau entspricht. Damals wie heute spannen einsame Wanderer wie der große APOLLONIUS die geistigen Fäden von Europa bis nach Asien, vielleicht bis ins ferne Indien. Aus solch geschichtlicher Entfernung betrachtet sehe ich WILHELM wie einen jener großen gnostischen Vermittler, die vorderasiatisches Kulturgut mit hellenischem Geist in Berührung brachten und damit eine neue Welt aus den Trümmern des römischen Imperiums entstehen ließen. Damals wie heute überwogen das Vielerlei, die Plattheit, die Verstiegenheit, der schlechte Geschmack und die innere Beunruhigung. Damals wie heute war der Kontinent des Geistes überflutet, so daß nur einzelne Bergspitzen wie ebensoviele Inseln auf dem unbestimmt Wogenden hervorragten. Damals wie heute standen alle geistigen Abwege offen, und der Weizen der Afterpropheten blühte.

92 Mitten in der lärmenden Disharmonie von Blech und Holz europäischer Meinung die einfache Sprache WILHELMS, des Boten von China, zu vernehmen, ist reine Wohltat. Man merkt es ihr an: Sie ist geschult an der pflanzenhaften Naivität des chinesischen Geistes, der im Anspruchslosen Tiefes auszudrücken vermag; sie verrät etwas von der Einfachheit der großen Wahrheit, von der Schlichtheit der tiefen Bedeutung, und sie trägt bis zu uns den leisen Duft der goldenen Blüte. Mit Sanftheit eindringend hat sie dem Boden Europas einen zarten Keimling eingesenkt, für uns eine

neue Ahnung von Leben und Sinn nach all dem Krampf von Willkürlichkeit und Anmaßung.

WILHELM hatte die für den Europäer so ungewöhnlich große Bescheidenheit vor der fremden Kultur des Ostens. Er stellte ihr nichts entgegen, kein Vorurteil und kein Besserwissen, sondern öffnete ihr Herz und Sinn. Er ließ sich von ihr ergreifen und gestalten, so daß er, als er nach Europa zurückkehrte, uns nicht nur ein getreues Abbild des Ostens in seinem Geiste, sondern auch in seinem Wesen mitbrachte. Diese tiefe Umgestaltung ist ihm gewiß nicht ohne große Opfer gelungen, denn unsere geschichtlichen Voraussetzungen sind so ganz andere als die des Ostens. Die Schärfe des westlichen Bewußtseins und dessen grelle Problematik mußte dem universaleren, gleichmütigeren Wesen des Ostens, und der westliche Rationalismus und seine einseitige Differenzierung der östlichen Weite und Einfachheit weichen. Diese Veränderung bedeutete für WILHELM gewiß nicht nur eine intellektuelle Standpunktverschiebung, sondern auch eine wesentliche Umlagerung der Komponenten seiner Persönlichkeit. Das reine, von jeder Absichtlichkeit und Gewaltsamkeit befreite Bild des Ostens, das er uns gab, hätte WILHELM nie in dieser Vollendung erschaffen können, wenn es ihm nicht zugleich gelungen wäre, den europäischen Menschen in sich in den Hintergrund treten zu lassen. Hätte er Osten und Westen mit unnachgiebiger Härte in sich aufeinanderprallen lassen, so hätte er wohl seine Mission, uns ein reines Bild Chinas zu vermitteln, nicht erfüllen können. Das Selbstopfer des europäischen Menschen war unvermeidlich und zur Erfüllung der schicksalhaften Aufgabe unerläßlich.

WILHELM hat seine Mission im höchsten Sinne erfüllt. Nicht nur hat er uns die toten Geistesschätze Chinas zugänglich gemacht, sondern er hat uns auch, wie ich vorhin schon ausführte, die durch alle Jahrtausende lebendige geistige Wurzel des chinesischen Geistes mitgebracht und in den Boden Europas gepflanzt. Mit der Vollendung dieser Aufgabe hat seine Mission ihren Höhepunkt und damit – leider – auch ihr Ende erreicht. Nach dem von den Chinesen so klar erschauten Gesetze der Enantiodromie, des Gegenlaufs, tritt aus dem Ende der Anfang des Gegensatzes heraus. So geht Yang in seiner Kulmination in Yin über, und die Position wird durch die Negation abgelöst. Erst in den letzten Jahren seines Lebens bin ich WILHELM nähergetreten und habe es beobachten können, wie mit der Vollendung seines Lebenswerkes Europa und der europäische Mensch immer mehr sich ihm annäherten, ja sogar ihn bedrängten. Und damit wuchs in ihm auch das Gefühl, daß er vor einer großen Veränderung stünde, vor einer Umwälzung, deren Wesen ihm allerdings nicht klar faßbar war. Es war ihm nur gewiß, daß er vor einer entscheidenden Krisis stünde. Mit dieser geistigen Entwicklung ging die physische Krankheit parallel. Seine Träume waren erfüllt von chinesischen Erinnerungen, aber immer waren es traurige und düstere Bilder, die ihm vorschwebten, ein deutlicher Beweis für das Negativwerden der chinesischen Inhalte.

95   Nichts kann für immer geopfert werden. Alles kehrt später wieder in verwandelter Gestalt. Und wo einst ein großes Opfer stattgefunden hat, da muß, wenn das Geopferte zurückkehrt, ein noch gesunder und widerstandsfähiger Körper vorhanden sein, um die Erschütterungen einer großen Umwälzung ertragen zu können. Deshalb bedeutet eine geistige Krisis von diesem Ausmaß oft den Tod, wenn sie auf einen durch Krankheit geschwächten Körper trifft. Denn nunmehr liegt das Opfermesser in der Hand des einstmals Geopferten, und von dem, der einstmals Opferer war, ist ein Tod verlangt.

96   Ich habe, wie Sie sehen, mit meinen persönlichen Auffassungen nicht zurückgehalten, denn wie anders wäre es mir möglich gewesen, von WILHELM zu sprechen, wenn ich nicht sagte, wie ich ihn erlebt habe? WILHELMs Lebenswerk ist mir darum von so hohem Wert, weil es mir so vieles erklärte und bestätigte, was ich versuchte, erstrebte, dachte und tat, um dem seelischen Leiden Europas zu begegnen. Es war mir ein gewaltiges Erlebnis, durch ihn in klarer Sprache zu hören, was mir aus den Wirrnissen des europäischen Unbewußten dunkel entgegendämmerte. In der Tat fühle ich mich so sehr bereichert durch ihn, daß es mir scheint, als hätte ich mehr von ihm empfangen als irgendein anderer, weshalb ich es auch als keine Anmaßung empfinde, wenn ich es bin, der unser aller Dankbarkeit und Ehrfurcht am Altare seines Gedenkens niederlegt.

Anmerkungen

1 [Diese Rede wurde an der Gedächtnisfeier für den am 1. März verstorbenen RICHARD WILHELM am 10. Mai 1930 in München gehalten. Erstmals veröffentlicht als «Nachruf für RICHARD WILHELM»: *Neue Zürcher Zeitung* CLI/1 (6. März 1930); dann in: *Chinesisch-Deutscher Almanach* (Frankfurt a. M. 1931); schließlich in der 2. Auflage von: *Das Geheimnis der Goldenen Blüte. Ein chinesisches Lebensbuch.* (Vgl. Bibliographie.)]
2 [*I Ging. Das Buch der Wandlungen.* Aus dem Chinesischen verdeutscht und erläutert von R. WILHELM.]
3 [*The Yî King.* Translated by JAMES LEGGE.]
4 Für nähere Angaben über Methode und Geschichte vgl. *I Ging,* I, p. 11 f.
5 [AUGUST HAUER (geb. 1881), erst Missionar, später Professor für Sanskrit an der Universität Tübingen.]

3 Auf der Suche nach Indiens spirituellen Werten

Aus: Über den indischen Heiligen[1]

950 Schon seit Jahren hatte sich ZIMMER für den Maharshi von Tiruvannamalai interessiert, und die erste Frage, die er nach meiner Rückkehr aus Indien an mich richtete, galt diesem neuesten Heiligen und Weisen von Südindien. Ich weiß nicht, ob mein Freund es eine unverzeihliche oder mindestens unverständliche Sünde von mir fand, daß ich SHRI RAMANA nicht besucht hatte. Ich hatte das Gefühl, daß *er* diesen Besuch wohl kaum unterlassen hätte, so warm war seine Anteilnahme am Leben und Denken des Heiligen. Dies war mir um so weniger erstaunlich, als ich wußte, wie tief ZIMMER in den Geist Indiens eingedrungen war. Sein sehnlichster Wunsch, Indien in Wirklichkeit zu sehen, ist leider nie in Erfüllung gegangen, und eine Möglichkeit dazu zerschlug sich in letzter Stunde vor dem einbrechenden Weltkrieg. Dafür hatte er eine um so großartigere Vision des geistigen Indiens. Er hat mir bei unserer Zusammenarbeit nicht nur durch seine reichen Fachkenntnisse, sondern vor allem auch durch seine geniale Erfassung des Sinngehaltes der indischen Mythologie unschätzbare Einblicke in die östliche Seele ermöglicht. Leider hat sich an ihm das Wort vom frühsterbenden Geliebten der Götter erfüllt, und uns bleibt die Klage um den Verlust eines Geistes, der die Begrenzung durch das Fach überwand und, an die Menschheit sich wendend, ihr die beglückende Gabe «unsterblicher Früchte» bot.

951 Der Träger mythologischer und philosophischer Weisheit ist in Indien seit grauer Vorzeit der «Heilige» – welche abendländische Bezeichnung allerdings das Wesen und die Erscheinungsweise der östlichen Parallelfigur nicht ganz wiedergibt. Diese Gestalt verkörpert das geistige Indien und tritt uns in der Literatur ständig entgegen. Kein Wunder daher, daß sich ZIMMER für die neueste und beste Inkarnation dieses Typus in der menschlichen Erscheinung in SHRI RAMANA leidenschaftliche interessierte. Er sah in diesem Yogin die avatarmäßige Verwirklichung jener

durch die Jahrhunderte und die Jahrtausende wandelnden, ebensowohl legendären wie historischen Figur des Rishi, des Sehers und Philosophen.

Wahrscheinlich hätte ich SHRI RAMANA doch besuchen sollen. Allein ich fürchte, wenn ich noch einmal nach Indien reiste, um das Versäumte nachzuholen, so ginge es mir wieder gleich: ich könnte mich, trotz der Einmaligkeit und Unwiederholbarkeit dieses zweifellos bedeutenden Menschen, nicht dazu aufraffen, ihn persönlich zu sehen. Ich zweifle nämlich an seiner Einmaligkeit: er ist ein Typus, der war und sein wird. Darum brauchte ich ihn auch nicht aufzusuchen; ich habe ihn in Indien überall gesehen, in RAMAKRISHNAS Bild, in dessen Jüngern, in buddhistischen Mönchen und in unzähligen anderen Gestalten des indischen Alltags, und die Worte seiner Weisheit sind das «sous-entendu» des indischen Seelenlebens. SHRI RAMANA ist in diesem Sinne wohl ein «hominum homo», ein wahrhafter «Menschensohn» der indischen Erde. Er ist «echt», und darüber hinaus ein «Phänomen», das, von Europa aus gesehen, Einzigartigkeit beansprucht. Aber in Indien ist er der weißeste Punkt in einer weißen Fläche (deren Weißheit man darum erwähnt, weil es auch ebenso schwarze Flächen gibt). Überhaupt sieht man in Indien so viel, daß man schließlich nur noch weniger sehen möchte, und das ungeheure Vielerlei von Ländern und Menschen erzeugt eine Sehnsucht nach dem ganz Einfachen. Auch dieses Einfache gibt es: es durchdringt wie ein Wohlgeruch oder eine Melodie das seelische Leben Indiens; es ist überall sich selber gleich, aber nie monoton, sondern unendlich variierend. Um es kennen zu lernen, genügt es, eine *Upanishad* oder ein paar Gespräche des Buddha zu lesen. Was dort klingt, klingt überall, es spricht aus Millionen Augen, es drückt sich in unzähligen Gebärden aus, und es gibt kein Dorf und keine Landstraße, wo sich nicht jener breitästige Baum fände, in dessen Schatten das Ich nach seiner eigenen Aufhebung trachtet, die Welt der vielen Dinge im All und All-Einssein ertränkend. Dieser Ruf war mir in Indien dermaßen vernehmlich, daß ich dessen Überzeugungskraft bald nicht mehr von mir abzuschütteln vermochte. So war ich denn durchaus sicher, daß niemand darüber hinaus zu gelangen vermöchte, am wenigsten der indische Weise selber; und sollte SHRI RAMANA etwas sagen, das mit dieser Melodie nicht stimmte oder den Anspruch erhöbe, darüber noch hinaus zu wissen, so hätte der Erleuchtete auf alle Fälle unrecht. Diese mühelose, der Hitze Südindiens klimagerechte Argumentation – hat der Heilige recht, so tönt er Indiens alte Weise wieder, und tönt er anders, so hat er unrecht –

vermochte mich, ohne daß ich es bereute, von einem Besuch in Tiruvannamalai abzuhalten.

953 Die Unergründlichkeit Indiens sorgte dafür, daß mir der Heilige doch noch, und zwar in einer mir bekömmlicheren Form entgegentrat, ohne daß ich ihn gesucht hätte: in Trivandrum, der Hauptstadt von Travancore, traf ich auf einen Schüler des Maharshi. Es war ein bescheidener Mann, von sozialem Status das, was wir als einen Primarschullehrer bezeichnen, und erinnerte mich des lebhaftesten an den Schuhmacher von Alexandrien, welcher (in der Darstellung von ANATOLE FRANCE) vom Engel dem heiligen Antonius als Beispiel des noch größeren Heiligen vorgeführt wurde. Wie dieser hatte auch mein kleiner Heiliger das vor dem großen voraus, daß er zahlreiche Kinder zu ernähren hatte und mit besonderer Aufopferung für seinen ältesten Sohn sorgte, damit dieser studieren konnte. (Ich will hier nicht auf die Nebenfrage abschweifen, ob Heilige immer auch weise sind, und umgekehrt alle Weisen unbedingt heilig. Es bestehen in dieser Hinsicht einige Zweifel.) Auf alle Fälle trat mir in diesem bescheidenen, liebenswürdigen, kindlich frommen Gemüt ein Mensch entgegen, der einerseits mit völliger Hingabe die Weisheit des Maharshi in sich gesogen hatte und andererseits seinen Meister dadurch überragte, daß er, über alle Klugheit und Heiligkeit hinaus, auch «die Welt gegessen» hatte. Ich anerkenne dieses Zusammentreffen mit großer Dankbarkeit; denn es hätte mir nichts Besseres geschehen können. Der Nur-Weise und Nur-Heilige interessiert mich nämlich ungefähr soviel wie ein seltenes Saurierskelett, das mich aber nicht zu Tränen rührt. Der närrische Widerspruch dagegen, zwischen dem der Mâyâ entrückten Sein im kosmischen Selbst und der liebenden Schwäche, die sich fruchtbar mit vielen Wurzeln der schwarzen Erde einsenkt, um in alle Zukunft das Weben und das Zerreißen des Schleiers als Indiens ewige Melodie zu wiederholen – dieser Widerspruch tut es mir an; denn wie kann man anders das Licht sehen ohne den Schatten, die Stille vernehmen ohne den Lärm, die Weisheit erreichen ohne die Narrheit? Am peinlichsten ist wohl das Erlebnis der Heiligkeit. Mein Mann war – Gott sei Dank – nur ein kleiner Heiliger; kein strahlender Gipfel über finsteren Abgründen, kein erschütterndes Spiel der Natur, sondern ein Beispiel, wie Weisheit, Heiligkeit *und* Menschlichkeit «einträchtiglich beieinander wohnen» können, lehrreich, lieblich, rührend, friedsam und geduldig, ohne Krampf, ohne Absonderlichkeit, unerstaunlich, keineswegs sensationell, kein besonderes Postbureau benötigend, aber auf Urältestem beru-

hende Kultur unter dem sanften Rauschen im Meerwinde sich fächelnder Kokospalmen, Sinn in der vorüberhuschenden Phantasmagorie des Seins, Erlösung in der Gebundenheit, Sieg in der Niederlage.

Nur-Weisheit und Nur-Heiligkeit, fürchte ich, präsentieren sich am besten in der Literatur, und da soll ihr Ruhm unbestritten sein. LAO-TSE liest sich vortrefflich und unübertrefflich im *Tao-tê-king;* LAO-TSE mit seiner Tänzerin auf dem Westabhang des Berges, des Lebens Abend feiernd, ist schon weniger erbaulich. Mit dem vernachlässigten Körper des Nur-Heiligen kann man sich aus leicht ersichtlichen Gründen schon gar nicht abfinden, besonders wenn man nicht anders kann als glauben, daß die Schönheit zum Vornehmsten gehört, was Gott erschaffen. 954

SHRI RAMANAS Gedanken sind schön zu lesen. Es ist reinstes Indien, das uns darin entgegentritt, mit seinem Hauch der weltentrückten und -entrückenden Ewigkeit, ein Lied der Jahrtausende, und, wie der Gesang der Grillen in der Sommernacht, aus Millionen Wesen wiedertönend. Diese Melodie ist aufgebaut über dem einen, großen Motiv, das ohne Ermüdung, seine Monotonie in tausend farbige Reflexe verhüllend, sich im indischen Geiste ewig verjüngt, und dessen jüngste Inkarnation eben SHRI RAMANA selber ist: es ist das Drama der ahamkâra (des «Ich-Machens» respektive des Ich-Bewußtseins) in seinem Widerspruch zum und in seiner unauflöslichen Gebundenheit an den âtman (das Selbst oder Non-ego). Der Maharshi nennt den âtman auch das «Ich-Ich»: bezeichnenderweise so, denn das Selbst ist erfahren als das Subjekt des Subjektes, als der eigentliche Quellgrund und Leiter des Ich, dessen (irrendes) Streben stets danach geht, sich jene Autonomie anzueignen, deren Ahnung es ja gerade dem Selbst verdankt. 955

Dieser Konflikt ist auch dem Abendländer nicht unbekannt: für ihn ist es die Beziehung des Menschen zu Gott. Das moderne Indien hat sich, wie ich aus eigener Erfahrung bestätigen kann, weitgehend den europäischen Sprachgebrauch angeeignet: «Selbst», respektive âtman, und Gott sind wesentlich synonym. Aber in einem gewissen Unterschied zum westlichen «Mensch und Gott» lautet der Gegensatz oder die Übereinstimmung «Ich und Selbst». «Ich» ist im Gegensatz zu «Mensch» ein ausgesprochen *psychologischer* Begriff, ebenso «Selbst», wie es *uns* erscheinen möchte. Wir wären daher geneigt, anzunehmen, daß das metaphysische Problem «Mensch und Gott» sich in Indien auf die psychologische Ebene verschoben hätte. Bei näherem Zusehen ist dem allerdings nicht so, denn der indische Begriff 956 des «Ich» und des «Selbst» ist nicht wirklich psychologisch, sondern – man könnte sagen – ebenso metaphysisch wie «Mensch und Gott». Dem Inder fehlt der erkenntniskritische Standpunkt ebenso sehr wie unserer religiösen Sprache. Er ist noch «vor-kantisch». Diese Komplikation ist in Indien unbekannt, wie sie auch bei uns noch weitgehend unbekannt ist. In Indien gibt es daher noch keine Psychologie in unserem Sinne. Indien ist «vor psychologisch», das heißt indem es vom «Selbst» spricht, setzt es ein solches. Das tut die Psychologie *nicht*. Damit leugnet sie die Existenz des dramatischen Konfliktes keineswegs, aber sie reserviert sich die Armut oder den Schatz des Nichtwissens um das Selbst. Wohl kennen wir eine eigentümliche und paradoxe Phänomenologie des Selbst, aber wir sind uns des Umstandes bewußt, daß wir etwas Unbekanntes mit beschränkten Mitteln erkennen und in psychischen Strukturen ausdrücken, von denen wir nicht wissen, ob sie der Natur des zu Erkennenden angemessen sind oder nicht.

957 Diese erkenntniskritische Beschränkung entfernt uns von dem, was wir als «Selbst» oder als «Gott» bezeichnen. Die Gleichsetzung Selbst = Gott will dem Europäer anstößig erscheinen. Sie ist daher, wie SHRI RAMANAS Äußerungen und viele andere dartun, eine spezifisch östliche Erkenntnis, zu welcher die Psychologie nichts weiteres beifügen kann, als daß es weit jenseits ihrer Kompetenz läge, überhaupt eine solche Unterscheidung vorzunehmen. Psychologisch kann nur festgestellt werden, daß der Tatbestand des «Selbst» eine religiöse Symptomatologie aufweist, wie jenes Aussagengebiet, das mit der Bezeichnung «Gott» verknüpft ist. Obschon das religiöse Phänomen der «Ergriffenheit» alle Erkenntniskritik als inkommensurabel überbordet, was sie mit allen emotionalen Erscheinungen gemein hat, so setzt sich menschlicher Erkenntnisdrang mit «widergöttlicher» oder «luziferischer» Hartnäckigkeit, Eigensinnigkeit, ja mit Notwendigkeit immer wieder durch, sei es zum Gewinn oder zum Schaden des denkenden Menschen. Früher oder später wird sich daher der Mensch in erkennerischen Gegensatz zu seiner Ergriffenheit stellen und sich dem ergreifenden Griffe zu entziehen versuchen, um sich vom Geschehen Rechenschaft ablegen zu können. Verfährt er dabei mit Besonnenheit und Gewissenhaftigkeit, so wird er stets wieder entdecken, daß wenigstens ein Teil seines Erlebnisses menschlich beschränkte *Deutung* ist, wie es zum Beispiel IGNATIUS VON LOYOLA geschah mit seiner Vision der Schlange mit den vielen Augen, die er zunächst als göttlicher Herkunft, später aber als

teuflischer Provenienz auffaßte.² Es ist dem Inder klar, daß das Selbst als seelischer Quellgrund von Gott nicht verschieden und, insofern der Mensch in seinem Selbst ist, er nicht nur in Gott enthalten, sondern Gott selber ist. SHRI RAMANA zum Beispiel ist in dieser Hinsicht eindeutig. Unzweifelhaft ist diese Gleichsetzung *Deutung*. Ebenso ist es Deutung, das Selbst als «höchstes Gut» oder als erfüllendes, wünschenswertes Ziel aufzufassen, obschon die Phänomenologie dieses Erlebnisses keinen Zweifel darüber läßt, daß diese Charakteristika a priori vorhanden und unerläßliche Bestandteile der Ergriffenheit sind. Aber auch das wird den kritischen Verstand nicht abhalten, nach der Gültigkeit dieser Eigenschaften zu fragen. Es ist allerdings nicht abzusehen, wie er diese Frage je beantworten könnte, denn es fehlt ihm jeglicher Maßstab dazu. Was als Maßstab etwa dienen könnte, unterliegt ja seinerseits wieder der kritischen Frage nach der Gültigkeit. Hier entscheidet einzig die Präponderanz der psychischen Tatsache.

Das *Ziel* östlicher Praktik ist das gleiche wie das der westlichen Mystik: der Schwerpunkt wird vom Ich zum Selbst, vom Menschen zu Gott verschoben; was bedeuten will, daß das Ich im Selbst, der Mensch in Gott verschwindet. Es ist evident, daß SHRI RAMANA entweder wirklich vom Selbst weitgehend aufgesogen ist oder doch wenigstens ernstlich und lebenslang danach strebt, sein Ich im Selbst aufzulösen. Ein ähnliches Streben verraten auch die *«Exercitia spiritualia»,* indem sie den «Eigenbesitz», das Ichsein in möglichst hohem Maße der Besitznahme durch Christus unterordnen. Der ältere Zeitgenosse SHRI RAMANAS, RAMAKRISHNA, hat in Hinsicht auf die Beziehung zum Selbst dieselbe Einstellung wie jener, nur scheint bei ihm das Dilemma zwischen Ich und Selbst etwas deutlicher hervorzutreten. Während SHRI RAMANA zwar «verständnisvolle» Duldung mit dem weltlichen Berufe seiner Jünger zeigt, aber doch unmißverständlich die Auflösung des Ich zum eigentlichen Ziel der geistlichen Übung erhebt, zeigt RAMAKRISHNA eine etwas mehr zögernde Haltung in dieser Hinsicht. Es sagt zwar: «So lange Ichsucht besteht, sind weder Erkenntnis (jñâna) noch Befreiung (mukti) möglich, und der Geburten und Tode ist kein Ende.»³ Aber er muß die fatale Zähigkeit des ahamkâra doch anerkennen: «Wie wenige vermögen die Einigung (samâdhi) zu erlangen und sich von diesem Ich (aham) zu befreien. *Es ist selten möglich.*⁴ Diskutiere so viel du willst, sondere unaufhörlich – *dennoch wird dieses Ich immer zu dir zurückkehren.*⁵ Fälle heute die Pappel, und du wirst morgen finden, daß sie von neuem ausschlug.»⁶ Er geht sogar so weit, die Unzerstörbarkeit des Ich mit den Worten anzudeuten: «Wenn ihr schließlich dieses ‹Ich› nicht zerstören könnt, so behandelt es als ‹Ich, der Diener›.»⁷ Gegenüber dieser Konzession an das Ich ist SHRI RAMANA entschieden der Radikalere, respektive im Sinne der indischen Tradition der Konservativere. Der ältere RAMAKRISHNA ist damit der Modernere von beiden, was wohl auf die Tatsache zurückzuführen ist, daß er von der westlichen Geisteshaltung weitaus tiefer und stärker berührt ist als SHRI RAMANA.

959 Wenn wir das Selbst als Inbegriff seelischer Ganzheit (das heißt als Totalität von Bewußtem und Unbewußtem) fassen, so stellt es *tatsächlich* etwas wie ein Ziel seelischer Entwicklung dar, und dies jenseits aller bewußten Meinungen und Erwartungen. Es ist Inhalt eines Prozesses, der in der Regel sogar außerhalb des Bewußtseins abläuft und seine Gegenwart nur durch eine Art Fernwirkung auf dieses verrät. Eine kritische Einstellung zu diesem Naturprozeß erlaubt uns Fragen, welche die Formel Selbst = Gott eigentlich von vornherein ausschließt. Diese Formel zeigt als eindeutiges religiös-ethisches Ziel die Auflösung des Ich im âtman, wie das Leben und Denken SHRI RAMANAs beispielhaft dartut. Selbstverständlich gilt dies auch von der christlichen Mystik, die sich ja im Grunde genommen nur durch eine andere Terminologie von der östlichen Philosophie unterscheidet. Dabei ist die Minderbewertung und Aufhebung des physischen und psychischen Menschen (des lebenden Leibes und des ahamkâra) zugunsten des pneumatischen Menschen unvermeidliche Folge. SHRI RAMANA zum Beispiel nennt seinen Körper «diesen Klotz da». Im Gegensatz dazu und in Erwägung der komplexen Natur des Erlebnisses (Emotion + Deutung) beläßt der kritische Standpunkt dem Ichbewußtsein die Bedeutsamkeit seiner Rolle, wohl wissend, daß ohne ahamkâra auch gar niemand vorhanden wäre, der um solches Geschehen wüßte. Ohne des Maharshi persönliches Ich, das erfahrungsgemäß nur mit seinem ihm zugehörigen «Klotz» (= Leib) gegeben ist, hätte es einen SHRI RAMANA überhaupt nie gegeben. Auch wenn wir ihm zugestehen wollen, daß nunmehr nicht sein Ich, sondern der âtman spricht, so ist es doch die psychische Bewußtseinsstruktur sowohl als auch der Leib, welche sprachliche Mitteilungen überhaupt ermöglichen. Ohne den gewiß sehr anfechtbaren physischen und psychischen Menschen ist auch das Selbst völlig gegenstandslos, wie ANGELUS SILESIUS schon sagte:

Ich weiß, daß ohne mich Gott nicht ein Nu kann leben;
Werd ich zunicht, er muß von Not den Geist aufgeben.

Der a priori vorhandene Zielcharakter des Selbst und der Drang, dieses Ziel 960
zu verwirklichen, bestehen, wie schon gesagt, selbst ohne Teilnahme des
Bewußtseins. Sie können nicht geleugnet werden, aber ebensowenig kann
man des Ichbewußtseins entraten. Auch es meldet seine Forderung unabweisbar an, und zwar sehr oft in lautem oder leisem Gegensatz zur Notwendigkeit der Selbstwerdung. In Wirklichkeit, das heißt abgesehen von
wenigen Ausnahmefällen, besteht die Entelechie des Selbst in einem Wege
endloser Kompromisse, wobei Ich und Selbst sich mühsam die Waage halten, wenn alles gut gehen soll. Ein zu großer Ausschlag nach der einen oder
anderen Seite bedeutet daher in tieferem Verstande oft nicht mehr als ein
Beispiel, wie man es nicht machen sollte. Das heißt nun keineswegs, daß
Extreme, wo sie sich natürlicherweise einstellen, eo ipso von Übel wären.
Wir machen von ihnen wohl den richtigen Gebrauch, wenn wir ihren Sinn
erforschen, wozu sie uns dankenswerterweise reichlich Gelegenheit geben.
Ausnahmemenschen, sorgfältig umhegt und eingefangen, bedeuten stets
ein Geschenk der Natur, das uns bereichert und den Umfang unseres Bewußtseins vergrößert, dies alles aber nur, wenn unsere *Besonnenheit* nicht
Schiffbruch leidet. Ergriffenheit kann ein wahres Göttergeschenk sein oder
eine Ausgeburt der Hölle. Bei der Maßlosigkeit, die ihr anhaftet, fängt das
Verderben an, auch wenn die damit verknüpfte Bewußtseinsvernebelung
die Erreichung höchster Ziele in scheinbar größte Nähe rückt. Wahrer und
haltbarer Gewinn ist nur erhöhte und erweiterte Besonnenheit.

Außer Banalitäten gibt es leider keine philosophischen oder psychologi- 961
schen Sätze, die nicht sofort auch umgedreht werden müßten. So bedeutet
Besinnung als Selbstzweck nichts als Beschränktheit, wenn sie sich nicht
im Wirrwarr chaotischer Extreme behauptet, wie auch bloße Dynamik um
ihrer selbst willen zur Verblödung führt. Jegliches Ding bedarf zu seiner
Existenz seines Gegensatzes, ansonst es bis zum Nichtsein verblaßt. Das
Ich bedarf des Selbst und umgekehrt. Die wechselnden Beziehungen zwischen diesen beiden Größen stellen ein Erfahrungsgebiet dar, welches die
introspekive Erkenntnis des Ostens in einem dem westlichen Menschen
fast unerreichbaren Maße ausgebeutet hat. Die von der unseren so unendlich verschiedene Philosophie des Ostens bedeutet für uns ein überaus
wertvolles Geschenk, das wir allerdings «erwerben müssen, um es zu besit-

zen». SHRI RAMANAS Worte, die uns ZIMMER als letztes Geschenk seiner Feder in trefflichem Deutsch hinterlassen hat, fassen noch einmal das Vornehmlichste zusammen, was der Geist Indiens im Laufe der Jahrtausende an innerer Schau aufgehäuft hat, und das individuelle Leben und Wirken des Maharshi verdeutlicht noch einmal das innerste Streben der indischen Völker nach dem erlösenden Urgrunde. Ich sage «noch einmal», denn Indien steht vor dem verhängnisvollen Schritt, zum *Staat* zu werden und damit in jene Völkergemeinschaft einzutreten, deren leitende Prinzipien alles auf dem Programm haben, nur gerade nicht die «Abgeschiedenheit» und den Frieden der Seele.

962 Die östlichen Völker sind von einem raschen Verfall ihrer geistigen Güter bedroht, und was an deren Stelle tritt, kann nicht immer zum Besten abendländischen Geistes gerechnet werden. Man kann daher Erscheinungen wie RAMAKRISHNA und SHRI RAMANA als moderne Propheten auffassen, denen in bezug auf ihr Volk die gleiche kompensatorische Rolle zukommt wie den Propheten des Alten Testamentes in bezug auf das «abtrünnige» Volk Israel. Sie erinnern nicht nur an die tausendjährige Geisteskultur Indiens, sondern sie verkörpern diese geradezu und bilden damit eine eindrucksvolle Mahnung, über all dem Neuen westlicher Zivilisation und deren materialistisch-technischer und kommerzieller Diesseitigkeit den Anspruch der Seele nicht zu vergessen. Der atemlose Bemächtigungsdrang in politischer, sozialer und geistiger Hinsicht, welcher mit anscheinend unstillbarer Leidenschaft die Seele des Abendländers zerwühlt, breitet sich unaufhaltsam auch im Osten aus und droht unabsehbare Folgen zu zeitigen. Nicht nur in Indien, sondern auch in China ist vieles bereits untergegangen, worin einstmals die Seele lebte und gedieh. Die Veräußerlichung der Kultur kann zwar einerseits mit vielen Übelständen aufräumen, deren Beseitigung als höchst wünschenswert und vorteilhaft erscheint, aber dieser Fortschritt ist andererseits, wie die Erfahrung zeigt, mit einem Verlust seelischer Kultur nur allzu teuer erkauft. Es ist zwar unzweifelhaft viel komfortabler, in einem wohlgeordneten und hygienisch eingerichteten Hause zu leben, aber damit ist die Frage noch nicht beantwortet, *wer* der Bewohner dieses Hauses ist, und ob sich seine Seele auch derselben Ordnung und Reinlichkeit erfreut wie das zum äußeren Leben dienende Haus. Erfahrungsgemäß begnügt sich der auf Äußeres eingestellte Mensch ja nie mit dem bloß Notwendigen, sondern strebt stets darüber hinaus nach noch Mehrerem und noch Besserem, das er, seinem Prä-

judiz getreu, stets im Äußeren sucht. Er vergißt dabei völlig, daß er selber, bei allem äußeren Erfolg, innerlich derselbe bleibt und sich darum um seiner Armut willen beklagt, wenn er nur *ein* Automobil besitzt, statt wie die meisten anderen deren zwei. Gewiß erträgt das äußere Leben des Menschen noch viele Verbesserungen und Verschönerungen, aber sie verlieren ihre Bedeutung in dem Maße, als der innere Mensch damit nicht Schritt hält. Die Sättigung mit allem «Notwendigen» ist zweifellos eine nicht zu unterschätzende Glücksquelle, darüber hinaus aber erhebt der innere Mensch seine Forderung, die mit keinen äußeren Gütern gestillt werden kann. Und je weniger diese Stimme ob der Jagd nach den Herrlichkeiten dieser Welt gehört wird, desto mehr wird der innere Mensch zur Quelle unerklärlichen Mißgeschickes und unverstandenen Unglückes inmitten von Lebensbedingungen, welche ganz anderes erwarten ließen. Die Veräußerlichung wird zu einem unheilbaren Leiden, weil niemand es verstehen kann, wieso man an sich selber leiden sollte. Niemand wundert sich über seine Unersättlichkeit, sondern betrachtet sie als ein gutes Recht und denkt nicht daran, daß die Einseitigkeit der seelischen Diät schließlich zu den schwersten Gleichgewichtsstörungen führt. Daran krankt der Abendländer, und er ruht nicht, bis er die ganze Welt mit seiner begehrerischen Rastlosigkeit angesteckt hat.

Die Weisheit und die Mystik des Ostens haben daher gerade uns sehr viel zu sagen, wennschon sie ihre eigene, nicht nachzuahmende Sprache sprechen. Sie sollen uns an das erinnern, was wir in unserer Kultur an Ähnlichem besitzen und schon vergessen haben, und unsere Aufmerksamkeit auf das richten, was wir als unerheblich zur Seite schieben, nämlich auf das Schicksal unseres inneren Menschen. Das Leben und die Lehren SHRI RAMANAS sind nicht nur für den Inder bedeutsam, sondern auch für den Abendländer. Sie sind nicht ein bloßes «document humain», sondern eine warnende Botschaft an eine Menschheit, welche sich im Chaos ihrer Unbewußtheit und Unbeherrschtheit zu verlieren droht. Es ist daher wohl, im tieferen Verstande, kein Zufall, wenn HEINRICH ZIMMERS letzte Schrift wie ein Vermächtnis gerade das Lebenswerk eines modernen indischen Propheten uns übermittelt, welcher so eindrücklich das Problem seelischer Wandlung veranschaulicht.

Anmerkungen

1 [Einführung zu HEINRICH ZIMMER, *Der Weg zum Selbst. Lehre und Leben des indischen Heiligen Shri Ramana Maharshi aus Tiruvannamalei.* (Rascher, Zürich 1944)]
  (Das Werk umfaßt 167 Seiten einer Übersetzung, die ZIMMER von englischen Veröffentlichungen aus dem Shri Ramanasram Book Depot, Tiruvannamalai, Indien, hergestellt hat. Vorangestellt sind ein (unbedeutendes) Vorwort und die hier abgedruckte Einführung, beide von JUNG, EMIL ABEGGs Nachruf auf ZIMMER, der 1944 in New York gestorben war, und eine Einführung in die Texte SHRI RAMANA Maharshis von Zimmer. Anm. Hrsg.)
2 Vgl. dazu auch die Ermahnung 1. *Joh.* 4,1: «... glaubet nicht jedem Geist, sondern prüfet die Geister, ob sie von Gott stammen.»
3 *Worte des Meisters* [Zitate nicht identif.].
4 Von mir hervorgehoben.
5 Von mir hervorgehoben.
6 l. c., p. 85.
7 l. c.

4 Ost und West – ein psychologischer Vergleich

Aus: Was Indien uns lehren kann[1]

Indien liegt zwischen dem asiatischen Norden und dem pazifischen Süden, zwischen Tibet und Ceylon. Indien hört am Fuß des Himalaja und bei Adam's Bridge abrupt auf. Am einen Ende beginnt eine mongolische Welt, am anderen das «Paradies» einer Südseeinsel. Ceylon ist von Indien so eigenartig verschieden, wie Tibet es ist. Seltsamerweise findet man an beiden Enden die «Spur des Elephanten», wie der *Pali-Kanon*[2] die Lehre des Herrn und Meisters Buddha nennt.

Warum hat Indien sein strahlendstes Licht, Buddhas Erlösungspfad, diese großartige Synthese von Weltanschauung und opus divinum verloren? Es ist allgemein bekannt, daß die Menschheit sich auf einem Höhepunkt der Erleuchtung und geistigen Anstrengung nie halten kann. Buddha war ein unzeitiger Eindringling, er hat den Gang der Geschichte von Grund auf geändert und wurde schließlich doch von ihm besiegt. Die indische Religion gleicht einer vimana oder Pagode. Wie Ameisen klettern die Götter übereinander, von den Elephanten an, die in die Grundmauern geschnitzt sind, bis zu dem abstrakten Lotus zuoberst, der das Gebäude krönt. Mit der Zeit werden die Götter zu philosophischen Begriffen. Buddha, ein geistiger Wegbereiter für die gesamte Welt, sagte – und suchte es wahrzumachen –, daß der erleuchtete Mensch der Lehrer und Erlöser sogar seiner Götter sei (nicht deren stupider Leugner, wie die westliche «Aufklärung» es will). Das war offensichtlich zu viel, da der indische Geist noch gar nicht bereit war, die Götter in dem Maß zu integrieren, daß sie psychologisch vom seelischen Zustand des Menschen abhängig werden. Wie Buddha selbst solche Einsicht gewinnen konnte, ohne sich völlig in einer Inflation zu verlieren, grenzt an ein Wunder. (Aber jedes Genie *ist* ein Wunder.)

Buddha störte den historischen Prozeß, indem er mit der allmählichen Umwandlung der Götter in Ideen dazwischentrat. Das echte Genie bricht sozusagen immer ein und stiftet Unruhe. Es spricht zu einer zeitlichen

Welt aus einer ewigen Welt. So sagt es das Falsche zur richtigen Zeit. Ewige Wahrheiten sind nie zu einem gegebenen Augenblick in der Geschichte wahr. Der Prozeß der Wandlung hat einen Halt zu machen, um die äußerst unbequemen Dinge zu verdauen und zu assimilieren, die das Genie aus der Vorratskammer der Ewigkeit hervorgebracht hat. Und doch ist das Genie der Heilbringer seiner Zeit, denn alles, was es an ewiger Wahrheit offenbart, ist heilsam.

1005   Das Fernziel des Wandlungsprozesses ist indessen annähernd das, was Buddha vorschwebte. Aber dorthin zu gelangen, ist weder in einer noch in zehn Generationen möglich. Es braucht eindeutig viel länger, auf alle Fälle Tausende von Jahren, da die erstrebte Umwandlung nicht ohne eine gewaltige Entwicklung des menschlichen Bewußtseins vor sich gehen kann. Sie kann nur «geglaubt» werden, was Buddhas, wie Christi, Nachfolger offensichtlich taten, in der Annahme – wie das bei «Gläubigen» immer der Fall ist – daß Glaube alles sei. Glaube ist zwar etwas Großes, aber er ist ein Ersatz für eine bewußte Wirklichkeit, welche die Christen weise auf ein Leben im Jenseits verlegen. Dieses «Nachher» ist in Wirklichkeit die angestrebte Zukunft der Menschheit, vorweggenommen durch religiöse Intuition.

1006   Buddha ist aus dem Leben und der Religion Indiens mehr verschwunden, als wir uns je vorstellen könnten, daß Christus im Gefolge irgendeiner künftigen Katastrophe der Christenheit verschwinden würde, mehr sogar, als die griechisch-römischen Religionen aus dem heutigen Christentum verschwunden sind. Nicht daß Indien seinen geistigen Lehrmeistern undankbar wäre. Es ist ein bemerkenswertes Wiederaufleben des Interesses an klassischer Philosophie festzustellen. Universitäten wie Kalkutta und Benares haben bedeutende philosophische Fakultäten. Das Hauptgewicht wird jedoch auf klassische Hinduphilosophie und ihre weitgespannte Sanskritliteratur gelegt. Der *Pali-Kanon* liegt nicht ganz in ihrem Gesichtskreis. Buddha vertritt keine eigentliche Philosophie. Er fordert den Menschen heraus! Das ist nicht eigentlich, was die Philosophie will. Sie, wie irgendeine andere Wissenschaft, braucht einen weiten intellektuellen Spielraum, unbehindert von moralischen und menschlichen Verstrickungen. Dazu kommt, daß kleine und mängelbehaftete Leute in der Lage sein müssen, «etwas dazu zu tun», ohne auf fatale Weise in Zusammenhänge verwickelt zu werden, die weit über ihre Trag- und Leistungskräfte hinausgehen. Dies ist letzten Endes der richtige Weg, auch wenn es in der Tat eine longissima via ist. Die göttliche Ungeduld eines Genies mag den kleinen Mann verstören oder gar aus der Fassung bringen. Ein paar Generationen später wird er sich jedoch durch die schiere Kraft der Zahlen wieder behaupten, und auch das scheint in Ordnung zu sein.

Ich werde nun etwas sagen, was meine indischen Freunde möglicherweise unangenehm berühren wird, doch möchte ich sie selbstverständlich keineswegs kränken. Ich habe, so scheint mir, die merkwürdige Tatsache beobachtet, daß ein Inder, insofern er wirklich Inder ist, nicht denkt, zumindest nicht, was wir «denken» nennen. *Eher nimmt er den Gedanken wahr.* In dieser Hinsicht gleicht er dem Primitiven. Ich sage nicht, daß er primitiv *ist,* sondern daß der Vorgang seines Denkens mich an die primitive Art des Gedankenhervorbringens erinnert. Das Räsonieren des Primitiven ist zur Hauptsache eine unbewußte Funktion, und er nimmt ihre Ergebnisse wahr. Man könnte eine solche Eigentümlichkeit in jeder Kultur erwarten, die sich seit Urzeiten einer nahezu ungebrochenen Kontinuität erfreut hat.

1007

Unsere westliche Entwicklung von einem primitiven Stand aus wurde plötzlich unterbrochen durch das Eindringen einer Psychologie und Geistigkeit, die einer viel höheren Kulturstufe zugehörten. Unser Fall war nicht so arg wie derjenige der Neger oder Polynesier, die sich mit einemmal der unvergleichlich höheren Zivilisation des Weißen Mannes gegenübersahen, aber dem Wesen nach war es das gleiche. Wir wurden mitten in einem noch barbarischen Polytheismus gestoppt, der ausgerottet oder unterdrückt wurde – Jahrhunderte hindurch und vor nicht allzu langer Zeit. Ich nehme an, daß dieser Umstand dem westlichen Geist eine sonderbare Knickung verliehen hat. Unsere geistige Existenz wurde in etwas verwandelt, was sie noch nicht erreicht hatte und im Grunde genommen noch nicht sein konnte. Und dies ließ sich nur bewerkstelligen durch eine Dissoziation zwischen dem bewußten Teil der Psyche und dem Unbewußten. Es war eine Befreiung des Bewußtseins von der Last der Irrationalität und Triebhaftigkeit, auf Kosten der Ganzheit des Individuums. Der Mensch wurde in eine bewußte und eine unbewußte Persönlichkeit aufgespalten. Die bewußte Persönlichkeit konnte domestiziert werden, weil sie vom naturhaften und primitiven Menschen getrennt war. So wurden wir einerseits höchst diszipliniert, organisiert und rational, die andere Seite aber blieb ein unterdrückter Primitiver, abgeschnitten von Erziehung und Kultur.

1008

Dies erklärt unsere vielen Rückfälle in die erschreckendste Barbarei, und es erklärt auch die wirklich furchtbare Tatsache, daß je höher wir den Berg

1009

wissenschaftlicher und technischer Errungenschaften hinaufklettern, der Mißbrauch unserer Erfindungen um so gefährlicher und diabolischer wird. Man denke an den großen Triumph menschlichen Geistes, die Macht zu fliegen: wir haben den uralten Menschheitstraum verwirklicht! Und man denke an die Bombenangriffe moderner Kriegsführung! Ist es das, was Zivilisation bedeutet? Führt es nicht vielmehr den überzeugenden Beweis für die Tatsache vor Augen, daß, als unser Geist zur Eroberung des Himmels auszog, unser andere Mensch, dieses unterdrückte, barbarische Individuum, zur Hölle fuhr? Gewiß darf unsere Zivilisation stolz sein auf ihre Leistungen, doch müssen wir uns gleichzeitig über uns schämen.

1010 Sicher ist dies nicht der einzige Weg, auf dem der Mensch zivilisiert werden kann, jedenfalls ist es kein idealer Weg. Man könnte sich eine andere, befriedigendere Möglichkeit ausdenken. Statt nur die eine Seite des Menschen könnte man den ganzen Menschen differenzieren. Indem man dem bewußten Menschen die erdgebundene Last seiner primitiven Seite aufbürdete, ließe sich diese verhängnisvolle Spaltung zwischen einer oberen und einer unteren Hälfte vermeiden. Allerdings wäre es kein geringer tour de force, mit dem Weißen von heute in dieser Richtung zu experimentieren. Es würde natürlich zu teuflisch verwickelten moralischen und intellektuellen Problemen führen. Aber wenn es dem Weißen nicht gelingt, seine eigene Rasse mit Hilfe seiner brillanten Erfindungen zu vernichten, wird er sich schließlich zu einem verzweifelt ernsthaften Selbsterziehungskurs bequemen müssen.

1011 Was immer das endgültige Schicksal des Weißen sein wird, wir können wenigstens *ein* Beispiel für eine Kultur betrachten, die jede wesentliche Spur der Primitivität mit sich getragen hat und die den ganzen Menschen, von zuoberst bis zuunterst, umfaßt. Indiens Kultur und Psychologie gleicht seinen Tempeln, die in ihren Skulpturen das Universum darstellen, einschließlich des Menschen und aller seiner Aspekte und Tätigkeiten, als Heiliger oder als Scheusal. Dies ist vermutlich der Grund, weshalb Indien so traumartig erscheint: man wird ins Unbewußte zurückgestoßen, in jene unerlöste, unzivilisierte, urtümliche Welt, von der wir nur träumen, da unser Bewußtsein sie verleugnet. Indien stellt den anderen Weg der Zivilisierung des Menschen dar, den Weg ohne Unterdrückung, ohne Gewalttätigkeit, ohne Rationalismus. Hier sieht man sie Seite an Seite, in derselben Stadt, in derselben Straße, in demselben Tempel, innerhalb derselben Quadratmeile: den höchst kultivierten Geist und den Primitiven. In der geistigen Aufmachung des Allergeistigsten erkennt man die Züge des lebendig gebliebenen Primitiven, und in den melancholischen Augen des ungebildeten, halbnackten Dorfbewohners läßt sich ein unbewußtes Wissen um geheimnisvolle Wahrheiten erahnen.

Ich sage das alles, um zu erklären, was ich unter Nicht-Denken verstehe. 1012
Ich könnte ebensogut sagen: Gott sei Dank gibt es noch einen Menschen, der nicht denken gelernt hat, sondern noch fähig ist, seine Gedanken wahrzunehmen, als ob es Visionen oder lebendige Dinge wären; einen Menschen, der seine Götter umgewandelt hat – oder umwandeln wird – in sichtbare Gedanken, die auf der Wirklichkeit der Instinkte beruhen. Er hat seine Götter gerettet, und sie leben mit ihm. Es ist zwar ein irrationales Leben, voller Roheit, Greuel, Elend, Krankheit und Tod, jedoch irgendwie ganzheitlich, befriedigend und von unsagbarer emotionaler Schönheit. Es stimmt, daß die logischen Prozesse Indiens komisch sind, und es ist verblüffend zu sehen, wie Bruchstücke westlicher Wissenschaft sich dicht neben – kurzsichtigerweise von uns so genanntem – Aberglauben finden. Den Indern machen anscheinend unerträgliche Widersprüche nichts aus. Wenn sie bestehen, sind sie eine Eigentümlichkeit solchen Denkens, und der Mensch ist nicht verantwortlich dafür. Er macht sie nicht, da Gedanken ja von selbst erscheinen. Der Inder fischt nicht infinitesimale Einzelheiten aus dem Universum heraus. Sein Streben geht dahin, eine Schau des Ganzen zu haben. Er weiß noch nicht, daß man die lebendige Welt straff zwischen zwei Begriffe schrauben kann. Haben Sie je einen Augenblick darüber nachgedacht, wieviel vom Eroberer (um nicht zu sagen Dieb oder Räuber) schon im Ausdruck «Begriff» liegt? Er besagt «etwas durch Zupacken Gewonnenes». So gehen wir an die Welt heran. Indisches Denken aber ist Verdichtung einer Vision und nicht ein beutegieriger Überfall in die noch uneroberten Bereiche der Natur.

Wenn Sie die bedeutendste Lektion lernen wollen, die Indien einem 1013
beibringen kann, so hüllen Sie sich in den Mantel Ihrer moralischen Überlegenheit, begeben Sie sich in die Schwarze Pagode von Konarak, setzen Sie sich in den Schatten der gewaltigen Ruine, die noch immer mit der bestürzendsten Sammlung von «Obszönitäten» bedeckt ist, lesen Sie MURRAYS hinterlistiges altes *«Handbuch für Indien»,* das einem sagt, wie man angesichts dieses beklagenswerten Standes der Dinge so richtig schockiert sein und wie man des Abends in die Tempel gehen soll, weil sie im Lampenlicht wenn möglich «noch ‹wie erfreulich!› viel schlim-

mer» wirken; und dann analysieren Sie sorgfältig und mit der äußersten Ehrlichkeit alle Ihre Reaktionen, Gefühle und Gedanken. Es wird Sie eine ganze Weile in Anspruch nehmen, aber am Ende, wenn Sie gute Arbeit geleistet haben, werden Sie etwas über sich selbst erfahren haben und über den Weißen im allgemeinen, was Sie wahrscheinlich noch von niemand sonst hörten. Ich finde, eine Reise nach Indien, wenn man sie sich leisten kann, ist im ganzen höchst erbaulich und, vom psychologischen Standpunkt aus, äußerst ratsam, obschon sie einem erhebliches Kopfweh verursachen kann.

Aus: Geleitwort zu Abegg: «Ostasien denkt anders»[3]

1483 Die Verfasserin dieses Buches, dessen Text in extenso ich leider noch nicht vor Augen hatte, hat mich wenigstens mündlich von ihrem Vorhaben und von ihren Auffassungen bezüglich der Differenz östlicher und westlicher Psychologie unterrichtet, bei welcher Gelegenheit ich viele Übereinstimmungen zu erkennen vermochte; und nicht nur das, sondern auch eine Kompetenz des Urteils, über welche nur jemand verfügt, der einerseits Europäer ist und andererseits den unschätzbaren Vorteil besitzt, mehr als ein halbes Leben im Bereiche des östlichen Geistes verbracht zu haben. Ohne solche Erfahrungen aus erster Hand wäre es ein hoffnungsloses Unterfangen, das Problem östlicher Psychologie anzugehen. Man muß dazu schon unmittelbar von der Fremdartigkeit, ja Unverständlichkeit der östlichen Seele ergriffen und beeindruckt worden sein. Die entscheidenden Erfahrungen dieser Art findet man in keinem Büchlein, sondern macht sie nur im täglichen Leben im unmittelbaren Kontakt mit dem Volke. Die Verfasserin verfügt in dieser Hinsicht über einen großen Reichtum, wodurch sie wohl in den Stand gesetzt ist, die in gewissem Sinne prinzipielle und in höchstem Grade wichtige Frage des Unterschiedes westlicher und östlicher Psychologie zu diskutieren. Ich bin öfters in die Lage gekommen, mir über diese Differenz Rechenschaft geben zu müssen, und zwar nicht nur bei der Beschäftigung mit Texten der chinesischen und indischen Literatur, sondern auch bei der psychischen Behandlung von Vertretern östlichen Volkstums. Darunter hat sich leider nie ein Chinese oder Japaner befunden, noch war es mir selber vergönnt, diese Länder zu besuchen. Ich habe aber immerhin soviel in Erfahrung bringen können, daß mir das Ungenügende meines

Wissens in peinlicher Deutlichkeit erschien. Auf diesem Gebiete haben wir noch alles zu lernen, und zwar zu unserem eigenen größten Vorteil. Die Kenntnis östlicher Psychologie bildet nämlich die unerläßliche Basis zu einer Kritik und zu einer objektiven Erfassung der westlichen. Angesichts der wahrhaft beklagenswerten psychischen Situation des Abendlandes aber ist eine vertiefte Erkenntnis unseres okzidentalen Präjudiziums von kaum zu überschätzender Bedeutung.

Lange Erfahrung in der Beschäftigung mit den Produkten des Unbewußten hat mich gelehrt, daß zwischen der Eigenart der unbewußten Psyche des Westens und der «manifesten» Psyche des Ostens ein sehr bemerkenswerter Parallelismus besteht. Da erfahrungsgemäß die biologische Rolle, welche das Unbewußte in der psychischen Ökonomie spielt, die der Kompensation des Bewußtseins ist, so könnte man die Hypothese aufstellen, daß der Geist des Fernen Ostens sich zum westlichen Bewußtsein wie das Unbewußte verhalte oder, mit anderen Worten, wie die linke Hand zur rechten. 1484

Unser Unbewußtes hat, im Grunde genommen, eine *ganzheitliche* Tendenz, wie ich glaube nachgewiesen zu haben. Dasselbe darf man mit Fug und Recht von der östlichen Psyche behaupten, nur mit dem Unterschied, daß im Osten das Bewußtsein durch eine ganzheitliche Apperzeption gekennzeichnet ist, während der Westen eine differenzierte und notwendigerweise jeweils einseitige Aufmerksamkeit entwickelt hat. Damit geht Hand in Hand der westliche Kausalismus, der als Erkenntnisprinzip in unüberbrückbarem Gegensatz zum Prinzip der Synchronizität steht, welches Grund und Ursache der östlichen «Unbegreiflichkeit» bildet, aber nicht nur dieser, sondern auch der Fremdheit des Unbewußten, mit welcher der Westen konfrontiert ist. Das Verständnis der Synchronizität stellt den Schlüssel dar, welcher die Türe zu der uns geheimnisvoll erscheinenden ganzheitlichen Apperzeption des Ostens aufschließt. Soweit mir eine flüchtige Einsichtnahme in die Fahnen einen Schluß erlaubt, scheint die Verfasserin eben gerade dieser Frage eine besondere Aufmerksamkeit gewidmet zu haben. Ich stehe daher nicht an, zu bekennen, daß ich der Veröffentlichung dieses Buches mit größter Spannung entgegensehe. 1485

Anmerkungen

1 [Ursprünglich englisch geschrieben und veröffentlicht unter dem Titel «What India Can Teach Us» in: *Asia* XXXIX/2 (New York 1939) pp. 97–98. Hier erstmals in deutscher Übersetzung.]
2 [Die Gesamtheit der südbuddhistischen heiligen Schriften.]
3 [Zürich 1950.]

5 Die Verlockungen des Ostens

Aus: Über die Archetypen des kollektiven Unbewußten[1]

Warum ist Psychologie wohl die allerjüngste der Erfahrungswissenschaften? Warum hat man das Unbewußte nicht schon längst entdeckt und seinen Schatz an ewigen Bildern gehoben? Ganz einfach darum nicht, weil wir eine religiöse Formel für alle Dinge der Seele hatten, die weit schöner und umfassender ist als unmittelbare Erfahrung. Wenn für viele die christliche Anschauungswelt verblaßt ist, so sind dafür die symbolischen Schatzkammern des Ostens noch voll von Wundern, welche die Lust am Schauen und an neuen Kleidern auf lange Zeit hinaus nähren können. Und überdies sind diese Bilder – seien sie nun christlich oder buddhistisch oder irgend etwas anderes – schön, geheimnisvoll und ahnungsreich. Allerdings, je gewohnter sie uns sind, desto mehr hat der häufige Gebrauch sie abgeschliffen, so daß nur ihre banale Äußerlichkeit in ihrer fast sinnlosen Paradoxie übriggeblieben ist. Das Geheimnis der jungfräulichen Geburt oder die Homoousie des Sohnes mit dem Vater, oder die Trinität, die keine Triade ist, beflügeln keine philosophische Phantasie mehr. Sie sind bloße Glaubensobjekte geworden. Es ist daher nicht erstaunlich, wenn das religiöse Bedürfnis, der gläubige Sinn und die philosophische Spekulation des gebildeten Europäers sich von den Symbolen des Ostens, den grandiosen Auffassungen der Gottheit in Indien und den Abgründen taoistischer Philosophie in China angezogen fühlen, wie einstmals das Gemüt und der Geist des antiken Menschen von den christlichen Ideen erfaßt wurden. Es gibt viele, die sich zuerst der Einwirkung des christlichen Symbols hingaben, bis sie sich in die KIERKEGAARDsche Neurose verwickelten, oder bis ihr Verhältnis zu Gott, infolge zunehmender Verarmung an Symbolik, zu einer unerträglich zugespitzten Ich-Du-Beziehung sich entwickelte, um dann dem Zauber der frischen Fremdartigkeit östlicher Symbole zu erliegen. Dieses Erliegen ist nicht notwendigerweise stets eine Niederlage, sondern es kann die Aufgeschlossenheit und die Lebendigkeit des religiösen

Empfindens beweisen. Wir beobachten etwas Ähnliches beim östlichen Gebildeten, der sich nicht allzuselten vom christlichen Symbol oder von der dem östlichen Geiste so inadäquaten Wissenschaft angezogen fühlt und sogar ein beneidenswertes Verständnis dafür entwickelt. Daß man diesen ewigen Bildern erliegt, ist eine an sich normale Sache. Dafür sind diese Bilder ja vorhanden. Sie sollen anziehen, überzeugen, faszinieren und überwältigen. Sie sind ja aus dem Urstoff der Offenbarung geschaffen und bilden die jeweils erstmalige Erfahrung der Gottheit ab. Darum erschließen sie dem Menschen auch immer die Ahnung des Göttlichen und sichern ihn zugleich vor der unmittelbaren Erfahrung desselben. Diese Bilder sind, dank einem oft jahrhundertelangen Bemühen des menschlichen Geistes, in ein umfassendes System weltordnender Gedanken eingebettet und zugleich durch eine mächtige, ausgebreitete, altehrwürdige Institution, genannt Kirche, dargestellt.

21 Das Dogma ersetzt das kollektive Unbewußte, indem es dieses in weitem Umfang formuliert. Die katholische Lebensform kennt daher eine psychologische Problematik in diesem Sinne prinzipiell nicht. Das Leben des kollektiven Unbewußten ist fast restlos in den dogmatischen, archetypischen Vorstellungen aufgefangen und fließt als gebändigter Strom in der Symbolik des Credo und des Rituals. Sein Leben offenbart sich in der Innerlichkeit der katholischen Seele. Das kollektive Unbewußte, so wie wir es heute kennen, war überhaupt nie psychologisch, denn vor der christlichen Kirche gab es antike Mysterien, welche sich bis in die graue Vorzeit des Neolithikums hinauf erstreckten. Nie gebrach es der Menschheit an kräftigen Bildern, welche magischen Schutz verliehen gegen das unheimlich Lebendige der Seelentiefe. Immer waren die Gestalten des Unbewußten durch schützende und heilende Bilder ausgedrückt und damit hinausgewiesen in den kosmischen, außerseelischen Raum.

22 Der Bildersturm der Reformation hat aber wortwörtlich eine Bresche in den Schutzwall der heiligen Bilder geschlagen, und seitdem bröckelte eines nach dem anderen ab. Sie wurden mißlich, denn sie kollidierten mit der erwachenden Vernunft. Zudem hatte man schon längst zuvor vergessen, was sie meinten. Hatte man es wirklich vergessen? Oder hatte man vielleicht überhaupt nie gewußt, was sie bedeuteten, und fiel es vielleicht erst in neuerer Zeit der protestantischen Menschheit auf, daß man eigentlich doch gar nicht wisse, was mit der jungfräulichen Geburt, der Gottheit

Christi oder den Komplexitäten der Dreieinigkeit gemeint sein soll? Fast scheint es so, als ob diese Bilder bloß gelebt hätten, und als ob ihre lebendige Existenz einfach hingenommen worden wäre, ohne Zweifel und ohne Reflexion, etwa so, wie alle Leute Weihnachtsbäume schmücken und Ostereier verstecken, ohne überhaupt je zu wissen, was die Gebräuche bedeuten. Archetypische Bilder sind eben a priori so bedeutungsvoll, daß man schon gar nie danach fragt, was sie eigentlich meinen könnten. Darum sterben von Zeit zu Zeit die Götter, weil man plötzlich entdeckt, daß sie nichts bedeuten, daß sie von Menschenhand gemachte, aus Holz und Stein geformte Nichtsnutzigkeiten sind. In Wirklichkeit hat der Mensch dabei nur entdeckt, daß er bis dahin über seine Bilder überhaupt nichts gedacht hat. Und wenn er anfängt, darüber zu denken, so tut er es unter Beihilfe dessen, was er «Vernunft» nennt, was aber in Wirklichkeit nichts anderes ist als die Summe seiner Voreingenommenheiten und Kurzsichtigkeiten.

Die Entwicklungsgeschichte des Protestantismus ist ein chronischer Bildersturm. Eine Mauer um die andere fiel. Und allzu schwierig war die Zerstörung auch nicht, nachdem die Autorität der Kirche einmal erschüttert war. Wir wissen, wie im Großen und im Kleinen, im Allgemeinen und im Einzelnen, Stück um Stück zerfiel, und wie die jetzt herrschende, erschreckende Symbolarmut zustande kam. Damit ist auch die Kraft der Kirche geschwunden; eine Festung, die ihrer Bastionen und Kasematten beraubt ist; ein Haus, dessen Wände herausgebrochen sind, allen Winden der Welt und aller Gefährdung preisgegeben. Eigentlich ein beklagenswerter Zusammenbruch, welcher das historische Gefühl schmerzt, ist doch die Aufsplitterung des Protestantismus in einige Hundert Denominationen ein untrügliches Zeichen dafür, daß die Beunruhigung anhält. 23

Der protestantische Mensch ist eigentlich in eine Schutzlosigkeit hinausgestoßen, vor der es dem natürlichen Menschen grauen könnte. Das aufgeklärte Bewußtsein will allerdings davon nichts wissen, sucht aber in aller Stille anderswo, was in Europa verloren ging. Man forscht nach den wirkenden Bildern, den Anschauungsformen, welche die Beunruhigung von Herz und Sinn befriedigen, und findet die Schätze des Ostens. 24

An und für sich ist dagegen nichts einzuwenden. Niemand hat die Römer gezwungen, asiatische Kulte als Massenartikel zu importieren. Hätte den germanischen Völkern das sogenannte artfremde Christentum wirklich zutiefst nicht gepaßt, so hätten sie es leicht wieder abstoßen können, als das Prestige der römischen Legionen verblichen war. Es ist aber geblie- 25 ben, denn es entspricht der vorhandenen archetypischen Vorlage. Aber es ist im Laufe der Jahrhunderte zu etwas geworden, worüber sich sein Stifter nicht schlecht gewundert hätte, hätte er es noch erlebt; und wie das Christentum der Neger und der Indianer beschaffen ist, gäbe auch einigen Anlaß zu historischen Betrachtungen. Warum also sollte der Westen nicht östliche Formen assimilieren? Die Römer gingen ja auch nach Eleusis, Samothrake und Ägypten, um sich einweihen zu lassen. In Ägypten scheint es sogar eine richtige Touristik dieser Art gegeben zu haben.

26   Die Götter von Hellas und Rom gingen an der gleichen Krankheit zugrunde wie unsere christlichen Symbole: damals wie heute entdeckten die Menschen, daß sie sich nichts darunter gedacht hatten. Die Götter der Fremden hingegen hatten noch unverbrauchtes Mana. Ihre Namen waren seltsam und unverständlich und ihre Taten ahnungsreich dunkel, ganz anders als die ausgeleierte chronique scandaleuse des Olymp. Die asisiatischen Symbole verstand man wenigstens nicht, und deshalb waren sie nicht banal wie die altgewohnten Götter. Daß man das Neue aber ebenso unbesehen übernahm, wie man das Alte weggelegt hatte, wurde damals nicht zum Problem.

27   Wird es heute Problem? Werden wir fertige Symbole, gewachsen auf exotischem Boden, durchtränkt mit fremdem Blut, gesprochen in fremden Zungen, genährt von fremder Kultur, gewandelt in fremder Geschichte, anziehen können wie ein neues Kleid? Ein Bettler, der sich in königliches Gewand hüllt; ein König, der sich als Bettler verkleidet? Ohne Zweifel, es ist möglich. Oder gibt es in uns irgendwo einen Befehl, keinen Mummenschanz zu treiben, sondern vielleicht sogar unser Gewand selbst zu nähen?

28   Ich bin überzeugt, daß die zunehmende Verarmung an Symbolen einen Sinn hat. Diese Entwicklung hat eine innere Konsequenz. Alles, worüber man sich nichts dachte und was dadurch eines sinngemäßen Zusammenhanges mit dem sich ja weiterentwickelnden Bewußtseins ermangelte, ist verlorengegangen. Wenn man nun versuchte, seine Blöße mit orientalischen Prunkgewändern zu verhüllen, wie es die Theosophen tun, so würde man seiner eigenen Geschichte untreu. Man wirtschaftet sich nicht zuerst zum Bettler hinunter, um nachher als indischer Theaterkönig zu posieren. Weit besser schiene es mir, sich entschlossen zur geistlichen Armut der Symbollosigkeit zu bekennen, statt sich ein Besitztum vorzutäuschen, dessen legitime Erben wir auf keinen Fall sind. Wohl sind wir die rechtmäßigen Erben der christlichen Symbolik, aber dieses Erbe haben wir irgendwie

vertan. Wir haben das Haus zerfallen lassen, das unsere Väter gebaut, und versuchen nun, in orientalische Paläste einzubrechen, die unsere Väter nie kannten. Wer die historischen Symbole verloren hat und sich mit «Ersatz» nicht begnügen kann, ist heute allerdings in einer schwierigen Lage: vor ihm gähnt das Nichts, vor dem man sich mit Angst abwendet. Schlimmer noch: das Vakuum füllt sich mit absurden politischen und sozialen Ideen, die sich allesamt durch geistige Öde auszeichnen. Wer sich aber mit dieser schulmeisterlichen Besserwisserei nicht abfinden kann, sieht sich gezwungen, von seinem sogenannten Gottvertrauen ernstlich Gebrauch zu machen, wobei es sich dann allerdings meist herausstellt, daß die Angst noch überzeugender ist. Sie ist allerdings nicht unberechtigt, denn, wo Gott am nächsten, scheint die Gefahr am größten zu sein. Es ist nämlich gefährlich, sich zur geistlichen Armut zu bekennen; denn wer arm ist, begehrt, und wer begehrt, zieht ein Schicksal auf sich. Ein schweizerisches Sprichwort sagt es drastisch: «Hinter jedem Reichen steht ein Teufel, und hinter jedem Armen – zwei.»

Wie im Christentum das Gelöbnis der weltlichen Armut den Sinn von 29 den Gütern der Welt abwandte, so will auch die geistliche Armut den falschen Reichtümern des Geistes entsagen, um sich zurückzuziehen, nicht nur von den kärglichen Überresten einer großen Vergangenheit, welche sich heute protestantische «Kirche» nennen, sondern auch von allen Lokkungen des exotischen Geruches, um bei sich einzukehren, wo im kalten Lichte des Bewußtseins sich die Kahlheit der Welt bis zu den Gestirnen weitet.

Aus: Das Seelenproblem des modernen Menschen

Aber ich vergesse, daß wir anscheinend noch gar nicht wissen, daß, während wir die *materielle* Welt des Ostens mit unserem überlegenen technischen Können durcheinanderrütteln, der Osten mit seinem überlegenen *seelischen* Können unsere *geistige* Welt in Verwirrung bringt. Wir sind nämlich noch nicht einmal auf den Gedanken gekommen, daß der Osten uns von innen fassen könnte. Ein solcher Gedanke erscheint uns wohl fast wahnwitzig, weil wir nur an Kausalverbindungen denken, wo wir dann allerdings nicht einsehen können, wieso wir einen MAX MÜLLER, einen OLDENBERG, einen DEUSSEN oder einen WILHELM für die Konfusion unseres geistigen Mittelstandes verantwortlich machen können. Was aber lehrt uns das Beispiel des kaiserlichen Rom? Mit der Eroberung Vorderasiens wurde Rom asiatisch, wurde sogar Europa asiatisch angesteckt und ist es heute noch. Aus Kilikien kam die römische Militärreligion, die von Ägypten bis zum nebligen Britannien reichte, vom Christentum nicht zu reden.

189 Wir haben es noch nicht ganz eingesehen, daß die abendländische Theosophie eine dilettantenhafte, richtig barbarische Nachahmung des Ostens ist. Mit der Astrologie, die dem Osten tägliches Brot ist, fangen wir eben wieder an. Die Sexualforschung, für uns in Wien und in England entstanden, hat überlegene indische Vorbilder. Über den philosophischen Relativismus unterrichten uns dort tausendjährige Texte, und der Inbegriff chinesischer Wissenschaft basiert ausschließlich auf einem bei uns eben geahnten überkausalen Standpunkt. Und was gewisse komplizierte Neuentdeckungen unserer Psychologie anbetrifft, so finden wir ihre erkennbare Beschreibung in alten chinesischen Texten, wie mir Professor WILHELM selber neulich bewiesen hat. Was wir für eine spezifisch abendländische Erfindung halten, nämlich die Psychoanalyse und die von ihr ausgehenden Anregungen, so ist sie ein Anfängerversuch im Vergleiche mit dem, was im Osten altgeübte Kunst ist. Wie vielleicht bekannt sein dürfte, ist das Buch, das Psychoanalyse und Yoga in Parallele setzt, bereits geschrieben, und zwar von OSKAR A. H. SCHMITZ.[2]

190 Die Theosophen haben eine amüsante Vorstellung von Mahatmas, die irgendwo im Himalaya oder in Tibet sitzen und von dort aus die Geister der ganzen Welt inspirieren und lenken. So stark ist der Einfluß der östlichen magischen Geisteshaltung, daß geistig normale Europäer mir versicherten, daß das Gute, das ich sage, von den Mahatmas ohne mein Vorwissen inspiriert sei, mein Eigenes dagegen nichts tauge. Diese im Abendland weit verbreitete und innigst geglaubte Mythologie ist, wie alle Mythologie, kein Unsinn, sondern eine wichtige psychologische Wahrheit. Der Osten scheint tatsächlich mit der Verursachung unserer derzeitigen Geistesveränderung etwas zu tun zu haben. Nur ist dieser Osten kein tibetanisches Mahatmakloster, sondern in der Hauptsache inwendig in uns. Er ist wohl unsere eigene Seele, die am Werke ist, neue Geistesformen zu schaffen, Formen, welche seelische Wirklichkeiten enthalten, die der schrankenlosen Beutegier des arischen Menschen heilsame Dämpfer aufsetzen sollen; etwas wohl von jener Beschränkung des Lebens, welche sich im

Osten zu einem bedenklichen Quietismus entwickelt hat, etwas vielleicht von jener Stabilität des Daseins, die sich notwendigerweise einstellt, wenn die Forderungen der Seele ebenso dringlich werden wie die Bedürfnisse des äußeren sozialen Lebens. Doch davon sind wir im Zeitalter des Amerikanismus noch weit entfernt, stehen wir doch erst, wie mir scheint, am Anfang einer neuen seelischen Kultur. Ich möchte mich nicht vermessen, Prophet zu sein, aber man kann nicht wohl das Seelenproblem des modernen Menschen zu skizzieren versuchen, ohne die Sehnsucht nach Ruhe im Zustande der Unruhe, ohne das Verlangen der Sicherheit im Zustande der Unsicherheit zu erwähnen. Aus Bedürfnissen und Nöten entstehen neue Daseinsformen, und nicht aus idealen Forderungen oder bloßen Wünschen. Auch kann man nicht wohl ein Problem an und für sich darstellen, ohne wenigstens die Möglichkeit einer Lösung anzudeuten, wenn damit auch nichts Endgültiges gesagt sein soll. So wie mir heute das Problem zu liegen scheint, ist noch gar nichts über seine zukünftige Lösung ausgemacht. Wie immer erstreben die einen resignierte Rückkehr zum Bisherigen, optimistische Naturen aber Veränderung der Weltanschauungs- und Daseinsformen.

Anmerkungen

1 (Erstmals publiziert im *Eranos-Jahrbuch* von 1934. Eine überarbeitete Fassung erschien in *Von den Wurzeln des Bewußtseins;* Zürich 1954. Anm. Hrsg.)
2 *Psychoanalyse und Yoga.*

Teil II

China und der Weg des Tao

6 Die chinesische Weltsicht

Aus: Synchronizität als ein Prinzip akausaler Zusammenhänge

Das Kausalprinzip sagt aus, daß die Verbindung von causa und effectus eine notwendige sei. Das Synchronizitätsprinzip sagt aus, daß die Glieder einer sinngemäßen Koinzidenz durch *Gleichzeitigkeit* und durch den *Sinn* verbunden seien. Wenn wir also annehmen, daß die ESP-Experimente sowie die vielen Einzelbeobachtungen Tatsachen feststellen, so ergibt sich daraus der Schluß, daß, neben dem Zusammenhang von Ursache und Wirkung, es in der Natur noch einen anderen, in der Anordnung von Ereignissen sich ausdrückenden Faktor gibt, welcher uns als Sinn erscheint. Sinn ist eine zugegebenermaßen anthropomorphe Deutung, bildet aber das unerläßliche Kriterium des Synchronizitätsphänomens. Worin jener Faktor, der uns als «Sinn» erscheint, an sich besteht, entzieht sich der Erkenntnismöglichkeit. Als Hypothese aber stellt er doch keine solche Unmöglichkeit dar, wie es einen auf den ersten Blick dünken möchte. Man muß nämlich in Betracht ziehen, daß unsere okzidentale Verstandeseinstellung nicht die einzig mögliche oder die allumfassende ist, sondern sie stellt in gewisser Hinsicht eine Voreingenommenheit und eine Einseitigkeit dar, welche möglicherweise zu korrigieren wären. Das sehr viel ältere Kulturvolk der Chinesen hat von jeher in einer gewissen Hinsicht anders gedacht als wir, und wir müssen schon bis auf HERAKLIT zurückgehen, wenn wir in unserem Kulturkreis – wenigstens was die Philosophie betrifft – Ähnliches feststellen wollen. Nur auf dem Niveau der Astrologie, der Alchemie und der mantischen Prozeduren gibt es zwischen unserer und der chinesischen Einstellung keine prinzipiellen Unterschiede. Deshalb verlief auch die Entwicklung der Alchemie im Westen wie im Osten auf parallelen Bahnen und zu demselben Ziel mit zum Teil identischen Begriffsbildungen.[1]

In der chinesischen Philosophie gibt es seit alters einen zentralen Begriff, dessen Bezeichnung als *Tao* die Jesuiten mit «Gott» übersetzt haben. Dies ist aber nur im okzidentalen Sinn richtig. Andere Übersetzungen, wie

Providenz und ähnliches, sind bloße Notbehelfe. R. WILHELM hat in genialer Weise Tao als *Sinn* gedeutet.² Der Begriff des Tao beherrscht das ganze weltanschauliche Denken Chinas. Diese Bedeutung hat bei uns die Kausalität, aber sie hat sie erst im Laufe der letzten zwei Jahrhunderte erreicht, dank dem nivellierenden Einfluß der statistischen Methode einerseits und dem beispiellosen Erfolg der Naturwissenschaften andererseits, wobei das metaphysisch begründete Weltbild allerdings in Verlust geraten ist.

908 Vom Tao gibt LAO-TSE im berühmten *Tao Te King* folgende Beschreibung³:

> Es gibt etwas, das ist unterschiedslos vollendet,
> Es geht der Entstehung von Himmel und Erde voran.
>   Wie still! wie leer!
> Selbständig und unverändert,
> Im Kreise wandelnd ungehindert.
> Man kann es für die Mutter der Welt halten.
> Ich weiß nicht seinen Namen.
> Ich bezeichne es als Tao [WILHELM: «Sinn»]
> Notdürftig nenn ich es: das Große.

909 Das Tao «kleidet und nährt alle Wesen und spielt nicht ihren Herrn». LAO-TSE bezeichnet es als *Nichts*⁴, womit er, wie WILHELM sagt, nur dessen «Gegensatz zur Welt der Wirklichkeit» zum Ausdruck bringt. LAO-TSE schildert dessen Wesen folgendermaßen:

> Dreißig Speichen umgeben eine Nabe:
> Auf dem Nichts daran beruht des Wagens Wirkung
>   [wörtlich: Brauchbarkeit].
> Man macht Schüsseln und Töpfe zu Gefäßen:
> Auf dem Nichts darin beruht des Gefäßes Wirkung.
> Man höhlt Türen und Fenster aus an Zimmern,
> Auf dem Nichts darin beruht des Zimmers Wirkung.
> Darum: das Etwas schafft Wirklichkeit,
> Das Nichts schafft Wirkung.

910 Das «Nichts» ist offenbar der «Sinn» oder «Zweck» und darum Nichts genannt, weil es an und für sich in der Sinnenwelt nicht erscheint, sondern nur deren Anordner ist.⁵ So sagt LAO-TSE:

> Man schaut nach ihm und sieht es nicht,
>   das heißt mit Namen: das Luftige.
> Man horcht nach ihm und hört es nicht,
>   das heißt mit Namen: das Dünne.
> Man greift nach ihm und faßt es nicht,
>   das heißt mit Namen: das Unkörperliche.
> – – –
> Das heißt die gestaltlose Gestalt,
> Das dinglose Bild,
> Das heißt das Neblig-Verschwommene.
> Ihm entgegentretend sieht man nicht sein Antlitz,
> ihm folgend sieht man nicht seinen Rücken.

«Es handelt sich also», so schreibt WILHELM, «um eine Konzeption, die auf der Grenze der Welt der Erscheinungen liegt.» Die Gegensätze sind in ihr «in der Ununterschiedenheit aufgehoben», aber potentiell bereits vorhanden. «Diese Keime nun», fährt er fort, «deuten auf etwas, das erstens irgendwie der Sichtbarkeit entspricht, etwas *Bildartiges...*, zweitens irgendwie der Hörbarkeit entspricht, etwas *Wortartiges...*, drittens irgendwie der *Ausgedehntheit* entspricht, etwas *Gestaltartiges*. Aber dieses Dreifache ist nicht deutlich geschieden und definierbar, sondern ist eine *unräumliche* (kein oben und unten) und *unzeitliche* Einheit (kein vorn und hinten.» So sagt der *Tao Te King:* 911

> Der Sinn [Tao] bewirkt die Dinge
> Ganz neblig, ganz verschwommen.
> So verschwommen, so neblig
> Sind in ihm Bilder,
> So neblig, so verschwommen
> Sind in ihm Dinge!

Die Wirklichkeit, meint WILHELM, sei begrifflich erkennbar, weil nach chinesischer Auffassung in den Dingen selber etwas irgendwie «Rationales» stecke.[6] Dies ist der Grundgedanke der sinngemäßen Koinzidenz; sie ist möglich, weil beiden Seiten derselbe Sinn eignet. Wo der Sinn prävaliert, da ergibt sich Ordnung: 912

Der Sinn [Tao] als höchster ist namenlose Einfalt.
— — —
Wenn Fürsten und Könige ihn so wahren könnten,
So würden alle Dinge sich als Gäste einstellen.
Das Volk würde ohne Befehle von selbst ins
    Gleichgewicht kommen.
— — —
Er wirkt nicht,
Und doch kommt alles von selbst.
    Er ist gelassen
Und weiß doch zu planen.
Das Netz des Himmels ist so groß, so groß,
Weitmaschig und verliert doch nichts.

913 CH'UANG-TSE (ein Zeitgenosse des PLATON) sagt über die psychologische Voraussetzung des Tao: «Der Zustand, wo Ich und Nicht-Ich keinen Gegensatz mehr bilden, heißt der Angelpunkt des Sinns [Tao].»[7] Es klingt wie eine Kritik unserer naturwissenschaftlichen Weltanschauung, wenn er sagt: «Der Sinn [Tao] wird verdunkelt, wenn man nur kleine fertige Ausschnitte des Daseins ins Auge faßt»[8], oder: «Die Begrenzungen sind nicht ursprünglich im Sinn des Daseins begründet. Die festgelegten Bedeutungen sind nicht ursprünglich den Worten eigentümlich. Die Unterscheidungen entstammen erst der subjektiven Betrachtungsweise.»[9] Die Meister des Altertums, sagt CH'UANG-TSE an anderer Stelle, nahmen als Ausgangspunkt «einen Zustand an, da die Existenz der Dinge noch nicht begonnen hatte. Damit ist in der Tat der äußerste Punkt erreicht, über den man nicht hinausgehen kann. Die nächste Annahme war, daß es zwar Dinge gab, aber ihre Getrenntheit noch nicht begonnen hatte. Die nächste Annahme war, daß es zwar in gewissem Sinn Getrenntheiten gab, aber Bejahung und Verneinung noch nicht begonnen hatten. Durch die Entfaltung von Bejahung und Verneinung verblaßte der Sinn [Tao]. Durch die Verblassung des Sinns verwirklichte sich einseitige Zuneigung.»[10] «Das äußere Hören darf nicht weiter eindringen als bis zum Ohr; der Verstand darf kein Sonderdasein führen wollen, so wird die Seele leer und vermag die Welt in sich aufzunehmen. Und der Sinn [Tao] ist's, der diese Leere füllt.» Wer Einsicht hat, sagt CH'UANG-TSE, der «gebraucht sein inneres Auge, sein inneres Ohr, um die Dinge zu durchdringen und bedarf nicht verstandesmäßigen Erkennens».[11] Damit wird offenbar auf das absolute Wissen

des Unbewußten hingewiesen, das heißt auf das mikrokosmische Vorhandensein makrokosmischer Ereignisse.

Diese taoistische Anschauung ist typisch für chinesisches Denken überhaupt. Es ist, wenn irgend möglich, *ganzheitlich,* wie auch der hervorragende Kenner der chinesischen Psychologie, GRANET, hervorhebt.¹² Man kann diese Eigentümlichkeit auch im gewöhnlichen Gespräch mit Chinesen beobachten: eine uns einfach erscheinende, präzise Frage nach einer Einzelheit veranlaßt den chinesischen Denker zu einer unerwartet umfänglichen Antwort, gerade so, wie wenn man von ihm einen Grashalm verlangt hätte und er als Antwort eine ganze Wiese brächte. Für uns zählen Einzelheiten an und für sich; dem östlichen Geist ergänzen sie stets ein Gesamtbild. In diese Ganzheit sind nun, wie schon in der primitiven oder in unserer (zum Teil noch vorhandenen) mittelalterlichen, vorwissenschaftlichen Psychologie, Dinge einbegriffen, deren Verbindung mit den anderen nur noch als «zufällig», das heißt als Koinzidenz, deren Sinngemäßheit als arbiträr erscheint, aufgefaßt werden kann. Dazu gehört die mittelalterliche naturphilosophische Lehre der correspondentia¹³, insbesondere die schon antike Anschauung der *Sympathie aller Dinge.*

Aus: Über Grundlagen der Analytischen Psychologie

Besonderes Wissen ist ein schrecklicher Nachteil. Es führt einen in gewissem Sinn zu weit, so daß man nichts mehr erklären kann. Sie müssen mir erlauben, über scheinbar elementare Dinge zu Ihnen zu sprechen, aber wenn Sie sie annehmen können, werden Sie vermutlich verstehen, weshalb ich zu dieser oder jener Schlußfolgerung komme. Es tut mir leid, daß wir nicht mehr Zeit haben und ich Ihnen nicht alles mitteilen kann. Wenn ich über Träume spreche, liefere ich mich Ihnen aus und riskiere, daß Sie mich für närrisch halten, da ich Ihnen unmöglich alle historischen Belege unterbreiten kann, die mich zu meinen Schlußfolgerungen führten. Ich müßte Ihnen Stück um Stück chinesischer und hinduistischer Literatur unterbreiten, mittelalterliche Texte und viele andere Dinge, die Sie nicht kennen. Wie sollten Sie auch? Ich arbeite mit Spezialisten aus anderen Wissensgebieten zusammen, und diese können mir helfen: zum Beispiel mein verstorbener Freund, der Sinologe Professor WILHELM. Er hatte einen taoistischen Text übersetzt und bat mich, ihn zu kommentieren, was ich von der psychologischen Seite her tat.¹⁴ Ich bin etwas schrecklich Ungewöhnliches für einen Sinologen, aber was er uns zu sagen hat, ist höchst ungewöhnlich für *uns*. Die chinesischen Philosophen waren keine Narren. Wir stellen uns die alten Völker als beschränkt vor, aber sie waren so intelligent wie wir. Sie waren sogar unglaublich intelligent, und die Psychologie wird mit dem, was sie von alten Kulturvölkern lernen kann, vor allem von Indien und China, nie zu Ende kommen. Ein früherer Präsident der British Anthropological Society fragte mich einmal: «Können Sie verstehen, daß ein so hochintelligentes Volk wie die Chinesen keine Naturwissenschaft kennt?» Ich entgegnete ihm: «Sie haben eine Naturwissenschaft, nur verstehen Sie sie nicht. Sie beruht nicht auf dem Kausalitätsprinzip. Das Kausalitätsprinzip ist nicht das einzige Prinzip, es ist nur relativ.»

142   Man mag mir erwidern: «Wie töricht, zu sagen, Kausalität sei nur relativ! Aber denken Sie an die moderne Physik! Der Osten gründet sein Denken und seine Bewertung der Tatsachen auf einem anderen Prinzip. Wir kennen nicht einmal ein Wort für dieses Prinzip. Der Osten hat natürlich ein Wort dafür, aber wir verstehen es nicht. Das östliche Wort ist Tao. Mein Freund MCDOUGALL¹⁵ hat einen chinesischen Studenten, und den fragte er einmal: «Was genau verstehen Sie unter Tao?» Typisch westlich! Der Chinese erklärte, was Tao ist, und er antwortete: «Ich verstehe immer noch nicht.» Da ging der Chinese auf den Balkon und fragte: «Was sehen Sie?» «Ich sehe eine Straße und Häuser und spazierende Leute und fahrende Trams.» «Was noch?» «Dort ist ein Hügel.» «Was noch?» «Bäume.» «Was noch?» «Der Wind weht.» Der Chinese warf seine Arme hoch und sagte: «Das ist Tao.»

143   Da haben Sie es. Tao allein kann alles sein. Ich verwende ein anderes Wort, um es zu bezeichnen, und es ist armselig genug. Ich nenne es *Synchronizität*. Wenn der östliche Geist zusammen vorkommende Fakten betrachtet, nimmt er dieses «Zusammen» an, wie es ist, aber der westliche Geist zerteilt es in Einzeldinge, in kleine Quantitäten. Wenn zum Beispiel jemand die hier anwesende Versammlung sieht, würde er fragen: «Wo kommen diese Leute her? Warum sind sie zusammengekommen?» Das interessiert den östlichen Geist überhaupt nicht. Er fragt vielmehr:»Was bedeutet es, daß diese Leute hier zusammen sind?» Das wiederum ist kein Problem für den westlichen Geist. Sie interessieren sich für das, wofür Sie gekommen sind und was Sie hier tun. Nicht so der östliche Mensch; ihm ist das Zusammensein als solches wichtig.

Ich kann es vielleicht so sagen: Sie stehen am Meeresufer, und die Wellen spülen einen alten Hut, eine alte Schachtel, einen Schuh, einen toten Fisch ans Ufer, und das liegt nun alles zusammen am Strand. Sie werden sagen: «Zufall, Unsinn!» Der chinesische Geist fragt: «Was bedeutet es, daß diese Dinge zusammen da sind?» Der chinesische Geist experimentiert mit diesem Zusammensein und Im-richtigen-Augenblick-Zusammenkommen, und er besitzt eine experimentelle Methode, die im Westen unbekannt ist, die aber in der östlichen Philosophie eine große Rolle spielt. Es ist eine Methode, um mögliche Entwicklungen vorauszusagen, und sie wird heute noch von der japanischen Regierung bei der Beurteilung politischer Situationen verwendet; sie wurde zum Beispiel im Weltkrieg benutzt. Die Methode ist im Jahr 1143 v. Chr. formuliert worden.[16]

144

Anmerkungen

1 Vgl. hierzu *Psychologie und Alchemie* [Paragr. 453] und *Der Geist Mercurius* [Paragr. 273]; ferner die Lehre vom chên-jên bei WEI PO-YANG in: LU-CH'IANG WU, *An ancient Chinese treatise on alchemy*, pp. 241 und 251, und bei CH'UAN-TSE [DSCHUANG-DSI].
2 Siehe WILHELM und JUNG, *Das Geheimnis der Goldenen Blüte*, p. 90f. [Ges. Werke XIII], und WILHELM, *Chinesische Lebensweisheit* [Zitate Kp. 25 und 11, p. 15].
3 (Zitiert nach ARTHUR WALEY: *The Way and its Power*, mit gelegentlichen leichten Änderungen, um an WILHELMS Lesart anzupassen. Anm. CLARKE.)
4 Tao ist das Kontingente, von dem A. SPEISER sagt, es sei ein «reines Nichts» (*Über die Freiheit*, p. 4).
5 WILHELM, *Chinesische Lebensweisheit*, p. 15: «Man kann das Verhältnis von Sinn (Tao) und Wirklichkeit auch nicht unter der Kategorie von Ursache und Wirkung erfassen...»
6 WILHELM, l. c., p. 19 [Verse pp. 22 und 25, Kp. 73].
7 DSCHUANG DSI, *Das wahre Buch vom südlichen Blütenland*. Buch II, p. 14.
8 Buch II, p. 13.
9 Buch II, p. 17.
10 Buch II, p. 15 f.
11 Buch IV, p. 29.
12 *La Pensée chinoise*. Ebenso ABEGG, *Ostasien denkt anders*. Letzteres Werk gibt eine vorzügliche Darstellung der synchronistischen Mentalität Chinas.
13 Herr Professor W. PAULI macht mich freundlichst auf die Tatsache aufmerksam, daß NIELS BOHR zur Bezeichnung jener Verallgemeinerung, welche zwischen der Vorstellung des Diskontinuums (Teilchen) und des Kontinuums (Welle) vermittelt, sich des Ausdrucks «Korrespondenz» bedient, ursprünglich (1913–1918) als «Korrespondenzprinzip» und später (1927) als «Korrespondenzargument» formuliert.
14 «*Ein* Zusammenfließen, *ein* Zusammenhauchen (conflatio), alles zusammen empfindend. Alles hinsichtlich der Ganzheit, hinsichtlich des Teiles aber die in jedem Teil (vorhandenen)

Teile mit Absicht auf die Wirkung. Das große Prinzip reicht bis in den äußersten Teil, aus dem äußersten Teil gelangt es in das große Prinzip: *eine* Natur, das Sein und das Nichtsein.» (*De alimento.* Ein dem HIPPOKRATES zugeschriebener Traktat, p. 79ff.)

15 [WILLIAM MCDOUGALL (1871–1938), amerikanischer Psychiater, Vgl. JUNG, *Über die Psychogenese der Schizophrenie,* Parag. 504, und *Der therapeutische Wert des Abreagierens,* Paragr. 255.]

16 [*I Ging. Das Buch der Wandlungen.*]

7 *Yin* und *Yang* – die Einheit der Gegensätze

Aus: Das Typenproblem in der Dichtkunst

Den Begriff eines mittleren, zwischen den Gegensätzen liegenden Pfades 358 finden wir auch in China in der Form des «Tao». Der Begriff des Tao tritt uns meistens entgegen in Verbindung mit dem Namen des Philosophen LAO-TSE, geboren 604 vor Christus. Dieser Begriff ist aber älter als die Philosophie des LAO-TSE. Er hängt zusammen mit gewissen Vorstellungen der alten Volksreligion vom Tao, dem «Weg» des Himmels. Dieser Begriff entspricht dem vedischen Rita. Die Bedeutungen von Tao sind: Weg, Methode, Prinzip, Naturkraft oder Lebenskraft, gesetzmäßige Naturvorgänge, Idee der Welt, Ursache aller Erscheinungen, das Rechte, das Gute, die sittliche Weltordnung. Einige übersetzen Tao sogar mit Gott, nicht ohne eine gewisse Berechtigung, denn Tao hat denselben Anflug konkreter Substantialität wie Rita.

Ich will zunächst einige Belege aus dem *«Tao-te-king»,* dem klassischen 359 Buch des LAO-TSE, geben:

«Ich weiß nicht, wessen Sohn es (Tao) ist; man kann es als vor der Gottheit existierend ansehen.»[1]
«Es hat ein Unbestimmbares, Vollkommenes gegeben, das wirkte vor Himmel und Erde. Wie still war es und wie formlos, für sich allein, unveränderlich, alles umfassend und unerschöpflich! Es kann als die *Mutter aller Dinge* betrachtet werden. Ich kenne seinen Namen nicht, aber ich bezeichne es als Tao.»[2]

LAO-TSE vergleicht das Tao dem Wasser, um sein Wesen zu kennzeichnen: 360

«Der Segen des Wassers zeigt sich darin, daß es allen gut tut und dabei doch ohne Widerstreben immer den niedrigsten Ort aufsucht, den alle Menschen meiden. So hat es etwas vom Tao an sich.»[3]

Der Gedanke des «Gefälles» könnte wohl nicht besser ausgedrückt sein.

> Wer stets begierdelos, der schauet seine Wesenheit,
> Wer stets begierdehaft, der schauet seine Außenheit.[4]

361 Die Verwandtschaft mit dem brahmanischen Grundgedanken ist unverkennbar, ohne daß eine direkte Berührung stattgefunden zu haben braucht. LAO-TSE ist ein durchaus origineller Denker, und das urtümliche Bild, das dem Rita-Brahman-Âtman und dem Taobegriff zugrunde liegt, ist allgemein menschlich und findet sich als primitiver Energiebegriff, als «Seelenkraft» oder wie es sonst bezeichnet werden mag, überall wieder.

«Wer das Ewige kennt, ist umfassend; umfassend, daher gerecht; gerecht, daher König; König, daher des Himmels; des Himmels, daher Tao's; Tao's, daher fortdauernd: er büßt den Körper ein ohne Gefährde.»[5]

362 Die Kenntnis des Tao hat also dieselbe erlösende und erhöhende Wirkung, wie das Wissen des Brahman: man wird eins mit Tao, mit der unendlichen «schöpferischen Dauer», um diesen neuesten philosophischen Begriff seinen älteren Verwandten passend anzureihen, denn Tao ist auch der Gang der Zeit. Tao ist eine irrationale, daher durchaus unfaßbare Größe:

«Tao ist Wesen, aber unfaßlich, aber unbegreiflich.»[6]

Tao ist auch nicht seiend:

«Alle Dinge unter dem Himmel sind entsprungen aus ihm als dem Seienden; aber das Sein dieses Seienden ist wiederum aus ihm als dem Nichtseienden entsprungen.»[7] «Tao ist verborgen, namenlos.»[8]

Tao ist offenbar eine irrationale Vereinigung von Gegensätzen, daher ein *Symbol,* das ist und nicht ist.

«Der Taogeist ist unsterblich, er heißt das tiefe Weibliche. Des tiefen Weiblichen Pforte heißt Himmels und der Erden Wurzel.»[9]

363 Tao ist das schöpferische Wesen, als Vater zeugend und als Mutter gebärend. Es ist Anfang und Ende aller Wesen.

«Weß' Tun mit Tao übereinstimmt, wird eins mit Tao.»[10]

Daher der Vollendete sich aus den Gegensätzen befreit, deren innigen Zusammenhang und alternierendes Auftreten er durchschaut. So heißt es:

«Sich selbst zurückziehen, ist des Himmels Weg.»[11]
«Darum ist er (der Vollendete) unzugänglich für Anfreundung, unzugänglich für Entfremdung, unzugänglich für Vorteil, unzugänglich für Schaden, unzugänglich für Ehre, unzugänglich für Schmach.»[12]

Das Einssein mit dem Tao hat Ähnlichkeit mit dem geistigen Zustand eines *Kindes*.[13]

Bekanntlich gehört diese psychologische Einstellung auch zu den Bedingungen der Erwerbung des christlichen Gottesreiches, das im Grunde genommen – trotz allen rationalen Deutungen – das zentrale, irrationale Wesen, Bild und Symbol ist, von dem die erlösende Wirkung ausgeht. Das christliche Symbol hat bloß einen mehr sozialen (Staats-)Charakter als die verwandten östlichen Begriffe. Diese schließen sich unmittelbar an die jedenfalls seit Urzeit vorhandenen *dynamistischen* Vorstellungen an, nämlich an das Bild der magischen Kraft, die von Dingen und Menschen, auf höherer Stufe von Göttern oder von einem Prinzip, ausgeht.

Nach den Vorstellungen der taoistischen Religion zerfällt das Tao in ein *prinzipielles Gegensatzpaar*, in «Yang» und «Yin». Yang ist Wärme, Licht, Männlichkeit. Yin ist Kälte, Dunkel, Weiblichkeit. Yang ist auch Himmel, Yin Erde. Aus der Yangkraft stammt «Schen», der Himmelsanteil der Menschenseele, und aus der Yinkraft stammt «Kwei», der irdische Seelenteil. Der Mensch ist gleichermaßen ein Mikrokosmos als auch ein Vereiniger der Gegensatzpaare. Himmel, Mensch und Erde bilden die drei Hauptelemente der Welt, die «San-tsai».

Dieses Bild ist eine ganz ursprüngliche Vorstellung, die wir ähnlich auch an anderen Orten finden, zum Beispiel in dem westafrikanischen Mythus von Obatala und Odudua, dem Urelternpaar (Himmel und Erde), die in einer Kalebasse beisammenliegen, bis ein Sohn, der Mensch, zwischen ihnen entsteht. Der Mensch als ein die Weltgegensätze in sich vereinigender Mikrokosmos entspricht also dem irrationalen *Symbol*, das psychologische Gegensätze vereinigt. Dieses Urbild des Menschen klang offenbar auch bei SCHILLER an, als er das Symbol «lebende Gestalt» nannte.

Die Zweiteilung der menschlichen Seele in eine Schen- oder Hwunseele und eine Kwei- oder Pohseele ist eine große psychologische Wahrheit. Diese chinesische Vorstellung klingt wiederum an in der bekannten «*Faust*»stelle:

> Zwei Seelen wohnen, ach, in meiner Brust,
> Die eine will sich von der andern trennen;
> Die eine hält, in derber Liebeslust,
> Sich an die Welt, mit klammernden Organen;
> Die andere hebt gewaltsam sich vom Dust
> Zu den Gefilden hoher Ahnen.

369 Die Existenz der zwei auseinanderstrebenden, gegensätzlichen Tendenzen, die beide den Menschen in extreme Einstellungen hineinzureißen und ihn in die Welt – sei es in deren geistige, sei es in deren materielle Seite – zu verwickeln und dadurch mit sich selber zu entzweien vermögen, fordert die Existenz eines Gegengewichtes, welches eben die irrationale Größe des Tao ist. Daher bemüht sich der Gläubige ängstlich, in Übereinstimmung mit dem Tao zu leben, damit er nicht der Gegensatzspannung verfalle. Da Tao eine irrationale Größe ist, so kann sie nicht absichtlich gemacht werden, was LAO-TSE immer wieder betont. Diesen Umstand verdankt ein anderer, spezifisch chinesischer Begriff, das «Wuwei», seine besondere Bedeutung. Es bedeutet «Nichts-Tun», und zwar im Sinne von «nicht tun», nicht von «nichts tun». Das rationale «Es-schaffen-Wollen», das die Größe und das Übel unserer eigenen Epoche ist, führt nicht zum Tao.

370 Das Bestreben der taoistischen Ethik geht also darauf aus, jene aus dem Weltgrund hervorgegangene Gegensatzspannung durch Rückkehr zum Tao zu erlösen. In diesem Zusammenhang müssen wir auch des «Weisen aus Omi», NAKAE TOJU[14], jenes bedeutenden japanischen Philosophen des 17. Jahrhunderts gedenken. In Anlehnung an die Lehre der aus China eingewanderten Chu-Hi-Schule stellte er zwei Prinzipien auf, «Ri» und «Ki». Ri ist die Weltseele, Ki der Weltstoff. Ri und Ki sind aber eines und dasselbe, indem sie die Attribute Gottes sind und daher nur in ihm und durch ihn sind. Gott ist ihre Vereinigung. Ebenso umfaßt die Seele Ri und Ki. Von Gott sagt TOJU: «Gott als das Wesen der Welt umfaßt die Welt, aber befindet sich zugleich ganz in der Nähe von uns, und zwar in unserem eigenen Leib.» Gott ist für ihn ein *allgemeines Ich,* während das *individuelle Ich* «Himmel» in uns ist, etwas Übersinnliches, Göttliches, als «Ryochi» bezeichnet. Ryochi ist »Gott in uns» und wohnt in jedem Individuum. Es ist das *wahre Ich.* TOJU unterscheidet nämlich ein wahres und ein falsches Ich. Das falsche Ich ist eine erworbene, aus verkehrten Meinungen entstandene Persönlichkeit. Man könnte dieses falsche Ich zwanglos als «Persona» bezeichnen, nämlich als jene Gesamtvorstellung unseres Wesens, die wir

aus der Erfahrung unserer Wirkungen auf die Umwelt und ihrer Wirkungen auf uns herausgebildet haben. Die Persona bezeichnet das, als was einer sich selber und der Umwelt *erscheint,* nicht aber das, was einer *ist,* um mit den Worten SCHOPENHAUERS zu reden. Was einer ist, ist sein individuelles, nach TOJU «wahres» Ich, das Ryochi. Ryochi wird auch das «Alleinsein», das «Alleinkennen» genannt, offenbar weil es ein auf das Wesen des Selbst bezogener Zustand ist, jenseits von allen durch äußere Erfahrung bedingten persönlichen Urteilsbildungen. TOJU faßt Ryochi als das «summum bonum», als «Wonne» auf (Brahman ist ananda = Wonne). Ryochi ist das Licht, das die Welt durchdringt, was INOUYE ebenfalls mit Brahman parallelisiert. Ryochi ist Menschenliebe, unsterblich, allwissend, gut. Das Böse kommt vom Wollen (SCHOPENHAUER!). Es ist die selbstregulierende Funktion, der Vermittler und Vereiniger der Gegensatzpaare, Ri und Ki. Es ist, ganz nach indischer Vorstellung, der «alte Weise, der dir im Herzen wohnt», oder wie WANG YANG-MING, der chinesische Vater der japanischen Philosophie sagt: «In jedem Herzen wohnt ein Sejin (Weiser). Nur glaubt man es nicht fest genug, deshalb ist das Ganze eingegraben geblieben.»[15]

Anmerkungen

1 *Tao-te-king* Kap. 4.
2 l. c., Kap. 25. DEUSSEN, *Allgemeine Geschichte der Philosophie* 1, 3, p. 693 f.
3 l. c., Kap. 8. DEUSSEN, l. c. p. 701.
4 l. c., Kap. 1. DEUSSEN, l. c., p. 694.
5 l. c., Kap. 16. DEUSSEN, l. c., p. 694.
6 l. c., Kap. 21. DEUSSEN, l. c., p. 694.
7 l. c., Kap. 40. DEUSSEN, l. c., p. 695.
8 l. c., Kap. 41. DEUSSEN, l. c., p. 695.
9 l. c., Kap. 6. DEUSSEN, l. c., p. 695.
10 l. c., Kap. 23. DEUSSEN, l. c., p. 696.
11 l. c., Kap. 9. DEUSSEN, l. c., p. 697.
12 l. c., Kap. 56. DEUSSEN, l. c., p. 699.
13 l. c., Kap. 10, 28, 55. DEUSSEN, l. c., p. 700.
14 Vgl. TETSUJIRO INOUYE, *Die japanische Philosophie.*
15 (l. c., p. 85. Vgl. WANG YANG-MING: *Instructions für Practical Living,* übersetzt von CHAN, S. 193 ff. Anm. Hrsg.)

8 Chinesische Alchemie und psychische Individuation

Aus: Kommentar zu «Das Geheimnis der Goldenen Blüte»

Warum es dem Europäer schwerfällt,
den Osten zu verstehen

1   Insofern ich ein durchaus westlich fühlender Mensch bin, kann ich nicht anders, als die Fremdartigkeit dieses chinesischen Textes aufs tiefste zu empfinden. Gewiß, einige Kenntnisse der östlichen Religionen und Philosophien helfen meinem Intellekt und meiner Intuition, diese Dinge einigermaßen zu verstehen, so wie es mir auch gelingt, die Paradoxien primitiver religiöser Anschauungen «ethnologisch» oder «vergleichend religionshistorisch» zu begreifen. Das ist ja die westliche Art, unter dem Mantel des sogenannten wissenschaftlichen Verstehens das eigene Herz zu verhüllen, einesteils, weil die «misérable vanité des savants» die Anzeichen der lebendigen Anteilnahme fürchtet und zugleich perhorresziert, anderenteils, weil eine gefühlsmäßige Erfassung den fremden Geist zu einem ernstzunehmenden Erlebnis gestalten könnte. Die sogenannte wissenschaftliche Objektivität müßte diesen Text dem philologischen Scharfsinn des Sinologen reservieren und ihn jeder anderen Auffassung eifersüchtig vorenthalten. Aber RICHARD WILHELM hat tieferen Einblick in die hintergründige und geheimnisvolle Lebendigkeit chinesischen Wissens, als daß er eine solche Perle höchster Einsicht in der Schublade der Fachwissenschaft könnte verschwinden lassen. Es gereicht mir zu besonderer Ehre und Freude, daß seine Wahl eines psychologischen Kommentators gerade auf mich gefallen ist.

2   Damit läuft dieses erlesene Stück überfachlicher Erkenntnis allerdings Gefahr, in eine andere fachwissenschaftliche Schublade zu geraten. Wer aber die Verdienste abendländischer Wissenschaft verkleinern wollte, würde den Ast absägen, auf dem der europäische Geist sitzt. Wissenschaft ist zwar kein vollkommenes, aber doch ein unschätzbares, überlegenes In-

strument, das nur dann Übles wirkt, wenn es Selbstzweck beansprucht. Wissenschaft muß dienen; sie irrt, wenn sie einen Thron usurpiert. Sie muß sogar anderen beigeordneten Wissenschaften dienen, denn jede bedarf, eben wegen ihrer Unzulänglichkeit, der Unterstützung anderer. Wissenschaft ist das Werkzeug des westlichen Geistes, und man kann mit ihr mehr Türen öffnen als mit bloßen Händen. Sie gehört zu unserem Verstehen und verdunkelt die Einsicht nur dann, wenn sie das durch sie vermittelte Begreifen für das Begreifen überhaupt hält. Es ist aber gerade der Osten, der uns ein anderes, weiteres, tieferes und höheres Begreifen lehrt, nämlich das Begreifen durch das Leben. Letzteres kennt man eigentlich nur noch blaß, als ein bloßes, fast schemenhaftes Sentiment aus der religiösen Ausdrucksweise, weshalb man auch gerne das östliche «Wissen» in Anführungszeichen setzt und in das obskure Gebiet des Glaubens und Aberglaubens verweist. Damit ist aber die östliche «Sachlichkeit» gänzlich mißverstanden. Es sind nicht sentimenthafte, mystisch übersteigerte, ans Krankhafte streifende Ahnungen von asketischen Hinterwäldlern und Querköpfen, sondern praktische Einsichten der Blüte chinesischer Intelligenz, welche zu unterschätzen wir keinerlei Anlaß haben.

Diese Behauptung dürfte vielleicht reichlich kühn erscheinen und wird darum etliches Kopfschütteln erregen, was aber bei der außerordentlichen Unbekanntheit der Materie verzeihlich ist. Überdies ist ihre Fremdheit dermaßen in die Augen springend, daß unsere Verlegenheit, wie und wo die chinesische Gedankenwelt an die unsrige angeschlossen werden könnte, durchaus begreiflich ist. Der gewöhnliche Irrtum (nämlich der theosophische) des westlichen Menschen ist, daß er, wie der Student im *«Faust»*, vom Teufel übel beraten, der Wissenschaft verächtlich den Rücken kehrt und östliche Ekstatik anempfindet, Yogapraktiken wortwörtlich übernimmt und kläglich imitiert. Dabei verläßt er den einzig sicheren Boden des westlichen Geistes und verliert sich in einem Dunst von Wörtern und Begriffen, die niemals aus europäischen Gehirnen entstanden wären und die auch niemals auf solche mit Nutzen aufgepfropft werden können.

Ein alter Adept sagte: «Wenn aber ein verkehrter Mann die rechten Mittel gebraucht, so wirkt das rechte Mittel verkehrt.»[1] Dieser leider nur zu wahre chinesische Weisheitsspruch steht in schroffstem Gegensatz zu unserem Glauben an die «richtige» Methode, abgesehen vom Menschen, der sie anwendet. In Wirklichkeit hängt in diesen Dingen alles am Menschen und wenig oder nichts an der Methode. Die Methode ist ja nur der Weg und die Richtung, die einer einschlägt, wobei das Wie seines Handelns der getreue Ausdruck seines Wesens ist. Ist es das aber nicht, so ist die Methode nicht mehr als eine Affektation, künstlich hinzugelernt, wurzel- und saftlos, dem illegalen Zweck der Selbstverschleierung dienend, ein Mittel, sich über sich selbst zu täuschen und dem vielleicht unbarmherzigen Gesetz des eigenen Wesens zu entgehen. Mit der Bodenständigkeit und Selbsttreue des chinesischen Gedankens hat dies weniger als nichts zu tun; es ist im Gegenteil Verzicht auf das eigene Wesen, Selbstverrat an fremde und unreine Götter, ein feiger Schlich, seelische Überlegenheit zu usurpieren, all das, was dem Sinn der chinesischen «Methode» im tiefsten zuwider ist. Denn diese Einsichten sind aus völligem, echtestem und treuestem Leben hervorgegangen, aus jenem uralten, über tiefsten Instinkten logisch und unauflösbar zusammenhängend erwachsenen chinesischen Kulturleben, das uns ein für allemal fern und unnachahmlich ist.

5   Westliche Nachahmung ist tragisches, weil unpsychologisches Mißverständnis, ebenso steril wie die modernen Eskapaden nach Neu-Mexiko, seligen Südseeinseln und Zentralafrika, wo mit Ernst «primitiv» gespielt wird, wobei unterdessen der abendländische Kulturmensch seinen drohenden Aufgaben, seinem «Hic Rhodus, hic salta» heimlich entwichen ist. Nicht darum handelt es sich, daß man unorganisch Fremdes imitiert oder gar missioniert, sondern, daß man die abendländische Kultur, die an tausend Übeln krankt, an Ort und Stelle aufbaut und dazu den wirklichen Europäer herbeiholt in seiner westlichen Alltäglichkeit, mit seinen Eheproblemen, seinen Neurosen, seinen sozialen und politischen Wahnvorstellungen und mit seiner ganzen weltanschaulichen Desorientiertheit.

6   Man gestehe es besser ein, daß man die Weltentrücktheit eines solchen Textes im Grunde genommen nicht versteht, ja sogar nicht verstehen will. Sollte man wohl wittern, daß jene seelische Einstellung, die den Blick dermaßen nach innen zu richten vermag, von der Welt nur darum so losgelöst sein kann, weil jene Menschen die instinktiven Forderungen ihrer Natur in solchem Maße erfüllt haben, daß wenig oder nichts sie hindert, die unsichtbare Wesenheit der Welt zu erschauen? Sollte vielleicht die Bedingung solchen Schauens die Befreiung von jenen Gelüsten und Ambitionen und Leidenschaften sein, die uns ans Sichtbare verhaften, und sollte diese Befreiung gerade aus der sinnvollen Erfüllung der instinktiven Forderung und nicht aus deren vorzeitiger und angstgeborener Unterdrückung erfolgen? Wird vielleicht dann der Blick für das Geistige frei, wenn das Gesetz

der Erde befolgt wird? Wer der chinesischen Sittengeschichte gewahr ist und überdies den *I Ging,* jenes alles chinesische Denken seit Jahrtausenden durchdringende Weisheitsbuch, sorgfältig studiert hat, der wird wohl diese Zweifel nicht ohne weiteres von der Hand weisen. Er wird überdies wissen, daß die Ansichten unseres Textes in chinesischem Sinne nichts Unerhörtes, sondern geradezu unvermeidbare psychologische Konsequenz sind.

Für unsere eigentümliche christliche Geisteskultur war der Geist und die Leidenschaft des Geistes für die jüngste Zeit das Positive und Erstrebenswerte schlechthin. Erst als im ausgehenden Mittelalter, das heißt im Laufe des 19. Jahrhunderts, der Geist anfing in Intellekt auszuarten, setzte in jüngster Zeit eine Reaktion gegen die unerträgliche Vorherrschaft des Intellektualismus ein, welche allerdings zunächst den verzeihlichen Fehler beging, Intellekt mit Geist zu verwechseln und letzteren der Untaten der ersteren anzuklagen (KLAGES). Der Intellekt ist tatsächlich dann ein Schädiger der Seele, wenn er sich vermißt, das Erbe des Geistes antreten zu wollen, wozu er in keiner Hinsicht befähigt ist, denn Geist ist etwas Höheres als Intellekt, indem er nicht nur diesen, sondern auch das Gemüt umfaßt. Er ist eine Richtung und ein Prinzip des Lebens, das nach übermenschlichen, lichten Höhen strebt. Ihm aber steht das Weibliche, Dunkle, das Erdhafte (Yin) entgegen mit seiner in zeitliche Tiefen und in körperliche Wurzelzusammenhänge hinabreichenden Emotionalität und Instinktivität. Zweifellos sind diese Begriffe rein intuitive Anschauungen, deren man aber wohl nicht entraten kann, wenn man den Versuch macht, das Wesen der menschlichen Seele zu begreifen. China konnte ihrer nicht entraten, denn es hat sich, wie die Geschichte der chinesischen Philosophie zeigt, nie so weit von den zentralen seelischen Gegebenheiten entfernt, daß es sich in die einseitige Übertreibung und Überschätzung einer einzelnen psychischen Funktion verloren hätte. Deshalb fehlte es nie an der Anerkennung der Paradoxie und Polarität des Lebendigen. Die Gegensätze hielten sich stets die Waage – ein Zeichen hoher Kultur; während Einseitigkeit zwar immer Stoßkraft verleiht, dafür aber ein Zeichen der Barbarei ist. Die Reaktion, die im Abendland gegen den Intellekt zugunsten des Eros oder zugunsten der Intuition einsetzt, kann ich nicht anders denn als ein Zeichen des kultürlichen Fortschrittes betrachten, eine Erweiterung des Bewußtseins über die zu engen Schranken eines tyrannischen Intellektes hinaus.

Es liegt mir ferne, die ungeheure Differenzierung des westlichen Intellektes zu unterschätzen; an ihm gemessen ist der östliche Intellekt als kindlich zu bezeichnen. (Das hat natürlich mit Intelligenz nichts zu tun!) Wenn es uns gelingen sollte, eine andere oder gar noch eine dritte seelische Funktion zu solcher Dignität zu bringen, wie es mit dem Intellekt geschehen ist, so hat der Westen alle Anwartschaft darauf, den Osten um ein beträchtliches zu überflügeln. Es ist darum so beklagenwert, wenn der Europäer sich selbst aufgibt und den Osten imitiert und affektiert, wo er doch soviel größere Möglichkeiten hätte, wenn er er selber bliebe und aus seiner Art und seinem Wesen heraus all das entwickelte, was der Osten aus seinem Wesen im Laufe der Jahrtausende herausgebar.

9   Im allgemeinen und von dem unheilbar äußerlichen Standpunkt des Intellektes aus gesehen, will es erscheinen, als ob das, was der Osten so überaus schätzte, für uns nichts Begehrenswertes sei. Der bloße Intellekt kann allerdings zunächst nicht verstehen, welch praktischen Belang die östlichen Ideen für uns haben könnten, weshalb er sie auch bloß als philosophische und ethnologische Kuriosa einzuordnen weiß. Das Unverständnis geht dermaßen weit, daß selbst gelehrte Sinologen die praktische Anwendung des *I Ging* nicht begriffen und das Buch deshalb als eine Sammlung abstruser Zaubersprüche angesehen haben.

*Die moderne Psychologie
eröffnet eine Verständnismöglichkeit*

10 Ich habe eine praktische Erfahrung gemacht, die mir einen ganz neuen und unerwarteten Zugang zur östlichen Weisheit eröffnet hat. Dabei bin ich, wohlverstanden, nicht von einer mehr oder weniger unzulänglichen Kenntnis der chinesischen Philosophie ausgegangen, sondern vielmehr habe ich, in gänzlicher Unkenntnis letzterer, als praktischer Psychiater und Psychotherapeut meine Laufbahn begonnen, und erst meine späteren ärztlichen Erfahrungen haben mir gezeigt, daß ich durch meine Technik unbewußt auf jenen geheimen Weg geführt worden war, um den sich die besten Geister des Ostens seit Jahrtausenden gemüht haben. Man könnte dies wohl für subjektive Einbildung halten – ein Grund, weshalb ich bis jetzt mit der Veröffentlichung zögerte –, aber WILHELM, der treffliche Kenner der Seele Chinas, hat mir die Koinzidenz freimütig bestätigt, und damit hat er mir Mut gegeben, über einen chinesischen Text zu schreiben, der sei-

ner ganzen Substanz nach zu den geheimnisvollen Dunkelheiten des östlichen Geistes gehört. Sein Inhalt ist aber zugleich – und das ist das ungemein Wichtige – eine lebendigste Parallele zu dem, was sich in der seelischen Entwicklung meiner Patienten, die alle keine Chinesen sind, ereignet.

Um diese seltsame Tatsache dem Verständnis des Lesers näherzurücken, muß erwähnt werden, daß, wie der menschliche Körper über alle Rassenunterschiede hinaus eine gemeinsame Anatomie aufweist, auch die Psyche jenseits aller Kultur- und Bewußtseinsunterschiede ein gemeinsames Substrat besitzt, das ich als das *kollektive Unbewußte* bezeichnet habe. Diese unbewußte Psyche, die aller Menschheit gemeinsam ist, besteht nicht etwa aus bewußtseinsfähigen Inhalten, sondern aus latenten Dispositionen zu gewissen identischen Reaktionen. Die Tatsache des kollektiven Unbewußten ist einfach der psychische Ausdruck der Identität der Gehirnstruktur jenseits aller Rassenunterschiede. Daraus erklärt sich die Analogie, ja sogar Identität der Mythenmotive und der Symbole und der menschlichen Verständnismöglichkeit überhaupt. Die verschiedenen seelischen Entwicklungslinien gehen von einem gemeinsamen Grundstock aus, dessen Wurzeln in alle Vergangenheiten hinunterreichen. Hier liegt sogar der seelische Parallelismus mit dem Tier.

Es handelt sich – rein psychologisch genommen – um gemeinsame *Instinkte des Vorstellens (Imagination) und des Handelns*. Alles bewußte Vorstellen und Handeln hat sich über diesen unbewußten Vorbildern entwickelt und hängt mit ihnen stetig zusammen, namentlich dann, wenn das Bewußtsein noch keinen zu hohen Helligkeitsgrad erreicht hat, das heißt wenn es noch in allen seinen Funktionen vom Trieb mehr abhängig ist als vom bewußten Willen, vom Affekt mehr als vom rationalen Urteil. Dieser Zustand garantiert eine primitive seelische Gesundheit, die aber sofort zur Unangepaßtheit wird, sobald Umstände eintreten, die höhere moralische Leistungen erfordern. Instinkte genügen eben nur für eine im großen und ganzen gleichbleibende Natur. Das Individuum, welches mehr vom Unbewußten als von bewußter Wahl abhängt, neigt daher zu ausgesprochenem psychischem Konservatismus. Dies ist der Grund, warum der Primitive sich auch in Jahrtausenden nicht ändert und warum er vor allem Fremden und Außerordentlichen Furcht empfindet. Es könnte ihn zur Unangepaßtheit verleiten und damit in die größten seelischen Gefahren bringen, nämlich in eine Art von Neurose. Höheres und weiteres Bewußtsein, das nur durch Assimilation von Fremdem entsteht, neigt zur Autonomie, zur Empörung gegen die alten Götter, welche nichts anderes sind als die mächtigen unbewußten Vorbilder, die bis dahin das Bewußtsein in Abhängigkeit hielten.

13   Je kräftiger und selbstverständlicher das Bewußtsein und damit der bewußte Wille wird, desto mehr wird das Unbewußte in den Hintergrund gedrängt, und desto leichter entsteht die Möglichkeit, daß die Bewußtseinsbildung sich vom unbewußten Vorbild emanzipiert, dadurch an Freiheit gewinnt, die Fesseln der bloßen Instinktmäßigkeit sprengt und schließlich in einem Zustand der Instinktlosigkeit oder -widrigkeit anlangt. Dieses entwurzelte Bewußtsein, das sich nirgends mehr auf die Autorität der Urbilder berufen kann, ist zwar von prometheischer Freiheit, aber auch von gottloser Hybris. Es schwebt zwar über den Dingen, sogar über dem Menschen, aber die Gefahr des Umkippens ist da, nicht für jeden individuell, aber doch kollektiv für die Schwächeren einer solchen Sozietät, welche dann, ebenfalls prometheisch, vom Unbewußten an den Kaukasus gefesselt werden. Der weise Chinese würde mit den Worten des *I Ging* sagen, daß, wenn Yang seine größte Kraft erreicht hat, die dunkle Macht des Yin in seinem Inneren geboren wird, denn um Mittag beginnt die Nacht, und Yang zerbricht und wird zu Yin.

14   Der Arzt ist in der Lage, eine solche Peripetie in wortgetreuer Übersetzung ins Lebendige zu sehen, zum Beispiel einen erfolgreichen Nur-Geschäftsmann, der alles erreichte, was er wollte, unbekümmert um Tod und Teufel, und der auf der Höhe seines Erfolges sich von seiner Tätigkeit zurückzieht und in kürzester Zeit in eine Neurose verfällt, die ihn in ein chronisches Klageweib verwandelt, ihn ans Bett fesselt und damit sozusagen endgültig zerbricht. Alles ist da, sogar die Verwandlung des Männlichen ins Weibische. Eine genaue Parallele hiezu ist die Nebukadnezar-Legende im *Buche Daniel,* und der Cäsarenwahnsinn überhaupt. Ähnliche Fälle von einseitiger Überspannung des bewußten Standpunktes und der entsprechenden Yinreaktion des Unbewußten bilden einen erheblichen Bestandteil der nervenärztlichen Praxis in unserer Zeit der Überbewertung des bewußten Willens («Wo ein Wille ist, ist auch ein Weg»!). Wohlverstanden, ich möchte nichts vom hohen sittlichen Werte des bewußten Wollens wegnehmen. Bewußtsein und Wille mögen als höchste Kulturerrungenschaften der Menschheit ungeschmälert erhalten bleiben. Aber was nützt eine Sittlichkeit, die den Menschen zerstört? Wollen und Können in Einklang

zu bringen, scheint mir mehr zu sein als Sittlichkeit. Moral à tout prix – ein Zeichen der Barbarei? Des öfteren scheint mir Weisheit besser. Vielleicht ist es die professionelle Brille des Arztes, durch welche er die Dinge anders sieht. Er hat ja die Schäden zu flicken, welche im Kielwasser der übertriebenen Kulturleistung folgen.

Sei dem, wie ihm wolle, auf alle Fälle ist es eine Tatsache, daß ein durch notwendige Einseitigkeit gesteigertes Bewußtsein sich so weit von den Urbildern entfernt, daß der Zusammenbruch folgt. Und schon lange vor der Katastrophe melden sich die Zeichen des Irrtums, nämlich als Instinktlosigkeit, als Nervosität, als Desorientiertheit, als Verwicklung in unmögliche Situationen und Probleme usw. Die ärztliche Aufklärung entdeckt zunächst ein Unbewußtes, welches sich in völliger Revolution gegen die Bewußtseinswerte befindet und daher unmöglich dem Bewußtsein assimiliert werden kann, und das Umgekehrte ist erst recht unmöglich. Man steht zunächst vor einem anscheinend heillosen Konflikt, dem keine menschliche Vernunft anders beikommen kann als mit Scheinlösungen oder faulen Kompromissen. Wer das eine sowohl wie das andere verschmäht, ist vor die Frage, wo denn die notwendig zu fordernde Einheit der Persönlichkeit sei, und vor die Notwendigkeit gestellt, diese zu suchen. Und hier nun fängt jener Weg an, der vom Osten seit uralters begangen wurde, ganz offenbar infolge der Tatsache, daß der Chinese niemals imstande war, die Gegensätze der menschlichen Natur so auseinanderzureißen, daß sie sich gegenseitig bis zur Unbewußtheit aus dem Gesicht verloren. Diese Allgegenwärtigkeit seines Bewußtseins verdankt er der Tatsache, daß das sic et non in ursprünglicher Nachbarschaft, wie es dem primitiven Geisteszustand entspricht, zusammenblieb. Immerhin konnte er nicht umhin, den Zusammenprall der Gegensätze zu fühlen und infolgedessen jenen Weg aufzusuchen, auf dem er, wie es der Inder nennt, nirdvandva, das heißt frei von Gegensätzen, wurde.

Um diesen Weg handelt es sich in unserem Texte, um diesen selben Weg handelt es sich auch bei meinen Patienten. Es gäbe hier allerdings keinen größeren Irrtum, als den Abendländer die chinesische Yogaübung direkt vornehmen zu lassen, denn so bliebe sie die Angelegenheit seines Willens und seines Bewußtseins, wodurch einfach das Bewußtsein wieder gegenüber dem Unbewußten verstärkt und eben gerade die Wirkung erzielt würde, die man hätte vermeiden sollen. Damit würde die Neurose einfach gesteigert. Man kann nicht eindringlich genug betonen, daß wir keine

Orientalen sind und daher in diesen Dingen von einer ganz anderen Basis ausgehen. Auch würde man sich sehr täuschen in der Annahme, daß dies der Weg jedes Neurotischen oder jeder Stufe der neurotischen Problematik sei. Es handelt sich zunächst nur um solche Fälle, wo die Bewußtheit einen abnormen Grad erreicht und daher vom Unbewußten ungebührlich weit abgewichen ist. Diese hochgradige Bewußtheit ist die conditio sine qua non. Nichts wäre verkehrter, als mit Neurotischen, die wegen ungebührlicher Vorherrschaft des Unbewußten krank sind, diesen Weg einschlagen zu wollen. Aus eben diesem Grunde hat auch dieser Entwicklungsweg vor der Lebensmitte (normalerweise fünfunddreißig bis vierzig Jahre) kaum einen Sinn, kann sogar durchaus schädlich sein.

17 Wie schon angedeutet, war die wesentliche Veranlassung, einen neuen Weg einzuschlagen, der Umstand, daß mir das Grundproblem des Patienten unlösbar erschien, wenn man nicht die eine oder die andere Seite seines Wesens vergewaltigen wollte. Ich arbeitete stets mit der temperamentmäßigen Überzeugung, daß es, im Grunde genommen, keine unlösbaren Probleme gebe. Und die Erfahrung gab mir insofern recht, als ich des öfteren sah, wie Menschen ein Problem einfach überwuchsen, an dem andere völlig scheiterten. Dieses «Überwachsen», wie ich es früher nannte, stellte sich bei weiterer Erfahrung als eine Niveauerhöhung des Bewußtseins heraus. Irgendein höheres und weiteres Interesse trat in den Gesichtskreis, und durch diese Erweiterung des Horizontes verlor das unlösbare Problem die Dringlichkeit. Es wurde nicht in sich selber logisch gelöst, sondern verblaßte gegenüber einer neuen und stärkeren Lebensrichtung. Es wurde nicht verdrängt und unbewußt gemacht, sondern erschien bloß in einem anderen Licht, und so wurde es auch anders. Was auf tieferer Stufe Anlaß zu den wildesten Konflikten und zu panischen Affektstürmen gegeben hätte, erschien nun, vom höheren Niveau der Persönlichkeit betrachtet, wie ein Talgewitter, vom Gipfel eines hohen Berges aus gesehen. Damit ist dem Gewittersturm nichts von seiner Wirklichkeit genommen, aber man ist nicht mehr darin, sondern darüber. Da wir aber in seelischer Hinsicht Tal und Berg zugleich sind, so sieht es aus wie eine unwahrscheinliche Einbildung, daß man sich jenseits des Menschlichen fühlen sollte. Gewiß empfindet man den Affekt, gewiß ist man erschüttert und gequält, aber zugleich ist auch eine jenseitige Bewußtheit fühlbar vorhanden, eine Bewußtheit, die verhindert, daß man mit dem Affekt identisch wird, eine Bewußtheit, die den Affekt zum Objekt nimmt, die sagen kann: Ich weiß, daß ich leide. Was unser Text von

der Trägheit sagt, nämlich «Trägheit, deren man nicht bewußt ist, und Trägheit, deren man bewußt wird, sind tausend Meilen weit voneinander entfernt»², das gilt auch in vollem Maße vom Affekt.

Was sich hie und da in dieser Hinsicht ereignete, nämlich daß einer aus dunkeln Möglichkeiten sich selber überwuchs, wurde mir zu wertvollster Erfahrung. Ich hatte nämlich inzwischen einsehen gelernt, daß die größten und wichtigsten Lebensprobleme im Grunde genommen alle unlösbar sind; sie müssen es auch sein, denn sie drücken die notwendige Polarität, welche jedem selbstregulierenden System immanent ist, aus. Sie können nie gelöst, sondern nur überwachsen werden. Ich fragte mich daher, ob diese Möglichkeit des Überwachsens, nämlich der weiteren seelischen Entwicklung, nicht überhaupt das normal Gegebene und darum das Steckenbleiben an oder in einem Konflikt das Krankhafte sei. Jeder Mensch müßte eigentlich jenes höhere Niveau wenigstens als Keim besitzen und diese Möglichkeit unter günstigen Umständen entwickeln können. Wenn ich den Entwicklungsgang jener betrachtete, welche stillschweigend, wie unbewußt, sich selber überwuchsen, so sah ich, daß ihre Schicksale insofern alle etwas Gemeinsames hatten, nämlich das Neue trat aus dem dunkeln Felde der Möglichkeiten von außen oder von innen an sie heran; sie nahmen es an und wuchsen daran empor. Es schien mir typisch zu sein, daß die einen es von außen und die anderen es von innen nahmen, oder vielmehr, daß es dem einen von außen und dem anderen von innen zuwuchs. Nie aber war das Neue ein Ding allein von außen oder allein von innen. Kam es von außen, so wurde es innerstes Erlebnis. Kam es von innen, so wurde es äußeres Ereignis. Nie aber war es absichtlich und bewußt gewollt herbeigeschafft worden, sondern es floß vielmehr herbei auf dem Strom der Zeit.

Die Versuchung, aus allem eine Absicht und eine Methode zu machen, ist für mich so groß, daß ich mich absichtlich sehr abstrakt ausdrücke, um nichts zu präjudizieren, denn das Neue soll weder dieses noch jenes sein, ansonst daraus ein Rezept gemacht wird, das man «maschinell» vervielfältigen kann, und es wäre dann wiederum «das richtige Mittel» in der Hand «des verkehrten Mannes». Es hat mir nämlich den tiefsten Eindruck gemacht, daß das schicksalhaft Neue selten oder nie der bewußten Erwartung entspricht, und, was noch merkwürdiger ist, den eingewurzelten Instinkten, wie wir sie kennen, ebenfalls widerspricht und doch ein seltsam treffender Ausdruck der Gesamtpersönlichkeit ist, ein Ausdruck, den man sich völliger gar nicht erdenken könnte.

20   Und was taten diese Menschen, um den erlösenden Fortschritt herbeizuführen? Soweit ich sehen konnte, taten sie nichts (wu wei[3]), sondern ließen geschehen, wie der Meister LÜ DSU es lehrt, daß das Licht nach eigenem Gesetz rotiere, wenn man seinen gewöhnlichen Beruf nicht aufgebe. Das Geschehenlassen, das Tun im Nicht-Tun, das «Sich-Lassen» des MEISTER ECKHART wurde mir zum Schlüssel, mit dem es gelingt, die Türe zum Weg zu öffnen: *Man muß psychisch geschehen lassen können.* Das ist für uns eine wahre Kunst, von welcher unzählige Leute nichts verstehen, indem ihr Bewußtsein ständig helfend, korrigierend und negierend dazwischenspringt und auf alle Fälle das einfache Werden des psychischen Prozesses nicht in Ruhe lassen kann. Die Aufgabe wäre ja einfach genug. (Wenn nur nicht Einfachheit das Allerschwierigste wäre!) Sie besteht einzig und allein darin, daß zunächst einmal irgendein Phantasiefragment in seiner Entwicklung objektiv beobachtet wird. Nichts wäre einfacher als das, aber schon hier beginnen die Schwierigkeiten. Man hat anscheinend keine Phantasiefragmente – oder doch – aber es ist zu dumm – tausend gute Gründe dagegen. Man kann sich nicht darauf konzentrieren – es ist langweilig – was sollte dabei herauskommen? – es ist «nichts als» – usw. Das Bewußtsein erhebt ausgiebige Einwände, ja es zeigt sich öfters wie erpicht darauf, die spontane Phantasietätigkeit auszulöschen, obschon die höhere Einsicht und sogar die feste Absicht besteht, den psychischen Prozeß ohne Einmischung gewähren zu lassen. Zuweilen besteht ein förmlicher Bewußtseinskrampf.

21   Gelingt es, die Anfangsschwierigkeit zu überwinden, so setzt doch die Kritik nachher ein und versucht, das Phantasiestück zu deuten, zu klassifizieren, zu ästhetisieren oder zu entwerten. Die Versuchung, da mitzutun, ist fast unüberwindlich. Nach vollbrachter getreuer Beobachtung kann man der Ungeduld des Bewußtseins ruhig die Zügel schießen lassen, muß es sogar, sonst entstehen hinderliche Widerstände. Aber bei jeder Beobachtung muß die Tätigkeit des Bewußtseins aufs neue zur Seite geschoben werden.

22   Die Resultate dieser Bemühungen sind zunächst in den meisten Fällen wenig ermutigend. Es handelt sich meist um eigentliche Phantasiegespinste, die kein deutliches Woher und Wohin erkennen lassen. Auch sind die Wege zur Erlangung der Phantasien individuell verschieden. Manche schreiben sie am leichtesten, andere visualisieren sie, und wiederum andere zeichnen und malen sie mit oder ohne Visualisierung. Bei

hochgradigem Bewußtseinskrampf können oft nur die Hände phantasieren, sie modellieren oder zeichnen Gestalten, die dem Bewußtsein oft gänzlich fremd sind.

Diese Übungen müssen solange fortgesetzt werden, bis der Bewußtseinskrampf gelöst, bis man, mit anderen Worten, geschehen lassen kann, was der nächste Zweck der Übung ist. Dadurch ist eine neue Einstellung geschaffen. Eine Einstellung, die auch das Irrationale und Unbegreifliche annimmt, einfach weil es das Geschehende ist. Diese Einstellung wäre Gift für einen, der sowieso schon vom schlechthin Geschehenden überwältigt ist; sie ist aber von höchstem Wert für einen, der durch ausschließlich bewußtes Urteil stets nur das seinem Bewußtsein Passende aus dem schlechthin Geschehenden ausgewählt hat und damit allmählich aus dem Strom des Lebens heraus in ein totes Seitengewässer geraten ist.

Hier trennen sich nun anscheinend die Wege für die beiden oben erwähnten Typen. Beide haben gelernt, das zu ihnen Kommende anzunehmen. (Wie der Meister LÜ DSU lehrt: «Wenn die Geschäfte auf uns zukommen, so muß man sie annehmen; wenn die Dinge auf uns zukommen, so muß man sie bis auf den Grund erkennen.»[4]) Der eine wird nun hauptsächlich das von außen ihm Zukommende annehmen und der andere das von innen Kommende. Und wie es das Lebensgesetz will, wird der eine von außen nehmen, was er zuvor nie von außen angenommen, und der andere von innen, was er zuvor stets ausgeschlossen hätte. Diese Umkehrung des Wesens bedeutet eine Erweiterung, Erhöhung und Bereicherung der Persönlichkeit, wenn die früheren Werte, insofern sie nicht bloß Illusionen waren, neben der Umkehrung festgehalten werden. Werden sie nicht festgehalten, so verfällt der Mensch der anderen Seite, und er gerät von der Tauglichkeit in die Untauglichkeit, von der Anpassung in die Unangepaßtheit, vom Sinn in den Unsinn, ja sogar von der Vernunft in die geistige Gestörtheit. Der Weg ist nicht ohne Gefahr. Alles Gute ist kostbar, und die Entwicklung der Persönlichkeit gehört zu den kostspieligsten Dingen. Es handelt sich um das Jasagen zu sich selber – sich selbst als ernsthafteste Aufgabe sich vorsetzen, und sich dessen, was man tut, stets bewußtbleiben und es in allen seinen zweifelhaften Aspekten sich stets vor Augen halten – wahrlich eine Aufgabe, die ans Mark geht.

Der Chinese kann sich auf die Autorität seiner ganzen Kultur berufen. Betritt er den langen Weg, so tut er das anerkannt Beste, was er überhaupt tun kann. Der Abendländer aber hat alle Autorität gegen sich, in intellektueller, moralischer und religiöser Hinsicht, vorausgesetzt, er wolle diesen Weg wirklich einschlagen. Darum ist es so unendlich viel einfacher, den chinesischen Weg nachzuahmen und den mißlichen Europäer stehenzulassen, oder weniger einfach, den Rückweg zum europäischen Mittelalter der christlichen Kirche wieder zu suchen und die europäische Mauer, welche die außen herum wohnenden armen Heiden und ethnographischen Kuriositäten vom wahren Christenmenschen scheiden soll, wieder aufzurichten. Der ästhetische oder intellektuelle Flirt mit Leben und Schicksal kommt hier zu jähem Ende. Der Schritt zu höherem Bewußtsein führt aus allen Rückendeckungen und Sicherungen heraus. Der Mensch muß sich ganz darangeben, denn nur aus seiner Integrität kann er weitergehen, und nur seine Integrität kann ihm Gewähr dafür sein, daß sein Weg nicht zum absurden Abenteuer wird.

26   Ob einer nun sein Schicksal von außen oder von innen empfange, die Erlebnisse und Ereignisse des Weges bleiben die gleichen. Ich brauche daher nichts von den mannigfachen äußeren und inneren Ereignissen, deren unendliche Verschiedenheit ich sowieso nicht erschöpfen könnte, zu sagen. Es wäre auch in Anbetracht unseres zu kommentierenden Textes belanglos. Dagegen ist vieles zu sagen von den seelischen Zuständen, welche die weitere Entwicklung begleiten. Diese seelischen Zustände werden nämlich in unserem Text *symbolisch* ausgedrückt, und zwar in Symbolen, die mir aus meiner Praxis seit vielen Jahren wohlbekannt sind.

Die Grundbegriffe

TAO

27   Die gewaltige Schwierigkeit der Übersetzung dieses und ähnlicher Texte[5] in den europäischen Geist besteht darin, daß der chinesische Autor immer vom Zentralen ausgeht, nämlich von dem, was wir als Spitze, Ziel oder tiefste und letzte Einsicht bezeichnen würden, also etwas dermaßen Anspruchsvolles, daß ein Mensch mit kritischem Intellekt das Gefühl hat, entweder mit lächerlicher Anmaßung oder gar baren Unsinn zu reden, wenn er es wagen sollte, einen intellektuellen Diskurs über die subtilste seelische Erfahrung der größten Geister des Ostens vom Stapel zu lassen. So beginnt unser Text: «Das durch sich selbst Seiende heißt Tao.» Und der

Hui Ming Ging beginnt mit den Worten: «Das feinste Geheimnis des Tao sind das Wesen und das Leben.»

Es ist kennzeichnend für den abendländischen Geist, daß er für Tao überhaupt keinen Begriff besitzt. Das chinesische Zeichen für Tao ist zusammengesetzt aus dem Zeichen für «Kopf» und dem Zeichen für «Gehen». WILHELM übersetzt Tao mit «Sinn»[6]. Andere übersetzen mit «Weg», mit «providence» und sogar, wie die Jesuiten, mit «Gott». Das zeigt die Verlegenheit. «Kopf» dürfte auf das Bewußtsein[7] deuten, das «Gehen» auf «Weg zurücklegen». Die Idee wäre demnach: «bewußt gehen» oder «bewußter Weg». Damit stimmt überein, daß «Licht des Himmels», das als «Herz des Himmels» «zwischen den Augen wohnt», synonym mit Tao gebraucht wird. Wesen und Leben sind im Licht des Himmels enthalten, und bei LIU HUI YANG sind sie die wichtigsten Geheimnisse des Tao. Nun ist «Licht» symbolisches Äquivalent des Bewußtseins, und das Wesen des Bewußtseins wird mit Analogien des Lichts ausgedrückt. Der *Hui Ming Ging* ist eingeleitet durch die Verse:

> Willst du vollenden den diamantnen Leib ohne Ausströmen,
> Mußt du mit Fleiß die Wurzel des Bewußtseins[8] und Lebens erhitzen.
> Du mußt erleuchten das stets nahe selige Land
> Und dort immer dein wahres Ich verborgen wohnen lassen.

Diese Verse enthalten eine Art von alchemistischer Anweisung, eine Methode oder einen Weg zur Erzeugung des «diamantnen Leibes», der auch in unserem Texte gemeint ist. Hierzu bedarf es einer «Erhitzung» respektive Steigerung des Bewußtseins, damit die Wohnung des Geisteswesens «erleuchtet» werde. Doch nicht nur das Bewußtsein, sondern auch das Leben muß gesteigert werden. Die Zusammensetzung beider ergibt «bewußtes Leben». Nach dem *Hui Ming Ging* verstanden es die alten Weisen, die Trennung von Bewußtsein und Leben aufzuheben, indem sie beide pflegten. Auf diese Weise wird «die Schêli (der unsterbliche Leib) herausgeschmolzen», und auf diese Weise wird «das große Tao vollendet».[9]

Wenn wir Tao als Methode oder als bewußten Weg, der Getrenntes vereinigen soll, auffassen, so dürften wir dem psychologischen Gehalt des Begriffes wohl nahekommen. Auf alle Fälle kann man unter der Trennung von Bewußtsein und Leben nicht wohl etwas anderes verstehen, als was ich oben als Abweichung oder Entwurzelung des Bewußtseins beschrieben habe. Zweifellos handelt es sich auch bei der Frage der Bewußtmachung des Gegensatzes, der «Umkehrung», um eine Wiedervereinigung mit den unbewußten Lebensgesetzen, und die Absicht dieser Vereinigung ist die Erzielung bewußten Lebens, chinesisch ausgedrückt: Herstellung des Tao.

DIE KREISBEWEGUNG UND DER MITTELPUNKT

31 Die Vereinigung der Gegensätze[10] auf höherem Niveau ist, wie schon hervorgehoben, keine rationale Angelegenheit und ebensowenig eine Sache des Wollens, sondern ein psychischer Entwicklungsprozeß, der sich in *Symbolen* ausdrückt. Er wurde historisch stets in Symbolen dargestellt und wird auch heute noch in der individuellen Persönlichkeitsentwicklung durch symbolische Figuren veranschaulicht. Diese Tatsache ergab sich mir aus folgenden Erfahrungen: Die spontanen Phantasieproduktionen, von denen wir oben handelten, vertiefen und konzentrieren sich allmählich um abstrakte Gebilde, welche anscheinend «Prinzipien», richtige gnostische «archai», darstellen. Wo die Phantasien hauptsächlich gedanklich ausgedrückt werden, treten intuitive Formulierungen für die dunkel geahnten Gesetze oder Prinzipien auf, die zunächst gerne dramatisiert oder personifiziert werden. (Davon werden wir unten noch zu handeln haben.) Werden die Phantasien gezeichnet, so entstehen Symbole, die hauptsächlich zum sogenannten «Mandala»[11]-Typus gehören. Mandala heißt Kreis, speziell magischer Kreis. Die Mandalas sind nicht nur über den ganzen Osten verbreitet, sondern sie sind bei uns auch aus dem Mittelalter reichlich bezeugt. Christlich besonders sind sie aus dem frühen Mittelalter zu belegen, meist mit Christus in der Mitte mit den vier Evangelisten oder ihren Symbolen in den Kardinalpunkten. Diese Auffassung muß sehr alt sein, indem auch Horus mit seinen vier Söhnen ägyptisch so dargestellt wird.[12] (Horus mit den vier Söhnen hat bekanntlich nächste Beziehungen zu Christus und den vier Evangelisten.) Später findet sich ein klares, höchst interessantes Mandala in JACOB BÖHMES Buch über die Seele.[13] Dort ist es durchaus ersichtlich, daß es sich um ein psychokosmisches System mit stark christlichem Einschlag handelt. Er heißt es «das philosophische Auge»[14] oder den «Spiegel der Weisheit», womit offenbar eine summa des geheimen Wissens gemeint ist. Meist handelt es sich um eine Blumen-, Kreuz- oder Radform mit deutlicher Neigung zur Vierzahl (an die Pythagoräische Tetraktys, die Grundzahl, erinnernd). Solche Mandalas finden sich auch als Sandzeichnungen für

kultischen Gebrauch bei den Pueblos.¹⁵ Die schönsten Mandalas besitzt natürlich der Osten, besonders der tibetanische Buddhismus. Die Symbole unseres Textes sind in diesen Mandalas dargestellt. Ich habe auch bei Geisteskranken Mandalazeichnungen gefunden, und zwar bei Leuten, die sicher nicht die geringste Ahnung von diesen Zusammenhängen haben.¹⁶

Ich habe einige Fälle unter meinen Patienten beobachtet, Frauen, die nicht zeichneten, sondern die Mandalas tanzten. In Indien existiert dafür der Terminus: Mandala nritya = Mandalatanz. Die Tanzfiguren drücken denselben Sinn aus wie die Zeichnungen. Die Patienten selber können wenig über den Sinn der Mandalasymbole aussagen. Sie sind nur davon fasziniert und finden sie irgendwie in bezug auf den subjektiven seelischen Zustand ausdrucks- und wirkungsvoll. 32

Unser Text verspricht, das «Geheimnis der Goldblume des Großen Einen zu eröffnen». Die Goldblume ist das Licht, und das Licht des Himmels ist das Tao. Die Goldblume ist ein Mandalasymbol, dem ich bei meinen Patienten schon oft begegnet bin. Entweder wird sie in der Aufsicht gezeichnet, also als regelmäßiges geometrisches Ornament, oder auch in der Ansicht als Blume, die einer Pflanze entwächst. Die Pflanze ist des öfteren ein Gebilde in lichten, feurigen Farben, welches aus einer darunterliegenden Dunkelheit erwächst und oben die Lichtblüte trägt (ein ähnliches Symbol wie der Weihnachtsbaum). In einer solchen Zeichnung ist zugleich die Entstehung der Goldblume mit ausgedrückt, denn nach dem *Hui Ming Ging* ist die «Keimblase» nichts anderes als das «gelbe Schloß», das «himmlische Herz», die «Terrasse der Lebendigkeit», das «zollgroße Feld des fußgroßen Hauses», der «purpurne Saal der Nephritstadt», der «dunkle Paß», der «Raum des früheren Himmels», das «Drachenschloß auf dem Grunde des Meeres». Sie ist auch genannt das «Grenzgebiet der Schneeberge», der «Urpaß», das «Reich der höchsten Freude», das «grenzlose Land» und der «Altar, auf dem Bewußtsein und Leben hergestellt werden». «Wenn ein Sterbender diese Keimstelle nicht kennt», sagt der *Hui Ming Ging*, «so wird er in tausend Geburten und zehntausend Weltaltern die Einheit von Bewußtsein und Leben nicht finden.»¹⁷ 33

Der Anfang, in dem alles noch eins ist, der darum auch als höchstes Ziel erscheint, liegt auf dem Grund des Meeres, in der Dunkelheit des Unbewußten. In der Keimblase sind Bewußtsein und Leben (oder «Wesen» und «Leben» = sing – ming) noch «eine Einheit», «untrennbar gemischt wie der Feuersame im Läuterofen». «Innerhalb der Keimblase ist das Feuer des 34

Herrschers.» Bei der Keimblase haben «alle Weisen ihre Arbeit begonnen».[18] Man beachte die Feueranalogie. Ich kenne eine Reihe von europäischen Mandalazeichnungen, wo etwas wie ein von Hüllen umgebener Pflanzenkeim im Wasser schwimmt, aus der Tiefe dringt Feuer in ihn ein, welches Wachstum erzeugt und solchermaßen die Entstehung einer großen Goldblume, die aus der Keimblase wächst, verursacht.

35   Diese Symbolik bezieht sich auf eine Art von alchemistischem Prozeß der Läuterung und Veredlung; das Dunkle gebiert das Licht, aus «dem Blei der Wassergegend» wächst das edle Gold, Unbewußtes wird zu Bewußtem in Form eines Lebens- und Wachstumsprozesses. (Eine völlige Analogie hierzu ist der indische Kundalini-Yoga.[19]) Solchergestalt ergibt sich die Vereinigung von Bewußtsein und Leben.

36   Wenn meine Patienten solche Bilder entwerfen, so geschieht dies natürlich nicht aus Suggestion, denn solche Bilder wurden gemacht, lange bevor mir ihre Bedeutung oder ihr Zusammenhang mit den mir damals gänzlich fremden Praktiken des Ostens bekannt waren. Sie entstanden ganz spontan, und zwar aus zweierlei Quellen. Die eine Quelle ist das Unbewußte, welches spontan solche Phantasien erzeugt; die andere Quelle ist das Leben, das, mit völliger Hingabe gelebt, Ahnung vom Selbst, vom individuellen Wesen gibt. Letztere Wahrnehmung wird in der Zeichnung ausgedrückt, erstere zwingt zu einer Hingebung ans Leben. Denn ganz in Übereinstimmung mit der östlichen Auffasssung ist das Mandalasymbol nicht nur Ausdruck, sondern hat auch Wirkung. Es wirkt auf seinen Urheber zurück. Es steckt uralte magische Wirkung darin, denn es stammt ursprünglich vom «hegenden Kreis», vom «Bannkreis», dessen Magie sich in unzähligen Volksgebräuchen erhalten hat.[20] Das Bild hat den ausgesprochenen Zweck, einen «sulcus primigenius», eine magische Furche um das Zentrum, das templum oder den temenos (heiliger Bezirk) der innersten Persönlichkeit zu ziehen, um das «Ausströmen» zu verhindern oder um die Ablenkung durch Äußeres apotropäisch abzuwehren. Die magischen Gebräuche sind ja nichts anderes als Projektionen seelischen Geschehens, die hier ihre Rückanwendung auf die Seele finden als eine Art von Bezauberung der eigenen Persönlichkeit, das heißt eine durch anschauliches Handeln unterstützte und vermittelte Rückführung der Aufmerksamkeit oder, besser gesagt, der Anteilnahme auf einen inneren heiligen Bezirk, der Ursprung und Ziel der Seele ist und jene einst gehabte, dann verlorene und wiederzufindende Einheit von Leben und Bewußtsein enthält.

Die Einheit beider ist Tao, dessen Symbol das zentrale «weiße Licht» wäre (ähnlich der *Bardo Tödol*[21]). Dieses Licht wohnt im «Geviertzoll» oder im «Gesicht», das heißt zwischen den Augen. Es ist die Veranschaulichung des «schöpferischen Punktes», einer unausgedehnten Intensität, zusammengedacht mit dem Raum des «Geviertzolls», dem Symbol für das Ausgedehnte. Beides zusammen ist Tao. Wesen oder Bewußtsein (sing) haben Lichtsymbolik, sind daher Intensität. Leben (ming) würde daher mit Extensität zusammenfallen. Ersteres hat Yang-, letzteres Yincharakter. Das oben erwähnte Mandala eines fünfzehneinhalbjährigen, somnambulen Mädchens, das ich vor dreißig Jahren beobachtete, zeigt im Zentrum eine unausgedehnte «Lebenskraftquelle», welche bei ihrer Emanation unmittelbar auf ein gegensätzliches, räumliches Prinzip stößt, in völliger Analogie mit der chinesischen Grundidee.

Die «Umhegung» oder circumambulatio ist in unserem Text durch die Idee des «Kreislaufs» ausgedrückt. Der Kreislauf ist nicht bloße Kreisbewegung, sondern hat einerseits die Bedeutung einer Absonderung des heiligen Bezirks, und andererseits die Bedeutung von Fixieren und Konzentrieren; das Sonnenrad beginnt zu laufen, das heißt die Sonne wird belebt und beginnt ihre Bahn, mit anderen Worten das Tao beginnt zu wirken und die Führung zu übernehmen. Das Tun ist ins Nichtstun versetzt, das heißt alles Peripherische ist dem Befehl des Zentralen unterstellt, darum heißt es: «Bewegung ist ein anderer Name für Beherrschung.» Psychologisch wäre dieser Kreislauf ein «Im Kreise um sich selber Herumgehen», wobei offenbar alle Seiten der eigenen Persönlichkeit in Mitleidenschaft gezogen werden. «Die Pole des Lichten und des Dunkeln werden in Kreisbewegung gebracht», das heißt es entsteht ein Abwechseln von Tag und Nacht. «Es wechselt Paradieseshelle mit tiefer schauervoller Nacht.»[22]

Die Kreisbewegung hat demnach auch die moralische Bedeutung der Belebung aller hellen und dunklen Kräfte menschlicher Natur, und damit aller psychologischen Gegensätze, welcher Art sie auch sein mögen. Das bedeutet nichts anderes als Selbsterkenntnis durch Selbstbebrütung (indisch «Tapas»). Eine ähnliche Urvorstellung vom vollkommenen Wesen ist der Platonische, allseits runde Mensch, in dem auch die Geschlechter geeint sind.

Eine der schönsten Parallelen zu dem hier Gesagten ist die Schilderung, die EDWARD MAITLAND, der Mitarbeiter von ANNA KINGSFORD, von seinem zentralen Erlebnis entworfen hat.[23] Ich folge soviel wie möglich seinen eigenen Worten. Er hatte entdeckt, daß beim Nachdenken über eine Idee verwandte Ideen in langen Reihen sozusagen sichtbar wurden, scheinbar bis zurück auf ihre eigentliche Quelle, welche für ihn der göttliche Geist war. Vermittels der Konzentration auf diese Reihen machte er den Versuch, bis zu deren Ursprung vorzudringen.

«Ich hatte keine Kenntnis und keine Erwartung, als ich mich zu diesem Versuch entschloß. Ich experimentierte einfach mit dieser Fähigkeit... während ich am Schreibtisch saß, um die Ereignisse in ihrer Reihenfolge aufzuschreiben, und ich beschloß, mein äußeres und peripheres Bewußtsein festzuhalten, unbekümmert darum, wie weit ich in mein inneres und zentrales Bewußtsein gehen mochte. Ich wußte nämlich nicht, ob ich zu ersterem wieder zurückgelangen könnte, wenn ich es einmal losgelassen hatte, oder ob ich mich der Ereignisse entsinnen könnte. Schließlich gelang es mir, allerdings mit großer Anstrengung, indem die Spannung, verursacht durch das Bemühen, die beiden Bewußtseinsextreme zugleich festzuhalten, sehr groß war. Zu Beginn fühlte ich, wie wenn ich eine lange Leiter hinaufstiege von der Peripherie zum Mittelpunkt eines Systems, das zugleich mein eigenes, das Sonnen- und das kosmische System war. Die drei Systeme waren verschieden und doch identisch... Schließlich, mit einer letzten Anstrengung... gelang es mir, die Strahlen meines Bewußtseins auf den ersehnten Brennpunkt zu konzentrieren. Und im gleichen Augenblick stand vor mir, wie wenn eine plötzliche Entflammung alle Strahlen zur Einheit verschmolzen hätte, ein wunderbares, unaussprechlich strahlendes weißes Licht, dessen Kraft so groß war, daß es mich beinahe zurückschlug... Obschon ich fühlte, daß es für mich nicht nötig war, dieses Licht weiter zu erforschen, so beschloß ich doch, mich nochmals zu versichern, indem ich dessen Glanz, der mich fast blind machte, zu durchdringen versuchte, um zu sehen, was es enthielt. Mit großer Anstrengung gelang es mir... Es war die Dualität des Sohnes... das Verborgene offenbar geworden, das Undefinierte definiert, das Unindividuierte individuiert, Gott als der Herr, der durch seine Dualität beweist, daß Gott Substanz sowohl ist als auch Kraft, Liebe sowohl wie Wille, weiblich sowohl wie männlich, Mutter sowohl wie Vater.»

41 Er fand, daß Gott Zwei in Einem ist, wie der Mensch. Er bemerkte überdies etwas, was auch unser Text hervorhebt, nämlich den «Stillstand der Atmung». Er sagt, die gewöhnliche Atmung habe aufgehört und eine Art innerer Atmung hätte sie ersetzt, wie wenn eine andere Person, verschieden von seinem physischen Organismus, in ihm geatmet hätte. Er hält dieses Wesen für die «Entelechie» des ARISTOTELES und den «inneren Christus» des APOSTELS PAULUS, «die geistige und substantielle Individuali-

tät, erzeugt innerhalb der physischen und phänomenologischen Persönlichkeit und darum die Wiedergeburt des Menschen auf transzendentaler Stufe darstellend.»

Dieses genuine Erlebnis[24] enthält alle wesentlichen Symbole unseres Textes. Das Phänomen selber, nämlich die Lichtvision, ist ein vielen Mystikern gemeinsames Erlebnis, das unzweifelhaft von höchster Bedeutsamkeit ist, denn in allen Zeiten und Zonen erweist es sich als das Unbedingte, das größte Kraft und höchsten Sinn in sich vereinigt. HILDEGARD VON BINGEN, diese, ganz abgesehen von ihrer Mystik, bedeutende Persönlichkeit, drückt sich über ihre zentrale Vision ganz ähnlich aus:

«Seit meiner Kindheit», sagte sie, «sehe ich immer ein Licht in meiner Seele, aber nicht mit den äußeren Augen und auch nicht durch die Gedanken des Herzens; auch nehmen die fünf äußeren Sinne an diesem Gesicht nicht teil... Das Licht, das ich wahrnehme, ist nicht örtlicher Art, sondern ist viel heller als die Wolke, die die Sonne trägt. Ich kann an demselben keine Höhe, Breite oder Länge unterscheiden... Was ich in einer solchen Vision sehe oder lerne, das bleibt mir lange im Gedächtnis. Ich sehe, höre und weiß zugleich und lerne, was ich weiß, gleichsam im Augenblick... Ich kann an diesem Licht durchaus keine Gestalt erkennen, jedoch erblicke ich in ihm bisweilen ein anderes Licht, das mir das lebende Licht genannt wird... Während ich mich des Anschauens dieses Lichtes erfreue, verschwinden alle Traurigkeit und Schmerz aus meinem Gedächtnis...»[25]

Ich selber kenne einige wenige Leute, die um dieses Erlebnis aus eigener Erfahrung wissen. Soweit es mir überhaupt gelang, über ein derartiges Phänomen etwas auszumachen, so scheint es sich um einen akuten Zustand eines ebenso intensiven als abstrakten Bewußtseins zu handeln, um ein «losgelöstes» Bewußtsein (vergleiche unten), welches, wie HILDEGARD treffend andeutet, Gebiete des seelischen Geschehens zur Bewußtheit emporhebt, die sonst von Dunkel bedeckt sind. Die Tatsache, daß in Verbindung damit öfters die körperlichen Allgemeinempfindungen schwinden, weist darauf hin, daß ihre spezifische Energie ihnen entzogen und wahrscheinlich zur Verstärkung der Bewußtseinshelle verwendet wird. Das Phänomen ist in der Regel spontan, kommt und geht aus eigenem Antrieb. Seine Wirkung ist insofern erstaunlich, als es fast immer eine Lösung seelischer Komplikationen und damit eine Loslösung der inneren Persönlichkeit aus emotionalen und ideellen Verwicklungen hervorbringt und damit eine Einheit des Wesens erzeugt, welche allgemein als «Befreiung» empfunden wird.

44 Bewußter Wille kann eine solche symbolische Einheit nicht erreichen, denn Bewußtsein ist in diesem Falle Partei. Der Gegner ist das kollektive Unbewußte, das keine Bewußtseinssprache versteht. Darum bedarf es des «magisch» wirkenden Symbols, welches jenen primitiven Analogismus enthält, der zum Unbewußten spricht. Nur durch das Symbol kann das Unbewußte erreicht und ausgedrückt werden, deshalb wird auch die Individuation des Symbols nie entraten können. Das Symbol ist einerseits primitiver Ausdruck des Unbewußten, andererseits ist es Idee, die der höchsten Ahnung des Bewußtseins entspricht.

45 Die älteste mir bekannte Mandalazeichnung ist ein paläolithisches sogenanntes «Sonnenrad», das kürzlich in Rhodesien entdeckt wurde. Es basiert ebenfalls auf der Vierzahl. Dinge, die so weit in die Menschheitsgeschichte zurückreichen, rühren natürlich an tiefste Schichten des Unbewußten und vermögen diese zu ergreifen, wo bewußte Sprache sich als gänzlich impotent erweist. Solche Dinge sind nicht zu erdenken, sondern müssen wiederum aus der dunklen Tiefe der Vergessenheit heraufwachsen, um äußerste Ahnung des Bewußtseins und höchste Intuition des Geistes auszudrücken und so *die Einmaligkeit des Gegenwartbewußtseins mit der Urvergangenheit des Lebens zu verschmelzen.*

Die Erscheinungen des Weges

DIE AUFLÖSUNG DES BEWUSSTSEINS

46 Das Zusammentreffen des engumschränkten, dafür aber intensiv klaren individuellen Bewußtseins mit der ungeheuren Ausdehnung des kollektiven Unbewußten ist eine Gefahr, denn das Unbewußte hat eine ausgesprochen auflösende Wirkung auf das Bewußtsein. Diese Wirkung gehört sogar, nach der Darlegung des *Hui Ming Ging,* zu den eigentümlichen Erscheinungen der chinesischen Yogaübung. Es heißt dort: «Jeder Teilgedanke gewinnt Gestalt und wird sichtbar in Farbe und Form. Die Gesamtseelenkraft entfaltet ihre Spuren.»[26] Die dem Buche beigegebene Abbildung zeigt einen in der Kontemplation begriffenen Weisen, das Haupt von Feuer umlodert und daraus hervorgehend fünf menschliche Gestalten, die sich ihrerseits wieder in fünfundzwanzig kleinere zerspalten.[27] Das wäre ein schizophrener Prozeß, wenn er sich als Zustand festsetzen sollte. Daher

Meditation 1. Stadium:
Sammlung des Lichts

Meditation 2. Stadium:
Entstehung der Neugeburt im Raum der Kraft

Meditation 3. Stadium:
Ablösung des Geistleibes zu selbständiger Existenz

Meditation 4. Stadium:
Mitte inmitten der Bedingungen

sagt die Anweisung: «Die durch das Geistfeuer gebildeten Gestalten sind nur leere Farben und Formen. Das Licht des Wesens strahlt zurück auf das Ursprüngliche, Wahre.»

Es ist daher begreiflich, warum auf die Schutzfigur des «hegenden Kreises» zurückgegriffen wird. Er soll das «Ausströmen» verhindern und die Einheit des Bewußtseins gegen die Zersprengung durch das Unbewußte schützen. Überdies versucht die chinesische Auffassung die auflösende Wirkung des Unbewußten dadurch abzuschwächen, daß sie die «Gedankengestalten» oder «Teilgedanken» als «leere Farben und Formen» bezeichnet und damit tunlichst entkräftet. Dieser Gedanke geht durch den ganzen Buddhismus (speziell die Mahayana) und steigert sich in der Totenbelehrung des *Bardo Tödol* (Tibetanisches Totenbuch) sogar zu der Erklärung, daß auch die günstigen und die ungünstigen Götter noch zu überwindende Illusionen seien. Die metaphysische Wahrheit oder Unwahrheit dieses Gedankens festzustellen, gehört gewiß nicht zu den Kompetenzen des Psychologen. Letzterer muß sich damit begnügen, womöglich festzustellen, was das psychisch Wirksame ist. Dabei darf er sich nicht darum kümmern, ob die betreffende Figur eine transzendentale Illusion ist oder nicht. Darüber entscheidet der Glaube und nicht die Wissenschaft. Wir bewegen uns hier sowieso in einem Gebiete, das bislang außerhalb des Bereiches der Wissenschaft zu stehen schien und deshalb in toto als Illusion bewertet wurde. Wissenschaftlich ist aber eine solche Annahme keineswegs zu rechtfertigen, denn die Substantialität dieser Dinge ist kein wissenschaftliches Problem, weil sie auf alle Fälle jenseits des menschlichen Wahrnehmungs- und Urteilsvermögens und damit auch jenseits aller Beweismöglichkeit läge. Um die Substanz dieser Komplexe handelt es sich für den Psychologen ja nicht, sondern nur um die psychische Erfahrung. Zweifellos sind es erfahrbare psychische Inhalte von ebenso unzweifelhafter Autonomie, denn es sind psychische Teilsysteme, die entweder in ekstatischen Zuständen spontan auftreten und unter Umständen gewaltige Eindrücke und Wirkungen hervorrufen oder in geistigen Störungen in Form von Wahnideen und Halluzinationen sich festsetzen und damit die Einheit der Persönlichkeit vernichten.

Der Psychiater ist allerdings geneigt, an Toxine und ähnliches zu glauben und daraus die Schizophrenie (Zerspaltung des Geistes in der Psychose) zu erklären, wobei er auf die psychischen Inhalte keinen Nachdruck legt. Bei den psychogenen Störungen dagegen (wie Hysterie, Zwangsneurose usw.), wo man schlechterdings nicht von Toxinwirkungen und Zelldegenerationen sprechen kann, finden, wie zum Beispiel in den somnambulen Zuständen, ähnliche spontane Komplexabspaltungen statt, welche FREUD allerdings aus unbewußter Verdrängung der Sexualität erklären möchte. Diese Erklärung gilt aber längstens nicht für alle Fälle, denn es können auch spontan Inhalte sich aus dem Unbewußten entwickeln, welche das Bewußtsein nicht assimilieren kann. In solchen Fällen versagt die Verdrängungshypothese. Überdies läßt sich die Autonomie im täglichen Leben an den Affekten studieren, welche gegen unseren Willen und gegen unsere angestrengtesten Verdrängungsversuche sich eigenwillig durchsetzen und, das Ich überschwemmend, es unter ihren Willen zwingen. Es ist daher nicht verwunderlich, daß der Primitive darin eine Besessenheit erblickt oder das Abwandern einer Seele, tut es doch auch unsere Sprache noch: «Ich weiß gar nicht, was heute in ihn gefahren ist», «er ist vom Teufel geritten», «es hat ihn wieder einmal», «er gerät außer sich», «er tut wie besessen». Sogar die Gerichtspraxis anerkennt eine partielle Verminderung der Zurechnungsfähigkeit im Affektzustand. Autonome seelische Inhalte sind uns daher ganz geläufige Erfahrung. Solche Inhalte haben zersprengende Wirkung auf das Bewußtsein.

49 Es gibt nun aber außer den gewöhnlichen allbekannten Affekten subtilere, komplexere affektive Zustände, welche nicht mehr als Affekte schlechthin bezeichnet werden können. Es sind vielmehr komplizierte seelische Teilsysteme, welche um so mehr Persönlichkeitscharakter haben, je komplizierter sie sind. Sie sind eben auch Konstituenten der psychischen Persönlichkeit und müssen darum Persönlichkeitscharakter haben. Solche Teilsysteme finden sich namentlich bei Geisteskrankheiten, bei den psychogenen Persönlichkeitsspaltungen (double personnalité) und ganz gewöhnlich bei den mediumistischen Phänomenen. Auch bei religiösen Phänomenen sind sie zu finden. Darum sind viele der früheren Götter aus Personen zu personifizierten Ideen und schließlich zu abstrakten Ideen geworden, denn belebte unbewußte Inhalte erscheinen stets zuerst als nach außen projiziert und werden im Verlaufe der geistigen Entwicklung via Raumprojektion vom Bewußtsein allmählich assimiliert und zu bewußten Ideen umgestaltet, wobei letztere ihren ursprünglich autonomen und persönlichen Charakter einbüßen. Einige der alten Götter sind bekanntlich via Astrologie zu bloßen Eigenschaften geworden (martialisch, jovial, saturnin, erotisch, logisch, lunatic usw.).

Die Anweisungen des *Bardo Tödol* besonders lassen erkennen, wie groß 50
die Gefahr für das Bewußtsein ist, von diesen Figuren aufgelöst zu werden.
Immer wieder wird der Tote belehrt, diese Figuren nicht für Wahrheit zu
halten und ihren trüben Schein nicht mit dem reinen weißen Licht des
Dharmakaya (des göttlichen Körpers der Wahrheit) zu verwechseln, das
heißt das eine Licht des höchsten Bewußtseins nicht in konkretisierte Figuren zu projizieren und solchermaßen in eine Vielheit autonomer Teilsysteme aufzulösen. Läge darin keine Gefahr, und wären die Teilsysteme
nicht bedrohlich autonome und divergierende Tendenzen, so brauchte es
wohl nicht diese eindringlichen Anweisungen, die für das einfachere, polytheistisch orientierte Gemüt des östlichen Menschen fast soviel bedeuten
wollen wie zum Beispiel eine Anweisung an den christlichen Menschen,
sich ja nicht durch die Illusion eines persönlichen Gottes blenden zu lassen,
schon gar nicht zu reden von einer Trinität, von unzähligen Engeln und
Heiligen.

Wären Zerspaltungstendenzen nicht der menschlichen Psyche inhä- 51
rente Eigenschaften, so wären psychische Teilsysteme überhaupt nie abgespalten worden, mit anderen Worten es hätte nie Geister und Götter gegeben. Darum ist auch unsere Zeit so hochgradig entgöttert und entheiligt:
wegen unserer Unkenntnis der unbewußten Psyche und wegen des ausschließlichen Bewußtseinskultes. Unsere wahre Religion ist ein Monotheismus des Bewußtseins, eine Bewußtseinsbesessenheit mit fanatischer
Leugnung der Existenz von autonomen Teilsystemen. Darin unterscheiden
wir uns aber von den buddhistischen Yogalehren, daß wir sogar die Erfahrbarkeit von Teilsystemen leugnen. Darin liegt eine große psychische Gefahr, denn dann verhalten sich die Teilsysteme wie irgendwelche verdrängte Inhalte: sie bringen zwangsläufig falsche Einstellungen hervor,
indem das Verdrängte in uneigentlicher Form wiederum im Bewußtsein
erscheint. Diese in jedem Neurosenfall in die Augen springende Tatsache
gilt auch für die kollektiven psychischen Erscheinungen. Unsere Zeit begeht in dieser Hinsicht einen fatalen Irrtum; sie glaubt nämlich, religiöse
Tatsachen intellektuell kritisieren zu können. Man meint zum Beispiel wie
LAPLACE, daß Gott eine Hypothese sei, die man einer intellektuellen Behandlung, einer Bejahung oder Verneinung, unterwerfen könne. Man vergißt dabei völlig, daß der Grund, warum die Menschheit an den «Daimon»
glaubt, gar nicht mit irgend etwas Äußerem zu tun hat, sondern einfach
auf der naiven Wahrnehmung der gewaltigen, inneren Wirkung autono-

mer Teilsysteme beruht. Diese Wirkung ist nicht aufgehoben dadurch, daß man ihren Namen intellektuell kritisiert oder als falsch bezeichnet. Die Wirkung ist kollektiv stets vorhanden, die autonomen Systeme sind stets am Werk, denn die fundamentale Struktur des Unbewußten wird von den Schwankungen eines vorübergehenden Bewußtseins nicht berührt.

52 Leugnet man die Teilsysteme, indem man sie durch Kritik des Namens aufzuheben wähnt, so kann man ihre trotzdem weiter bestehende Wirkung nicht mehr verstehen und sie daher auch nicht mehr ans Bewußtsein assimilieren. Sie werden dadurch zu einem unerklärlichen Störungsfaktor, den man dann schließlich irgendwo außen vermutet. Damit ist eine Projektion der Teilsysteme eingetreten und zugleich insofern eine gefährliche Lage geschaffen, als die störenden Wirkungen nunmehr einem bösen Willen außer uns zugeschrieben werden, der natürlich nirgendwo anders aufgefunden werden kann als beim Nachbarn «de l'autre côté de la rivière». Das führt zu kollektiver Wahnbildung, Kriegsursachen, Revolutionen, mit einem Wort zu destruktiven Massenpsychosen.

53 Wahn ist eine Besessenheit durch einen bewußten Inhalt, der als solcher nicht ans Bewußtsein assimiliert wird. Und weil das Bewußtsein die Existenz solcher Inhalte leugnet, kann es sie auch nicht assimilieren. Religiös ausgedrückt: Man hat keine Gottesfurcht mehr und meint, alles sei menschlichem Ermessen überlassen. Diese Hybris respektive Bewußtseinsenge ist stets der kürzeste Weg zum Irrenhaus.[28]

54 Es dürfte den aufgeklärten Europäer eher sympathisch berühren, wenn es im *Hui Ming Ging* heißt: «Die durch das Geistfeuer gebildeten Gestalten sind nur leere Farben und Formen.» Das klingt ganz europäisch und scheint unserer Vernunft vortrefflich zu passen, ja wir meinen uns schmeicheln zu dürfen, daß wir diese Klarheitshöhe schon erreicht hätten, denn solche Götterschemen scheint man schon geraume Zeit hinter sich zu haben. Was wir überwunden haben, sind aber nur die Wortgespenster, *nicht die seelischen Tatsachen, welche für die Entstehung der Götter verantwortlich waren.* Wir sind von unseren autonomen seelischen Inhalten noch genauso besessen, wie wenn sie Götter wären. Man nennt sie jetzt Phobien, Zwänge usw., kurz, neurotische Symptome. Die Götter sind Krankheiten geworden, und Zeus regiert nicht mehr den Olymp, sondern den plexus solaris und verursacht Kuriosa für die ärztliche Sprechstunde oder stört das Gehirn der Politiker und Journalisten, welche unwissentlich psychische Epidemien auslösen.

Darum ist es für den westlichen Menschen besser, er wisse zunächst 55
nicht zuviel von der geheimen Einsicht östlicher Weiser, denn es wäre das
«richtige Mittel in der Hand des verkehrten Mannes». Statt nochmals sich
bestätigen zu lassen, daß der Daimon Illusion ist, sollte der Abendländer
die Wirklichkeit dieser Illusion wieder erfahren. Er sollte lernen, diese
psychischen Mächte wieder anzuerkennen und nicht zu warten, bis seine
Launen, Nervositäten und Wahnideen ihn aufs schmerzlichste darüber aufklären, daß er nicht der einzige Herr in seinem Hause ist. Die Zerspaltungstendenzen sind wirkliche psychische Persönlichkeiten relativer Realität. Sie sind real dann, wenn sie als real nicht anerkannt werden und
darum projiziert sind; relativ real, wenn sie in Beziehung zum Bewußtsein
stehen (religiös ausgedrückt: wenn ein Kult besteht); irreal aber, insofern
sich das Bewußtsein von seinen Inhalten zu lösen beginnt. Letzteres ist aber
nur dann der Fall, wenn das Leben so erschöpfend und mit solcher Hingabe
gelebt wurde, daß keine unbedingten Lebensverpflichtungen mehr existieren, und darum der innerlichen Weltüberlegenheit kein Verlangen, das
nicht unbedenklich geopfert werden könnte, mehr im Wege steht. In dieser Beziehung nützt es nichts, sich selber anzulügen. Wo man noch verhaftet ist, ist man noch besessen. Und wenn man besessen ist, so existiert noch
ein Stärkerer, der einen besitzt. («Ich sage dir wahrlich: Du wirst nicht von
dannen herauskommen, bis du ... den letzten Heller bezahlest.»[29]) Es ist
nicht ganz gleichgültig, ob man etwas als eine «Sucht» oder als einen
«Gott» bezeichnet. Einer Sucht zu dienen, ist verwerflich und unwürdig,
einem Gotte zu dienen dagegen, ist wegen der Unterwerfung unter ein
höheres Unsichtbares und Geistiges bedeutend sinnvoller und zugleich
aussichtsreicher, indem die Personifikation bereits die relative Realität des
autonomen Teilsystems und damit die Möglichkeit der Assimilation und
der Irrealisierung der Lebensmächte herbeiführt. Wo der Gott nicht anerkannt wird, entsteht selbstische Sucht, und aus der Sucht wird die Krankheit.

Die Yogalehre setzt die Anerkennung der Götter als selbstverständlich 56
voraus. Ihre geheime Anweisung ist darum nur für den bestimmt, dessen
Bewußtseinslicht sich anschickt, von den Lebensmächten sich zu lösen, um
in die letzte, ungeteilte Einheit einzugehen, in «das Zentrum der Leere»,
wo «der Gott der äußersten Leere und Lebendigkeit wohnt», wie unser
Text sagt.[30] «Solches zu hören ist in tausend Äonen schwer zu erlangen.»
Offenbar kann der Schleier der Maja nicht durch einen bloßen Vernunftbe-

schluß gelüftet werden, sondern es bedarf der gründlichsten und langwierigsten Vorbereitung, die darin besteht, daß die Schulden ans Leben alle auch richtig abgezahlt werden. Denn solange noch unbedingte Verhaftung durch «cupiditas» besteht, ist der Schleier nicht gehoben und die Höhe des inhaltfreien, illusionslosen Bewußtseins nicht erreicht, und kein Kunststück und kein Betrug kann es herzaubern. Es ist ein Ideal, das schließlich nur im Tode zu verwirklichen ist. Bis dahin gibt es reale und relativ reale Figuren des Unbewußten.

ANIMUS UND ANIMA

57 Zu den Figuren des Unbewußten gehören nach unserem Text nicht nur die Götter, sondern auch Animus und Anima. Das Wort «hun» wird von WILHELM als «Animus» übersetzt, und in der Tat paßt der Begriff animus trefflich auf hun, dessen Schriftzeichen aus dem Zeichen für «Wolken» und dem Zeichen für «Dämon» zusammengesetzt ist. Hun heißt also Wolkendämon, eine höhere Hauchseele, dem Yangprinzip zugehörig, daher männlich. Nach dem Tode steigt hun empor und wird zu «schen», dem «sich ausdehnenden und offenbarenden» Geist oder Gott. Anima, «po» genannt, mit dem Zeichen für «weiß» und dem für «Dämon» geschrieben, also das «weiße Gespenst», die niedere, chthonische Körperseele, dem Yinprinzip zugehörig, daher weiblich. Nach dem Tode sinkt sie hinab und wird «gui», Dämon, öfters erklärt als «das Wiederkehrende» (scil. zur Erde), der revenant, der Spuk. Die Tatsache, daß Animus sowohl wie Anima sich nach dem Tode trennen und selbständig ihrer Wege gehen, beweist, daß sie für das chinesische Bewußtsein unterscheidbare psychische Faktoren sind, welche auch deutlich verschiedene Wirkung haben, obschon sie ursprünglich im «einen, wirkenden und wahren Wesen» eins sind, aber in der «Behausung des Schöpferischen» sind sie zwei. «Der Animus ist im himmlischen Herzen, bei Tag wohnt er in den Augen (d. h. im Bewußtsein), des Nachts träumt er von der Leber aus.» Er ist das, «was wir von der großen Leere bekommen haben, das mit dem Uranfang von einer Gestalt ist». Die Anima dagegen ist «die Kraft des Schweren und Trüben», verhaftet dem körperlichen, fleischlichen Herzen. «Lüste und Zornesregungen» sind ihre Wirkungen. «Wer beim Erwachen dunkel und versunken ist, ist gefesselt von der Anima.»

Schon viele Jahre, bevor mir WILHELM die Kenntnis dieses Textes vermittelt hat, gebrauchte ich den Begriff «Anima» in einer der chinesischen Definition durchaus analogen Art[31], abgesehen natürlich von jeder metaphysischen Präsumption. Für den Psychologen ist die Anima kein transzendentales, sondern ein durchaus erfahrbares Wesen, wie ja auch die chinesische Definition klar zeigt: affektive Zustände sind unmittelbare Erfahrungen. Warum aber spricht man dann von Anima und nicht einfach von Launen? Der Grund hiefür ist der folgende: Affekte haben autonomen Charakter, deshalb sind die meisten Menschen ihnen unterworfen. Affekte aber sind abgrenzbare Inhalte des Bewußtseins, Teile der Persönlichkeit. Als Persönlichkeitsteile haben sie Persönlichkeitscharakter, sie können darum leicht personifiziert werden und werden es auch noch heutzutage, wie die obigen Beispiele gezeigt haben. Die Personifikation ist insofern keine müßige Erfahrung, als das affektiv erregte Individuum keinen indifferenten, sondern einen ganz bestimmten Charakter, der von dem gewöhnlichen verschieden ist, zeigt. Bei sorgfältiger Untersuchung zeigt es sich, daß der affektive Charakter beim Manne weibliche Züge hat. Von dieser psychologischen Tatsache stammt die chinesische Lehre von der po-Seele sowohl wie meine Auffassung von der Anima. Die tiefere Introspektion oder die ekstatische Erfahrung enthüllt die Existenz einer weiblichen Figur im Unbewußten, daher die weibliche Namengebung Anima, Psyche, Seele. Man kann die Anima auch definieren als Imago oder Archetypus oder Niederschlag aller Erfahrungen des Mannes im Weibe. Darum ist das Animabild auch in der Regel in die Frau projiziert. Wie bekannt, hat die Dichtkunst die Anima öfters beschrieben und besungen.[32] Die Beziehung, welche die Anima nach chinesischer Auffassung zum Spuk hat, ist für den Parapsychologen insofern interessant, als die «controls» sehr häufig gegengeschlechtig sind.

So sehr ich WILHELMS Übersetzung von «hun» als Animus billigen muß, so gewichtig waren mir gewisse Gründe, für den Geist des Mannes, für seine Bewußtseinsklarheit und Vernünftigkeit nicht den sonst trefflich passenden Ausdruck Animus zu wählen, sondern den Ausdruck Logos. Dem chinesischen Philosophen sind eben gewisse Schwierigkeiten erspart, welche dem abendländischen Psychologen die Aufgabe erschweren. Die chinesische Philosophie ist wie alle ältere Geistestätigkeit ein ausschließlicher Bestandteil der Männerwelt. Ihre Begriffe sind nie als psychologisch genommen und darum nie darauf untersucht worden, inwiefern sie auch auf die weibliche Psyche passen. Der Psychologe kann aber unmöglich die Existenz der Frau und ihrer eigentümlichen Psychologie übersetzen. Hier liegen nun die Gründe, warum ich «hun» beim Mann mit «Logos» übersetzen würde. WILHELM gebraucht «Logos» für den chinesischen Begriff «sing», den man auch als «Wesen» oder «schöpferisches Bewußtsein» übersetzen könnte. Hun wird nach dem Tode zu «schen», dem Geist, der philosophisch «sing» nahesteht. Da die chinesischen Begriffe keine in unserem Sinne logischen, sondern intuitive Anschauungen sind, so kann man ihre Bedeutungen nur aus ihrem Gebrauche und aus der Konstitution des Schriftzeichens, oder eben aus solchen Beziehungen, wie hun zu schen, ersehen. Hun wäre demnach das Licht des Bewußtseins und der Vernünftigkeit im Manne, ursprünglich aus dem logos spermatikos des sing stammend und durch schen nach dem Tode wiederum zum Tao zurückkehrend. Der Ausdruck Logos dürfte in dieser Anwendung besonders geeignet sein, als er den Begriff eines universalen Wesens in sich faßt, wie ja die Bewußtseinsklarheit und Vernünftigkeit des Mannes kein individuell Gesondertes, sondern ein Universales ist; es ist auch nichts Persönliches, sondern in tiefstem Verstande Überpersönliches, in strengstem Gegensatz zu «Anima», die ein persönlicher Dämon ist und sich zunächst in allerpersönlichster Laune äußert (daher Animosität!).

60   In Anbetracht dieser psychologischen Tatsachen habe ich den Ausdruck Animus ausschließlich für die Weiblichkeit reserviert, weil «mulier non habet animam, sed animum». Die weibliche Psychologie weist nämlich ein Gegenstück zur Anima des Mannes auf, das primär nicht affektiver Natur ist, sondern ein quasi-intellektuelles Wesen, welches mit dem Worte «Vorurteil» am allerpassendsten charakterisiert ist. Die emotionale Natur des Mannes entspricht dem bewußten Wesen der Frau, und nicht der «Geist». Der Geist ist vielmehr die «Seele», besser der Animus der Frau. Und wie die Anima des Mannes zunächst aus minderwertiger affektiver Bezogenheit besteht, so besteht der Animus der Frau aus minderwertigem Urteil oder besser: Meinen. (Für alles Nähere muß ich den Leser auf meine oben zitierte Schrift verweisen. Hier kann ich nur das Allgemeine erwähnen.) Der Animus der Frau besteht aus einer Vielzahl vorgefaßter Meinungen und ist daher weit weniger durch eine Figur personifizierbar als vielmehr durch eine Gruppe oder Menge. (Ein gutes parapsychologisches Beispiel hiefür ist die sogenannte «Imperator»gruppe bei Mrs. Piper.[33]) Der Animus auf niederer Stufe ist ein minderwertiger Logos, eine Karikatur des

differenzierten männlichen Geistes, wie die Anima auf niederer Stufe eine Karikatur des weiblichen Eros ist. Und so wie hun dem sing, das WILHELM mit «Logos» übersetzt, so entspricht der Eros der Frau dem ming, das mit Schicksal, «fatum», Verhängnis, übersetzt und von WILHELM als «Eros» gedeutet wird. Eros ist die Verflechtung, Logos die scheidende Erkenntnis, das klärende Licht. Eros ist Bezogenheit, Logos ist Diskrimination und Unbezogenheit. Daher äußert sich der minderwertige Logos im Animus der Frau als gänzlich unbezogenes und darum auch unzulängliches Vorurteil, oder als eine Meinung, die mit dem Wesen des Objektes in irritierender Weise nichts zu tun hat.

Es ist mir schon öfters vorgeworfen worden, daß ich Anima und Animus in ähnlicher Weise personifiziere, wie es die Mythologie tut. Dieser Vorwurf wäre aber nur dann berechtigt, wenn der Beweis erbracht wäre, daß ich diese Begriffe auch für den psychologischen Gebrauch mythologisch konkretisiere. Ich muß ein- für allemal erklären, daß die Personifikation nicht von mir erfunden, sondern dem Wesen der entsprechenden Phänomene inhärent ist. Es wäre unwissenschaftlich, die Tatsache, daß die Anima ein psychisches und daher persönliches Teilsystem ist, zu übersehen. Keiner von denen, die mir diesen Vorwurf machten, wird auch nur eine Sekunde zögern, zu sagen: «Ich habe von Herrn X geträumt», genau genommen hat er aber nur von einer Vorstellung von Herrn X geträumt. Anima ist nichts als eine Vorstellung des persönlichen Wesens des fraglichen autonomen Teilsystems. Was dieses Teilsystem transzendental, das heißt jenseits der Erfahrbarkeitsgrenze ist, können wir nicht wissen.

Ich habe die Anima auch als eine Personifikation des Unbewußten überhaupt definiert und sie darum auch als eine Brücke zum Unbewußten, als die *Funktion der Beziehung zum Unbewußten* aufgefaßt. Damit steht nun die Behauptung unseres Textes, daß das Bewußtsein (das heißt das persönliche Bewußtsein) aus der Anima hervorgehe, in einem interessanten Zusammenhang. Da der abendländische Geist ganz auf dem Standpunkt des Bewußtseins steht, so muß er die Anima in der Weise definieren, wie ich es eben getan habe. Umgekehrt aber sieht der Osten, der auf dem Standpunkt des Unbewußten steht, das Bewußtsein als eine Wirkung der Anima an! Zweifellos geht das Bewußtsein ursprünglich aus dem Unbewußten hervor. Daran denken wir zu wenig, und deshalb machen wir immer Versuche, die Psyche überhaupt mit dem Bewußtsein zu identifizieren oder wenigstens das Unbewußte als einen Abkömmling oder eine Wirkung des Bewußtseins (wie zum Beispiel in der FREUDschen Verdrängungslehre) hinzustellen. Es ist aber aus oben erörterten Gründen geradezu wesentlich, daß von der Wirklichkeit des Unbewußten nichts abgestrichen werde, und daß die Figuren des Unbewußten als wirkende Größen verstanden werden. Wer begriffen hat, was mit psychischer Realität gemeint ist, braucht nicht zu befürchten, damit in primitive Dämonologie zurückzufallen. Wenn nämlich den unbewußten Figuren nicht die Dignität spontan wirkender Größen zuerkannt wird, so verfällt man einem einseitigen Bewußtseinsglauben, der schließlich zur Überspanntheit führt. Dann *müssen* Katastrophen geschehen, weil man trotz aller Bewußtheit die dunkeln psychischen Mächte übersehen hat. Nicht wir personifizieren sie, sondern sie sind von Urbeginn persönlicher Natur. Erst wenn das gründlichst anerkannt ist, können wir daran denken, sie zu depersonalisieren, das heißt «die Anima zu unterwerfen», wie sich unser Text ausdrückt.

63   Hier wiederum tut sich ein gewaltiger Unterschied zwischen dem Buddhismus und unserer abendländischen Geisteshaltung auf, und zwar gefährlicherweise wieder in Form einer anscheinenden Übereinstimmung. Die Yogalehre lehnt alle phantastischen Inhalte ab. Wir tun desgleichen. Der Osten aber tut es auf einer ganz anderen Grundlage als wir. Dort herrschen Auffassungen und Lehren, welche die schöpferische Phantasie in reichstem Maße ausdrücken. Man muß sich dort gegen den Überfluß an Phantasie wehren. Wir dagegen halten die Phantasie für eine armselige subjektive Träumerei. Die unbewußten Figuren erscheinen natürlich nicht abstrakt und jeglichen Beiwerkes entkleidet, im Gegenteil, sie sind eingebettet und verflochten in ein Gewebe von Phantasien von unerhörter Buntheit und verwirrender Fülle. Der Osten darf diese Phantasien ablehnen, da er ihren Extrakt schon längst ausgezogen und zu den tiefen Lehren seiner Weisheit verdichtet hat. Wir aber haben diese Phantasien noch nicht einmal erlebt, geschweige denn eine Quintessenz aus ihnen gezogen. Wir haben hier ein ganzes Stück experimentellen Erlebens noch nachzuholen, und erst, wenn wir den Gehalt an Sinn im anscheinenden Unsinn gefunden haben, können wir das Wertlose vom Wertvollen scheiden. Wir dürfen jetzt schon sicher sein, daß der Extrakt, den wir aus unseren Erlebnissen ziehen, ein anderer sein wird als der, den der Osten uns heute anbietet. Der Osten kam zur Kenntnis innerer Dinge mit einer kindlichen Unkenntnis der Welt. Wir dagegen werden die Psyche und ihre Tiefe erforschen, unterstützt von einem ungeheuer ausgedehnten historischen und naturwissen-

schaftlichen Wissen. Zur Zeit allerdings ist das äußere Wissen das größte Hemmnis für die Introspektion, aber die seelische Not wird alle Hindernisse überwinden. Sind wir doch schon daran, eine Psychologie, das heißt eine Wissenschaft aufzubauen, die uns die Schlüssel gibt zu Dingen, zu denen der Osten nur durch seelische Ausnahmezustände den Zugang fand!

DIE LOSLÖSUNG DES BEWUSSTSEINS VOM OBJEKT

Durch das Verstehen lösen wir uns von der Beherrschung durch das Unbewußte. Das ist im Grunde auch der Zweck der Anweisungen unseres Textes. Der Schüler wird belehrt, wie er sich auf das Licht des innersten Bezirkes konzentrieren und sich dabei von allen äußeren und inneren Verkettungen lösen muß. Sein Lebenswille wird auf inhaltlose Bewußtheit gelenkt, die doch alle Inhalte bestehen läßt. Der *Hui Ming Ging* sagt über die Loslösung:

> Ein Lichtschein umgibt die Welt des Geistes.
> Man vergißt einander, still und rein, ganz mächtig und leer.
> Die Leere wird durchleuchtet vom Schein des Herzens des Himmels.
> Das Meerwasser ist glatt und spiegelt auf seiner Fläche den Mond.
> Die Wolken schwinden im blauen Raum.
> Die Berge leuchten klar.
> Bewußtsein löst sich in Schauen auf.
> Die Mondscheibe einsam ruht.[34]

Diese Charakterisitik der Vollendung schildert einen seelischen Zustand, den man vielleicht am besten als eine Lösung des Bewußtseins von der Welt und eine Zurückziehung desselben auf einen sozusagen extramundanen Punkt bezeichnen kann. Solchergestalt ist das Bewußtsein leer und nicht leer. Es ist nicht mehr *erfüllt* von den Bildern der Dinge, sondern *enthält* sie bloß. Die früher unmittelbar bedrängende Fülle der Welt hat zwar nichts von ihrem Reichtum und ihrer Schönheit verloren, aber sie beherrscht das Bewußtsein nicht mehr. Der magische Anspruch der Dinge hat aufgehört, denn eine ursprüngliche Verflechtung des Bewußtseins in die Welt hat sich gelöst. Das Unbewußte wird nicht mehr projiziert, daher ist die uranfängliche participation mystique mit den Dingen aufgehoben. Darum ist das Bewußtsein nicht mehr von zwangsläufigen Absichten erfüllt, sondern wird zum Schauen, wie der chinesische Text sehr schön sagt.

66 Wie kam diese Wirkung zustande? (Wir setzen nämlich voraus, daß der chinesische Autor erstens kein Lügner und zweitens bei gesunden Sinnen und drittens erst noch ein ungewöhnlich einsichtiger Mann sei.) Dieses zu verstehen oder zu erklären, bedarf es für unseren Verstand gewisser Umwege. Mit dem Anempfinden ist es nicht getan, denn nichts wäre kindischer, als einen solchen Seelenzustand ästhetisieren zu wollen. Es handelt sich hier um eine Wirkung, die ich aus meiner ärztlichen Praxis sehr gut kenne; es ist die therapeutische Wirkung par excellence, um die ich mich mit meinen Schülern und Patienten mühe, nämlich die Auflösung der participation mystique. LÉVY-BRUHL hat mit genialem Griffe das, was er «participation mystique» nannte, als das Kennzeichen primitiver Geistesart herausgehoben.[35] Was er bezeichnete, ist einfach der unbestimmt große Rest von *Ununterschiedenheit zwischen Subjekt und Objekt*, der bei Primitiven noch solche Dimensionen besitzt, daß er dem europäischen Bewußtseinsmenschen unbedingt auffallen muß. Insofern der Unterschied zwischen Subjekt und Objekt nicht bewußt wird, herrscht unbewußte Identität. Dann ist das Unbewußte ins Objekt projiziert und das Objekt ins Subjekt introjiziert, das heißt psychologisiert. Dann benehmen sich Tiere und Pflanzen wie Menschen, Menschen sind zugleich Tiere, und alles ist von Spuk und Göttern belebt. Der Kulturmensch glaubt sich natürlich himmelweit erhaben über diese Dinge. Aber er ist dafür oft für sein ganzes Leben mit den Eltern identisch; er ist identisch mit seinen Affekten und Vorurteilen und behauptet schamlos vom anderen, was er bei sich selber nicht sehen will. Er hat eben auch noch einen Rest von anfänglicher Unbewußtheit, das heißt von Ununterschiedenheit von Subjekt und Objekt. Vermöge dieser Unbewußtheit ist er von zahllosen Menschen, Dingen und Umständen magisch bewirkt, das heißt unbedingt beeinflußt, er ist von störenden Inhalten erfüllt, beinahe so sehr wie der Primitive, und darum gebrauchet er ebensoviel apotropäischen Zauber. Er tut es nicht mehr mit Medizinbeuteln, Amuletten und Tieropfern, dagegen mit Nervenmitteln, Neurosen, Aufklärung, Willenskult usw.

67 Gelingt es aber nun, das Unbewußte als mitbedingende Größe neben dem Bewußtsein anzuerkennen und so zu leben, daß bewußte und unbewußte (respektive instinktive) Forderungen nach Möglichkeit berücksichtigt werden, so ist das Gravitationszentrum der Gesamtpersönlichkeit

nicht mehr das Ich, welches bloßes Bewußtseinszentrum ist, sondern ein sozusagen virtueller Punkt zwischen dem Bewußten und dem Unbewußten, welchen man als das *Selbst* bezeichnen könnte. Gelingt diese Umstellung, so tritt als Erfolg die Aufhebung der participation mystique ein, und daraus entsteht eine Persönlichkeit, die sozusagen nur noch in den unteren Stockwerken leidet, in den oberen aber dem leid- wie dem freudvollen Geschehen eigentümlich entrückt ist.

Die Herstellung und Geburt dieser oberen Persönlichkeit ist das, was unser Text bezweckt, wenn er von der «heiligen Frucht», dem «diamantnen Leib» oder sonstwie von einem unverweslichen Körper spricht. Diese Ausdrücke sind psychologisch symbolisch für eine der unbedingten emotionalen Verwicklung und damit der absoluten Erschütterung entrückte Einstellung, für ein von der Welt gelöstes Bewußtsein. Ich habe Gründe, anzunehmen, daß dies eigentlich eine nach der Lebensmitte einsetzende natürliche Vorbereitung auf den Tod ist. Der Tod ist seelisch ebenso wichtig wie die Geburt, und wie diese ein integrierender Bestandteil des Lebens. Was mit dem losgelösten Bewußtsein endgültig geschieht, darf man den Psychologen nicht fragen. Er würde mit jeder theoretischen Stellungnahme die Grenzen seiner wissenschaftlichen Kompetenz hoffnungslos überschreiten. Er kann nur darauf hinweisen, daß die Ansichten unseres Textes in bezug auf die Zeitlosigkeit des gelösten Bewußtseins mit dem religiösen Denken aller Zeiten und der überwältigenden Majorität der Menschheit in Übereinstimmung stehen, und daß daher einer, der nicht so denken sollte, außerhalb der menschlichen Ordnung stünde und darum an gestörtem psychischem Gleichgewicht litte. Als Arzt gebe ich mir deshalb alle Mühe, die Überzeugung der Unsterblichkeit, besonders bei meinen älteren Patienten, wo solche Fragen in bedrohliche Nähe kommen, nach Kräften zu unterstützen. Der Tod ist nämlich, psychologisch richtig gesehen, nicht ein Ende, sondern ein Ziel, und darum beginnt das Leben zum Tode, sobald die Mittagshöhe überschritten ist.

Auf der Tatsache dieser instinktiven Vorbereitung auf das Ziel im Tode baut sich unsere chinesische Yogaphilosophie auf, und in Analogie mit dem Ziel der ersten Lebenshälfte, nämlich der Zeugung und Fortpflanzung, der Mittel zur Perpetuierung des physischen Lebens, stellt sie als Zweck der geistigen Existenz die symbolische Erzeugung und Geburt eines psychischen Hauchkörpers («subtle body») hin, welcher die Kontinuität des losgelösten Bewußtseins sichert. Es ist die Geburt des pneumatischen Menschen, die dem Europäer seit alters bekannt ist, die er aber mit ganz anderen Symbolen und magischen Handlungen, mit Glauben und christlichem Lebenswandel zu erreichen sucht. Auch hier stehen wir wieder auf ganz anderer Grundlage als der Osten. Wiederum zwar klingt unser Text so, als ob er der christlich-asketischen Moral nicht fernestünde. Nichts wäre aber verkehrter, als anzunehmen, daß es sich um das gleiche handle. Hinter unserem Text steht eine Jahrtausende alte Kultur, die sich organisch über den primitiven Instinkten aufgebaut hat und daher jene gewalttätige Moral, wie sie uns erst kürzlich zivilisierten barbarischen Germanen eignet, gar nicht kennt. Daher fehlt das Moment der gewaltsamen Instinktverdrängung, welche unsere Geistigkeit hysterisch überspannt und vergiftet. Wer seine Instinkte lebt, kann sich auch von ihnen trennen, und zwar in ebenso natürlicher Weise, wie er sie gelebt hat. Unserem Text wäre nichts fremder als heroische Selbstüberwindung, wozu es bei uns aber unfehlbar käme, wenn wir die chinesische Anweisung wortgetreu befolgten.

70 Wir dürfen unsere geschichtlichen Prämissen nie vergessen: erst vor etwas mehr als tausend Jahren sind wir aus den krudesten Anfängen des Polytheismus in eine hochentwickelte orientalische Religion hineingefallen, welche den imaginativen Geist des Halbwilden auf eine Höhe hob, die dem Grade seiner geistigen Entwicklung nicht entsprach. Um diese Höhe einigermaßen zu halten, war es unvermeidlich, daß die Instinktsphäre weitgehend unterdrückt werden mußte. Deshalb nahmen die Religionsübung und die Moral einen ausgesprochen gewalttätigen, ja fast bösartigen Charakter an. Das Unterdrückte wird natürlich nicht entwickelt, sondern vegetiert in ursprünglicher Barbarei im Unbewußten weiter. Wir möchten zwar, aber sind in der Tat gar nicht fähig, die Höhe einer philosophischen Religion zu erklettern. Man kann dazu höchstens emporwachsen. Noch sind die Amfortaswunde und die faustische Zerrissenheit des germanischen Menschen nicht geheilt. Sein Unbewußtes ist noch geladen mit jenen Inhalten, die zuerst noch bewußtwerden müssen, bevor man sich von ihnen befreien kann. Ich bekam kürzlich einen Brief von einer früheren Patientin, welche die nötige Umstellung mit einfachen, aber treffenden Worten folgendermaßen schildert: «Aus dem Bösen ist mir viel Gutes erwachsen. Das Stillhalten, Nichtverdrängen, Aufmerksamsein, und, Hand in Hand damit gehend, das Annehmen der Wirklichkeit – der Dinge, wie sie sind, und nicht wie ich sie wollte – hat mir seltsame Erkenntnisse, aber auch seltsame Kräfte gebracht, wie ich es mir früher nicht hätte vorstellen können. Ich dachte immer, wenn

man die Dinge annehme, dann überwältigen sie einen irgendwie; nun ist dies gar nicht so, und man kann erst noch Stellung zu ihnen nehmen. [Aufhebung der participation mystique!] So werde ich nun auch das Spiel des Lebens spielen, indem ich annehme, was mir jeweils der Tag und das Leben bringt, Gutes und Böses, Sonne und Schatten, die ja beständig wechseln, und damit nehme ich auch mein eigenes Wesen mit seinem Positiven und Negativen an, und alles wird lebendiger. Was für ein Tor ich doch war! Wie habe ich alles nach meinem Kopf zwingen wollen!»

Erst auf der Basis einer solchen Einstellung, die auf keine in der christlichen Entwicklung erhobenen Werte verzichtet, sondern im Gegenteil mit christlicher Liebe und Langmut sich auch des Geringsten in der eigenen Natur annimmt, wird eine höhere Stufe von Bewußtsein und Kultur möglich werden. Diese Einstellung ist in echtestem Sinne religiös und darum therapeutisch, denn alle Religionen sind Therapien für die Leiden und Störungen der Seele. Die Entwicklung des abendländischen Intellektes und Willens hat uns die beinahe teuflische Fähigkeit verliehen, eine solche Einstellung scheinbar mit Erfolg nachzuäffen, trotz den Protesten des Unbewußten. Aber es ist immer nur eine Frage der Zeit, daß die Gegenposition sich dann doch irgendwo mit einem um so grelleren Kontrast durchdrängt. Mit dem bequemen Nachäffen wird immer eine unsichere Situation geschaffen, die jederzeit vom Unbewußten über den Haufen geworfen werden kann. Eine sichere Grundlage entsteht nur dann, wenn die instinktiven Prämissen des Unbewußten die gleiche Berücksichtigung erfahren wie die Gesichtspunkte des Bewußtseins. Daß diese Notwendigkeit in heftigstem Gegensatz zum abendländisch-christlichen und besonders protestantischen Bewußtseinskult steht, darüber möge man sich keiner Täuschung hingeben. Obschon aber das Neue stets der Feind des Alten zu sein scheint, so kann tieferes Verstehenwollen nicht umhin zu entdecken, daß ohne ernsthafteste Anwendung der erworbenen christlichen Werte das Neue auch gar nicht zustande kommen kann. 71

DIE VOLLENDUNG

Die wachsende Bekanntschaft mit dem geistigen Osten darf uns nur symbolischen Ausdruck der Tatsache bedeuten, daß wir anfangen, mit dem noch Fremden in uns in Verbindung zu treten. Verleugnung unserer eige- 72 nen historischen Vorbedingungen wäre reine Torheit und wäre der beste Weg zu einer nochmaligen Entwurzelung. Nur indem wir feststehen auf eigener Erde, können wir den Geist des Ostens assimilieren.

73 GU DE sagt: «Die Weltleute verloren die Wurzel und hielten sich an dem Wipfel», um jene zu kennzeichnen, die nicht wissen, wo die wahren Ursprünge der geheimen Kräfte sind. Der Geist des Ostens ist aus der gelben Erde entstanden, unser Geist kann und soll nur aus unserer Erde entstehen. Darum nähere ich mich diesen Problemen in einer Art, der man öfters «Psychologismus» vorgeworfen hat. Wenn damit «Psychologie» gemeint sein sollte, so wäre ich geschmeichelt, denn es ist wirklich meine Absicht, den metaphysischen Anspruch aller Geheimlehren ohne Gnade beiseite zu schieben, denn solche geheimen Machtabsichten der Wörter vertragen sich schlecht mit der Tatsache unseres profunden Nichtwissens, das man einzugestehen die Bescheidenheit haben sollte. Ich will mit voller Absicht metaphysisch klingende Dinge ins Tageslicht psychologischen Verstehens ziehen und mein möglichstes tun, das Publikum zu verhindern, an dunkle Machtwörter zu glauben. Wer ein überzeugter Christ ist, möge *glauben*, denn das ist seine übernommene Pflicht. Wer es nicht ist, hat die Gnade des Glaubens verscherzt. (Vielleicht war er auch von Geburt an verflucht, nicht glauben, sondern bloß wissen zu können.) Er soll daher auch nichts anderes glauben. Metaphysisch ist nichts zu begreifen, wohl aber psychologisch. Darum entkleide ich die Dinge ihres metaphysischen Aspektes, um sie zu Objekten der Psychologie zu machen. Damit kann ich wenigstens etwas Verstehbares aus ihnen herausziehen und mir aneignen, und überdies lerne ich hieraus die psychologischen Bedingungen und Prozesse, welche zuvor in Symbolen verhüllt und meinem Verständnis entzogen waren. Damit aber auch erlange ich die Möglichkeit, einen ähnlichen Weg zu gehen und ähnliche Erfahrungen zu machen, und sollte am Ende noch unvorstellbares Metaphysisches dahinter stecken, so hätte es so die beste Gelegenheit, sich zu offenbaren.

74 Meine Bewunderung der großen östlichen Philosophen ist so unzweifelhaft, wie meine Haltung zu ihrer Metaphysik unehrerbietig ist.[36] Ich habe sie nämlich im Verdacht, symbolische Psychologen zu sein, denen man keinen größeren tort antun könnte, als sie wörtlich zu nehmen. Wäre es wirklich Metaphysik, was sie meinen, dann wäre es aussichtslos, sie verstehen zu wollen. Ist es aber Psychologie, dann können wir sie verstehen und werden größten Nutzen davon haben, denn dann wird das sogenannte «Meta-

physische» erfahrbar. Wenn ich annehme, daß ein Gott absolut und jenseits aller menschlichen Erfahrung sei, dann läßt er mich kalt. Ich wirke nicht auf ihn, und er nicht auf mich. Wenn ich dagegen weiß, daß ein Gott eine mächtige Regung meiner Seele ist, dann muß ich mich mit ihm beschäftigen; denn dann kann er sogar unangenehm wichtig werden, sogar praktisch, was ungeheuer banal klingt, wie alles, was in der Sphäre der Wirklichkeit erscheint.

Das Schimpfwort «Psychologismus» trifft nur einen Narren, der meint, seine Seele in der Tasche zu haben. Davon gibt es allerdings mehr als genug, indem die Minderbewertung der seelischen Dinge ein typisch abendländisches Vorurteil ist, obschon man große Worte über die «Seele» zu machen versteht. Wenn ich den Begriff «autonomer seelischer Komplex» gebrauche, so steht bei meinem Publikum auch schon das Vorurteil bereit: «nichts als ein seelischer Komplex». Woher ist man denn so sicher, daß die Seele «nichts als» ist? Es ist, als ob man gar nicht wüßte oder stets wieder vergäße, daß überhaupt alles, was uns bewußt wird, Bild ist, und *Bild ist Seele*. Die gleichen Leute, welche meinen, Gott sei entwertet, wenn er als Bewegtes und Bewegendes der Seele, eben als «autonomer Komplex» verstanden wird, können von unüberwindlichen Affekten und neurotischen Zuständen heimgesucht sein, wo ihr Willen und ihre ganze Lebensweisheit kläglich versagen. Hat die Seele damit etwa ihre Ohnmacht erwiesen? Soll man dem MEISTER ECKHART auch «Psychologismus» vorwerfen, wenn er sagt: «Gott muß immerdar in der Seele geboren werden?» Psychologismus darf meines Erachtens nur einem Intellekt vorgeworfen werden, welcher die genuine Natur des autonomen Komplexes leugnet und ihn rationalistisch als Folge bekannter Tatsachen, das heißt als uneigentlich erklären möchte. Dieses Urteil ist genauso arrogant wie die «metaphysische» Behauptung, die über die menschlichen Grenzen hinweg eine nicht erfahrbare Gottheit mit der Bewirkung unserer seelischen Zustände zu betrauen versucht. Psychologismus ist einfach das Gegenstück zum metaphysischen Übergriff und genauso kindisch wie letzterer. Es scheint mir denn doch wesentlich vernünftiger zu sein, der Seele dieselbe Gültigkeit einzuräumen wie der erfahrbaren Welt und ersterer die gleiche «Wirklichkeit» zu verleihen wie letzterer. Für mich nämlich ist die Seele eine Welt, in der das Ich enthalten ist. Vielleicht gibt es auch Fische, die glauben, das Meer in sich zu enthalten. Diese bei uns gebräuchliche Illusion muß man allerdings von sich abtun, wenn man das Metaphysische psychologisch betrachten will.

76 Eine solche metaphysische Behauptung ist die Idee des «diamantnen Leibes», des unverweslichen Hauchkörpers, der in der Goldblume oder im Raum des Geviertzolles entsteht.[37] Dieser Körper ist, wie alles andere, Symbol für eine merkwürdige psychologische Tatsache, die, eben weil sie objektiv ist, auch zunächst projiziert in Formen erscheint, welche durch die Erfahrungen des biologischen Lebens eingegeben sind, nämlich als Frucht, Embryo, Kind, lebender Körper usw. Man könnte diese Tatsache am allereinfachsten mit den Worten ausdrücken: *Nicht ich lebe, es lebt mich.* Die Illusion der Vormacht des Bewußtseins glaubt: Ich lebe. Bricht diese Illusion durch die Anerkennung des Unbewußten zusammen, so erscheint das Unbewußte als etwas Objektives, in welchem das Ich inbegriffen ist; analog etwa dem Gefühl des primitiven Mannes, dem ein Sohn das Fortleben garantiert; ein durchaus charakteristisches Gefühl, das sogar groteske Formen annehmen kann, wie in jenem Fall des alten Negers, der, empört über seinen unfolgsamen Sohn, ausrief: «Da steht er nun mit meinem Körper und gehorcht mir nicht einmal.»

77 Es handelt sich um eine Veränderung im inneren Gefühl, die jener ähnlich ist, welcher ein Vater, dem ein Sohn geboren wird, erfährt, eine Veränderung, die uns auch durch das Bekenntnis des Apostels Paulus bekannt ist: «Doch nun nicht ich lebe, sondern Christus lebt in mir.»[38] Das Symbol «Christus» ist als «Sohn des Menschen» eine analoge psychische Erfahrung von einem höheren geistigen Wesen menschlicher Gestalt, das unsichtbar im Einzelnen geboren wird, ein pneumatischer Leib, der uns zur zukünftigen Behausung dienen wird, den man, wie PAULUS sich ausdrückt, anzieht wie ein Kleid («die ihr Christum angezogen habt»).[39] Es ist natürlich immer eine mißliche Sache, subtile Gefühle, die doch für das Leben und die Wohlfahrt des Individuums unendlich wichtig sind, in intellektueller Begriffssprache auszudrücken. Es ist in einem gewissen Sinne das Gefühl des «Entsetztseins», allerdings ohne die Beimischung von «Abgesetztsein». Es ist, als wenn die Leitung der Lebensgeschäfte an eine unsichtbare Zentralstelle übergegangen wäre. NIETZSCHES Metapher «frei in liebevollstem Muß» dürfte nicht ganz unpassend hierfür sein. Die religiöse Sprache ist reich an bildhaften Ausdrücken, welche dieses Gefühl der freien Abhängigkeit, der Stille und der Ergebenheit schildern.

78 In dieser merkwürdigen Erfahrung erblicke ich eine Folgeerscheinung der Loslösung des Bewußtseins, vermöge welcher das subjektive «Ich lebe» zu einem objektiven «Es lebt mich» wird. Dieser Zustand wird als ein hö-

herer als der frühere empfunden, ja eigentlich als eine Art von Erlösung von Zwang und unmöglicher Verantwortung, welche unweigerliche Folgen der participation mystique sind. Dieses Gefühl der Befreiung erfüllt PAULUS völlig, es ist das Bewußtsein der Gotteskindschaft, welches aus dem Bann des Blutes erlöst. Es ist auch ein Gefühl von Versöhnung mit dem Geschehenden überhaupt, weshalb der Blick des Vollendeten im *Hui Ming Ging* zur Schönheit der Natur zurückkehrt.

Im Paulinischen Christussymbol berührt sich höchste religiöse Erfahrung von West und Ost. Christus, der leidbeschwerte Held, und die Goldblume, die im purpurnen Saal der Nephritstadt erblüht: welcher Gegensatz, welch unausdenkliche Verschiedenheit, welcher Abgrund von Geschichte! Ein Problem, das sich zum Meisterstück für einen zukünftigen Psychologen eignet.

Neben den großen religiösen Problemen der Gegenwart gibt es ein ganz kleines, und das ist das des Fortschrittes des religiösen Geistes. Sollte davon die Rede sein, so müßte man den Unterschied hervorheben, der in der Art der Behandlung des «Kleinods», das heißt des zentralen Symbols zwischen Ost und West liegt. Der Westen betont die Menschwerdung und sogar die Person und die Historizität Christi, der Osten dagegen sagt: «Ohne Entstehen, ohne Vergehen, ohne Vergangenheit, ohne Zukunft.»[40] Seiner Auffassung entsprechend ordnet sich der Christ der überlegenen göttlichen Person unter, in Erwartung ihrer Gnade; der östliche Mensch aber weiß, daß die Erlösung auf dem Werk beruht, das einer an sich selbst tut. Aus dem Einzelnen wächst das ganze Tao. Die Imitatio Christi wird auf die Dauer den Nachteil haben, daß wir einen Menschen als göttliches Vorbild verehren, der höchsten Sinn verkörperte, und vor lauter Nachahmung vergessen, unseren eigenen höchsten Sinn zu verwirklichen. Es ist nämlich nicht ganz unbequem, auf den eigenen Sinn zu verzichten. Hätte Jesus das getan, so wäre er wohl ein ehrbarer Zimmermann geworden, und kein religiöser Aufrührer, dem es heute natürlich ähnlich erginge wie damals.

Die Nachahmung Christi könnte leicht auch tiefer verstanden werden, nämlich als Verpflichtung, seine beste Überzeugung, die immer auch völliger Ausdruck des individuellen Temperamentes ist, mit solchem Mut und solcher Aufopferung zu verwirklichen, wie dies Jesus getan hat. Glücklicherweise, müssen wir sagen, hat nicht jeder die Aufgabe, ein Menschheitslehrer zu sein – oder ein großer Aufrührer. Es könnte sich also am Ende doch einer in seiner Art verwirklichen. Diese große Ehrlichkeit könnte vielleicht ein Ideal werden. Da große Neuigkeiten immer in der unwahrscheinlichsten Ecke anfangen, so könnte zum Beispiel die Tatsache, daß man sich heute seiner Nacktheit längst nicht mehr so schämt wie früher, einen Anfang zur Anerkennung des Soseins bedeuten. Darauf werden noch weitere Anerkennungen von Dingen, die früher strengstes Tabu waren, folgen, denn die Wirklichkeit der Erde wird nicht auf ewig verhüllt bleiben wie die «virgines velandae» des TERTULLIAN. Die moralische Selbstenthüllung bedeutet nur einen Schritt mehr in derselben Richtung, und schon steht einer in der Wirklichkeit, wie er ist, und bekennt sich zu sich selbst. Tut er es ohne Sinn, so ist er ein chaotischer Narr; versteht er aber den Sinn dessen, was er tut, so kann er ein höherer Mensch sein, der, ungeachtet des Leidens, das Christussymbol verwirklicht. Öfters nämlich sieht man, daß rein konkrete Tabus oder magische Riten einer religiösen Vorstufe auf der nächsten Stufe zu einer seelischen Angelegenheit oder zu rein geistigen Symbolen werden. Äußerliches Gesetz wird im Laufe der Entwicklung zu innerer Gesinnung. So könnte es gerade dem protestantischen Menschen leicht geschehen, daß die im historischen Raume außen befindliche Person Jesu zum höheren Menschen in ihm selbst werden könnte. Damit wäre jener psychologische Zustand, welcher dem des Erleuchteten in der östlichen Auffassung entspricht, europäisch erreicht.

82   All dies ist wohl Stufe im Entwicklungsprozeß eines höheren Menschheitsbewußtseins, das sich auf dem Wege zu unbekannten Zielen befindet, und keine Metaphysik in gewöhnlichem Sinne. Vorerst und soweit ist es nur «Psychologie», aber soweit auch erfahrbar, verstehbar und – Gott sei Dank – wirklich, eine Wirklichkeit, mit der sich etwas tun läßt, eine Wirklichkeit mit Ahnung und darum lebendig. Meine Begnügung mit dem psychisch Erfahrbaren und meine Ablehnung des Metaphysischen wollen, wie jeder Einsichtige verstehen wird, keine Geste des Skeptizismus oder Agnostizismus mit Spitze gegen den Glauben oder das Vertrauen in höhere Mächte bedeuten, sondern sie besagen ungefähr dasselbe, was KANT meinte, als er das Ding an sich einen «lediglich negativen Grenzbegriff» nannte. Jegliche Aussage über das Transzendente soll vermieden werden, denn sie ist stets nur eine lächerliche Anmaßung des menschlichen Geistes, der seiner Beschränktheit unbewußt ist. Wenn daher Gott oder das Tao eine Regung oder ein Zustand der Seele genannt wird, so ist damit nur über das Erkennbare etwas ausgesagt, nicht aber über das Unerkennbare, über welches schlechthin nichts ausgemacht werden kann.

Schlußwort

Der Zweck meines Kommentars ist der Versuch, die Brücke eines inneren, seelischen Verständnisses zwischen Ost und West zu schlagen. Die Basis jeder wirklichen Verständigung ist der Mensch, und deshalb mußte ich von menschlichen Dingen reden. Das möge entschuldigen, daß ich nur aufs Allgemeine und nicht aufs speziell Technische eingegangen bin. Technische Anweisungen sind wertvoll für solche, die wissen, was ein Photographenapparat oder ein Benzinmotor ist; sie sind aber sinnlos für einen, der von solchen Apparaten keine Ahnung hat. In dieser Lage jedoch befindet sich der abendländische Mensch, an dessen Adresse ich schreibe. Darum schien es mir vor allen Dingen wichtig, die Übereinstimmung der psychischen Zustände und der Symbolik hervorzuheben, denn in diesen Analogien ist ein Zugang zu den inneren Räumen des östlichen Geistes aufgetan, ein Zugang, der nicht das Opfer unserer Eigenart von uns fordert und uns mit Entwurzelung bedroht, aber auch nicht ein intellektuelles Teleskop oder Mikroskop, welches eine Aussicht vermittelt, die uns im Grunde genommen nichts angeht, weil sie uns nicht ergreift. Es ist vielmehr die allen Kulturmenschen gemeinsame Atmosphäre des Leidens, Suchens und Strebens, es ist das der Menschheit auferlegte, ungeheure Naturexperiment der Bewußtwerdung, das auch die getrenntesten Kulturen als gemeinsame Aufgabe verbindet.

Das abendländische Bewußtsein ist unter keinen Umständen das Bewußtsein schlechthin. Es ist vielmehr eine historisch bedingte und geographisch beschränkte Größe, welche nur einen Teil der Menschheit repräsentiert. Die Erweiterung unseres Bewußtseins soll nicht auf Kosten anderer Bewußtseinsarten gehen, sondern soll durch die Entwicklung jener Elemente unserer Psyche, die den Eigenschaften der fremden Psyche analog sind, zustande kommen, wie der Osten unserer Technik, Wissenschaft und Industrie auch nicht entraten kann. Die europäische Invasion im Osten war eine Gewalttat großen Stiles. Sie hat uns – noblesse oblige – die Verpflichtung hinterlassen, den Geist des Ostens zu begreifen. Das ist uns vielleicht nötiger, als wir derzeit ahnen.

Anmerkungen

1 [*Das Geheimnis der Goldenen Blüte. Ein chinesisches Lebensbuch* (1965), p. 114.]
2 [l.c., p. 96.]
3 [Die taoistische Idee von Tun durch Nicht-Tun.]
4 [l.c., p. 104.]
5 *Vgl.* LIU HUI YANG, *Hui Ming Ging*, p. 116ff.
6 [Auch als «Weg». Vgl. *Das Geheimnis der Goldenen Blüte*, p. 70]
7 Der Kopf ist ja auch der «Sitz des Himmelslichtes».
8 «Wesen» (sing) und «Bewußtsein» (hui) werden im *Hui Ming Ging* promiscue gebraucht. [Text von JUNG hervorgehoben.]
9 Siehe p. 117.
10 Vgl. dazu meine Ausführungen in: *Psychologische Typen*, V.
11 [Für eine ausführlichere Besprechung des Mandala vgl. JUNG, *Zur Empirie des Indivudationsprozesses, Über Mandalasymbolik* und *Mandalas.*]
12 Vgl. WALLIS BUDGE, *The Gods of the Egyptians.*
13 [*Viertzig Fragen von der Seelen Vrstand* usw. Das Mandala ist reproduziert in: *Zur Empirie des Individuationsprozesses*, gegenüber p. 316.]
14 Vgl. dazu die chinesische Vorstellung vom Himmelslicht zwischen den beiden Augen.
15 MATTHEWS, *The Mountain Chant: A Navajo Ceremony*, und STEVENSON, *Ceremonial of Hasjelti Dailjis.*
16 Das Mandala einer Somnambulen habe ich dargestellt in: *Über die Psychologie und Pathologie sogenannter okkulter Phänomene* [Paragr. 65].
17 Siehe p. 117f. [bzw. p. 77: *Tai I Gin Hua Dsung Dschï*].
18 l.c., p. 118f.
19 Vgl. AVALON, *The Serpent Power.*
20 Ich verweise auf die treffliche Sammlung bei KNUCHEL, *Die Umwandlung in Kult, Magie und Rechtsbrauch.*
21 EVANS-WENTZ, *Das tibetanische Totenbuch.*
22 [*Faust*, Prolog im Himmel.]
23 Ich verdanke diesen Hinweis meiner geschätzten Mitarbeiterin Dr. Beatrice Hinkle in New York. Der Titel lautet: *Anna Kingsford, Her Life, Letters, Diary and Work*. Vgl. besonders p. 129f.
24 Solche Erlebnisse sind genuin. Aber ihre Echtheit beweist nicht, daß alle Schlußfolgerungen und Überzeugungen, die ihren Inhalt ausmachen, notwendigerweise gesund sind. Sogar in Fällen von Geisteskrankheit begegnet man vollkommen gültigen psychischen Erfahrungen. [Anmerkung des Autors für die erste englische Ausgabe, 1931.]
25 [*Hildegards Brief an Mönch Wibert von Gembloux über ihre Visionen (aus dem Jahre 1171)*, p. 34f. (In anderer Übersetzung.)]
26 l.c., p. 123.
27 [l.c., p. 107.] Hierher gehören auch die in der Kontemplation auftauchenden Wiedererinnerungen früherer Inkarnationen. [Meditation 4. Stadium.]
28 Ich empfehle die ausgezeichnete Darstellung dieses Problems bei H. G. WELLS, *Christina Alberta's Father*, und die SCHREBERschen *Denkwürdigkeiten eines Nervenkranken.*
29 [*Mat.* 5,26. – LUTHER-Bibel.]
30 [*Hui Ming Ging*, pp. 111/112.]

31 Ich verweise auf die zusammenfassende Darstellung in meiner Schrift *Die Beziehungen zwischen dem Ich und dem Unbewußten*.
32 *Psychologische Typen*, V.
33 Vgl. HYSLOP, *Science and a Future Life*. [Leonora Piper, ein amerikanisches Medium, um 1890–1910 in Amerika und England tätig, wurde von WILLIAM JAMES, Mrs. HENRY SIDGWICK, HYSLOP u. a. untersucht. Eine Gruppe von fünf ihrer «Kontrollgeister» hatten den Kollektivnamen «Imperator».]
34 [p. 124.]
35 *Les Fonctions mentales dans les sociétés inférieures*.
36 Die chinesischen Philosophen sind für eine solche Haltung – im Unterschied zu westlichen Dogmatikern – nur dankbar; denn sie sind Herren auch über ihre Götter. (R. W.)
37 Unser Text läßt allerdings in einem gewisssen Grade die Frage offen, ob mit der «Fortdauer des Lebens» eine Fortdauer nach dem Tode oder eine Verlängerung des physischen Daseins gemeint sei. Ausdrücke wie «Lebenselixier» und dergleichen sind verfänglich unklar. In späteren Anhängen wird es sogar deutlich, daß die Yogaanweisungen auch in rein physischem Sinne verstanden werden. Diese für uns befremdliche Vermischung physischer und geistiger Dinge hat für einen primitiveren Geist nichts Störendes, da für ihn auch Leben und Tod längstens nicht den absoluten Gegensatz bedeuten wie für uns. (Neben ethnologischem Material sind in dieser Hinsicht die «Kommunikationen» der englischen «rescue circles» mit ihren durchaus archaischen Vorstellungen besonders interessant.) Die gleiche Undeutlichkeit in bezug auf das «Nicht-sterben-Werden» findet sich bekanntlich auch im Urchristentum, wo es auf ganz ähnlichen Voraussetzungen beruht, nämlich auf der Vorstellung eines «Hauchkörpers», der der wesentlichen Lebensträger wäre. (GELEYS paraphysiologische Theorie wäre die neueste Wiedergeburt dieser uralten Vorstellung.) Da wir aber in unserem Text auch Stellen haben, die vor abergläubischem Gebrauch warnen, z. B. vor dem Aberglauben der Goldmacherei, so dürfen wir wohl ruhig auf dem geistigen Sinn der Anweisungen insistieren, ohne uns dadurch mit dem Sinn des Textes in Widerspruch zu setzen. In den durch die Anweisungen bezweckten Zuständen spielt der physische Körper sowieso eine zunehmend unwesentliche Rolle, da er durch den «Hauchkörper» ersetzt wird (daher die Wichtigkeit der Atmung in den Yogaübungen überhaupt!) Der «Hauchkörper» ist nichts «Geistiges» in unserem Sinne. Es ist für den Abendländer charakteristisch, daß er zu Erkenntniszwecken Physisches und Geistiges auseinandergerissen hat. In der Seele liegen aber diese Gegensätze beisammen. Das muß die Psychologie anerkennen. «Psychisch» ist physisch *und* geistig. Die Vorstellungen unseres Textes bewegen sich alle in dieser Zwischenwelt, die uns als unklar und verworren vorkommt, weil uns der Begriff einer *psychischen Realität* vorderhand noch nicht geläufig ist, während er doch die eigentliche Lebenssphäre ausdrückt. Ohne Seele ist Geist so tot wie Stoff, weil beide künstliche Abstraktionen sind, während in der ursprünglichen Anschauung Geist ein volatiler Körper ist und Stoff der Beseelung nicht entbehrt.
38 [*Gal.* 2,20.]
39 [*Gal.* 3,27; vgl. auch *Röm.* 13,4.]
40 *Hui Ming Ging*, p. 124.

9 Ein Gespräch mit dem *I Ging*

Aus: Erinnerungen, Träume, Gedanken

RICHARD WILHELM lernte ich bei einer Tagung der «Schule der Weisheit» in Darmstadt beim GRAFEN KEYSERLING kennen. Es war anfangs der zwanziger Jahre. 1923 luden wir ihn nach Zürich ein, und er hielt im Psychologischen Club einen Vortrag über den I Ging.[1]

Schon bevor ich ihn kennenlernte, hatte ich mich mit östlicher Philosophie beschäftigt und hatte etwa 1920 angefangen, mit dem I Ging zu experimentieren. Es war während eines Sommers in Bollingen, als ich den Entschluß faßte, dem Rätsel dieses Buches auf den Leib zu rücken. Statt der Stengel der Schafgarbe, welche in der klassischen Methode verwandt werden, schnitt ich mir Schilfstengel. Da saß ich denn oft stundenlang unter dem hundertjährigen Birnbaum auf dem Boden, den I Ging neben mir, und übte die Technik in der Weise, daß ich die sich ergebenden «Orakel» aufeinander bezog wie in einem Frage- und Antwortspiel. Es ergaben sich dabei allerhand nicht zu leugnende Merkwürdigkeiten – sinnvolle Zusammenhänge mit meinen eigenen Gedankengängen, die ich mir nicht erklären konnte.

Der einzige subjektive Eingriff beim Experiment besteht darin, daß der Experimentator das Bündel der 49 Stengel arbiträr, d. h. ohne zu zählen, durch einen einzigen Griff teilt. Er weiß nicht, wieviele Stengel in dem einen und dem anderen Bündel enthalten sind. Von diesem Zahlenverhältnis aber hängt das Resultat ab. Alle übrigen Manipulationen sind mechanisch angeordnet und erlauben keine Willkür. Wenn ein psychischer Kausalnexus überhaupt vorhanden ist, dann kann er nur in der zufälligen Teilung des Bündels liegen (oder im zufälligen Fallen der Münzen).

Während der ganzen Sommerferien beschäftigten mich damals die Fragen: Sind die Antworten des I Ging sinnvoll oder nicht? Sind sie es, wie kommt der Zusammenhang der psychischen und der physischen Ereignisreihe zustande? Ich stieß immer wieder auf erstaunliche Koinzidenzen, die mir den Gedanken eines akausalen Parallelismus (einer Synchronizität, wie ich ihn nachmals nannte) nahe legte. Ich war von diesen Experimenten dermaßen fasziniert, daß ich überhaupt vergaß, Aufzeichnungen zu machen, was ich nachträglich sehr bedauerte. Später nahm ich allerdings das Experiment so oft mit meinen Patienten vor, daß ich mich der relativ bedeutsamen Zahl der offensichtlichen Treffer versichern konnte. Als Beispiel erwähne ich den Fall eines jüngeren Mannes mit einem bemerkenswerten Mutterkomplex. Er beabsichtigte zu heiraten und hatte die Bekanntschaft eines Mädchens gemacht, das ihm passend erschien. Er fühlte sich aber unsicher und fürchtete die Möglichkeit, daß er unter dem Einfluß seines Mutterkomplexes aus Versehen wiederum eine überwältigende Mutter heiraten könnte. Ich machte das Experiment mit ihm. Der Text seines Hexagrammes (des Resultates) lautete: «Das Mädchen ist mächtig. Man soll ein solches Mädchen nicht heiraten.»

Mitte der dreißiger Jahre traf ich mit dem chinesischen Philosophen HU SHIH zusammen. Ich fragte ihn nach dem I Ging und erhielt als Antwort: «Oh, das ist nichts als eine alte Sammlung von Zaubersprüchen ohne Bedeutung!» Er kannte die praktische Methode und ihre Anwendung nicht – angeblich. Nur einmal sei er damit zusammengestoßen. Auf einem Spaziergang hätte ihm ein Freund von seiner unglücklichen Liebesgeschichte gesprochen. Sie gingen dabei eben an einem Taoistischen Tempel vorbei. Zum Spaß hätte er zu seinem Freund gesagt: «Hier kannst du ja das Orakel darüber befragen.» Gesagt, getan. Sie gingen zusammen in den Tempel und erbaten sich vom Priester ein I-Ging-Orakel. Er selber glaube aber diesen Unsinn nicht.

Ich fragte ihn, ob denn das Orakel gar nicht gestimmt hätte? Worauf er, wie widerwillig, antwortete: «Oh doch – natürlich –» Eingedenk der bekannten Geschichte vom «guten Freund», der alles das tut, was man sich selber nicht zuschreiben möchte, fragte ich ihn vorsichtig, ob er denn diese Gelegenheit nicht selber auch benutzt habe. «Ja», erwiderte er, «zum Spaß stellte ich auch eine Frage.»

«Und nahm das Orakel darauf bezug?» fragte ich.

Er zögerte. «Nun ja, wenn man so will.» Es war ihm offenbar unangenehm. Persönliches stört eben gelegentlich die Objektivität.

Wenige Jahre nach meinen ersten Experimenten mit den Schilfstengeln erschien der I Ging mit dem WILHELMschen Kommentar. Natürlich besorgte ich ihn mir sofort und fand zu meiner Genugtuung, daß er die Sinnzusammenhänge ganz ähnlich sah, wie ich sie mir zurechtgelegt hatte. Aber er kannte die gesamte Literatur und konnte daher die Lücken ausfüllen, die mir geblieben waren. Als er nach Zürich kam, hatte ich Gelegenheit, mich ausführlich mit ihm zu unterhalten, und wir sprachen sehr viel über chinesische Philosophie und Religion. Was er mir aus der Fülle seiner Kenntnisse des chinesischen Geistes mitteilte, hat mir damals einige der schwierigsten Probleme, die mir das europäische Unbewußte stellte, erhellt. Auf der anderen Seite hat ihn das, was ich von den Resultaten meiner Forschungen über das Unbewußte erzählte, in nicht geringes Erstaunen versetzt; denn in ihnen erkannte er wieder, was er bis dahin ausschließlich als Tradition der chinesischen Philosophie angesehen hatte.

Aus: Vorwort zum I Ging [2]

964 Dem Wunsche der Übersetzung der WILHELMschen Ausgabe des *I Ging* nach einem Vorwort von meiner Hand komme ich um so lieber nach, als ich damit auch einen Akt der Pietät gegenüber meinem verstorbenen Freund RICHARD WILHELM erfüllen kann. Wie er durchdrungen war vom Bewußtsein der kulturhistorischen Bedeutung seiner Bearbeitung und Darstellung des *I Ging*, die im Abendlande ihresgleichen nicht hat, so fühle auch ich mich diesem Werke gegenüber verpflichtet, es der englisch sprechenden Welt nach bestem Vermögen zu vermitteln.

965 Wäre das *Buch der Wandlungen* eine populäre Schrift, so würde es keiner Einleitung bedürfen. Es ist aber nichts weniger als populär, sondern steht im Verdachte, eine Sammlung alter Zaubersprüche und dementsprechend einerseits schwerverständlich, andererseits wertlos zu sein. LEGGES Übersetzung in MAX MÜLLERS Serie der *Sacred Books of the East* hat wenig dazu beigetragen, das Buch der westlichen Mentalität näherzubringen.[3] Um so mehr hat sich WILHELM bemüht, dem Verständnis einen Zugang zu der oft sehr dunkeln Symbolik des Textes zu öffnen. Er konnte dies um so eher tun, als er sich jahrelang auch praktisch mit der eigentümlichen Technik dieses Orakelbuches beschäftigt hatte, was ihm natürlich eine ganz andere Möglichkeit gab, ein Gefühl für den lebendigen Sinn des Textes zu entwickeln, als es eine mehr oder weniger wörtliche Übersetzung allein getan haben würde.

Ich verdanke WILHELM die wertvollsten Aufschlüsse über das komplizierte Problem des *I Ging* sowohl wie über die praktische Auswertung der gewonnenen Resultate. Ich selber habe mich schon seit mehr als zwei Jahrzehnten mit dieser Orakeltechnik, die mir vom psychologischen Standpunkt aus von beträchtlichem Interesse erschien, beschäftigt und kannte sie, als ich WILHELM anfangs der zwanziger Jahre zum erstenmal begegnete, schon ziemlich gut. Es war mir aber trotzdem ein Erlebnis, als ich WILHELM selber an der Arbeit sah und mit eigenen Augen verfolgen konnte, wie er die Resultate praktisch verwertete. Zu meiner großen Genugtuung konnte ich feststellen, daß meine Kenntnisse der Psychologie des Unbewußten mir die nützlichsten Dienste leisteten.

Da ich kein Chinesisch verstehe, so konnte ich mich dem *I Ging* natürlich nur von der praktischen Seite nähern, und meine einzige Frage war die nach der Verwendbarkeit und Tauglichkeit der Methode. Die abstruse Symbolik dieser «Zaubersprüche» hätte mich, bei meiner völligen Unkenntnis der Sinologie, wenig interessieren können. Um die philologischen Schwierigkeiten des Textes konnte ich mich nicht kümmern, sondern einzig und allein um die psychologische Ausbeute der im *I Ging* verwendeten Methode.

Als WILHELM seinerzeit bei mir in Zürich weilte, bat ich ihn, ein Hexagramm über den Zustand unserer psychologischen Gesellschaft auszuarbeiten. Die Situation war mir bekannt, ihm aber ganz und gar nicht. Die Diagnose, die sich herausstellte, war verblüffend richtig, und ebenso war es die Prognose, welche ein Ereignis beschrieb, das erst später eintrat und das ich selber nicht vorausgesehen hatte. Mir selber war dieses Resultat allerdings nicht mehr so erstaunlich, da ich bereits früher eine Reihe von bemerkenswerten Erfahrungen mit dieser Methode gemacht hatte. Anfangs verwendete ich die umständlichere Technik der 49 Schafgarbenstengel[4]; später, als ich einigen Überblick über das Funktionieren der Methode erlangt hatte, genügte mir das sogenannte Münzenorakel, von dem ich in der Folge reichlichen Gebrauch machte. Im Laufe der Zeit stellte es sich heraus, daß sozusagen regelmäßig gewisse Zusammenhänge zwischen der in Frage stehenden Situation und dem Inhalt der Hexagramme bestehen. Das ist zugegebenermaßen merkwürdig und sollte nach unseren landläufigen Voraussetzungen nicht vorkommen, abgesehen von sogenannten Zufallstreffern. Ich muß aber bemerken, daß wir trotz unserem Glauben an die Naturgesetzlichkeit mit dem Begriff des Zufalls etwas zu liberal verfahren.

Wie viele psychische Phänomene zum Beispiel bezeichnen wir als «zufällig», wo der Wissende nur allzu deutlich sieht, daß es sich um nichts weniger als einen Zufall handelt! Ich erinnere nur an alle jene Fälle von Versprechen, Verlesen und Vergessen, die schon FREUD als keineswegs zufällig aufgeklärt hat. Ich bin daher in bezug auf die sogenannten Zufallstreffer des *I Ging* zur Skepsis geneigt. Es scheint mir sogar, daß die Anzahl der deutlichen Treffer eine Prozentzahl erreicht, die weit über aller Wahrscheinlichkeit liegt. Ich glaube, daß es sich überhaupt nicht um Zufall, sondern um Regelmäßigkeit handelt.

969   Damit kommen wir nun zur Frage: Wie ist diese behauptete Regelmäßigkeit zu beweisen? Hier muß ich den Leser enttäuschen: Die Beweisführung ist äußerst schwierig, wenn nicht überhaupt unmöglich, wobei ich das letztere für wahrscheinlicher halte. Einem rationalistischen Standpunkt muß diese Feststellung durchaus katastrophal erscheinen, und ich gewärtige den Vorwurf, eine leichtfertige Behauptung aufgestellt zu haben, indem ich von einer Regelmäßigkeit der Übereinstimmung zwischen Situation und Hexagramm spreche. Ich müßte mir in der Tat diesen Vorwurf selber machen, wenn ich nicht aus langer praktischer Erfahrung wüßte, wie schwierig, respektive wie unmöglich, Beweise in gewissen psychologischen Angelegenheiten zu erbringen sind. Wenn es sich um etwas kompliziertere Tatbestände des praktischen Lebens handelt, so erledigen wir die Angelegenheiten auf Grund von Auffassungen, Gefühlen, Affekten, Intuitionen, Überzeugungen usw., für deren Berechtigung oder deren Anwendbarkeit sogar ein «wissenschaftlicher» Beweis schlechthin unmöglich ist, und doch können alle Beteiligten mit der Lösung zufrieden sein. Die praktisch vorkommenden psychologischen Situationen sind eben in der Regel von solch unabsehbarer Kompliziertheit, daß deren «wissenschaftlich» zureichende Erforschung einfach unmöglich ist. Man kann höchstens einen gewissen Grad von Wahrscheinlichkeit erhoffen. Und dies auch nur dann, wenn die Beteiligten nicht nur möglichst ehrlich, sondern darüber hinaus noch guten Willens sind. Wann aber sind wir vollkommen ehrlich, und wann gänzlich guten Willens? Wir können einen höheren Grad von Ehrlichkeit und gutem Willen nur soweit erlangen, als unser Bewußtsein reicht. Was wir dabei aber im Unbewußten sind, das entzieht sich unserer Kontrolle, das heißt unser Bewußtsein glaubt ehrlich und guten Willens zu sein, aber das Unbewußte weiß vielleicht darüber hinaus, daß nämlich unsere scheinbare Ehrlichkeit und unsere Gutwilligkeit eine

Fassade ist, die das Gegenteil verdeckt. Infolge der Existenz des Unbewußten kann kein Mensch und keine psychologische Situation restlos beschrieben und erfaßt, und darum kann auch nichts derartiges wirklich bewiesen werden. Gewisse engumschriebene Phänomene können allenfalls noch auf Grund eines ungeheuern Erfahrungsmaterials statistisch als wahrscheinlich erwiesen werden.[5] An den individuell einmaligen, hochkomplizierten psychologischen Situationen ist aber so gut wie nichts zu beweisen, da sie ihrer Natur entsprechend auch gar nichts an sich haben, was sich zur experimentellen Wiederholung eignen würde. Zu diesen einmaligen und nicht wiederholbaren Situationen gehört auch das Orakel des *I Ging*. Wie überall in solchen Situationen ist man auch hier darauf angewiesen, ob etwas als wahrscheinlich oder als unwahrscheinlich erscheint. Wenn zum Beispiel jemand nach längerer Vorbereitung den Entschluß faßt, einen ausgedachten Plan durchzuführen, dabei aber plötzlich innewird, daß durch diesen Schritt gewisse Interessen anderer Leute geschädigt werden, und er befragt nun in dieser suspendierten Situation das Orakel, so erhält er vielleicht unter anderem die Antwort (Hexagramm 41):

> Wenn die Geschäfte fertig sind, rasch hingehen,
> ist kein Makel.
> Doch muß man überlegen,
> wie weit man andere mindern darf.

Es ist nun keinesfalls möglich zu *beweisen*, daß dieser Satz trotz seiner unverkennbaren Entsprechung mit der psychologischen Situation des Fragestellers irgend etwas zu tun hat. Es ist diesem überlassen, entweder darüber erstaunt zu sein, daß der Satz des Hexagramms mit seiner Situation so vorzüglich übereinstimmt, oder diese anscheinende Übereinstimmung als lächerlichen Zufall abzutun, oder eine solche überhaupt zu leugnen. Im ersten Fall wird er sich dem zweiten Vers zuwenden, welcher lautet:

> Etwas zu unternehmen, ist von Unheil.
> Ohne sich selbst zu mindern,
> vermag man die andern zu mehren.

Er wird vielleicht die Weisheit dieser Folgerung anerkennen, oder er wird sie als belanglos übergehen. In ersterem Fall findet er, daß da kein Zufall vorliegen könne, in letzterem, daß es sich um Zufall handeln *müsse*, oder am Ende gar, daß es überhaupt nichts bedeute. Zu beweisen ist da aber nichts.

Infolgedessen schreibe ich dieses Vorwort nur für diejenigen, die geneigt sind, dieser eigentümlichen Prozedur einigen Kredit zu schenken.

972   Obschon derartige «wörtliche» Übereinstimmungen nicht allzuselten vorkommen, so sind sie doch nicht in der Überzahl. Die Zusammenhänge sind häufig lockerer oder indirekter und erheben einen noch größeren Anspruch auf Kredit. Dies ist namentlich dann der Fall, wenn die psychologische Ausgangssituation nicht allzu klar, respektive dunkel oder nur einseitig erfaßt ist. Unter solchen Umständen ereignen sich Fälle, in denen – falls der Fragesteller willig ist, seine Situation in einem anderen Lichte zu betrachten – ein mehr oder weniger symbolischer Zusammenhang mit dem Hexagramm wahrgenommen werden kann. Ich drücke mich absichtlich vorsichtig aus, da ich nicht den Eindruck erwecken möchte, als ob man à tout prix einen Konnex konstruieren müßte. Dergleichen Kunststücke lohnen sich nicht und führen nur zu ungesunden Spekulationen. Die Methode steht jedem Mißbrauch offen. Sie eignet sich darum nicht für unreife, kindische und spielerisch eingestellte Menschen, so wenig wie für intellektualistische und rationalistische Naturen, wohl dagegen für meditative und reflexive Leute, die es lieben, über das, was sie tun und was ihnen geschieht, nachzudenken, was mit hypochondrischem Grübeln nichts zu tun hat. Dieses stellt den morbiden Mißbrauch des Nachdenkens dar. Der *I Ging* empfiehlt sich mit keinen Beweisen und mit keinen Resultaten, er preist sich nicht an und kommt nicht bereitwillig entgegen; wie ein Stück Natur wartet er, bis ihn einer entdeckt. Er bietet kein Wissen und kein Können an, aber für Liebhaber der Selbsterkenntnis und der Weisheit des Denkens und Tuns, falls es solche geben sollte, scheint er das richtige Buch zu sein. Er verspricht nichts und braucht darum auch nichts zu halten, und auf keinen Fall ist er dafür verantwortlich, wenn jemand falsche Schlüsse zieht. Die Methode will mit einiger Intelligenz gehandhabt sein. Dummsein ist bekanntlich keine Kunst.

973   Nehmen wir die Hypothese an, es sei nicht purer Unsinn, was in dem Buche steht, und nicht lauter Autosuggestion, was der Fragesteller hineindeutet, so ist unser westlicher, philosophisch und naturwissenschaftlich gebildeter Geist trotz bereitwilliger Krediterteilung doch ernstlich durch die Tatsachenerfahrung beunruhigt. Man muß sich ja, wenn man nur im geringsten geneigt ist, etwas daran zu finden, mit der unleidlichen Tatsache auseinandersetzen, daß eine psychologische Situation sich in der Zufallsteilung der 49 Schafgarbenstengel oder dem ebenso oder noch mehr zufälli-

gen Fallen der Münzen auszudrücken vermöge, und zwar in einer solchen Totalität, daß sogar ein Sinnzusammenhang sichtbar wird. Diese Konsequenz ist für unseren westlichen Verstand, der ganz andere Denkgewohnheiten hat, doch etwas unerhört. Es ist daher nur allzu begreiflich, wenn unser Geist derartiges als unmöglich ablehnt. Es wäre zwar zur Not noch denkbar, daß jemand, der die Hexagramme gründlich kennt, «unbewußterweise» so geschickt greift, daß er die Stengel entsprechend teilt. Beim Münzenorakel allerdings versagt aber diese ohnehin dünne Möglichkeit, denn hier spielen so viele andere äußere Bedingungen (Beschaffenheit der Unterlage, Rollen der Münzen usw.) hinein, daß eine psychische Tendenz, nach unserer Auffassung wenigstens, sich nicht durchzusetzen vermöchte. Stimmt also etwas an der Methode, so muß man annehmen, daß ein unerwarteter Parallelismus von psychischem und physikalischem Geschehen existiert. Dieser Gedanke ist zwar «shocking», aber keineswegs neu, denn er bildet ja die einzig mögliche Hypothese der Astrologie, und zwar besonders der modernen Charakterhoroskopie, wennschon diese mehr auf die Zeit, als auf die aktuellen Gestirnspositionen abstellt; denn auch die Zeit wird auf physikalischem Wege bestimmt und gemessen. Sollte die Charakterhoroskopie im allgemeinen stimmen (wofür einige Wahrscheinlichkeit vorhanden ist), so wäre sie nicht wunderbarer als die Fähigkeit eines guten Weinkenners, der aus dem Charakter des Weines dessen Region, örtliche Lage (Weinberg) und Jahrgang mit Sicherheit bestimmt, was dem Nichtkenner zunächst fragwürdig vorkommt. Aber ebenso kann ein guter Astrologe mir auf den Kopf zu sagen, in welchen Zeichen meine Geburtssonne und mein Geburtsmond stehen und welches mein Aszendent ist. Der psychophysikalische Parallelismus des Phänomens, das man sich als Grundlage des *I Ging*-Orakels denken müßte, wäre daher nichts als ein anderer Aspekt jenes Vorganges, den man auch der Astrologie zugrunde legen muß, wenn man nämlich der astrologischen Charakterdiagnose irgendwelche Bedeutung beimißt. Zweifellos beschäftigen sich sehr viele Leute mit Astrologie, und es sind ebenso unzweifelhaft nachdenkende und psychologisch interessierte Naturen, welche aus dieser Beschäftigung allerhand erkennerischen Gewinn ziehen. Auch hier liegt die Möglichkeit des Mißbrauchs auf der Hand.

Ich würde meine wissenschaftliche Kompetenz weit überschreiten, wollte ich diese hier aufgerollte Frage beantworten. Ich kann nur feststellen, daß jeder, der das Orakel befragt, so handelt, als ob ein notwendiger

Parallelismus von innerem und äußerem, psychischem und physikalischem Geschehen bestünde, und, indem er dem Resultat seiner Befragung auch nur die geringste Bedeutung beimißt, sich schon zugunsten einer solchen Möglichkeit entschieden hat. – Mein Verhalten solchen Dingen gegenüber ist ein pragmatisches, und die große Lehrmeisterin, die mir dieses Verhalten als praktisch und nützlich beigebracht hat, ist die Psychotherapie und ärztliche Psychologie. Nirgends wohl hat man mit mehr Unbekannten zu rechnen, als eben auf diesem Gebiete, und nirgends wird man mehr daran gewöhnt, das anzuwenden, was wirkt, auch wenn man die längste Zeit nicht merkt, warum es wirkt. Man erlebt unerwartete Heilungen bei fragwürdigen Therapien und unerwartete Versager angeblich zuverlässiger Methoden. Bei der Erforschung des Unbewußten begegnet man den merkwürdigsten Dingen, von denen sich ein Rationalist mit Abscheu wegwendet und nachher behauptet, nichts gesehen zu haben. Die irrationale Fülle des Lebens hat mich gelehrt, nie etwas zu verwerfen, auch wenn es gegen alle unsere (ach so kurzlebigen) Theorien verstößt oder sich sonstwie als vorderhand unerklärlich erweist. Man ist dadurch zwar beunruhigt; man ist nicht ganz sicher, ob der Kompaß richtig zeigt, aber in Sicherheit, Gewißheit und Ruhe macht man keine Entdeckungen. So ist es auch mit dieser chinesischen Divinationsmethode. Sie erstrebt offenkundig Selbsterkenntnis, auch wenn zu allen Zeiten daneben ein abergläubischer Gebrauch vorhanden war. Selbsterkenntnis erscheint nur dummen und minderwertigen Menschen als ein Nachteil. Niemand wird sie in dieser Überzeugung stören. Intelligentere Leute aber dürfen es ruhig riskieren, mit dieser Methode einige vielleicht lehrreiche Erfahrungen zu sammeln.

975   Die Methode selber ist leicht und einfach. Die Schwierigkeit beginnt aber, wie schon gesagt, bei der Auswertung des Resultates. Vor allem ist das Verständnis der Symbolik auch mit Hilfe der trefflichen Kommentare WILHELMs keine ganz einfache Sache. Je mehr Kenntnisse der Leser in der Psychologie des Unbewußten besitzt, desto leichter wird ihm diese Arbeit fallen. Eine weitere und noch wesentlichere Schwierigkeit aber besteht in der allgemein verbreiteten Unkenntnis des eigenen Schattens, nämlich der minderwertigen Seite der eigenen Persönlichkeit, die zu einem großen Teil aus verdrängten Komplexen besteht. Die bewußte Persönlichkeit sträubt sich oft mit aller Macht gegen solche Inhalte und schiebt sie gerne in Form von Projektionen dem Nebenmenschen zu. Man sieht nur allzu genau den Splitter in des Bruders Auge, nicht aber den Balken im eigenen. Die Tat-

Ein Gespräch mit dem *I Ging* 171

sache, daß man häufig für eigene Fehler mit systematischer Blindheit geschlagen ist, erweist sich dem Studium und dem Verständnis des *I Ging* gegenüber als äußerst hinderlich. Man könnte beinahe sagen, daß jemand, der bei öfterem Gebrauche der Methode nichts Verständliches findet, höchst wahrscheinlich einen blinden Fleck von beträchtlicher Ausdehnung besitzt. Es würde sich wohl lohnen, vom Standpunkt der modernen Psychologie aus einen Kommentar zu den einzelnen Zeichen zu verfassen, wie dies schon KUNG-FU-TSE getan hat. Eine solche Arbeit würde aber den Umfang eines bloßen Vorwortes um ein Vielfaches übersteigen und eine höchst anspruchsvolle Aufgabe bedeuten. Ich mußte mich daher für ein anderes Procedere entschließen.

Als ich im Begriffe stand, dieses Vorwort zu schreiben, hatte ich mir vorgenommen, dies nicht zu tun, ohne vorher den *I Ging* zu befragen. Da es darum ging, dieses Buch einem neuen Publikum zugänglich zu machen, so erschien es mir recht und billig, dessen Methode eine Chance zu geben, sich zu meinem Vorhaben zu äußern. Da nach alter chinesischer Auffassung es geistige Agentien sein sollen, welche in geheimnisvoller Weise die Schafgarbenstengel zu einer sinngemäßen Antwort bewegen[6], so lag mir der Gedanke nahe, das Buch gewissermaßen als Person mir vorzustellen und an diese die Frage zu richten, wie sie ihre jetzige Situation, nämlich meine Absicht, sie einem modernen Publikum vorzustellen, auffasse. Ich benützte die Münzenmethode, und die Antwort war Hexagramm 50: *Ding, der Tiegel*.

Der Anlage meiner Fragestellung entsprechend, müssen wir den Text so auffassen, wie wenn der *I Ging* selber die sprechende Person wäre. Er bezeichnet daher sich selber als Tiegel, das heißt als das Opfergefäß, das die gekochte Nahrung enthält. Die Speise ist hier als «geistige Nahrung» zu verstehen. WILHELM sagt dazu: «Der Tiegel als Gerät der verfeinerten Kultur legt Pflege und Ernährung der tüchtigen Männer nahe, deren Pflege der Staatsregierung zugute kam... So ist hier die Kultur gezeigt, wie sie ihren Gipfel in der Religion hat. Der Tiegel dient zum Opfern für Gott... Gottes höchste Offenbarung ist in Propheten und Heiligen. Ihre Verehrung ist die wahre Gottesverehrung. Der Wille Gottes, der durch sie geoffenbart wird, muß demütig entgegengenommen werden» usw.

Solches also, müssen wir – unserer Hypothese entsprechend – schließen, sagt der *I Ging* von sich selber aus.

Wenn es vorkommt, daß gewisse Linien des Hexagramms den Wert von

6 oder 9 haben, so sind diese besonders hervorgehoben und für die Deutung infolgedessen wichtig.[7] Die «spiritual agencies» haben nun in meinem Hexagramm den zweiten und den dritten Platz je durch eine 9 betont. Der Text sagt:

> Neun auf zweitem Platz bedeutet:
> Im Tiegel ist Nahrung.
> Meine Genossen haben Neid,
> aber sie können mir nichts anhaben.
> Heil!

980 Der *I Ging* sagt also von sich selber: «Ich enthalte (geistiger) Nahrung.» Da Besitz an Großem immer Neid erregt, so gehört der Chor der Neider zum Bilde des großen Besitzes.[8] Neider wollen es ihm nehmen, das heißt seinen Sinn rauben oder zerstören. Aber ihre Feindseligkeit ist vergeblich. Sein Sinnreichtum ist ihm sicher, das heißt er ist überzeugt von seinen positiven Leistungen, die ihm niemand nehmen kann. Der Text fährt fort:

> Neun auf drittem Platz bedeutet:
> Der Henkel des Tiegels ist verändert.
> Man ist behindert in seinem Wandel.
> Das Fett des Fasans wird nicht gegessen.
> Wenn erst der Regen fällt, dann erschöpft sich die Reue.
> Endlich kommt Heil.

981 Der Henkel ist der Griff, an dem man den Tiegel heben kann. Er bedeutet also den *Begriff*[9], den man vom *I Ging* (= Tiegel) hat. Im Lauf der Zeit hat sich offenbar der Begriff verändert, so daß man heute den *I Ging* nicht mehr begreifen kann. Infolgedessen ist man «in seinem Wandel behindert», das heißt man ist nicht mehr unterstützt von dem weisen Rat und der tiefen Einsicht des Orakels und findet sich deshalb in den Wirrnissen des Schicksals und in der Dunkelheit des eigenen Selbst nicht mehr zurecht. Man ißt nicht mehr «das Fett des Fasans», das heißt das Beste und Reichste eines guten Gerichts. Wenn aber die dürstende Erde endlich wieder den Regen empfängt, das heißt wenn diesem Mangelzustand abgeholfen wird, dann ist die «Reue», das heißt das Bedauern über den Verlust der Weisheit zu Ende, denn endlich kommt die ersehnte Chance. WILHELM sagt dazu: «Es ist damit jemand gezeichnet, der in einer Zeit hoher Kultur an einer Stelle sich befindet, wo er von niemand beachtet und anerkannt wird. Das ist für

sein Wirken eine schwere Hemmung.» Der *I Ging* beklagt sich also sozusagen darüber, daß seine trefflichen Eigenschaften verkannt werden und darum brachliegen. Er tröstet sich aber mit der Hoffnung, daß ihm wieder zur Anerkennung verholfen werde.

Die Antwort, welche diese beiden Hauptlinien auf meine an den *I Ging* gestellte Frage erteilen, fordert von der Deutung keine besonderen Finessen, keine Kunststücke und keine ungewöhnlichen Kenntnisse. Mit etwas gesundem Menschenverstand kann jedermann den Sinn der Antwort erkennen: sie ist wie die Antwort eines Menschen, der keine geringe Meinung von sich besitzt, in seinem vollen Werte aber weder allgemein anerkannt noch überhaupt gekannt ist. Das antwortende Subjekt hat von sich selber eine sehr interessante Auffassung: es empfindet sich als ein Gefäß, in welchem den Göttern Opfer dargebracht werden, respektive Opferspeise zu deren Ernährung. Es versteht sich also als kultisches Instrument, welches dazu dient, jenen unbewußten Faktoren oder Potenzen (spiritual agencies!), welche als Götter projiziert wurden, geistige Nahrung, das heißt die gebührende Aufmerksamkeit zu verschaffen, so daß sie am Leben des Individuums teilhaben können. Das ist ja der Sinn des Wortes religio, ein sorgfältiges Beobachten und Inbetrachtziehen (von religere)[10] von göttlichen numina.

Mittels der Methode des *I Ging* wird in der Tat das unbewußte Eigenleben von Dingen und Menschen inklusive des eigenen unbewußten Selbst in Betracht gezogen. Indem ich nämlich meine Frage an den *I Ging* richtete, habe ich, wie oben bemerkt, diesen als ein Subjekt angesprochen, wie man zum Beispiel jemand, den man mit seinen Freunden bekannt machen will, zuerst anfragt, ob es ihm willkommen sei. Auf meine Frage erzählt mir der *I Ging* von seiner religiösen Bedeutung, von seinem Unbekannt- und Verkanntsein und von seiner Hoffnung, wieder zu Ehren zu gelangen, offenbar mit einem Seitenblick auf mein damals noch ungeschriebenes Vorwort[11] und vor allem auf die Übersetzung von Mrs. BAYNES. Es ist meines Erachtens eine durchaus verständliche und sinngemäße Reaktion, die man von einem Menschen in ähnlicher Lage auch erwarten könnte.

Doch wie ist diese Reaktion zustandegekommen? Wie konnte mir der *I Ging* so menschlich-selbstverständlich antworten? Dadurch, daß ich drei kleine Münzen in die Höhe warf und sie fallen ließ, wie sie aus physikalischen Gründen fallen, rollen und zur Ruhe kommen mußten, die einen mit dem Kopf oben, die anderen mit der Schrift oben. Ich hatte auch nicht die leiseste Ahnung, welches von den 64 Zeichen herauskommen würde. Diese sonderbare Tatsache, daß aus einer Technik, die jede Sinngemäßheit von vornherein auszuschließen scheint, doch eine sinngemäße Reaktion hervorgeht, ist die positive Leistung des *I Ging*. Dieser Fall ist nicht etwa ein Unikum, sondern bildet die Regel. Ich habe mir von Sinologen und auch von maßgebenden Chinesen bestätigen lassen, daß der *I Ging* eine Sammlung obsoleter Zaubersprüche sei. Bei solchen Gesprächen ist es einige Male vorgekommen, daß mein Partner zugegeben hat, selber einmal ein Orakel bei einem Zauberer erfragt zu haben. Natürlich sei alles Unsinn. Das Orakel aber, das sie erhielten, paßte merkwürdig auf ihren blinden Fleck.

985   Ich bin mir bewußt, daß auf meine Frage unzählige Antworten möglich gewesen wären, und ich kann gewiß nicht behaupten, daß ich nicht auch eine andere Antwort als irgendwie sinnvoll empfunden hätte. Ich habe aber diese Antwort als erste und einzige erhalten, und ich weiß von anderen Antworten nichts. Sie hat mich erfreut und befriedigt. Ein zweites Mal zu fragen, empfände ich als ebenso unhöflich wie respektlos und tue es darum nicht. «Der Meister sagt es einmal.» Stilwidrigkeiten im Umgang mit irrationalen Dingen sind mir als Anzeichen einer niedrigen, aufklärerischen Kulturstufe, die im besserwisserischen Schulmeister ihren Heros erblickt, sowieso verhaßt. Solche Dinge sollen so sein und bleiben, wie sie erstmals in die Sichtbarkeit traten, denn dann nur wissen wir, was die Natur aus sich, ohne von menschlichem Vorwitz zu sehr gestört zu sein, tut. Man soll das Leben nicht an Leichnamen studieren wollen. Überdies wäre eine Wiederholung des Experimentes schon aus dem einfachen Grunde unmöglich, weil die Ausgangssituation nicht mehr hergestellt werden könnte. Es gibt darum jeweils nur eine erste und einmalige Antwort.

986   Es ist nun weiter nicht seltsam, daß das ganze Hexagramm 50 das in den beiden Hauptlinien[12] dargestellte Thema im wesentlichen nur amplifiziert. Die erste Linie sagt:

> Ein Tiegel mit umgekippten Beinen.
> Fördernd zur Entfernung des Stockenden.
> Man nimmt eine Nebenfrau um ihres Sohns willen.
> Kein Makel.

Ein umgekehrter Tiegel zeigt, daß er nicht gebraucht wird. Der *I Ging* ist daher wie ein Tiegel außer Gebrauch. Er dient zur Entfernung der Hindernisse, wie oben erwähnt. Man braucht ihn wie eine Nebenfrau, die man nimmt, wenn die Hauptfrau keinen Sohn hat, das heißt man benützt den *I Ging*, wenn man sich anders nicht zu helfen weiß. Trotz der Quasi-Legalität der Nebenfrau in China ist sie eben doch eine gewisse mißliche Behelfsmäßigkeit, und so ist die magische Prozedur des Orakels eine Aushilfe, deren man sich um eines höheren Zweckes willen bedienen darf. Daran haftet kein Makel, obschon es sich um ein nur ausnahmsweise zulässiges Vorgehen handelt.

Die zweite und dritte Linie haben wir bereits besprochen. Die vierte Linie sagt:

> Der Tiegel bricht die Beine.
> Das Mahl des Fürsten wird verschüttet,
> und die Gestalt wird befleckt.
> Unheil!

Hier ist der Tiegel in Gebrauch genommen worden, aber offenbar in sehr ungeschickter Weise, das heißt das Orakel wurde mißhandelt, respektive unrichtig gedeutet. Auf diese Weise geht die Götterspeise verloren. Damit tut man sich selber Schande an. LEGGE übersetzt hier: «Its subject will be made to blush for shame.» Wenn solcher Mißbrauch ein kultisches Instrument wie den Tiegel (respektive den *I Ging*) betrifft, so spricht man von grober Profanierung. Der *I Ging* insistiert hier offenbar auf seiner Würde als Opfergefäß und warnt vor profanem Gebrauche.

Die fünfte Linie sagt:

> Der Tiegel hat gelbe Henkel, goldne Tragringe.
> Fördernd ist Beharrlichkeit.

Der *I Ging* hat, wie es scheint, ein neues korrektes (gelb) Verständnis gefunden, das heißt einen «Begriff», mit dem man ihn «begreifen» kann. Dieser Begriff ist wertvoll (golden). Diese Aussage des Hexagrammes buche ich als Anerkennung der Übersetzerin und zu meinen Gunsten. An der nötigen Beharrlichkeit im Studium des *I Ging* habe ich es in mehr als zwanzig Jahren nicht fehlen lassen, auch hat sich Mrs. BAYNES jahrelang um die Übersetzung gemüht.

992 Die sechste Linie sagt:

> Der Tiegel hat Nephritringe. Großes Heil!
> Nichts, das nicht fördernd wäre.

993 Der Nephrit zeichnet sich durch seine Schönheit und seinen milden Glanz aus. Wenn die Tragringe von Nephrit sind, so ist damit das ganze Gefäß verschönert, geehrt und in seinem Werte gemehrt. Der *I Ging* drückt sich hier nicht nur sehr befriedigt, sondern auch sehr optimistisch aus, was mir zu besonderer Genugtuung gereicht. Dies alles natürlich unter der Voraussetzung, daß unsere eingangs gemachte Hypothese stimmt. Ich wüßte nur allerdings nicht, wie man es anstellen müßte, zu beweisen, daß die Hypothese richtig ist. Man kann nur die weiteren Ereignisse abwarten und in der Zwischenzeit sich mit der erfreulichen Feststellung begnügen, daß der *I Ging* zu dem geplanten Vorwort sowohl als zu seiner Neuausgabe anscheinend sein Placet gegeben hat.

994 Ich habe mit größtmöglicher Naivität und Ehrlichkeit an diesem Beispiel gezeigt, wie ich im konkreten Falle mit einem Orakel verfahre. Selbstverständlich ändert sich das Verfahren einigermaßen mit der Fragestellung. Wenn man zum Beispiel sich zu in einer gewissen unübersichtlichen Situation befindet, so ist man unter Umständen selber das aussagende Subjekt, oder wenn es sich um die Beziehung zu einem anderen Menschen handelt, so kann auch jener als aussagendes Subjekt auftreten oder durch die spezifische Art der Fragestellung dazu gemacht werden. Das hängt aber insofern nicht ganz von unserer Willkür ab, als gerade die Beziehungen zu den Mitmenschen keineswegs immer oder auch nur hauptsächlich von diesen abhängen, sondern sehr oft fast ausschließlich von uns selber, wenn uns dieser Umstand auch unbewußt sein sollte. Im letzten Fall kann man daher die Überraschung erleben, daß man, entgegen der Erwartung, selber als handelndes Subjekt im Orakel erscheint, was durch den Text gelegentlich unmißverständlich angezeigt wird. Auch kann es vorkommen, daß man eine gewisse Situation überschätzt und als außerordentlich wichtig ansieht, wogegen das Orakel ganz anderer Meinung ist und dann auf einen anderen, unvermuteten und doch vorhandenen Aspekt der Frage aufmerksam macht. Solche Fälle können einen dazu verleiten, das Orakel für einen Fehlschluß zu halten. KUNG-FU-TSE soll nur einmal ein unpassendes Orakel erhalten haben, und zwar das Hexagramm 22: Bi, die Anmut, ein durchwegs ästhetisches Zeichen. Das erinnert an den Rat, den das Daimonion

dem SOKRATES gab: «Du solltest mehr Musik machen», worauf er sich eine Flöte zulegte. KUNG-FU-TSE und SOKRATES machen sich in puncto Vernünftigkeit und erzieherischer Einstellung den Rang streitig, werden sich aber kaum damit beschäftigt haben, den «Kinnbart» zu pflegen, wie die zweite Linie dieses Hexagrammes sagt. Vernunft und Pädagogik lassen leider oft die «Anmut» vermissen, weshalb in diesem Fall das Orakel nicht notwendigerweise unrecht hat.

Kehren wir nun wieder zu unserem Hexagramm zurück! Obschon, wie gezeigt, der *I Ging* selber mit meinem Vorhaben, ein Vorwort zu schreiben, nicht nur einverstanden ist, sondern auch noch seinen Optimismus in dieser Hinsicht betont, so heißt das noch nicht, daß auch die Wirkung auf das Publikum, an welches der *I Ging* gelangen soll, damit vorweggenommen wäre. Da wir nun in unserem Hexagramm zwei durch 9 hervorgehobene yang-Linien besitzen, so sind wir in der Lage zu erfahren, welche Prognose der *I Ging* sich selber stellt. Linien, die durch eine 6 oder eine 9 hervorgehoben sind, besitzen nach alter Auffassung eine derartige innere Spannung, daß sie Neigung bekunden, durch Enantiodromie sich in ihr Gegenteil zu verwandeln, also yang in yin und umgekehrt. Durch diese Wandlung ergibt sich Hexagramm 35: Dsin, der Fortschritt.

Das Subjekt dieses Hexagrammes ist jemand, der bei seinem Emporstieg allerhand Wechselfälle des Glückes erdulden muß, und der Text beschreibt, wie man sich dabei zu verhalten hat. In dieser Lage befindet sich der *I Ging*. Er steigt zwar auf «wie die Sonne» und «erklärt» sich, aber er wird «zurückgewiesen» und «findet kein Vertrauen», er ist zwar im Fortschritt, aber «in Trauer». Jedoch bekommt er «großes Glück von seiner Ahnfrau». Bei dieser dunkeln Stelle hilft uns die Psychologie: die Großmutter oder Ahnfrau stellt in Träumen und Märchen nicht selten das Unbewußte dar, weil es beim Mann weibliches Vorzeichen hat. Wenn der *I Ging* also schon beim Bewußtsein keine Aufnahme findet, so kommt ihm doch das Unbewußte entgegen, weil er, seiner Natur entsprechend, mit diesem auch enger verbunden ist als mit dem Rationalismus des Bewußtseins. Da das Unbewußte in Träumen oft durch eine weibliche Person dargestellt ist, so könnte dies hier auch der Fall sein. Die weibliche Person wäre daher die Übersetzerin Mrs. BAYNES, die dem Buche ihre mütterliche Sorgfalt hat angedeihen lassen. Dies könnte dem *I Ging* leicht als ein «großes Glück» erscheinen. Er sieht zwar ein allgemeines Einverständnis voraus, befürchtet aber Mißbrauch («Fortschritt wie ein Hamster»). Aber

«Gewinn und Verlust» wird er nicht «zu Herzen nehmen». Er bleibt von der Parteien Gunst und Mißgunst unberührt. Er drängt sich nicht auf.

997 Der *I Ging* sieht also seiner Zukunft auf dem amerikanischen Büchermarkt mit Gelassenheit entgegen und drückt sich in dieser Hinsicht etwa so aus, wie jeder vernünftige Mensch über das Schicksal einer so kontroversen Schrift ebenfalls denken würde. Auch diese dem Zufallsspiel der fallenden Münzen entsprungene Voraussage ist so sinngemäß und nüchtern vernünftig, daß man sich kaum eine treffendere Antwort ersinnen könnte.

998 Dies alles geschah, bevor ich das Obenstehende geschrieben hatte. Als ich mit meinem Vorwort so weit war, interessierte es mich zu erfahren, wie der *I Ging* die durch meine Darstellung geschaffene neue Situation auffaßte. Durch das, was ich geschrieben hatte, war die frühere Situation insofern verändert, als ich durch meine inzwischen erfolgte Aktion mich eingeschaltet hatte und deshalb erwartete, etwas zu vernehmen, das sich auf mein Handeln bezog. Auch muß ich dem Leser gestehen, daß es mir bei der Abfassung dieses Vorwortes nicht gerade wohl zumute war, indem ich nämlich als wissenschaftlich verantwortlicher Mensch gewöhnt bin, nichts zu behaupten, was ich nicht auch beweisen oder wenigstens als der Vernunft annehmbar hinstellen kann. Wenn sich aber jemand, wie ich, durch ein Versprechen in die Lage begeben hat, eine «Sammlung alter Zaubersprüche» einzuleiten und damit einem modernen, kritischen Publikum mehr oder weniger annehmbar zu machen, weil man selber der subjektiven Ansicht ist, daß etwas mehr dahinter sei, als es den äußeren Anschein hat, dann fühlt man sich mit einer nicht gerade angenehmen Aufgabe konfrontiert.

999 So ist es mir etwas peinlich, daß ich notgedrungenerweise an den guten Willen und die Phantasie des Publikums appellieren muß, anstatt bündige Beweise und hieb- und stichfeste, wissenschaftlich ausreichend fundierte Erklärungen geben zu können. Es ist mir leider nur zu deutlich, was für Argumente man gegen diese uralte Orakeltechnik ins Feld führen könnte, und ihre nächste Anverwandte, die ich als Kronzeugin angerufen habe, die Astrologie nämlich, erfreut sich auch nicht der besten Reputation. Man ist nicht einmal sicher, ob das Schiff, das einen über unbekannte Meere tragen sollte, nicht irgendwo ein irreparables Leck hat. Ist der alte Text nicht korrupt? Stimmt die Übersetzung WILHELMS in allen Stücken? Unterliegt man in der Deutung nicht der Selbsttäuschung? Ich bin zwar vom Werte der Selbsterkenntnis restlos überzeugt. Aber nützt es etwas, solche zu emp-

fehlen, da ja doch die Weisesten aller Menschen und zu allen Zeiten sie ohne Erfolg gepredigt haben?

Es war nur die subjektive Überzeugung, daß am *I Ging* «etwas dran» ist, die mich vermochte, dieses Vorwort zu unternehmen. Nur einmal habe ich mich früher, in einer Gedächtnisrede auf RICHARD WILHELM[13], zum Problem des *I Ging* geäußert, aber sonst taktvoll dazu geschwiegen. Diese wohlüberlegte Vorsicht habe ich jetzt durchbrochen, und zwar konnte ich es deshalb wagen, weil ich jetzt ins achte Jahrzehnt meines Lebens eintrete, wo mir die wechselnden Meinungen der Menschen kaum mehr einen Eindruck machen, und wo mir die Gedanken der alten Meister interessanter sind als das akademische Tagesgespräch. Ich weiß, daß ich es früher nicht gewagt hätte, mich über eine so unsichere Sache so explicite auszusprechen, wie ich es heute tue.

Es ist mir unsympathisch, daß ich meinen Leser mit diesen persönlichen Details behelligen muß. Aber wie ich oben bereits andeutete, wird beim Orakel sehr oft die eigene Persönlichkeit einbezogen. Durch meine Fragestellung habe ich sogar das Orakel direkt eingeladen, mein Handeln in Betracht zu ziehen. Das ist denn auch geschehen. Das Resultat war Hexagramm 29: Kan, das Abgründige. Durch eine 6 ist der dritte Platz besonders hervorgehoben. Diese Linie sagt:

> Vorwärts und rückwärts, Abgrund über Abgrund.
> In solcher Gefahr halte zunächst inne,
> sonst kommst du im Abgrund in ein Loch.
> Handle nicht so.

Den guten Rat, «nicht so zu handeln», hätte ich früher unbedingt angenommen und auf eine Begutachtung des *I Ging* verzichtet. Jetzt soll er mir aber als ein Exempel für sein Funktionieren dienen. In der Tat kann ich nicht vorwärts, über das hinaus, was ich über das Orakel gesagt, noch kann ich zurück, indem ich auf dieses Vorwort etwa verzichten würde. Tatsächlich besteht die Problematik des *I Ging* für ein intellektuelles Gewissen aus «Abgrund über Abgrund», und unvermeidlicherweise muß man in all den Fährnissen uferloser und unkritischer Spekulation «innehalten» und stillstehen, sonst verrennt man sich tatsächlich in einer Sackgasse. Kann man sich intellektuell in einer mißlicheren Lage befinden, als wenn man in der dünnen Luft unbewiesener Möglichkeiten schwebt und nicht weiß, ob das, was man sieht, Wahrheit oder Illusion ist? Das ist jedoch die traumhafte

Atmosphäre des *I Ging*, in der man ohne Gewißheiten auf das eigene, so fehlbare, subjektive Urteil angewiesen ist. Ich kann in der Tat nicht anders als zugeben, daß diese Linie den Gefühlszustand, in welchem ich das Obenstehende schrieb, sehr passend wiedergibt. Ebenso treffend erscheint mir der tröstende Anfang dieses Zeichens: «Wenn du wahrhaftig bist, so hast du im Herzen Gelingen», denn dieser Spruch weist darauf hin, daß das Entscheidende in dieser Situation nicht die äußere Gefahr, sondern der subjektive Zustand ist, nämlich ob man sich selber für «wahrhaftig» hält oder nicht.

1003   Das Hexagramm vergleicht das lebendige Geschehen in dieser Situation mit dem Fließen des Wassers, das vor keiner gefährlichen Stelle scheut, sondern über Felsen stürzt und Löcher auffüllt. (Kan bedeutet nämlich auch Wasser.) So benimmt sich auch der höhere Mensch (der «Edle») «und übt das Geschäft des Lehrens». Nun ja, ich scheue mich nicht vor möglicher Selbsttäuschung, Unsicherheit, Zweifelhaftigkeit, Mißverständnis, und wie alle die Löcher heißen, in die man fallen kann, sondern bemühe mich, dem Leser eine Lehre über den *I Ging* zu erteilen.

1004   Kan gehört entschieden zu den unangenehmeren Zeichen. Ich habe es nicht selten angetroffen bei Patienten, die etwas zu weit unter die Herrschaft des Unbewußten (Wasser!) geraten und daher von der Möglichkeit psychotischer Erscheinungen bedroht waren. Eine abergläubische Einstellung wäre leicht geneigt, deshalb anzunehmen, daß dem Zeichen überhaupt eine solche Bedeutung anhafte. Wie man bei der Deutung von Träumen den Traumtext mit skrupulöser Genauigkeit beobachten muß, so beim Orakel die ursprüngliche Fragestellung, welche der Deutung eine ganz bestimmte Grenze setzt. Wie ich bei der Frage des ersten Orakels vor allem an die Bedeutung meines noch zu verfassenden Vorwortes für den *I Ging* dachte, daher diesen in den Vordergrund schob und quasi schon im voraus zum handelnden Subjekt erhob, so war es im zweiten Falle ich, der als handelndes Subjekt in Betracht kam. Es wäre daher willkürlich, in letzterem Fall wieder den *I Ging* als Subjekt anzunehmen, und zudem würde dadurch die Deutung verunmöglicht. Wenn ich aber das Subjekt bin, dann ist die Deutung nach meinem subjektiven Empfinden sinngemäß, denn sie spricht mein unzweifelhaft vorhandenes Gefühl der Unsicherheit und des Risikos aus. Wenn man sich auf so unsicheren Boden begibt, kann man leicht, ohne es zu merken, in bedenklicher Weise unter den Einfluß des Unbewußten kommen.

Die erste Linie konstatiert das Vorhandensein der gefährlichen Situation (man gerät «im Abgrund in ein Loch»); ebenso die zweite Linie, welche noch den guten Rat beifügt: «Man soll nur Kleines zu erreichen streben.» Welchen Rat ich damit vorweggenommen habe, daß ich mich in dieser Einleitung auf einige Beispiele beschränke und auf die viel anspruchsvollere Aufgabe, die mir eine Zeitlang vorschwebte[14], nämlich einen psychologischen Kommentar zum ganzen Buch zu schreiben, verzichtete.

Die Vereinfachung meiner Aufgabe drückt sich in der vierten Linie aus:

> Ein Krug Wein, eine Reisschale als Zugabe, Tongeschirr,
> einfach zum Fenster hineingereicht.

WILHELM kommentiert dies folgendermaßen: «Ein Beamter braucht für gewöhnlich, ehe er eingestellt wird, bestimmte Einführungsgeschenke und Empfehlungen. Hier ist alles aufs äußerste vereinfacht. Die Geschenke sind dürftig, ein Empfehlender ist nicht da, man stellt sich selber vor, und dennoch braucht man sich alles dessen nicht zu schämen, wenn man nur die ehrliche Absicht hat, einander zu helfen in der Gefahr.»

Die fünfte Linie führt das Thema der Beschränkung weiter. Indem man nämlich der Natur des Wassers folgt, so sieht man, daß es ein Loch nur bis zum Rande füllt und dann weiterläuft. Es bleibt nicht darin gefangen.

> Der Abgrund wird nicht überfüllt,
> er wird nur bis zum Rand gefüllt.

Sollte man aber, verlockt durch die Gefahr, sich darauf versteifen, gerade wegen der Unsicherheit Überzeugung durch besondere Bemühungen, wie elaborierte Kommentare, Kasuistik und dergleichen mehr, quasi zu erzwingen, so würde man sich in der Schwierigkeit nur festrennen, was die oberste Linie treffend als einen gebundenen und eingesperrten Zustand beschreibt. Öfters nämlich zeigt die letzte Linie die Folgen an, welche entstehen, wenn man sich den Sinn des Hexagramms nicht zu Herzen genommen hat.

Wir haben in unserem Hexagramm eine 6 auf drittem Platz. Diese gespannte yin wandelt sich durch Enantiodromie in ein yang und erzeugt damit ein neues Hexagramm, welches eine quasi zukünftige Möglichkeit oder die Tendenz zu einer solchen schildert. Es ergibt sich das Zeichen 48: Dsing, der Brunnen. Das Motiv des Wasserloches wird, wie ersichtlich, fortgesetzt. Das Loch bedeutet aber nicht mehr Gefahr, sondern einen nützlichen Sodbrunnen.

> So ermuntert der Edle das Volk bei der Arbeit
> und ermahnt es, einander zu helfen.

1011 Letzteres vermutlich bei der Wiederherstellung des Brunnens. Es ist nämlich ein alter, verfallener Brunnen voll Schlamm. Nicht einmal die Tiere trinken aus ihm. Es hat sogar Fische drin, die man schießen kann, aber zum Trinken, das heißt zum menschlichen Gebrauch, wird er nicht benützt. Diese Schilderung erinnert an das umgekehrte und unbenützte Opfergefäß, das einen neuen Griff bekommen soll. So wird auch dieser Brunnen gereinigt. Aber niemand trinkt daraus.

> Das ist meines Herzens Leid;
> denn man könnte daraus schöpfen.

1012 Wie das gefährliche Wasserloch auf den *I Ging* weist, so der Brunnen. Dieser aber hat positive Bedeutung: er ist ein Loch, das Lebenswasser enthält. Er ist wie das Unbewußte; einerseits eine Gefahr, andererseits eine Hilfe. Sein Gebrauch sollte wieder hergestellt werden. Aber man hat keinen Begriff davon, kein Werkzeug, mit dem man das Wasser fassen könnte, denn «der Krug ist zerbrochen und rinnt». Wie das Opfergefäß neue Henkel oder Tragringe bekommt, an denen man es fassen kann, so muß auch der Brunnen neu «ausgemauert» werden. Er enthält nämlich einen «klaren, kühlen Quell, den man trinken kann». Man kann aus ihm schöpfen, «er ist zuverlässig».

1013 Es ist ohne weiteres ersichtlich, daß das aussagende Subjekt dieser «Prognose» wiederum der *I Ging* ist, der sich selber als Brunnen lebendigen Wassers darstellt, nachdem das vorhergehende Hexagramm ausführlich das Risiko dessen beschrieben hat, welcher wie zufällig in dieses Loch hineingefallen ist und sich zuerst wieder daraus herausarbeiten muß, um dann zu entdecken, daß es ein alter, zerfallener und verschlammter Brunnen ist, den man aber zu neuem Gebrauche wieder herrichten kann.

1014 Ich stellte an die Zufallstechnik des Münzenorakels zwei Fragen, die eine von der Darstellung des ersten und zweiten Hexagramms, und die zweite nachher. Die erste Frage richtete sich gewissermaßen an den *I Ging*, wie er sich zu meiner Absicht, ihm eine Einführung zu schreiben, verhalte. Die zweite Frage betraf mein eigenes Handeln, respektive die Situation, in welcher ich die handelnde Person war, nämlich die, welche das erste Hexagramm besprochen hatte. Auf die erste Frage antwortete der *I Ging*, indem er sich mit einem zu erneuernden Opfergefäß verglich, welches beim Publikum nur ein zweifelhaftes Wohlgefallen erregt. Auf die zweite Frage lautete die Antwort, daß ich in eine Schwierigkeit hineingeraten sei, indem nämlich der *I Ging* ein abgründiges und nicht ungefährliches Wasser, ein tiefes Wasserloch darstelle, in welchem einer auch steckenbleiben könnte. Das sei aber ein alter Brunnen, den man nur erneuern müsse, um wieder den nützlichsten Gebrauch davon machen zu können.

Diese vier Hexagramme sind in puncto Motiv (Gefäß, Loch, Brunnen) konsequent und in puncto geistiger Inhalt vernünftig und sinngemäß – nach meinem subjektiven Dafürhalten. Hätte mir ein Mensch so geantwortet, so müßte ich als Psychiater ihn, soweit das Material reicht, als zurechnungsfähig erklären. Ich könnte beim besten Willen an den vier Antworten nichts Deliriöses, Idiotisches oder Schizophrenes entdecken. In Anbetracht seines hohen Alters und seiner chinesischen Herkunft könnte ich ihm seine etwas archaische, symbolische und blumige Sprache nicht als pathologisch anrechnen. Andererseits müßte ich ihn positiv beglückwünschen zu seiner tiefen Einsicht in meine unausgesprochene, mißliche Stimmung. Ich kann darin nur eine ausgezeichnete Intuition erblicken.

1015

Es kommt mir beinahe so vor, als ob mein nicht voreingenommener Leser durch diese Beispiele in den Stand gesetzt wäre, sich über die Wirkungsweise des *I Ging* wenigstens ein vorläufiges Urteil zu bilden.[15] Mehr kann eine bescheidene Einleitung nicht erhoffen.

1016

Wenn es mir gelungen sein sollte, mit diesem Anschauungsunterricht die psychologische Phänomenologie des *I Ging* zu verdeutlichen, so habe ich meine Absicht erfüllt. Alle die tausend Fragen, Zweifel, Kriterien usw., welche dieses sonderbare Buch aufwirbelt, kann ich nicht beantworten. Sein Geist erscheint dem einen hell, dem anderen dämmerig und dem dritten wie finstere Nacht. Wem es nicht gefällt, der muß es ja nicht gebrauchen, und wer dagegen ist, muß es nicht für wahr halten. Es soll für die in die Welt gehen, welche damit etwas anzufangen wissen.

1017

Anmerkungen

1 Altes Chinesisches Weisheits- und Orakelbuch, dessen Ursprünge in das vierte Jahrtausend v. Chr. zurückreichen.
2 [Geschrieben 1948 für die englische Ausgabe von: *I Ging, Das Buch der Wandlungen*, erschienen 1950. Übers. von Mrs. CARY F. BAYNES. Die englische Übersetzung weicht weitgehend von der vorliegenden, ursprünglichen Fassung ab. Die Paragraphierung dieses Vorwortes stimmt daher auch nicht durchgehend überein mit der angloamerikanischen Ausgabe.]
3 Über den die einzelnen Linien erläuterten Text macht LEGGE folgende Bemerkung: «According to our notions, a framer of emblems should be a good deal of a poet, but those of the Yî only make us think of dryasdust. Out of more than 350, the greater number are only grotesque.» [Nach unseren Begriffen sollte ein Gestalter von Emblemen so etwas wie ein Poet sein, aber diejenigen des I (Ging) erinnern uns an Stubengelehrte. Von mehr als 350 sind die grössere Anzahl nur grotesk.] (*Sacred books of the east* XVI, p. 22) Von den «lessons» der Hexagramme sagt derselbe Autor: «But why, it may be asked, why should they be conveyed to us by such an array of lineal figures, and in such a farrago of emblematic representations?» [Doch warum, so mag man sich fragen, warum sollten sie uns in einer solchen Anordnung von linearen Figuren übermittelt werden und in einem solchen Mischmasch emblematischer Vorstellungen?] (l. c., p. 25) Wir vernehmen aber nirgends, daß LEGGE die Methode praktisch einmal probiert hätte.
4 Die Stengel sind die der Ptarmica Sibirica, die LEGGE noch auf dem Grabe des KUNG-FU-TSE wachsen sah.
5 Hier könnten sich die Arbeiten J. B. RHINES noch als recht hilfreich erweisen. Vgl. *Extra-Sensory Perception* und *New Frontiers of the Mind*.
6 Sie sind nach alter Auffassung shan = spirit-like. («Heaven produced the spirit-like things» [Der Himmel brachte die geisthaften Dinge hervor].) (LEGGE, l. c., p. 41)
7 Ich muß hier auf die Darstellung der Methode im WILHELMschen Text verweisen.
8 So sind z. B. die invidi (Neider) eine stehende Sprachfigur in den alten Lateinern der alchemistischen Literatur, insbesondere in der *Turba philosophorum* (11.–12. Jh.).
9 Englisch concept, vom Lateinischen concipere, zusammenfassen z. B. in einem Gefäß. Concipere kommt von capere: nehmen, ergreifen.
10 Dies ist die klassische Etymologie. Erst die Kirchenväter haben religio von religare (wiederanbinden) abgeleitet.
11 Ich habe das Experiment gemacht, bevor ich dieses Vorwort niederschrieb.
12 Die Chinesen deuten nur die wandelbaren Verse des durch das Orakel erhaltenen Hexagramms. Ich halte in den meisten Fällen alle Zeilen des Hexagramms für bedeutungsvoll.
13 (Vgl. WILHELM und JUNG: *Das Geheimnis der Goldenen Blüte* (1931), wo dieser Nachruf im Anhang abgedruckt ist. Das Buch erschien im Englischen erst ein Jahr nach WILHELMs Tod – C. F. B(AYNES). Für den Nachruf vgl. GW 15. Anm. Hrsg.)
14 [Der letzte Satzteil, von «nämlich» an, ist in JUNGS Manuskript nicht vorhanden.]
15 Ich möchte dem Leser empfehlen, die vier Hexagramme im Text aufzuschlagen und mit sämtlichen Kommentaren zu lesen.

Teil III

Indischer Yoga und Meditation

10 *Brahma* und die Vereinigung der Gegensätze

Aus: Über Schillers Ideen zum Typenproblem

Die indische Auffassung lehrt die Befreiung von den Gegensätzen, als welche alle affektiven Zustände und emotionalen Bindungen an das Objekt verstanden sind. Die Befreiung erfolgt nach Zurückziehung der Libido von allen Inhalten, wodurch eine völlige Introversion eintritt. Dieser psychologische Vorgang wird in sehr charakteristischer Weise als «Tapas» bezeichnet, was man am besten als Selbstbebrütung wiedergibt. Dieser Ausdruck schildert trefflich den Zustand der inhaltlosen Meditation, in welchem die Libido gewissermaßen als Brutwärme dem eigenen Selbst zugeführt wird. Durch die völlige Abziehung jeglicher Anteilnahme am Objekt entsteht notwendigerweise im Innern ein Äquivalent der objektiven Realität, respektive eine völlige Identität des Innen und des Außen, welche technisch als das «tat twam asi» (das bist du) bezeichnet werden kann. Durch die Zusammenschmelzung des Selbst mit den Beziehungen zum Objekt entsteht die Identität des Selbst (Âtman) mit dem Wesen der Welt (das heißt mit den Beziehungen des Subjektes zum Objekt), so daß die Identität des inneren und äußeren Âtman erkannt wird. Der Begriff des Brahman ist nur um weniges verschieden vom Begriff des Âtman, indem in Brahman der Begriff des Selbst nicht explicite gegeben ist, sondern bloß ein sozusagen allgemeiner, nicht näher zu definierender Zustand der Identität des Innen und Außen.

Ein zu «Tapas» in gewissem Sinne paralleler Begriff ist «Yoga», worunter weniger ein Zustand der Meditation als eine bewußte Technik der Erzielung des Tapas-Zustandes zu verstehen ist. Yoga ist eine Methode, nach der die Libido planmäßig «eingezogen» und dadurch aus den Gegensatzbindungen befreit wird. Der Zweck von Tapas und Yoga ist die Herstellung eines mittleren Zustandes, aus dem das Schöpferische und Erlösende hervorgeht. Der psychologische Erfolg für den einzelnen ist die Erreichung des «Brahman», des «höchsten Lichtes», oder «ânanda» (Wonne). Dies ist der Endzweck der Erlösungsübung. Zugleich ist aber auch derselbe Vorgang als kosmogonisch gedacht, indem aus Brahman-Âtman als Weltgrund die ganze Schöpfung hervorgeht. Der kosmogonische Mythus ist, wie jeder Mythus, eine Projektion unbewußter Vorgänge. Die Existenz dieses Mythus beweist also, daß im Unbewußten des Tapas-Übenden schöpferische Vorgänge stattfinden, welche zu verstehen sind als Neuadjustierungen gegenüber dem Objekt. SCHILLER sagt:

«Sobald es *Licht* wird in dem Menschen, ist auch außer ihm keine Nacht mehr; sobald es stille wird in ihm, legt sich auch der Sturm in dem Weltall, und die streitenden Kräfte der Natur finden Ruhe zwischen bleibenden Grenzen. Daher kein Wunder, wenn die uralten Dichtungen von dieser großen Begebenheit im Innern des Menschen als von einer Revolution in der Außenwelt reden...»[1]

191 Durch Yoga werden die Beziehungen zum Objekt introvertiert und durch Beraubung des Wertes ins Unbewußte versenkt, worin sie, wie oben dargestellt, neue Assoziationen mit anderen unbewußten Inhalten eingehen können und darum, nach Vollendung der Tapas-Übung, verändert wieder an das Objekt herantreten. Durch die Veränderung der Beziehung zum Objekt hat das Objekt ein neues Gesicht bekommen. Es ist wie neugeschaffen; daher ist der kosmogonische Mythus ein treffendes Symbol für das Resultat der Tapas-Übung. In der sozusagen ausschließlich introvertierenden Richtung der indischen Religionsübung hat die Neuanpassung an das Objekt allerdings keine Bedeutung, sondern verharrt als unbewußt projizierter kosmogonischer Lehrmythus, ohne zu praktischer Neugestaltung zu gelangen. Hierin steht die indische religiöse Einstellung der abendländisch-christlichen sozusagen diametral gegenüber, indem das christliche Prinzip der Liebe extravertierend ist und des äußeren Objektes unbedingt bedarf. Jenes Prinzip gewinnt dafür den Reichtum der Erkenntnis, dieses die Fülle der Werke.

192 Im Begriff des Brahman ist auch der Begriff der «Rita» (rechter Gang), die Weltordnung, enthalten. In Brahman, als dem schöpferischen Weltwesen und Weltgrund, kommen die Dinge auf den rechten Weg, denn in ihm sind sie ewig aufgelöst und neugeschaffen; aus Brahman erfolgt alle Entwicklung auf geordnetem Wege. Der Begriff des Rita führt uns hinüber zum Begriff des «Tao» bei LAO-TSE. Tao ist der «rechte Weg», das gesetzmäßige Walten, eine mittlere Straße zwischen den Gegensätzen, befreit von ihnen und sie doch in sich einigend. Der Sinn des Lebens ist,

diese Bahn des Mittleren zu wandeln und nie in die Gegensätze abzuschweifen. Das ekstatische Moment fehlt bei LAO-TSE gänzlich; es ist ersetzt durch eine überlegene philosophische Klarheit, durch eine von keinem mystischen Nebel getrübte intellektuelle und intuitive Weisheit, welche wohl das schlechthin Höchsterreichbare an geistiger Überlegenheit darstellt und darum auch des Chaotischen in dem Grade ermangelt, daß sie sich in Gestirnsweite vom Ungeordneten dieser wirklichen Welt entfernt. Sie zähmt alles Wilde, ohne es läuternd zu ergreifen und in Höheres umzugestalten.

a) Die brahmanistische Auffassung des Gegensatzproblems

Der Sanskritausdruck für Gegensatzpaar im psychologischen Sinn ist «dvandva». Er bedeutet sonst noch Paar (besonders Mann und Weib), Streit, Zank, Zweikampf, Zweifel usw. Die Gegensatzpaare wurden schon vom Weltschöpfer geschaffen:

«Moreover, in order to distinguish actions, he separated merit from demerit, and he caused the creatures to be affected by the pairs (of opposites), such as pain and pleasure.»[2]

Der Kommentator KULLÛKA nennt als weitere Gegensatzpaare: Wunsch und Zorn, Liebe und Haß, Hunger und Durst, Sorge und Wahn, Ehre und Schande. «Immerfort hat diese Welt unter den Gegensatzpaaren zu leiden.»[3] Es ist nun eine wesentliche ethische Aufgabe, sich von den Gegensätzen nicht beeinflussen zu lassen (nirdvandva = frei, unberührt von den Gegensätzen), sondern sich darüber zu erheben, weil die Befreiung von den Gegensätzen zur Erlösung führt.

Ich gebe im folgenden eine Reihe von Belegen:
Aus dem Buch des Manu:

«Wenn er durch die Einstellung seines Gefühls gleichgültig wird gegenüber allen Objekten, so erlangt er ewige Glückseligkeit, sowohl in dieser Welt, wie nach dem Tode. Wer in dieser Weise alle Bindungen allmählich aufgegeben hat und sich befreit hat von allen Gegensatzpaaren, ruht in Brahman allein.»[4]

Die bekannte Ermahnung Krishnas:

«Die Vedas beziehen sich auf die drei Gunas[5]; Du aber, o Arjuna, sei gleichgültig gegen die drei Gunas, gleichgültig gegen die Gegensätze (nirdvandva), immerdar standhaft im Mut.»[6]

Im Yogasûtra des Patanjali heißt es:

«Dann (in der tiefsten Versenkung, samâdhi) erfolgt Unbetroffensein von den Gegensätzen.»[7]

Vom Wissenden:

«Daselbst schüttelt er ab gute Werke und böse Werke; dann übernehmen seine Bekannten, die ihm freund sind, sein gutes Werk, und die ihm nicht freund sind, sein böses Werk; gleichwie einer, auf einem Wagen schnell fahrend, auf die Wagenräder hinabblickt, so blickt er hinab auf Tag und Nacht, so auf gute und böse Werke und auf alle Gegensätze; er aber, frei von guten und bösen Werken, als Brahmanwisser, geht zu dem Brahman ein.»[8]

(Zur Versenkung ist berufen)

«wer Gier und Zorn überwindet, das Hängen an der Welt und die Sinnenlust; wer sich von den Gegensätzen frei macht, wer das Ichgefühl (bzw. die Selbstsucht) aufgibt, der Hoffnung ledig ist.»[9]

PÂNDU, der ein Eremit werden will, sagt:

«Mit Staub ganz bedeckt, im Freien hausend, will ich an der Wurzel eines Baumes meine Wohnung nehmen, alles, Liebe und Unliebes aufgeben, weder Kummer noch Freude empfinden, Tadel und Lob gleich aufnehmen, weder Hoffnung hegen, noch Verehrung bezeugen, frei von den Gegensätzen (nirdvandva), ohne Hab und Gut.»[10]

«Wer im Leben und im Sterben, im Glück wie im Unglück, bei Gewinnen und Verlieren, in Liebe und Haß sich gleich bleibt, der wird erlöst. Wer nichts erstrebt und nichts gering achtet, wer frei von den Gegensätzen (nirdvandva) ist, wessen Seele die Leidenschaft nicht kennt, der ist gänzlich erlöst.

Wer weder Recht noch Unrecht tut, und den in früherem Dasein angehäuften Schatz von (guten und bösen) Werken fahren läßt; wessen Seele sich beruhigt, wenn die körperlichen Elemente dahinschwinden, wer von den Gegensätzen sich frei hält, der wird erlöst.»[11]

«Volle tausend Jahre habe ich die Sinnendinge genossen, und doch regt sich immer von neuem die Begier nach ihnen. Deshalb will ich sie aufgeben, und meinen Geist

auf Brahma richten; gleichgültig gegen die Gegensätze (nirdvandva) und frei von Ichgefühl will ich mit dem Wild umherstreifen.»[12]
«Durch Schonung aller Wesen, durch den Wandel eines Asketen, durch Selbstbezwingung und Wunschlosigkeit, durch Gelübde und untadeliges Leben, durch Gleichmut und das Ertragen der Gegensätze wird dem Menschen in dem qualitätslosen Brahma die Wonne zuteil.»[13]
«Wer frei ist von Überhebung und Verblendung, und den Fehler, an etwas zu hängen, überwunden hat, wer dem höchsten Âtman treu bleibt, wessen Wünsche erloschen sind, wer unberührt bleibt von den Gegensätzen von Lust und Schmerz, diese von Verblendung Freien gelangen nach jener unvergänglichen Stätte.»[14]

Wie aus diesen Zitaten[15] hervorgeht, sind es zunächst die äußeren Gegensätze, wie Hitze und Kälte, denen die psychische Anteilnahme versagt werden soll, sodann aber auch extreme affektive Schwankungen, wie Liebe und Haß usw. Die affektiven Schwankungen sind natürlich die steten Begleiter aller psychischen Gegensätze, so natürlich auch aller gegensätzlichen Auffassungen in moralischer und anderer Hinsicht. Solche Affekte sind erfahrungsgemäß um so größer, je mehr das erregende Moment die Gesamtheit des Individuums berührt. Der Sinn der indischen Absicht ist daher klar: sie will von den Gegensätzen der menschlichen Natur überhaupt befreien, und zwar zu einem neuen Leben in Brahman, dem Erlösungszustand und Gott zugleich. Brahman muß also die irrationale Vereinigung der Gegensätze und somit ihre endgültige Überwindung bedeuten. Obschon Brahman als Weltgrund und Weltschöpfer die Gegensätze geschaffen hat, so müssen doch in ihm die Gegensätze auch wieder aufgehoben sein, wenn anders er den Erlösungszustand bedeuten soll. Ich gebe im folgenden eine Reihe von Belegen.

Brahman wird als sat und asat, das Seiende und Nichtseiende, als satyam und asatyam, die Realität und die Nichtrealität bezeichnet.[16]
«Fürwahr, es gibt zwei Formen des Brahman, nämlich das Gestaltete und das Ungestaltete, das Sterbliche und das Unsterbliche, das Stehende und das Gehende, das Seiende und das Jenseitige.»[17]
«Der Gott, der Schöpfer aller Dinge, das große Selbst, das immerdar wohnt im Herzen des Menschen, wird wahrgenommen vom Herzen, der Seele, dem Geiste; – wer das weiß, erreicht Unsterblichkeit. Wenn das Licht aufgegangen ist, dann gibt es nicht Tag noch Nacht, weder Sein noch Nichtsein.»[18]
«Zwei sind im ewig, endlos höchstem Brahman latent enthalten, *Wissen* und *Nicht-*

wissen; vergänglich ist Nichtwissen, ewig Wissen, doch der als Herr verhängt sie, ist der Andre.»[19]

«Das Selbst, kleiner als klein, größer als groß, ist verborgen im Herzen dieser Kreatur. Ein Mensch, befreit vom Begehren und befreit von Bekümmernis, sieht die Majestät des Selbst durch die Gnade des Schöpfers. Obschon er stille sitzt, so wandelt er ferne, obschon er stille liegt, so geht er überall. Wer, außer mir, ist fähig, diesen Gott zu erkennen, der erfreut und nicht erfreut?»[20]

> Eins, – ohne Regung und doch schnell wie Denken, –
> Hinfahrend nicht von Göttern einzuholen, –
> Stillstehend überholt es alle Läufer, –
> Ihm wob schon die Urwasser ein der Windgott,
> Rastend ist es und doch rastlos,
> Ferne ist es und doch so nah!
> In allem ist es inwendig,
> Und doch außerhalb allem da.[21]

«Aber gleichwie dort im Luftraume ein Falke oder ein Adler, nachdem er umhergeflogen ist, ermüdet seine Fittiche zusammenfaltet und sich zur Niederkauerung begibt, also auch eilt der Geist zu jenem Zustande, wo er, eingeschlafen, keine Begierde mehr empfindet und kein Traumbild schaut ...

Das ist die Wesensform desselben, in der er über das Verlangen erhaben, von Übel frei und ohne Furcht ist. Denn so wie einer, von einem geliebten Weibe umschlungen, kein Bewußtsein hat von dem, was außen oder innen ist, so auch hat der Geist, von dem erkenntnisartigen Selbste (dem Brahman) umschlungen, kein Bewußtsein von dem, was außen oder innen ist»[22] (Aufhebung von Subjekt-Objektgegensatz.)

«‹Ein Ozean ist dieser eine Schauende, frei von Zweiheit; dies ist die Brahmanwelt, o König.› So lehrte ihn YÂJÑAVALKYA. Dies ist sein höchstes Ziel, dies sein höchster Erfolg, dies seine höchste Welt, dies seine höchste Wonne.»[23]

> Was regsam ist, was fliegt und dennoch stillsteht,
> Was atmet und nicht atmet, was die Augen schließt,
> Das trägt die ganze Erde allgestaltig,
> Und das, zusammengehend, wird zur Einheit.[24]

330 Diese Anführungen zeigen, daß Brahman die Vereinigung und Aufhebung der Gegensätze ist und daher zugleich auch das irrationale[25] Größe darüber steht. Es ist ein Gottwesen, zugleich das Selbst (allerdings in geringerem

Maße als der verwandte Âtmanbegriff) und ein bestimmter psychologischer Zustand, der durch Isolierung gegenüber Affektschwankungen ausgezeichnet ist. Da das Leiden ein Affekt ist, so bedeutet die Befreiung von Affekten die Erlösung. Die Befreiung aus den Schwankungen der Affekte, das heißt aus der Gegensatzspannung, ist gleichbedeutend mit dem Erlösungsweg, der allmählich zum Brahmanzustand führt. Brahman ist daher in gewissem Sinne nicht nur ein Zustand, sondern auch ein Prozeß, eine «schöpferische Dauer». Es ist daher nicht erstaunlich, daß sein Begriff in den *Upanishaden* mit all den Symbolen ausgedrückt wird, die ich früher als Libidosymbole[26] bezeichnet habe. Ich gebe im folgenden die hierhergehörigen Belege.

b) Über die brahmanistische Auffassung des vereinigenden Symbols

«Wenn es heißt: ‹Brahman zuerst im Osten ward geboren›, so wird als jene Sonne das Brahman Tag für Tag im Osten geboren.»[27]

«Jener Mann in der Sonne ist Parameshtin, Brahman, Âtman.»[28]

«Jener Mann, den sie in der Sonne zeigen, der ist Indra, ist Prajâpati, ist Brahman.»[29]

«Das Brahman ist ein sonnengleiches Licht.»[30]

«Was dieses Brahman ist, das ist eben das, was als jene Sonnenscheibe glüht.»[31]

> Brahman *zuerst im Osten ward geboren;*
> Vom Horizont deckt auf den Glanz der Holde;
> Die Formen dieser Welt, die tiefsten, höchsten,
> Zeigt er, die Wiege des, was ist und nicht ist.
> Vater der glänzenden, der Schätze *Zeuger,*
> Ging ein er in den Luftraum allgestaltig;
> Ihn preisen sie durch Lobgesang; *das Junge,*
> *Das Brahman ist, durch Brahman* (Gebet) wachsen machend.
> Das Brahman hat die Gottheiten, Brahman die Welt hervorgebracht.[32]

Ich habe gewisse, besonders charakteristische Stellen hervorgehoben, aus denen ersichtlich ist, daß Brahman nicht nur das Hervorbringende ist, sondern auch das Hervorgebrachte, immer wieder Werdende. Der Beiname «der Holde» (vena), der hier der Sonne gilt, wird an anderen Stellen dem

«Seher», der mit dem göttlichen Licht begnadet ist, gegeben, denn gleich wie die Brahman-Sonne, umwandelt auch des Sehers Geist «Erd' und Himmel, Brahman schauend».[33] Diese intime Beziehung, ja Identität des göttlichen Wesens mit dem Selbst (Âtman) des Menschen, dürfte allgemein bekannt sein. Ich erwähne folgendes Beispiel aus dem *Atharvaveda:*

> Der Brahmanschüler belebend beide Welten geht.
> In ihm sind einmütig die Götter alle.
> Er hält und trägt die Erde und den Himmel,
> Er sättigt durch sein Tapas[34] selbst den Lehrer.
> Dem Brahmanschüler nah'n, ihn zu besuchen,
> Väter und Götter, einzeln und in Scharen;
> Und alle Götter sättigt er durch Tapas.[35]

333 Der Brahmanschüler ist selbst eine Inkarnation Brahmans, woraus die Identität der Brahmanweisheit mit einem bestimmten psychologischen Zustand unzweifelhaft hervorgeht.

> Von Göttern angetrieben glänzt unüberragt die *Sonne* dort;
> *Aus ihr ward Brahmankraft,* das höchste Brahman,
> Die Götter all, und was sie macht unsterblich.
> *Der Brahmanschüler trägt das Brahman* glanzvoll,
> *Ihm sind die Götter alle eingewoben.*[36]

334 Brahman ist auch Prâna = Lebensodem und kosmisches Prinzip, ebenso ist Brahman Vâyu = Wind, der in der *Brihadâranyaka-Upanishad* (3, 7) als das kosmische und psychische Lebensprinzip angegeben wird.[37]

«Er, der dieser (Brahman) ist im Menschen, und er, der jener (Brahman) ist in der Sonne, beide sind eins.»[38]

Gebet eines Sterbenden:

«Das Antlitz des Wahren (des Brahman) ist von einer goldenen Scheibe bedeckt. Öffne diese, o Pûshan (Savitar, Sonne), daß wir sehen mögen das Wesen des Wahren. O Pûshan, einziger Seher, Yama, Sûrya (Sonne), Sohn des Prajâpati, breite deine Strahlen aus und sammle sie. Das Licht, das deine schönste Gestalt ist, ich sehe es. Ich bin, was er ist (das heißt der Mann in der Sonne).»[39]
«Und dieses Licht, das über diesem Himmel leuchtet, höher als Alles, höher als Jegliches, in der höchsten Welt, über welche hinaus es keine andern Welten mehr

gibt, das ist dasselbe Licht, das im Innern des Menschen ist. Und dafür haben wir diesen sichtbaren Beweis: nämlich, wenn wir so durch Berührung die Wärme hier im Körper wahrnehmen.»⁴⁰

«Wie ein Reiskorn, oder Gerstenkorn, oder Hirsekorn, oder eines Hirsekornes Kern, so ist dieser Geist im innern Selbst, golden wie eine Flamme ohne Rauch; und er ist größer als der Himmel, größer als der Raum, größer als diese Erde, größer als alle Wesen. Er ist des Lebens Seele, er ist meine Seele; zu ihm, von hier, zu dieser Seele werde ich hinscheidend eingehen.»⁴¹

Brahman wird im *Atharvaveda* (10, 2) als vitalistisches Prinzip, als Lebenskraft, welche alle Organe und ihre zugehörigen Triebe schafft, aufgefaßt.

«Wer, daß er des Geschlechtes Faden fortspinne, pflanzt' ihm Samen ein, wer häufte auf ihn Geisteskräfte, gab Stimme ihm und Mienenspiel?»⁴²

Auch die *Macht* des Menschen stammt aus Brahman. Aus diesen Belegen, deren Zahl sich um ein Vielfaches vermehren ließe, geht unzweideutig hervor, daß der Brahmanbegriff übereinstimmt, vermöge aller seiner Attribute und Symbole, mit jener Idee einer dynamischen oder schöpferischen Größe, die ich als «Libido» bezeichnet habe. Das Wort «Brahman» bedeutet: Gebet, Zauberspruch, heilige Rede, heiliges Wissen (veda), heiliger Wandel, das Absolutum, der heilige Stand (der Brahmanen). DEUSSEN hebt als besonders charakteristisch die Gebetsbedeutung hervor.⁴³ Brahman leitet sich von barh, farcire, «die Anschwellung»⁴⁴, das heißt das «Gebet», ab, aufgefaßt als «der zum Heiligen, Göttlichen emporstrebende Wille des Menschen». Diese Ableitung weist auf einen gewissen psychologischen Zustand hin, nämlich auf eine spezifische Konzentration der Libido, welche durch überfließende Innervationen einen allgemeinen Spannungszustand hervorruft, der mit dem Gefühl der Anschwellung verknüpft ist. Daher gebraucht man auch in der Umgangssprache von einem solchen Zustand gerne Bilder von Überfließen, Nicht-mehr-halten-Können, Zerplatzen usw. («Weß' das Herz voll ist, deß' gehet der Mund über.») Die indische Praxis sucht diesen Zustand der Stauung oder Anhäufung der Libido planmäßig durch Abziehung der Aufmerksamkeit (der Libido) von den Objekten und von den psychischen Zuständen, den «Gegensätzen», herbeizuführen. Die Abspaltung der Sinneswahrnehmung und die Auslöschung des Bewußtseinsinhaltes führt gewaltsam zu einer Heruntersetzung des Bewußtseins überhaupt (genau wie in der Hypnose) und belebt dadurch die Inhalte des Unbewußten, das heißt die urtümlichen Bilder, die wegen ihrer Universalität und ihres unbeschränkten Alters kosmischen und übermenschlichen Charakter haben. Auf diese Weise kommen dann alle jene Gleichnisse von Sonne, Feuer, Flamme, Wind, Atem usw. herein, welche von jeher als Symbole für die zeugende, schöpferische, weltbewegende Kraft galten. Da ich mich mit diesen Libidogleichnissen in einer speziellen Untersuchung[45] ausführlich beschäftigt habe, kann ich mir hier Wiederholungen ersparen.

337 Die Idee eines schöpferischen Weltprinzipes ist eine Projektion der Wahrnehmung des lebenden Wesens im Menschen selbst. Man tut wohl am besten, dieses Wesen abstrakt als *Energie* aufzufassen, um alle vitalistischen Mißverständnisse von vornherein auszuschließen. Allerdings muß man aber auch auf der anderen Seite jene Hypostasierung des Energiebegriffes, welche sich die modernen Energetiker leisten, strikte zurückweisen. Mit dem Begriff der Energie ist auch der Begriff der Gegensätzlichkeit gegeben, indem ein energetischer Ablauf notwendig die Existenz eines Gegensatzes, das heißt zweier verschiedener Zustände voraussetzt, ohne welche überhaupt kein Ablauf stattfinden kann. Jedes energetische Phänomen (es gibt überhaupt kein Phänomen, das nicht energetisch wäre) manifestiert Anfang und Ende, oben und unten, heiß und kalt, früher und später, Ursprung und Ziel usw., das heißt die Gegensatzpaare. Die Untrennbarkeit des Energiebegriffes vom Gegensatzbegriff haftet auch dem Libidobegriff an. Die Libidosymbole mythologischer oder philosophisch-spekulativer Natur sind daher entweder durch Gegensätze direkt dargestellt, oder lösen sich zu allernächst in Gegensätze auf. Ich habe auf diese innere Spaltung der Libido schon früher hingewiesen und bin damit auf Widerstand gestoßen, zu Unrecht, wie mir scheint, denn die unmittelbare Assoziation eines Libidosymbols mit dem Gegensatzbegriff gibt mir recht. Wir finden diese Assoziation auch beim Brahmanbegriff oder -symbol. In höchst merkwürdiger Weise findet sich die Form Brahmans als Gebet und zugleich als vorweltliche Schöpferkraft, letztere dabei in die Geschlechtsgegensätze aufgelöst, in einem Hymnus des *Rigveda*:

> Und dies Gebet des Sängers, aus sich breitend,
> Ward eine Kuh, die vor der Welt schon da war;
> In dieses Gottes Schoß zusammenwohnend,
> Pfleglinge gleicher Hegung sind die Götter.
> Was ist das Holz, was ist der Baum gewesen,

Aus dem sie Erd und Himmel ausgehauen,
Die beiden, alternd nicht und ewig hilfreich,
Wenn Tage schwinden und Vor-Morgenröten? –
So groß ist außer ihm nichts mehr vorhanden,
Er ist der Stier, der Erde trägt und Himmel,
Das Wolkensieb umgürtet wie ein Fell er,
Der Herr, wenn er, wie Sûrya, fährt mit Falben.
Als Sonnenpfeil bestrahlt er weit die Erde,
Durchbraust die Wesen, wie der Wind den Nebel;
Wo er als *Mitra, Varuna* sich umtreibt,
Zerteilt er *Glutschein,* wie im Walde *Agni.*
Als, zugetrieben ihm, die Kuh gebar,
Schuf sie, *bewegt, frei weidend, Unbewegtes,*
Gebar den Sohn, der älter als die Eltern...[46]

In einer anderen Form ist die mit dem Weltschöpfer unmittelbar verbundene Gegensätzlichkeit dargestellt im *Çatapatha-Brâhmanam* (2, 2, 4):

«Prajâpati[47] war diese Welt zu Anfang nur allein; der erwog: ‹Wie kann ich mich fortpflanzen?› Er mühte sich ab, er übte Tapas[48]; da erzeugte er aus seinem Munde Agni (das Feuer); weil er ihn aus seinem Munde erzeugte[49], darum ist Agni Speiseverzehrer... Prajâpati erwog; ‹als Speiseverzehrer habe ich diesen Agni aus mir erzeugt; *aber es ist hier nichts andres außer mir vorhanden,* was er essen könnte›; denn die Erde war damals ganz kahl beschaffen; es gab keine Kräuter und keine Bäume; das war ihm in Gedanken. *Da kehrte sich Agni mit aufgerissenem Rachen gegen ihn...* Da sprach zu ihm die ihm eigene Größe: ‹Opfere!› Und Prajâpati erkannte: ‹die mir eigene Größe hat zu mir gesprochen›; und er opferte... Darauf stieg Er empor, der dort glüht (die Sonne); darauf erhob sich Er, der hier läutert (der Wind)... So hat also Prajâpati dadurch, daß er opferte, sich fortgepflanzt und zugleich vor dem Tode, der als Agni ihn fressen wollte, sich selbst gerettet...»[50]

Das Opfer ist immer das Aufgeben eines wertvollen Stückes, dadurch kommt der Opferer dem Gefressenwerden zuvor, das heißt es entsteht nicht eine Verwandlung in den Gegensatz, sondern eine Vereinigung und Ausgleichung, woraus sofort eine neue Libido-, respektive Lebensform entsteht, Sonne und Wind ergeben sich. An einer anderen Stelle im *Çatapatha-Brâhmanam* wird angegeben, daß die eine Hälfte des Prajâpati sterblich, die andere unsterblich sei.[51]

In ähnlicher Weise, wie Prajâpati sich schöpferisch in Stier und Kuh teilt, so teilt er sich auch in die beiden Prinzipien Manas (Verstand) und Vâc (Rede).

«Prajâpati war diese Welt allein; die Vâc war sein Selbst, die Vâc sein Zweites (sein alter ego); er erwog: (ich will diese Vâc hervorgehen lassen, und sie soll hingehen, dieses All zu durchdringen); da ließ er die Vâc hervorgehen, und sie ging hin, indem sie dieses All erfüllte.»[52]

Diese Stelle ist insofern von besonderem Interesse, als die Rede hier als eine schöpferische, extravertierende Libidobewegung aufgefaßt wird, im GOETHEschen Sinne als eine Diastole. Eine weitere Parallele ist die folgende Stelle:

«Prajâpati fürwahr war diese Welt; ihm war die Vâc sein Zweites; mit ihr pflog er Begattung; sie wurde schwanger; da ging sie von ihm aus, da schuf sie diese Geschöpfe, und dann ging sie wieder in Prajâpati zurück.»[53]

341 Im *Çatapatha-Brâhmanam* wird der Vâc sogar eine überragende Bedeutung zuteil: «die Vâc führwahr ist der weise Viçvakarman, denn durch die Vâc ist diese ganze Welt gemacht.»[54] An anderer Stelle wird die Frage des Primates zwischen Manas und Vâc aber anders entschieden:

«Es geschah einmal, daß der Verstand und die Rede sich um den Vorrang stritten. Der Verstand sprach: ‹Ich bin besser als du; denn du sprichst nichts, was ich nicht vorher erkannt hätte...› Da sprach die Rede: ‹Ich bin besser als du; denn was du erkannt hast, das tue ich kund, das mache ich bekannt.› Sie gingen den Prajâpati um Fragentscheidung an. Prajâpati stimmte dem Verstande bei und sprach: ‹Allerdings ist der Verstand besser als du; denn was der Verstand tut, das machst du nach und läufst in seinem Geleise; es pflegt aber der Schlechtere nachzumachen, was der Bessere tut...›»[55]

342 Diese Stellen zeigen, daß sich der Weltschöpfer auch in Manas und Vâc, die zueinander in Gegensatz treten, spalten kann. Die beiden Prinzipien bleiben, wie DEUSSEN hervorhebt, zunächst innerhalb des Prajâpati, des Weltschöpfers, wie aus folgender Stelle hervorgeht:

«Prajâpati begehrte: ‹ich will vieles sein, will mich fortpflanzen!› Da meditierte er schweigend in seinem *Manas;* was in seinem Manas war, das bildete sich zum Brihat[56]; da bedachte er: ‹dies liegt als eine Leibesfrucht in mir, die will ich durch die *Vâc* gebären›. Da schuf er die Vâc...»[57]

Brahma und die Vereinigung der Gegensätze

Diese Stelle zeigt die beiden Prinzipien in ihrer Natur als psychologische   343
Funktionen; nämlich Manas als Introversion der Libido mit Erzeugung eines inneren Produktes, Vâc dagegen als die Funktion der Entäußerung, der Extraversion. Mit dieser Vorbereitung können wir nun auch eine weitere auf Brahman bezügliche Stelle verstehen: Brahman schuf zwei Welten.

«Nachdem es in die jenseitige (Welt-)Hälfte eingegangen, erwog es: (Wie kann ich nun in diese Welten hineinreichen?) *Und es reichte in diese Welten hinein durch zwei, durch die Gestalt und durch den Namen... Diese beiden sind die beiden großen Ungetüme des Brahman; wer diese beiden großen Ungetüme des Brahman weiß, der wird zum großen Ungetüm; diese beiden sind die beiden großen Erscheinungen des Brahman.*»[58]

Wenig weiter wird «Gestalt» als Manas erklärt («Manas ist die Gestalt,   344
denn durch das Manas weiß man, daß es diese Gestalt ist») und «Namen» als Vâc («denn durch die Vâc greift man den Namen»). Die beiden «Ungetüme» des Brahman erscheinen also als Manas und Vâc, und damit als zwei Funktionen, mit denen Brahman in zwei Welten «hineinreichen» kann, womit offenbar «Beziehung» gemeint ist. Mit Manas wird introvertierend die Gestalt der Dinge «aufgefaßt» oder «aufgenommen»; mit Vâc wird extravertierend des Dinges Namen genannt. Beides sind Beziehungen und Anpassungen oder Assimilationen der Dinge. Die beiden Ungetüme sind offenbar auch personifiziert gedacht, worauf auch der andere Name «Erscheinung» = Yaksha hindeutet, indem Yaksha soviel wie Dämon oder übermenschliches Wesen heißt. Die Personifikation bedeutet psychologisch immer eine relative Selbständigkeit (Autonomie) des personifizierten Inhaltes, das heißt eine relative Abspaltung von der psychischen Hierarchie. Ein derartiger Inhalt gehorcht nicht der willkürlichen Reproduktion, sondern reproduziert sich selbst spontan oder entzieht sich auch dem Bewußtsein auf dieselbe Weise.[59] Eine solche Abspaltung entwickelt sich zum Beispiel, wenn eine Inkompatibilität besteht zwischen dem Ich und einem gewissen Komplex. Wie bekannt, beobachtet man diese Abspaltung sehr häufig zwischen dem Ich und dem Sexualkomplex. Aber auch andere Komplexe können abgespalten sein, zum Beispiel der Machtkomplex, das heißt die Summe aller Strebungen und Vorstellungen, die sich auf Erlangung persönlicher Macht richten. Es gibt nun aber noch eine andere Art von Abspaltung, nämlich die *Abspaltung des bewußten Ich mit einer ausgewählten Funktion von den übrigen Komponenten der Persönlichkeit.* Man kann diese Abspaltung bezeichnen als eine Identifikation des Ich mit einer gewissen

Funktion oder Funktionsgruppe. Diese Abspaltung ist sehr häufig bei Menschen, die sich besonders tief in eine ihrer psychischen Funktionen versenken und sie zur alleinigen bewußten Anpassungsfunktion differenzieren.

Anmerkungen:

1 Schiller: *Über die ästhetische Erziehung des Menschen*, 25. Brief.
2 *Mânava-Dharmaçâstra* I, 26 in *Sacred Books of the East* XXV, p. 13.
3 *Râmâyana* II, 84, 20. (Zitat im Ramayana nicht auffindbar. Anm. Clarke).
4 *Mânava-Dharmaçastra* VI, 80f., l. c., p. 212f.
5 Qualitäten oder Faktoren oder Konstituenten der Welt.
6 *Bhagavadgîtâ* II in *Sacred Books of the East* VIII, p. 48.
7 DEUSSEN, *Allgemeine Geschichte der Philosophie* I, 3, p. 527. Yoga ist bekanntlich ein Übungssystem zur Erlangung höherer erlöster Zustände.
8 *Kaushîtaki-Upanishad* I, 4. DEUSSEN, *Sechzig Upanishad's des Veda*, p. 26.
9 *Tejobindu-Upanishad* 3. Vgl. DEUSSEN, l. c., p. 664.
10 *Mahâbhârata* I, 119, 8f.
11 *Mahâbhârata* XIV, 19, 4ff.
12 *Bhâgavata-Purâna* IX, 19, 18f. «Nachdem er abgetan das Nichtschweigen und das Schweigen, so wird er ein Brâhmana.» *Brihadâranyaka-Upanishad* 3, 5. DEUSSEN, l. c., p. 436.
13 *Bhâgavata-Purâna* IV, 22, 24.
14 *Garuda-Purâna Pretakalpa* 16, 110.
15 Ich verdanke diese für mich zum Teil unerreichbaren Zitate der liebenswürdigen Mithilfe des Indologen Prof. E. Abegg in Zürich.
16 DEUSSEN, *Allgemeine Geschichte der Philosophie* I, 2, p. 117.
17 *Brihadâranyaka-Upanishad* 2, 3. DEUSSEN, *Sechzig Upanishad's des Veda*, p. 413. (Englische Übersetzung: «... the material and the immaterial, the mortal and the immortal, the solid and the fluid, ‹sat› (being, definite) and ‹tya› (that, indefinite).» *Sacred Books of the East* XV, p. 107.)
18 *Çvatâçvatara-Upanishad* 4, 17f. in *Sacred Books of the East* XV, p. 253.
19 *Çvatâçvatara-Upanishad* 4, 1. DEUSSEN, l. c., p. 304. (Englische Übersetzung: «In the imperishable and infinite Highest Brahman, wherein the two, knowledge and ignorance, are hidden, the one, ignorance, perishes, the other, knowledge, is immortal; but he who controls both, knowledge and ignorance, is another.» *Sacred Books of the East* XV, p. 255.)
20 *Kâthaka-Upanishad* 2, 20f. in *Sacred Books of the East* XV, p. 11. DEUSSEN, l. c., p. 274f., übersetzt hier: «Des Kleinen Kleinstes und des Großen Größtes, wohnt er als Selbst hier dem Geschöpf im Herzen; frei von Verlangen schaut man, fern von Kummer, gestillten Sinnendrangs des Âtman Herrlichkeit. Er sitzt und wandert doch fernhin, er liegt und schweift doch allerwärts. Des Gottes Hin- und Herwogen, wer verstände es außer mir?»
21 *Îçâ-Upanishad* 4 und 5. DEUSSEN, l. c., p. 525.
22 *Brihadâranyaka-Upanishad* 4, 3, 19, 21. DEUSSEN, l. c., p. 470.

23 *Brihadâranyaka-Upanishad* 4, 3, 32 in *Sacred Books of the East* XV, p. 171.
24 *Atharvaveda* 10, 8, 11. DEUSSEN, *Allgemeine Geschichte der Philosophie* I, 1, p. 320.
25 Daher ist Brahman gänzlich unerkennbar und unverstehbar.
26 JUNG, *Wandlungen und Symbole der Libido* (Neuausgabe: *Symbole der Wandlung* [GW V]).
27 *Çatapatha-Brâhmanam* 14, 1, 3, 3. DEUSSEN, l. c., p. 250.
28 *Taittirîya-Âranyakam* 10, 63, 15. DEUSSEN, l. c., p. 250.
29 *Çankhâyana-Brâhmanam* 8, 3. DEUSSEN, l. c., p. 250.
30 *Vâjasaneyi-Samhitâ* 23, 48. DEUSSEN, l. c., p. 250.
31 *Çatapatha-Brâhmanam* 8, 5, 3, 7. DEUSSEN, l. c., p. 250.
32 *Taittirîya-Brâhmanam* 2, 8, 8, 8ff. DEUSSEN, l. c., p. 251f.
33 *Atharvaveda* 2, 1. 4, 1. 11, 5.
34 Übung, Selbstbebrütung, Vgl. dazu JUNG, *Wandlungen und Symbole der Libido* (Neuausgabe: *Symbole der Wandlung* [GW V]).
35 DEUSSEN, l. c., p. 279.
36 *Atharvaveda* 11, 5, 23f. DEUSSEN, l. c., p. 282.
37 DEUSSEN, *Allgemeine Geschichte der Philosophie* I, 2, p. 93ff.
38 *Taittirîya-Upanishad* 2, 8, 5 in *Sacred Books of the East* XV, p. 61. Vgl. DEUSSEN, *Sechzig Upanishad's des Veda*, p. 233.
39 *Brihadâranyaka-Upanishad* 5, 15, 1ff. in *Sacred Books of the East* XV, p. 199f. Vgl. DEUSSEN, l. c., p. 499f.
40 *Chândogya-Upanishad* 3, 13, 7f. in *Sacred Books of the East* I, p. 47. Vgl. DEUSSEN, *Allgemeine Geschichte der Philosophie* I, 2, p. 154.
41 *Çatapatha-Brâhmanam* 10, 6, 3. DEUSSEN, *Allgemeine Geschichte der Philosophie* I, 1, p. 264.
42 DEUSSEN, l. c., p. 268.
43 DEUSSEN, l. c., p. 240ff.
44 Dafür spricht auch die Beziehung Brahman-Prâna-Mâtariçvan (der in der Mutter Schwellende). *Atharvaveda* 11, 4, 15. DEUSSEN, l. c., p. 304.
45 JUNG, *Wandlungen und Symbole der Libido* (Neuausgabe: *Symbole der Wandlung* [GW V]).
46 *Rigveda* 10, 31, 6. DEUSSEN, l. c., p. 140f.
47 Kosmisches Schöpferprinzip = Libido. *Taittirîya-Samhitâ* 5, 5, 2, 1: «Er hat die Kreaturen, nachdem er sie erschaffen, mit Liebe durchdrungen.» DEUSSEN, l. c., p. 191.
48 Selbstbebrütung, Askese, Introversion.
49 Die Feuererzeugung im Munde hat eine merkwürdige Beziehung zur Sprache. Vgl. dazu JUNG, *Wandlungen und Symbole der Libido* (Neuausgabe: *Symbole der Wandlung*, p. 239ff. [GW V]).
50 DEUSSEN, l. c., p. 186f.
51 Vgl. Dioskurenmotiv in: JUNG, *Wandlungen und Symbole der Libido* (Neuausgabe: *Symbole der Wandlung*, p. 334f. [GW V]).
52 *Pancavinça-Brâhmanam* 20, 14, 2. DEUSSEN, l. c., p. 206.
53 WEBER, *Indische Studien* 9, 477. DEUSSEN, *Allgemeine Geschichte der Philosophie* I, 1, p. 206.
54 8, 1, 2, 9. DEUSSEN, l. c., p. 207.
55 *Çatapatha-Brâhmanam* 1, 4, 5, 8–11. DEUSSEN, l. c., p. 194.
56 Name eines Sâman = Lied.
57 *Pancavinça-Brâhmanam* 7, 6. DEUSSEN, l. c., p. 205.
58 *Çatapatha-Brâhmanam* 11, 2, 3. DEUSSEN, l. c., p. 259f.
59 Vgl. dazu JUNG, *Über die Psychologie der Dementia praecox* [GW III].

11 Die psychologische Symbolik des *Kundalini-Yoga*

Aus: The Realities of Practical Psychotherapy*

561 Die Grundidee des Tantrismus besteht darin, daß eine weibliche kreative Kraft in der Gestalt einer Schlange, *Kundalini* genannt, sich aus dem Beckenbereich, wo sie schlafend gelegen hatte, erhebt und durch die *Chakren* hinaufsteigt, wobei sie diese aktiviert und ihre Symbole konstelliert. Diese «Schlangenkraft» ist in *Mahādevishakti* verkörpert, der Göttin, die alles durch *Māyā*, den Baustoff der Wirklichkeit, zum Leben bringt.

560 Diesem System zufolge gibt es sieben Zentren, *Chakren* oder *Padmas* (Lotus) genannt, die im Körper ihren ziemlich fest umschriebenen Platz haben. Es sind genau genommen psychische Lokalisierungen, und die höheren stimmen mit den historischen Lokalisierungen des Bewußtseins überein. Das unterste *Chakra*, *Mulādhāra* genannt, ist der perineale Lotus und entspricht der Kloakenzone in der Freudschen Sexualtheorie. Dieses Zentrum ist wie alle anderen in Form einer Blume dargestellt, mit einem Kreis in der Mitte, und hat Merkmale, die symbolisch die psychischen Qualitäten dieser bestimmten Lokalisierung zum Ausdruck bringen. So enthält das *perineale Chakra* als sein Hauptsymbol den heiligen *Weißen Elefanten*. Das nächste *Chakra*, *Svadhisthāna*, hat seinen Sitz in der Blasengegend und repräsentiert das sexuelle Zentrum. Sein Hauptsymbol ist das Wasser oder das Meer, und untergeordnete Symbole sind der Sichelmond als das weibliche Prinzip und das verschlingende Wassermonster *Makara*, das dem biblischen und kabbalistischen Leviathan entspricht. Der mythologische Wal-Drache ist, wie Sie wissen, ein Symbol für den verschlingenden und gebärenden Schoß, der wiederum bestimmte Wechselwirkungen zwischen Bewußtsein und Unbewußtem symbolisiert. Die Blasensymptome der Patienten wie auch die entzündeten Stellen ihres Uterus können demnach der *Svadhisthāna*-Symbolik zugeschrieben werden. Bald darauf begann sie ihre Blumenbilder zu malen, deren Symbolgehalt ihre Beschwerden ganz deutlich mit den *Chakren* in Beziehung bringt. Das dritte

Zentrum, *Manipāra* genannt, entspricht dem Solarplexus. Wie wir gesehen haben, wanderten die Geräusche im Unterleib allmählich hinauf zum Dünndarm. Dieses dritte *Chakra* ist das Zentrum der Emotionen und die früheste bekannte Lokalisierung des Bewußtseins. Es gibt noch heute Primitive, die mit ihrem Bauch denken. Die Alltagssprache zeigt davon noch Spuren: etwas liegt mir schwer im Magen, mein Inneres läuft über, etc. Das vierte *Chakra*, *Anāhata* genannt, hat seinen Sitz in der Region des Herzens und des Zwerchfells. Bei Homer ist das Zwerchfell *(phren, phrenes)* der Ort des Fühlens und des Denkens.[1] Das fünfte und das sechste *Chakra*, *Vishuddha* und *Ājñā*, sind in der Kehle beziehungsweise zwischen den Augenbrauen lokalisiert. Das siebente, *Sahāsrāra*, befindet sich auf der Schädeldecke.

Aus: Bericht über das Seminar von J. W. Hauer **

Nehmen Sie als Beispiel wieder das Problem der Erkenntnis, dessen große und mannigfaltige Schwierigkeiten die Denker seit den Anfängen der Philosophie beschäftigt hat; Plato z. B. konnte es noch nicht meistern. Er mußte bei dem Symbol der Höhle bleiben und es durch *Anschauung* beschreiben. Es brauchte 2000 Jahre, bis Kant eine *Erkenntnistheorie* formulieren konnte.

So sind auch die Chakra Symbole für weitverzweigte und komplexe psychische Tatbestände, die wir anders als bildlich noch gar nicht ausdrücken können. Die Chakra sind darum so wertvoll für uns, weil sie einen wirklichen Versuch darstellen, eine symbolische Theorie der Psyche zu geben. Die Psyche ist etwas so ungeheuer Kompliziertes, sie besteht aus so weiten Gebieten uns unbekannter Faktoren, ihre verschiedenen Aspekte greifen dermaßen ineinander über und sind miteinander so verflochten, daß wir beständig Symbole brauchen müssen um darzustellen, was wir davon wissen. Jede Theorie darüber wäre verfrüht, weil sie nur an Einzelheiten hängenbleiben und den Zusammenhang aus dem Auge verlieren würde.

Gerade die Auslegung der Chakra, die ich zu geben versuchte, zeigte Ihnen, um welch schwer zugängliche Inhalte und komplexen Tatbestände es sich handelt, wenn wir uns mit der Gesamtheit der Psyche beschäftigen, und nicht nur mit dem Bewußtsein. Deshalb sind die Chakra für uns eine wertvolle Wegleitung in dieses dunkle Gebiet; denn der Osten, und speziell Indien, hat immer versucht, das Ganze der Psyche zu verstehen. Er hat eine Intuition des Selbst, deshalb sind ihm das Ich und das Bewußtsein nur mehr oder weniger unwesentliche Teile davon. Uns erscheint das alles sehr fremd; es kommt uns vor, als ob Indien vom Hintergrund des Bewußtseins fasziniert sei, denn wir sind ganz identsich mit unserem Vordergrund, mit dem Bewußtsein. Der Hintergrund wird aber jetzt auch bei uns lebendig, und weil er so schwer zugänglich und so dunkel ist, sind wir genötigt, ihn zunächst symbolisch darzustellen.

So ist z. B. der paradoxe Tatbestand, daß mūlādhāra im Becken lokalisiert ist und zugleich unsere Welt bedeutet, nur in symbolischer Darstellung ausdrückbar. Ebenso der anscheinende Widerspruch, daß unser Bewußtsein ganz oben im Kopf sitzt, und wir dennoch im untersten Zentrum, eben in mūlādhāra, leben.

Mūlādhāra ist, wie wir gesehen haben, das Symbol für unseren seelischen Zustand, in dem wir in der irdischen Kausalverknüpfung leben. Es stellt die Verknüpftheit und Abhängigkeit unseres bewußten Lebens dar, *so wie es ist*. Nicht etwa nur die äußere Welt, sondern unser gesamtes Bewußtsein aller äußeren und inneren persönlichen Erfahrungen ist mūlādhāra. Wir sind in unserem täglichen bewußten Leben wie hochentwickelte Tiere, verhaftet, verknüpft, bedingt von der Umwelt.

Unser westliches Bewußtsein aber sieht das keineswegs so. Da leben wir in unserer Welt im Gegenteil ganz oben. Im Vergleich zu den Tieren leben wir im ājñā-Zentrum. Unser Bewußtsein ist im Kopf lokalisiert, wir haben ein Kopfgefühl, wir denken und wollen; wir sind Herren über die Natur und die Umweltsbedingungen und über die blinden Gesetze, von denen die Primitiven abhängen. Da sind wir ganz oben und schauen hinunter auf die Tiere und auf die Natur. Von uns aus gesehen ist der «Urmensch» ein Neanderthalensis, nicht viel besser als ein Tier. Wir sehen nicht, daß Gott auch als Tier erscheint. Tier heißt für uns «tierisch». Was über uns sein sollte, erscheint unter uns als ein Zurück und Hinunter. Darum «gehen wir ins svādhisthāna hinunter», oder «fallen» in die Emotionalität des manipūra. Weil wir mit dem Bewußtsein identisch sind, reden wir vom Unterbewußtsein. Wir steigen auf eine tiefere Stufe hinunter, wenn wir ins Unbewußte gehen. Wir können daher sagen, die Menschheit im Allgemeinen sei etwa im anāhata-Chakra angelangt, insofern sie sich den unpersönlichen Werten von anāhata verpflichtet fühlt. Alle Kultur schafft unpersönliche Werte. Ein Denker, dessen Ideen eine vom Alltag unabhängige Aktivität haben, kann sogar sagen, er sei im viśuddha- oder beinahe im ājñā-Zentrum.

Aber das alles ist nur der sthūla-Aspekt.

Der sthūla-Aspekt ist der persönliche Aspekt. Uns persönlich scheint es so, als ob wir oben wären. Weil unser Bewußtsein und die allgemeine unpersönliche Kultur etwa im anāhata-Zentrum sind, meinen wir, wir seien überhaupt dort. Wir sind mit unserem Bewußtsein identifiziert und sehen darum nicht, daß außerhalb des Bewußtseins auch noch etwas da ist, und daß dieses Etwas nicht oben ist, sondern unten.

Wir können aber durch die Psychologie oder die tantrische Philosophie einen Standpunkt bekommen, der uns zeigt, daß es unpersönliche Geschehnisse gibt.

Die Betrachtung vom unpersönlichen Standpunkt aus ist der sūkṣma-Aspekt.

Wir können diesen Standpunkt bekommen, weil wir, insoweit wir Kultur schaffen, unpersönliche Werte schaffen. Damit fangen wir an, den sūkṣma-Aspekt zu sehen. In der Kultur haben wir die Ahnung von anderen psychologischen Möglichkeiten, weil in ihr das Unpersönliche erscheint. In der Kultur manifestiert sich das Chakrasystem, darum kann sie eingeteilt werden in verschiedene Stufen: in Bauch-, Herz- und Kopfzentren. Darum können wir im Individuum oder in der Menschheitsentwicklung die verschiedenen Zentren erleben und nachweisen.

Wir fangen im Kopf an, wir sind mit unseren Augen und unserem Bewußtsein identisch; losgelöst und objektiv überblicken wir die Welt. Das ist ājñā. Aber wir können nicht beständig in der reinen Sphäre unbeteiligter Betrachtung verweilen, wir müssen unsere Gedanken verwirklichen, wir sprechen sie aus und vertrauen sie damit der Luft an. Wenn wir der Erkenntnis Worte geben, sind wir in der Kehlkopfregion von viśuddha. Sobald wir aber etwas sagen, das besonders schwierig ist oder das uns positive oder negative Gefühle verursacht, bekommen wir Herzklopfen, und dann beginnt anāhata zu wirken. Und noch einen Schritt weiter: wenn z. B. die Auseinandersetzung mit dem Andern erregt wird, wenn wir ärgerlich und zornig werden und außer uns geraten, sind wir schon in manipūra.

Wenn man noch weiter hinuntergeht, so wird die Situation unmöglich, denn dann beginnt der Körper zu sprechen. In England besteht deshalb ein Tabu für alles, was unter dem Zwerchfell liegt. Die Deutschen geraten immer etwas darunter und werden leicht affektiv. Die Russen leben überhaupt unterhalb des Zwerchfells, sie bestehen nur aus Emotionen. Die Franzosen und Italiener tun zwar so, als ob sie unterhalb des Zwerchfells wären, sie wissen aber ganz genau, daß sie es nicht sind, und es glaubt es ihnen auch niemand. Es ist auch wirklich sehr heikel und peinlich, davon zu sprechen, was in svādhiṣṭhāna geschieht. Wenn z. B. eine Emotion eine große Intensität erreicht, drückt sie sich nicht mehr durch Worte aus, sondern physiologisch. Sie verläßt den Körper nicht durch den Mund, sondern auf andern Wegen, z. B. durch die Blase. svādhiṣṭhāna ist der Anfang des psychischen Lebens überhaupt. Erst als diese Schicht anfing zu wirken, wachte die Menschheit aus dem Schlafzustand von mūlādhāra auf und lernte die ersten Regeln des körperlichen Anstandes. Der Anfang der moralischen Erziehung bestand darin, die Bedürfnisse an passenden Orten zu verrichten, wie es in der Erziehung des kleinen Kindes noch geschieht. Auch die Hunde haben dies gelernt, sie leben bereits in svādhiṣṭhāna, indem sie ihre Visitenkarte an Bäumen und Straßenecken abgeben. Die nachfolgenden Hunde lesen die Botschaft und wissen dann, je nachdem das Land ausschaut, ob der vorausgehende Hund zu essen hat oder nicht, oder ob es ein großer oder kleiner Hund war, was in der Brunstzeit besonders wichtig ist. So können sie einander alle möglichen Nachrichten geben und sich danach richten. Dieser erste und unterste Ausdruck psychischen Lebens wird auch von Menschen noch gebraucht, z. B. von ganz primitiven Verbrechern. Sie wissen, was man unter «grumus merdae» versteht; der Dieb deponiert seine Exkremente an dem Ort, den er geplündert hat, und will damit sagen: das ist meine Unterschrift, dieser Ort gehört mir, wehe dem, der mir in die Quere kommen möchte. Es ist also eine Art apotropäischen Zaubers und ein archaisches Relikt. Denn in primitiven Umständen kommt dieser Zeichensprache tatsächlich eine große, sogar vitale Bedeutung zu. Die Losung der Tiere z. B. ist eine höchst wichtige und notwendige Indikation: der Mensch entnimmt daraus, ob gefährliche oder nützliche Tiere diese Spur hinterlassen haben, und ob sie frisch oder alt ist. Dasselbe gilt natürlich von menschlichen Spuren; wenn feindliche Stämme in der Nähe sind, so bedeuten frische menschliche Exkremente ein Alarmsignal. Je primitiver die Lebensbedingungen, um so mehr kommt das Psychische auf dieser Stufe zur Geltung. Sie ist auch die erste Sprache der Natur. svādhiṣṭhāna-Psychologie findet sich daher auch häufig in unsern Träumen, und gewisse Witze und die drastischen Späße des Mittelalters sind voll davon.

Über mūlādhāra wissen wir nichts, denn hier ist alles psychische Leben im Schlafzustand.

Man hat daher ganz recht zu sagen, mūlādhāra wäre das Dasein von Tieren und von Primitiven, die in vollkommener Harmonie mit der Natur leben, während unser kultiviertes Leben als der sthūla-Aspekt der höheren Chakra zu betrachten sei. Das Erwachen der Kundalini käme dann einem bewußten Verstehen des sūkṣma-Aspektes gleich. Das ist durchaus so. Wie machen wir es nun aber, um bewußt den sūkṣma-Aspekt von mūlādhāra, der Erde, zu begreifen?

Hier kommen wir wieder an die große Schwierigkeit und an das Paradoxale, daß wir mit unserem Bewußtsein in ājñā sind, und dennoch in mūlādhāra leben. Das ist der sthūla-Aspekt. Wie können wir aber einen anderen Aspekt gewinnen? Man kann bekanntlich eine Sache nicht verstehen, solange man ganz darin aufgeht und mit ihr identisch ist. Nur wenn man einen Standpunkt außerhalb einnimmt, kann man das ganz begreifen, worin man vorher war, wie man z. B. die Nation, den Kontinent oder die Rasse, der man angehört, erst dann objektiv beurteilen kann, wenn man eine Zeitlang in der Fremde, in einem anderen Erdteil lebt und den eigenen so von außen sehen kann.

Wie können wir also unseren persönlichen Standpunkt, eben den sthūla-Aspekt, aufheben und uns in einen anderen, unpersönlichen begeben und damit erkennen, wo wir in dieser Welt eigentlich sind, nämlich eben in mūlādhāra? mūlādhāra ist ja der psychische Schlafzustand; also haben wir dort kein Bewußtsein und können nichts über ihn aussagen.

Ich habe am Anfang gesagt, daß wir durch die Kultur unpersönliche Werte schaffen, dadurch eine Ahnung von anderen psychologischen Möglichkeiten bekommen und einen anderen Zustand erreichen können. Durch das Schaffen von unpersönlichen Werten fangen wir mit dem sūkṣma-Aspekt an. So sehen wir die Dinge im sūkṣma-Aspekt, wenn wir Symbole schaffen. Wir können auch unsere Psyche im sūkṣma-Aspekt sehen; die Symbole der Chakra sind der sūkṣma-Aspekt der Psyche.

Ich kann Ihnen diesen Standpunkt auch nur in einem Symbol beschreiben. Es ist, wie wenn wir unsere Psychologie und die Psychologie der Menschheit vom Standpunkt der vierten Dimension aus anschauen, nicht beschränkt vom Raum und ausgebreitet in der Zeit. Von diesem Standpunkt aus ist das Chakrasystem geschaffen. Es ist ein überzeitlicher und überindividueller Standpunkt.

Ein solcher überpersönlicher Standpunkt ist der geistige Standpunkt Indiens überhaupt. Die Inder fangen nicht wie wir mit der Erklärung der Welt beim Kohlenstoffatom an und beschreiben nicht die Entwicklung der Menschheit oder des Individuums von unten nach oben, von tiefer Unbewußtheit zu höchster Bewußtheit. Sie sehen die Menschheit nicht vom sthūla-Aspekt. Sondern sie reden nur vom sūkṣma-Aspekt aus und sagen daher: Am Anfang war das Eine, brahman, ohne ein Zweites. Es ist das *eine* unzweifelhaft Reale, seiend und nichtseiend. Sie beginnen in sahasrāra, sie reden die Sprache der Götter, sie denken den Menschen von oben herunter, vom sūkṣma- oder parā-Aspekt aus. Die innere Erfahrung ist für sie Offenbarung, sie haben sie geschaut, und sie würden nie sagen: ich habe es gedacht.

Wir sehen den Osten natürlich ganz anders; wir können mit Recht sagen, die kollektive Kultur Indiens sei in mūlādhāra, verglichen mit unserer bewußten anāhata-Kultur. Wir brauchen uns bloß die Lebensbedingungen Indiens vorzustellen, seine Armut, seinen Schmutz, seinen Mangel an Hygiene und alles, was es nicht kennt an wissenschaftlichen und technischen Errungenschaften. Vom sthūla-Aspekt aus gesehen ist die kollektive Kultur Indiens auch tatsächlich in mūlādhāra, während die unsere in anāhata angelangt ist. Die indische Auffassung aber begreift die Menschheit vom sūkṣma-Aspekt aus, und von ihm aus gesehen ist alles gerade umgekehrt. Unser persönliches Bewußtsein kann zwar in anāhata oder gar in ājñā lokalisiert sein; unsere psychische Totalsituation befindet sich aber dennoch unzweifelhaft in mūlādhāra.

Wenn wir daher mit der Welterklärung in sahasrāra beginnen und z. B. eine Vorlesung mit den Vedantaworten eröffnen würden: «Diese Welt war am Anfang nur brahman allein; dieses, da es allein war, war nicht entfaltet. Es wußte allein sich selbst, und es erkannte: Ich bin brahman. Dadurch ward es zu diesem Weltall» – so würde man uns mit Recht für verrückt halten oder zum mindesten glauben, wir befänden uns in einem Revival Meeting. Wir fangen daher, wenn wir vernünftig sind und in der Realität leben, immer bei den alltäglichen banalen Begebenheiten und beim Praktischen und Konkreten an, um eine Sache zu schildern. Wir beginnen im sthūla-Aspekt. Für uns ist das unzweifelhaft Reale unser Beruf, der Ort, wo wir wohnen, unser Bankkonto, unsere Familie und unsere gesellschaftlichen Beziehungen. Wir müssen diese Realitäten auch unbedingt als unsere Prämissen annehmen, wenn wir überhaupt leben wollen. Ohne das persönliche Leben, ohne das Jetzt und Hier können wir nicht zum Unpersönlichen gelangen. Das persönliche Leben muß sich vollenden, damit der Prozeß des Unpersönlichen eingeleitet werden kann.

Das Unpersönliche ist, wie Sie wissen und wie wir aus den Visionen unseres Seminars immer wieder sehen, ein Geschehen außerhalb des Ich und jenseits des Bewußtseins. Es handelt sich in den Phantasien unserer Patientin immer um Symbole und Erlebnisse, die nicht sie als Frau Soundso angehen, sondern die aus der allgemeinen Menschheitsseele in ihr stammen und daher allgemeinen Inhalts sind. In der Analyse wird der unpersönliche Prozeß erst eingeleitet, wenn alles persönliche Leben wahrgenommen worden ist. Die Psychologie erschließt so einen Standpunkt und Erfahrungen jenseits des Ichbewußtseins. Dasselbe geschieht in der tantrischen Philosophie, nur mit dem Unterschied, daß das Ich dort gar keine Rolle spielt. Dieser Standpunkt und diese Erfahrung geben Antwort auf die Frage, wie wir uns aus den erdrückenden Realitäten der Welt, d. h. unseres mit der Welt verstrickten Bewußtseins, befreien können. Sie erinnern sich z. B. an die Symbole des Wassers und des Feuers, an ein Bild, in dem die Patientin in den Flammen steht.² Das ist das Hineintauchen in das Unbewußte, in das Taufwasser von svādhiṣṭhāna, und das Erleiden des manipūra-Feuers. Wir verstehen jetzt, daß das Hineintauchen in das Wasser und das Stehen im Feuer nicht ein Hinunter ist, kein Fallen in niedrigere Schichten, sondern ein Hinauf. Denn es ist eine Entwicklung über das bewußte Ich hinaus, eine Erfahrung vom Persönlichen weg ins Unpersönliche, eine Erweiterung des Individuums zum Allgemeinmenschlichen. Die Assimilierung des kollektiven Unbewußten ist nicht auflösend, sondern kulturschaffend.

Erst von diesem Standpunkt aus, erst wenn man das Taufwasser von svādhiṣṭhāna berührt hat, kann man erkennen, daß unsere bewußte Kultur trotz aller Höhe noch in mūlādhāra ist. Mit unserem persönlichen Bewußtsein können wir ājñā erreicht haben, unsere Rasse kann allgemein in anāhata sein; aber das ist alles noch persönlich, noch sthūla-Aspekt, denn es gilt nur für unser Bewußtsein. Und solange das Ich mit dem Bewußtsein identisch ist, ist es in dieser Welt verstrickt, und diese Welt ist die Welt des mūlādhāra-Chakra. Daß sie es aber ist, sehen wir erst, wenn wir eine Erfahrung und somit einen Standpunkt jenseits des Bewußtseins haben. Erst wenn wir mit den weiten Bezirken der Psyche bekannt werden und nicht mehr innerhalb der Bewußtseinsschranken bleiben, können wir wissen, daß unser Bewußtsein in der mūlādhāra-Welt verstrickt ist.

So geben uns auch die Symbole der Chakra einen Standpunkt außerhalb des Bewußtseins. Sie sind Intuitionen über die Psyche als Ganzes, über ihre verschiedenen Zustände und Möglichkeiten. Sie symolisieren die Psyche von einem kosmischen Standpunkt aus; es ist wie wenn ein Überbewußtsein, ein allumfassendes göttliches Bewußtsein von oben herunter die Psyche überschaute. Von diesem vierdimensionalen Bewußtsein aus können wir erkennen, daß wir tatsächlich noch in mūlādhāra leben. Das ist der sūkṣma-Aspekt. Von ihm aus gesehen, steigen wir in das Unbewußte hinauf, denn er erlöst uns von dem Nur-Persönlichen, vom Tagesbewußtsein. In diesem sind wir tatsächlich unten, verstrickt, verwurzelt, Täuschungen unterworfen, abhängig, nicht viel freier als die höheren Tiere. Wir haben zwar Kultur, aber die Kultur ist immanent, es ist Kultur in mūlādhāra. Wir können unser Bewußtsein zwar bis ins ājñā-Zentrum entwickeln, aber unser ājñā ist persönliches ājñā und darum in mūlādhāra. Wir wissen trotzdem nicht, daß wir in mūlādhāra sind, wie die Indianer nicht wissen, daß sie in Amerika leben. Unser ājñā ist in der Welt gefangen. Es ist der Lichtfunke, der in der Welt gefangen ist, und wenn wir denken, so denken wir bloß aus ihm.

Der Inder aber denkt aus dem großen Licht der Welt. Er denkt nicht vom persönlichen, sondern vom kosmischen ājñā aus. Er denkt vom brahman aus, und wir denken vom Ich aus. Wir denken vom Einzelnen ins Weite, der Inder vom Weiten ins Einzelne. Vom sūkṣma-Aspekt aus ist alles umgekehrt. Da sehen wir, daß wir überall in die Kausalwelt eingeschlossen sind, daß wir gar nicht oben sind, sondern ganz unten. Da sitzen wir im Loch, im Becken der Welt. Unsere anāhata-Kultur ist ein anāhata in mūlādhāra. Es ist nur unsere Bewußtheit, in mūlādhāra gefangen. Vom sūkṣma-Aspekt aus gesehen ist alles noch in mūlādhāra. Auch das Christentum steht auf dem sūkṣma-Aspekt. Auch für es ist die Welt nur eine Vorbereitung auf einen höheren Zustand und das Jetzt und Hier, das Verhaftetsein an diese Welt ein Irrtum und eine Sünde. Die Sakramente und Riten der frühen Kirche hatten alle den Sinn, den Menschen aus dem nur persönlichen Zustand zu erlösen und ihn des höheren Zustandes symbolisch teilhaftig werden zu lassen. Im Mysterium der Taufe – im Eintauchen in svādhiṣṭhāna – stirbt der «alte Adam» und der geistige Mensch wird geboren. Die Verklärung und Himmelfahrt Christi ist die symbolische Darstellung und Antizipation des Herausgehobenwerdens über das Persönliche in das Unpersönliche; denn in der alten Kirche hat Christus die

Bedeutung des Mystagogen und damit die Verheißung dessen, was der Myste oder Initiant ebenfalls erreichen kann.

Für den westlichen Nichtchristen aber ist das Jetzt und Hier zunächst das einzig Reale. Der sthūla-Aspekt, das Verwurzeltsein in mūlādhāra, muß zuerst völlig gelebt werden, damit wir nachher darüber hinauswachsen können. Bevor wir so weit sind, dürfen wir gar nicht wissen, daß wir in mūlādhāra gefangen sind. Nur auf diese Weise entwickeln wir unser persönliches Bewußtsein bis in die Höhe des ājñā-Zentrums, und nur so erschaffen wir Kultur. Es ist zwar noch eine immanente Kultur. Aber hinter der Kultur steht die Gottheit, das Unpersönliche. Und damit gelangen wir in den sūkṣma-Aspekt. Dann erst sehen wir, daß das, was uns als Gipfel vorkommt, nur persönlich ist, nur der Lichtfunke von Bewußtsein. Dann sehen wir, daß, vom Ganzen der Psyche aus gesehen, nur unser persönliches Bewußtsein ājñā erreicht hat, daß wir aber, vom kosmischen Chakrasystem aus gesehen, noch in mūlādhāra sind.

Man kann dies am besten durch ein Bild illustrieren: Stellen Sie sich das kosmische Chakrasystem als einen ungeheuren Wolkenkratzer vor, der tief in die Erde hinunterreicht und dessen unterirdischer Teil sechs übereinanderliegende Keller enthält. Man kann dann vom ersten bis in den sechsten Keller hinauffahren, aber man befindet sich immer noch im Schoß der Erde. Dieses ganze Kellersystem ist das kosmische mūlādhāra, und wir befinden uns immer noch darin, auch wenn wir bis zum sechsten Keller, unserem persönlichen ājñā, hinauf gelangt sind. Das müssen wir uns immer vor Augen halten. Sonst geraten wir in das theosophische Mißverständnis, das Persönliche mit dem Kosmischen, den individuellen Lichtfunken mit dem göttlichen Licht zu verwechseln, und dann sind wir gar nirgends mehr, sondern haben bloß eine ungeheure Inflation.

Vom kosmischen Chakrasystem aus sehen wir also, daß wir ganz unten sind, daß unsere Kultur eine Kultur in mūlādhāra ist, eine nur persönliche Kultur, wo die Götter noch schlafen. Darum müssen wir die Kundalini erwecken, um dem individuellen Bewußtseinsfunken das Licht von den Göttern klarzumachen.

Anmerkungen

* Dieser Artikel findet sich nur in der englischsprachigen Ausgabe von Jungs Gesamtwerk (Collected Works Volume 16). Übersetzung von Helga Egner für die deutschsprachige Ausgabe des vorliegenden Buches.
1 (Wie Onions, *The Origins of European Thought*, S. 26 ff. nachgewiesen hat, verstand Homer unter phrenes die Lungen. Anm. Übers.)
** Notizen über das Seminar von J. W. Hauer «The Kundalini Yoga», gehalten 1932 im Psychologischen Club Zürich. Die ersten drei Vorträge wurden auf englisch, der vierte auf deutsch gehalten. Zu allen vier Vorträgen trug C. G. Jung Kommentare bei. Der vorliegende Auszug stammt aus dem 4. Vortrag.
2 Abgebildet in: The Vision Seminaries, Bd. 2. Spring: Zürich 1976, Abb. 21.

12 Yoga und die spirituelle Krise des Westens

Aus: Yoga und der Westen[1]

Es ist weniger als ein Jahrhundert her, seitdem der Westen einige Kenntnis des Yoga besitzt. Zwar sind schon vor zweitausend Jahren allerhand Wundererzählungen aus dem märchenhaften Indien mit seinen Weisen und Omphaloskepten nach Europa gekommen, aber eine wirkliche Kenntnis indischer Philosophie und philosophischer Praxis begann erst mit dem Bekanntwerden der *Upanishaden,* die durch den Franzosen ANQUETIL DU PERRON dem Westen vermittelt wurden. Eine allgemeine und vertieftere Kenntnis wurde aber erst ermöglicht durch das Verdienst von MAX MÜLLER, Oxford, und die durch ihn edierten *Sacred Books of the East.* Diese wirkliche Kenntnis blieb allerdings zunächst dem Indologen und Philosophen reserviert. Bald aber bemächtigte sich die von Madame BLAVATSKY ausgelöste theosophische Bewegung der östlichen Traditionen und promulgierte diese einem allgemeinen Publikum. Während mehrerer Jahrzehnte bestand nunmehr im Westen die Kenntnis des Yoga einerseits als streng akademische Wissenschaft und andererseits als etwas, was man wohl als Religion bezeichnen muß, obschon es sich nicht zu einer organisierten Kirche entwickelte – trotz den Bemühungen einer ANNIE BESANT und des Begründers der anthroposophischen Sezession, des von Madame BLAVATSKY herkommenden RUDOLF STEINER.

Die Eigenart dieser westlichen Entwicklung läßt sich kaum mit dem vergleichen, was der Yoga in Indien bedeutet. Im Westen nämlich stießen die östlichen Lehren auf eine besondere geistige Lage, welche – wenigstens das frühere – Indien nicht kannte, nämlich die strenge Scheidung von Wissenschaft und Religion, die in höherem oder minderem Grade schon seit dreihundert Jahren bestand, als die Yogalehren im Westen allmählich bekannt zu werden anfingen. Der Beginn dieser Trennung, die eine spezifisch westliche Angelegenheit ist, setzte im Grunde genommen mit der Renaissance im 15. Jahrhundert ein. Damals erwachte ein allgemeines und leidenschaftliches Interesse für die Antike, gefördert durch den Fall des Oströmischen Reiches, das dem Ansturm des Islam erlag. Damals erst verbreitete sich die Kenntnis der griechischen Sprache und der griechischen Literatur. In direkter Folge mit diesem Einbruch der sogenannten heidnischen Philosophie entstand das große Schisma der römischen Kirche, der Protestantismus, der bald das ganze nördliche Europa erfaßte. Aber auch diese Erneuerung des Christentums vermochte nicht mehr die befreiten Geister zu bannen.

861   Die Zeit der Weltentdeckung in geographischem und naturwissenschaftlichem Sinne war angebrochen, und in immer zunehmendem Maße emanzipierte sich das Denken von den beengenden Fesseln der religiösen Tradition. Die Kirchen blieben zwar bestehen, indem sie vom strikte religiösen Bedürfnis des Publikums gehalten wurden, sie verloren aber die Führerschaft in kultureller Hinsicht. Während die römische Kirche dank ihrer unübertrefflichen Organisation eine Einheit blieb, splitterte sich der Protestantismus in annähernd vierhundert Denominationen auf. Dies ist einerseits ein Beweis für sein Unvermögen, andererseits für eine religiöse Lebendigkeit, welche weiter drängt. Im Laufe des 19. Jahrhunderts kam es allmählich zu synkretistischen Bildungen und zu Massenimporten exotischer Religionssysteme, wie zum Beispiel die Religion des ABDUL BAHAI, die sufischen Sekten, die Ramakrishna-Mission, der Buddhismus usw. Viele dieser Systeme, wie zum Beispiel die Anthroposophie, verbanden sich mit christlichen Elementen. Das hieraus entstandene Bild entspricht ungefähr dem hellenistischen Synkretismus des 3. und 4. Jahrhunderts, der ebenfalls, in Spuren wenigstens, bis nach Indien reichte.[2]

862   Alle diese Systeme bewegen sich aber auf der religiösen Linie und rekrutieren ihre Anhänger in ihrer großen Mehrzahl aus dem Protestantismus. Sie sind also, im Grunde genommen, protestantische Sekten. Insofern der Protestantismus seinen Hauptschlag gegen die *Autorität* der Kirche führte, erschütterte er hauptsächlich den Glauben an sie als die unerläßliche Vermittlerin des göttlichen Heils. Dadurch fiel natürlich dem Individuum die Last der Autorität zu und damit eine bisher nie dagewesene religiöse Verantwortlichkeit. Der Untergang der Beichte und der Absolution verschärfte den moralischen Konflikt des Einzelnen und belastete ihn mit einer Problematik, welche früher die Kirche für ihn erledigt hatte, indem ihre Sakramente, insbesondere das Meßopfer, die Erlösung des Einzelnen durch die priesterliche Vornahme der heiligen Handlung gewährleisteten.

Dazu hatte der Einzelne nur Bekenntnis, Bereuung und Buße beizutragen. Durch den Wegfall der wirksamen heiligen Handlung fehlte nun die Antwort Gottes auf den Vorsatz des Einzelnen. Aus diesem Ungenügen heraus erklärt sich das Verlangen nach Systemen, welche jene Antwort, nämlich ein sicht- oder merkbares Entgegenkommen eines Anderen (Höheren, Geistigen oder Göttlichen) versprechen.

Die europäische Wissenschaft beachtete diese Hoffnungen und Erwartungen nicht. Sie lebte ihr intellektuelles Leben abgesondert von religiösen Überzeugungen und Bedürfnissen. Diese, historisch betrachtet, unvermeidliche Spaltung des westlichen Geistes hat sich auch der Yogalehre, insofern sie im Westen Eingang fand, bemächtigt und sie einerseits zum Gegenstand der Wissenschaft gemacht, andererseits als Heilsweg begrüßt. Es gibt zwar innerhalb der religiösen Bewegung eine Reihe von Versuchen, Wissenschaft mit religiöser Überzeugung und Praxis zu vereinigen, wie zum Beispiel Christian Science, Theosophie und Anthroposophie, wobei namentlich letztere sich gerne einen wissenschaftlichen Anstrich gibt und daher auch, wie die Christian Science, in intellektuell gebildete Kreise eingebrochen ist.

Da der protestantische Mensch eines vorgezeichneten Weges ermangelt, ist ihm sozusagen jedes System, das einen erfolgreichen Entwicklungsgang verspricht, willkommen. Er sollte ja das tun, was die Kirche als Mittlerin stets getan hatte, und jetzt weiß er nicht *wie*. Wenn er sein religiöses Bedürfnis ernst genommen hat, so hat er auch unsägliche Anstrengungen des Glaubens gemacht, weil seine Lehre sozusagen ausschließlich auf den Glauben abstellt. Der Glaube ist aber ein Charisma, ein Gnadengeschenk, und keine Methode. Eine solche fehlt dem Protestanten in dem Maße, daß nicht wenige sich sogar ernsthaft für die streng katholischen Exerzitien des IGNATIUS VON LOYOLA interessiert haben. Was sie aber am meisten stört, ist natürlich der Widerspruch zwischen religiöser und wissenschaftlicher Wahrheit, der Konflikt zwischen Glauben und Wissen, der sogar weit über den Protestantismus hinaus bis in den Katholizismus hinein reicht. Dieser Konflikt besteht einzig und allein auf Grund der historischen Spaltung des europäischen Geistes. Wenn nicht einerseits ein natürlicher psychologischer Zwang zum Glauben und andererseits ein entsprechend unnatürlicher Glaube an die Wissenschaften bestünde, so hätte dieser Konflikt überhaupt keinen Grund zur Existenz. Es ließe sich leicht ein Zustand vorstellen, wo man etwas einfach *weiß* und noch dazu *glaubt*, was einem aus soundso vielen guten Gründen wahrscheinlich ist. Zwischen diesen beiden Dingen braucht überhaupt kein Konfliktgrund zu liegen. Allerdings sind sie beide zusammen nötig, denn das Wissen allein, wie das Glauben allein, sind stets ungenügend.

865 Wenn sich daher eine «religiöse» Methode zugleich als «wissenschaftlich» empfiehlt, so kann sie im Westen ihres Publikums sicher sein. *Der Yoga erfüllt diese Erwartung.* Ganz abgesehen vom Reiz des Neuen und von der Faszination des Halbverstandenen hat der Yoga aus guten Gründen viele Anhänger. Er gibt nicht nur den vielgesuchten Weg, sondern auch eine Philosophie von unerhörter Tiefe. Er gibt die Möglichkeit kontrollierbarer Erfahrung und befriedigt damit das wissenschaftliche Bedürfnis nach «Tatsachen», und überdies verspricht er vermöge seiner Weite und Tiefe, seines ehrwürdigen Alters und seiner alle Gebiete des Lebens umfassenden Lehre und Methodik ungeahnte Möglichkeiten, welche zu unterstreichen von Missionaren der Lehre selten unterlassen wurde.

866 Von der Bedeutung des Yoga für Indien will ich schweigen, denn ich kann mir über eine Sache, die ich aus eigener Erfahrung nicht kenne, kein Urteil anmaßen. Was er aber für den Westen bedeutet, darüber kann ich einiges sagen. Die Wegelosigkeit bei uns grenzt an seelische Anarchie. Infolgedessen bedeutet jede religiöse oder philosophische Praktik eine *psychologische Disziplinierung*, also eine *Methode seelischer Hygiene*. Die vielfachen, rein körperlichen Prozeduren des Yoga bedeuten auch physiologische Hygiene, die insofern der gewöhnlichen Gymnastik oder Atmungsübung überlegen ist, als sie nicht bloß mechanistisch-wissenschaftlich, sondern auch zugleich philosophisch ist. Denn sie verbindet die übenden Körperteile in diesen Übungen mit dem Ganzen des Geistes, was zum Beispiel deutlich ist bei den Übungen des Prânayâma, wo Prâna zugleich der Atem und die universale Dynamik des Kosmos ist. Wenn das Tun des Einzelnen zugleich auch kosmisches Geschehen ist, so verbindet sich die Ergriffenheit des Körpers (die Innervation) mit der Ergriffenheit des Geistes (die allgemeine Idee), und daraus entsteht eine lebendige Ganzheit, welche keine noch so wissenschaftliche Technik jemals erzeugen kann. Die Yogapraxis ist undenkbar und wäre auch unwirksam ohne die Yogavorstellungen. Sie arbeitet Körperliches und Geistiges ineinander in einer selten vollkommenen Weise.

867 Im Osten, wo diese Ideen und Praktiken entstanden sind, und wo seit vier Jahrtausenden eine ununterbrochene Tradition alle nötigen geistigen

Voraussetzungen geschaffen hat, ist der Yoga, wie ich mir leicht denken kann, der adäquate Ausdruck und die lückenlos passende Methodik, Körper und Geist so zusammenzuschmelzen, daß sie eine schwer zu bezweifelnde Einheit bilden und damit eine psychologische Disposition schaffen, welche bewußtseinstranszendente Ahnungen ermöglicht. Die historische Mentalität Indiens hat keine prinzipielle Schwierigkeit, einen Begriff wie Prâna und ähnliches sinngemäß zu handhaben. Der Westen aber mit seiner schlechten Gewohnheit des Glaubenwollens einerseits und seiner ausgebildeten wissenschaftlichen und philosophischen Kritik andererseits fällt entweder in die Fallgrube des Glaubens und schluckt Begriffe wie Prâna, Âtman, Châkra, Samâdhi usw. unbesehen ein. Die wissenschaftliche Kritik aber stolpert schon über den Begriff des Prâna und des Purusha. Die Spaltung des westlichen Geistes verunmöglicht daher schon von allem Anfang an die adäquate Verwirklichung der Intentionen des Yoga. Entweder ist er eine strikt religiöse Angelegenheit oder ein Training wie Mnemotechnik, Atmungsgymnastik, Eurhythmie usw. Aber von jener dem Yoga eigentümlichen Einheit und Ganzheit des Wesens findet sich keine Spur. Der Inder kann weder den Körper noch den Geist vergessen, der Europäer vergißt immer das eine oder das andere. Mit dieser Fähigkeit hat er vorderhand die Welt erobert, der Inder dagegen nicht. Der Inder kennt nicht nur seine *Natur*, sondern er weiß auch, bis zu welchem Grade er sie selber ist. Der Europäer dagegen hat eine *Wissenschaft* von der Natur und weiß von seiner eigenen Natur, der Natur in ihm, erstaunlich wenig. Es ist dem Inder eine Wohltat, um eine Methode zu wissen, welche ihm hilft, die Allgewalt der Natur innen und außen zu beherrschen. Für den Europäer ist es Gift, seine bereits verstümmelte Natur noch gänzlich zu unterdrücken und einen ihm zusagenden Roboter daraus zu machen.

Man sagt zwar vom Yogi, daß er Berge versetzen könne, jedoch wird ein realer Beweis dafür schwerlich erbracht werden können. Das Können der Yogi bewegt sich in für die Umwelt annehmbaren Grenzen. Der Europäer dagegen kann Berge in die Luft sprengen, und was er sonst noch kann, wenn sein der menschlichen Natur entfremdeter Intellekt losgelassen wird, davon hat der Weltkrieg uns einen bitteren Vorgeschmack gegeben. Mehr «Kontrolle», mehr Macht über die Natur in und um uns kann ich als Europäer dem Europäer nicht wünschen. Ja, ich muß es zu meiner Schande gestehen, daß ich meine besten Einsichten (es sind einige ganz gute darunter) dem Umstande verdanke, daß ich sozusagen stets das Gegenteil von allen Regeln des Yoga tat. Der Europäer hat sich durch seine historische Entwicklung so weit von den Wurzeln entfernt, daß sich sein Geist schließlich in Glauben und Wissen gespalten hat, wie sich jede psychologische Übertreibung in ihre Gegensatzpaare auflöst. Er bedarf der Rückkehr, nicht in ROUSSEAUscher Manier zur Natur, sondern zu *seiner* Natur. Seine Aufgabe ist es, den natürlichen Menschen wieder aufzufinden. Er möchte aber stattdessen nichts lieber als Systeme und Methoden, um den natürlichen Menschen, der ihm überall in die Quere kommt, zu unterdrücken. Er wird unfehlbar einen falschen Gebrauch vom Yoga machen, denn seine seelische Disposition ist eine ganz andere als die des östlichen Menschen. Ich sage, wem ich kann: «Studieren Sie den Yoga. Sie werden unendlich viel daraus lernen, aber wenden Sie ihn nicht an; denn wir Europäer sind nicht so beschaffen, daß wir diese Methoden ohne weiteres richtig anwenden könnten. Ein indischer Guru kann Ihnen alles erklären, und Sie können alles nachmachen. Aber wissen Sie, *wer* den Yoga anwendet? Mit anderen Worten: wissen Sie, wer Sie sind und wie Sie beschaffen sind?»

869   Die Macht der Wissenschaft und Technik in Europa ist so groß und unzweifelhaft, daß es fast zwecklos ist zu wissen, was man alles kann und was man alles erfunden hat. Man erschrickt vor den ungeheuern Möglichkeiten. Eine ganz andere Frage beginnt hier zu dämmern: Wer wendet dieses Können an? In wessen Händen liegt diese Macht? Der Staat ist vorderhand ein provisorisches Schutzmittel: er bewahrt den Bürger anscheinend vor den ungeheuern Mengen an Giften und sonstigen infernalischen Zerstörungsmitteln, die jederzeit in kürzester Frist zu Tausenden von Tonnen fabriziert werden können. Das Können ist so gefährlich geworden, daß die Frage immer dringender wird, nicht was man noch kann, sondern wie der Mensch beschaffen sein sollte, dem man die Kontrolle über dieses «Können» anvertraut, oder wie man den Sinn des westlichen Menschen so ändern könnte, daß er auf sein furchtbares Können verzichtet. Es wäre unendlich viel wichtiger, ihm die Illusion seiner Macht zu nehmen, als ihn noch weiter in seinem Irrtum zu bestärken, daß er alles kann, was er will. Der Slogan: Wo ein Wille ist, ist auch ein Weg, hat Millionen das Leben gekostet.

870   Der westliche Mensch bedarf der Überlegenheit über die Natur außen und innen *nicht*. Er hat beides in beinahe teuflischer Vollendung. Was er aber nicht hat, ist die bewußte Anerkennung seiner *Unterlegenheit* unter die Natur um ihn und in ihm. Was er lernen sollte, ist, daß er nicht kann, wie

er will. Lernt er das nicht, so wird seine eigene Natur ihn zerstören. Er kennt seine Seele nicht, die sich selbstmörderisch gegen ihn empört.

Da er alles und jedes zur Technik machen kann, ist im Prinzip alles, was nach Methode aussieht, gefährlich oder zur Erfolglosigkeit verdammt. Insofern der Yoga Hygiene ist, so ist er für den westlichen Menschen so nützlich wie irgendein anderes System. Der Yoga im tiefsten Sinne meint das aber nicht, sondern er will viel mehr, nämlich, wenn ich es richtig verstehe, die endgültige Lösung und Befreiung des Bewußtseins von aller Objekt- und Subjektverhaftung. Da man sich aber von nichts befreien kann, was einem unbewußt ist, so muß der Europäer sein Subjekt zuerst kennenlernen. Dies ist, was man im Westen das *Unbewußte* nennt. Die Yoga-Methode wendet sich nun ausschließlich an das Bewußtsein und an den bewußten Willen. Eine solche Unternehmung ist aber nur dann erfolgversprechend, wenn das Unbewußte kein nennenswertes Potential besitzt, das heißt wenn es nicht große Teile der Persönlichkeit enthält. Tut es dies, so ist alle bewußte Anstrengung erfolglos, und was bei dieser Krampfhaftigkeit herauskommt, ist ein Zerrbild oder sogar das Gegenteil von dem, was das natürliche Resultat sein sollte.

Durch die reiche Metaphysik und Symbolik des Ostens ist ein großer und wichtiger Teil des Unbewußten ausgedrückt, und dadurch ist das Potential desselben vermindert. Wenn der Yogi «Prâna» sagt, so meint er damit erheblich mehr als bloß Atem. Ihm klingt beim Worte Prâna noch die ganze metaphysische Komponente mit, und es ist, als ob er wirklich wüßte, was Prâna auch in dieser Hinsicht heißt. Er weiß es nicht aus seinem Verstand, sondern aus dem Herzen, dem Bauch und dem Blut. Der Europäer aber ahmt nach und lernt Begriffe auswendig, und ist darum nicht imstande, durch den indischen Begriff seine subjektive Tatsache auszudrücken. Es ist mir mehr als zweifelhaft, ob der Europäer, wenn er die ihm entsprechenden Erfahrungen machen könnte, gerade eine Anschauung wie Prâna wählen würde, um diese Erfahrung auszudrücken.

Yoga war ursprünglich ein natürlicher Introversionsvorgang, der sich in allen möglichen individuellen Variationen abspielte. Solche Introversionen führen zu eigentümlichen, persönlichkeitsverändernden Innenvorgängen. Im Laufe der Jahrtausende sind diese Interversionen allmählich als Methoden organisiert worden, und zwar in der allerverschiedensten Art und Weise. Selbst der indische Yoga kennt zahlreiche, äußerst verschiedene Formen. Der Grund hiefür ist die ursprüngliche Verschiedenheit der individuellen Erfahrung. Es ist nun gar nicht gesagt, daß irgendeine dieser Methoden auf die eigentümliche historische Struktur des Europäers paßt. Es ist vielmehr wahrscheinlich, daß sein natürlicher Yoga aus historischen Vorlagen hervorgeht, die der Osten nicht kennt. Tatsächlich haben im Westen jene beiden Kulturbestrebungen, die sich am meisten mit der Seele praktisch befassen müssen, nämlich die Medizin und die katholische Seelsorge, Methoden hervorgebracht, die sich dem Yoga wohl vergleichen lassen. Ich habe die Exerzitien der Kirche bereits erwähnt. Was die Medizin anbetrifft, so sind es die modernen psychotherapeutischen Methoden, von denen einige dem Yoga nahekommen. Die Psychoanalyse FREUDS führt das Bewußtsein des Patienten zurück auf die innere Welt der Kindheitserinnerungen einerseits und andererseits auf Wünsche und Triebe, die vom Bewußtsein verdrängt waren. Dies ist eine konsequente Weiterentwicklung der Beichtpraxis. Die Tendenz ist eine künstliche Introversion zum Zwecke der Bewußtmachung der unbewußten Komponenten des Subjektes.

874   Eine etwas andere Methode ist das sogenannte Autogene Training von J. H. SCHULTZ[3], das sich sogar bewußt dem Yoga anschließt. Sein Hauptzweck ist die Auflösung des Bewußtseinskrampfes und der dadurch bedingten Verdrängung des Unbewußten.

875   Meine Methodik ist wie diejenige FREUDS auf der Beichtpraxis aufgebaut. Wie er, so berücksichtige auch ich die Träume, aber in der Bewertung des Unbewußten trennen sich unsere Auffassungen. Für ihn ist es wesentlich ein Anhängsel des Bewußtseins, in dem alle Inkompatibilitäten aufgestapelt sind. Für mich ist das Unbewußte eine kollektive psychische Disposition schöpferischer Art. Aus dieser prinzipiellen Verschiedenheit der Auffassung ergibt sich natürlich auch eine ganz andere Bewertung der Symbolik und ihrer Deutungsmethode. FREUD verfährt in der Hauptsache analytisch-reduktiv. Ich füge dazu aber noch eine Synthetik, welche die Zweckmäßigkeit der unbewußten Tendenzen hinsichtlich der Persönlichkeitsentwicklung hervorhebt. In diesem Forschungszweig haben sich wichtige Parallelen mit dem Yoga ergeben, speziell mit dem Kundalini-Yoga und der Symbolik des Tantra-Yoga, des Lamaismus und des taoistischen Yoga in China. Diese Yogaformen mit ihrer reichen Symbolik liefern mir die wertvollsten Vergleichsmaterialien für die Deutung des kollektiven Unbewußten. Die Methoden des Yoga aber wende ich prinzipiell nicht an, weil im Westen dem Unbewußten nichts aufgedrängt werden darf.

Meist ist das Bewußtsein von *krampfhafter Intensität und Beschränktheit* und darf daher nicht noch mehr betont werden. Im Gegenteil muß dem Unbewußten möglichst geholfen werden, das Bewußtsein zu erreichen, um dieses aus seiner Erstarrung zu befreien. Ich benütze dazu auch eine Methode der Aktiven Imagination, welche in einem besonderen Training der relativen Ausschaltung des Bewußtseins besteht, um den unbewußten Inhalten zur Entfaltung zu verhelfen.

Wenn ich mich dermaßen kritisch abkehrend gegenüber dem Yoga verhalte, so bedeutet das keineswegs, daß ich diese geistige Errungenschaft des Ostens nicht für etwas vom Größten hielte, was menschlicher Geist je geschaffen hat. Ich hoffe, es gehe aus meiner Darlegung mit genügender Deutlichkeit hervor, daß meine Kritik sich einzig und allein gegen die Anwendung des Yoga auf den westlichen Menschen richtet. Die geistige Entwicklung ist im Westen ganz andere Wege gegangen als im Osten und hat deshalb Bedingungen erzeugt, welche einen für die Anwendung des Yoga denkbar ungünstigen Boden bedeuten. Die westliche Zivilisation ist kaum tausend Jahre alt und muß sich zuerst noch von ihren barbarischen Einseitigkeiten befreien. Dazu gehört vor allem tiefere Einsicht in die Natur des Menschen. Durch Unterdrückung und Beherrschung aber gewinnt man keine Einsicht, und am wenigsten durch Nachahmung von Methoden, die unter ganz anderen psychologischen Bedingungen entstanden sind. Der Westen wird im Laufe der Jahrhunderte seinen eigenen Yoga hervorbringen, und zwar auf der durch das Christentum geschaffenen Basis.

876

Anmerkungen

1 [In englischer Übersetzung erschienen in: *Prabuddha Bharata* (Kalkutta, Februar 1936).]
2 Vgl. APOLLONIUS von TYANA, die orphisch-pythagoräischen Geheimlehren, die Gnosis, usw.
3 Vgl. SCHULTZ, *Das autogene Training*.

13 Meditation und westliche Psychologie

Aus: Zur Psychologie östlicher Meditation[1]

908 Mein leider zu früh verstorbener Freund HEINRICH ZIMMER hat in seinem Buche *«Kunstform und Yoga»*[2] die tiefen Zusammenhänge hervorgehoben, welche zwischen der hieratischen Architektur Indiens und dem Yoga bestehen. Wer einmal den Borobudur oder die Stûpas von Barhut und Sânchi gesehen hat, der kann sich in der Tat schwer dem Eindruck entziehen, daß hier eine dem Europäer ungewohnte Geisteshaltung und Anschauung am Werke ist, wenn er nicht schon durch tausend andere Eindrücke des indischen Lebens davon belehrt worden ist. In den ungezählten Facetten des überquellenden Reichtums indischer Geistigkeit spiegelt sich eine innere Anschauung der Seele wider, welche dem griechisch geschulten Verstande des Europäers zunächst fremdartig und unzugänglich erscheint. Unser Verstand erschaut die Dinge, unser «Auge trinkt» – um mit GOTTFRIED KELLER zu reden – «was die Wimper hält, von dem goldenen Überfluß der Welt», und wir schließen aus der Fülle äußerer Eindrücke auf das Innere. Ja, wir leiten sogar dessen Inhalte von Äußerem ab nach dem Satze: «Nichts ist im Verstand, was nicht vorher in den Sinnen war.» Dieser Satz scheint in Indien keine Geltung zu haben. Indisches Denken und Gestalten erscheint bloß in der Sinnenwelt, läßt sich aber nicht aus dieser ableiten. Trotz aller oftmals aufdringlichen Sinnlichkeit des Ausdruckes ist es doch in seinem eigentlichsten Wesen unsinnlich, um nicht zu sagen *übersinnlich*. Es ist nicht die Welt der Sinne, der Körper, Farben und Töne, nicht menschliche Leidenschaft, welche durch die Gestaltungskraft der indischen Seele in verklärter Gestalt oder in realistischem Pathos wiedergeboren werden, sondern es ist eine Unter- oder Überwelt metaphysischer Natur, aus welcher fremde Gestalt in irdisch bekanntes Weltbild durchbricht. Wenn man die ungeheuer eindrucksvollen Götterdarstellungen der südindischen Kathakalitänzer aufmerksam beobachtet, so wird man nicht *eine* natürliche Geste sehen. Alles ist bizarr unter- und übermenschlich: sie ge-

hen nicht wie Menschen, sondern gleiten, sie denken nicht mit dem Kopf, sondern mit den Händen. Selbst das menschliche Antlitz verschwindet hinter blauemaillierter kunstvoller Maske. Unsere bekannte Welt bietet nichts, was sich auch nur im entferntesten mit dieser grotesken Großartigkeit vergleichen ließe. Man wird durch solchen Anblick in einen Traum versetzt, als dem einzigen Orte, an dem einem etwa schon Ähnliches begegnet ist. Es sind aber keine nächtlichen Spukgestalten, die uns im Kathakali oder in den Tempelbildern entgegentreten, sondern gespannt dynamische, bis in feinste Einzelheiten gesetzmäßig gebildete oder organisch gewachsene Figuren. Es sind keine Schemen und Abbilder einstmaliger Wirklichkeiten, sondern vielmehr Wirklichkeiten, die *noch nicht* waren, potentielle Realitäten, die jeden Moment über die Schwelle des Seins treten können.

Wer sich solchen Eindrücken ungeteilten Herzens hingibt, wird bald merken, daß diese Gestalten dem Inder nicht als traumhaft, sondern als wirklich vorkommen, wie sie auch in uns selber mit beinahe erschreckender Lebendigkeit an etwas rühren, wofür wir allerdings keine Sprache haben. Und zugleich merkt man, je tiefer man ergriffen ist, daß unsere Sinnenwelt zum Traum wird, und daß man in einer Götterwelt von unmittelbarster Wirklichkeit *erwacht*. 909

Was der Europäer zunächst in Indien sieht, ist äußerlich angeschaute Körperhaftigkeit. Das ist aber nicht Indien, wie es der Inder sieht, das ist nicht *seine* Wirklichkeit. Wirklichkeit ist, wie das deutsche Wort besagt, das was *wirkt*. Der Inbegriff des Wirkenden ist für uns mit der Erscheinung der Welt verknüpft, für den Inder dagegen mit der *Seele*. Welt ist ihm Schein, und seine Realität nähert sich dem, was wir etwa Traum nennen würden. 910

Dieser seltsame Gegensatz zum Westen drückt sich zuallermeist in der religiösen Übung aus. Wir reden von religiöser Erbauung und Erhebung, Gott ist uns der Herr des Weltalls, wir haben eine Religion der Nächstenliebe, in unseren in die Höhe strebenden Kirchen gibt es einen *Hochaltar*; Indien dagegen spricht von Dhyâna, Meditation und Versenkung, die Gottheit ist im Innern aller Dinge und vor allem im Menschen, man wendet sich vom Äußern ab zum Innern; in den alten indischen Tempeln ist der Altar zwei bis drei Meter tief in die Erde versenkt, und was wir auf das schamhafteste verhüllen, ist dem Inder heiligstes Symbol. Wir glauben an das Tun, der Inder an das unbewegte Sein. Unsere religiöse Übung besteht 911 in Anbetung, Verehrung und Lobpreisung; die wesentlichste Übung des Inders dagegen ist der Yoga, die Versenkung in einen, wie wir sagen würden, bewußtlosen Zustand, den er aber als höchstes Bewußtsein preist. Der Yoga ist einerseits der sprechendste Ausdruck des indischen Geistes, andererseits das stets gebrauchte Instrument zur Erzeugung eben dieser eigenartigen Geisteshaltung.

912 Was ist nun der Yoga? Das Wort «yoga» bedeutet wörtlich *Anjochung*, nämlich Disziplinierung der seelischen Triebkräfte, im Sanskrit als kleças bezeichnet. Die Anjochung bezweckt die Beherrschung jener Kräfte, die den Menschen an die Welt verhaften. In der Sprache AUGUSTINs entsprechen die kleças der superbia und der concupiscentia. Es gibt vielerlei verschiedene Formen des Yoga, die aber alle dasselbe Ziel verfolgen. Ich will sie nicht alle aufführen, sondern nur erwähnen, daß es neben rein psychischen Übungen auch den sogenannten Hatha-Yoga gibt, der in einer Art *Gymnastik* besteht, hauptsächlich in Atemübungen und besonderen Körperhaltungen. Ich habe mir nun vorgenommen, in diesem Vortrag einen Yogatext zu schildern, der einen tiefen Einblick in die psychischen Vorgänge des Yoga vermittelt. Es ist dies ein wenig bekannter buddhistischer Text in chinesischer Sprache, welcher aber eine Übersetzung aus dem ursprünglichen Sanskrit ist. Er stammt aus dem Jahre 424 nach Christus. Sein Name ist Amitâyur-dhyâna-sûtra, zu deutsch: Traktat der Amitâbha-Meditation.[3] Das besonders in Japan hochgeschätzte Sûtra gehört in das Gebiet des sogenannten theistischen Buddhismus, in welchem sich die Lehre vom Âdhibuddha, oder Mahâbuddha, dem Urbuddha, findet, aus welchem die fünf Dhyâni-Buddhas oder Dhyâni-Bodhisattvas hervorgehen. Einer der Fünf ist Amitâbha, der «Buddha der *untergehenden Sonne* des unermeßlichen Lichtes», der Herr von Sukhâvatî, dem Lande der Glückseligkeit. Er ist der Protektor unserer gegenwärtigen Weltperiode, wie Çâkyamuni, nämlich der historische Buddha, der Lehrer derselben ist. Im Kulte des Amitâbha findet bemerkenswerterweise eine Art Eucharistiefeier mit konsekriertem Brot statt. Er wird dargestellt, wie er in der Hand das Gefäß der lebensspendenden *Unsterblichkeitsspeise* oder des heiligen *Wassers* hält.

913 Der Text beginnt mit einer Rahmenerzählung, deren Inhalt uns hier nicht weiter interessiert. Ein Kronprinz trachtet seinen Eltern nach dem Leben, und die Königin in ihrer Not ruft Buddhas Hilfe an, der ihr seine beiden Schüler, den Maudgalyâyana und den Ânanda, schicken möge. Bud-

dha erfüllt ihren Wunsch, und sofort erscheinen ihr die beiden. Ebenso erscheint Çâkyamuni, der Buddha selber, vor ihren Augen. Er zeigt ihr in der Vision alle zehn Welten, um sie wählen zu lassen, in welcher sie wiedergeboren werden will. Sie wählt das westliche Reich des Amitâbha. Er lehrt sie nun den Yoga, der sie zur Wiedergeburt im Amitâbhareiche befähigen soll. Nach verschiedenen moralischen Vorschriften teilt er ihr folgendes mit:

«Du und alle andern Wesen [nämlich die mit derselben Absicht] sollten es zu ihrem einzigen Ziel machen, eine Wahrnehmung des westlichen Reiches zu erzeugen durch den konzentrierten Gedanken. Du fragst wohl, wie diese Wahrnehmung geschaffen werden kann. Ich will es Dir jetzt erklären. Alle Wesen, insofern sie nicht von Geburt an blind sind, haben einen Gesichtssinn und alle sehen die untergehende Sonne. Du solltest Dich in der richtigen Haltung hinsetzen, den Blick nach Westen gerichtet, und dann bereite Deine Gedanken vor für eine konzentrierte Meditation über die Sonne. Veranlasse Dein Bewußtsein zu einer festen Fixation an die Sonne, so daß Du eine ungestörte Wahrnehmung derselben hast durch die ausschließliche Konzentration darauf. Schaue auf sie hin, wenn sie im Begriffe ist, unterzugehen, und wenn sie aussieht wie eine aufgehängte Trommel. Nachdem Du so die Sonne gesehen hast, behalte dieses Bild klar und fixiert, gleichgültig, ob Deine Augen offen sind oder geschlossen. Dies ist die Wahrnehmung der Sonne und das ist die erste Meditation.» 914

Wie wir bereits gesehen haben, ist die untergehende Sonne eine Allegorie des Unsterblichkeit spendenden Amitâbha. Der Text fährt fort: 915

«Dann sollst Du die Wahrnehmung des Wassers erschaffen. Blicke auf das klare und reine Wasser und laß dieses Bild klar und unverändert vor Dir verharren. Erlaube Deinen Gedanken nie, sich zu zerstreuen und verlorenzugehen.»

Wie schon erwähnt ist Amitâbha auch der Spender des Wassers der Unsterblichkeit. 916

«Nachdem Du so das Wasser gesehen hast, solltest Du die Wahrnehmung des Eises erschaffen. So wie Du es leuchtend und durchsichtig schaust, solltest Du auch die Erscheinung des lapis lazuli imaginieren. Nachdem Du das getan hast, wirst Du den Boden sehen, wie wenn er aus lapis lazuli bestünde, durchsichtig und leuchtend, beides innen und außen. Unter diesem Boden von lapis lazuli wirst 917

Du die goldene Fahne sehen mit den sieben Juwelen, Diamanten und andern [Edelsteinen], welche den Boden tragen. Diese Fahne erstreckt sich nach den acht Richtungen des Kompasses, und auf diese Weise sind die acht Ecken der Grundlage vollkommen ausgefüllt. Jede Seite der acht Richtungen besteht aus hundert Juwelen, und jedes Juwel hat tausend Strahlen, und jeder Strahl hat vierundachtzigtausend Farben, welche, reflektiert auf dem Boden von lapis lazuli, den Anschein haben von tausend Millionen Sonnen, und es ist schwierig, diese getrennt von einander zu sehen. Über die Oberfläche dieses Bodens von lapis lazuli strekken sich goldene Taue, die kreuzweise verbunden sind, und die Abteilungen sind gemacht von Schnüren mit jeweils sieben Juwelen, und jeder Teil ist klar und deutlich.

Wenn diese Wahrnehmung geformt worden ist, so solltest Du meditieren über ihre Bestandteile, einen nach dem andern. Und mache die Bilder so klar wie möglich, so daß sie niemals sich auflösen und verloren gehen, gleichgültig ob Deine Augen geschlossen oder offen sind. Mit Ausnahme der Zeit Deines Schlafes solltest Du dieses Bild immer vor Deinem inneren Auge tragen. Einer, der den Zustand dieser Wahrnehmung erreicht hat, von dem wird gesagt, er habe undeutlich das Land des höchsten Glückes gesehen (Sukhâvatî). Einer, der aber den Zustand von Samâdhi erreicht hat, ist imstande, das Land klar und deutlich zu sehen. Dieser Zustand kann nicht ganz erklärt werden. Dies ist die Wahrnehmung des Landes und dies ist die dritte Meditation.»

918 Samâdhi ist «Eingezogenheit», das heißt ein Zustand, in welchem aller Weltzusammenhang ins Innere absorbiert ist. Samâdhi ist das *Achte* des *Achtfachen Pfades*.

919 Darauf folgt die Meditation über die Juwelen-Bäume des Amitâbha-Landes und dann die Meditation über das Wasser.

«Im Lande der höchsten Glückseligkeit findet sich Wasser in acht Seen. Das Wasser in jedem See besteht aus sieben Juwelen, welche weich und nachgiebig sind. Die Quelle kommt vom König der Juwelen [Cintâmani «Wunsch-Perle»]... In der Mitte jedes Sees sind sechzig Millionen Lotusblüten, jede aus sieben Juwelen bestehend. Alle Blüten sind vollkommen rund und genau gleich groß. Das zwischen den Blüten fließende Wasser erzeugt melodische und angenehme Töne, welche alle vollkommenen Tugenden ausdrücken, wie Leiden, Nichtexistenz, Vergänglichkeit und Nichtselbst. Sie drücken auch das Lob der Zeichen der Vollkommenheit aus und der minderen Zeichen von Ausgezeichnetheit aller Buddhas. Dem König der Juwelen [Cintâmani] entfließen die goldfarbenen Strahlen von äußerster Schönheit. Ihr Leuchten verwandelt sich in Vögel, welche die Farben von hundert Juwelen haben. Sie singen harmonische Töne, süß und entzückend, die Erinnerung an Buddha lobend, ebenso die Erinnerung an das Gesetz und die Erinnerung der Kirche. Das ist die Wahrnehmung des Wassers der acht guten Eigenschaften und das ist die fünfte Meditation.»

Über die Meditation des Amitâbha selber belehrt Buddha die Königin folgendermaßen: «Gestalte die Wahrnehmung einer Lotusblüte auf dem Boden von sieben Juwelen.» Die Blüte besitzt vierundachtzigtausend Blütenblätter, jedes Blatt vierundachtzigtausend Adern und jede Ader vierundachtzigtausend Strahlen, «von denen jeder einzelne klar gesehen werden kann».

«Darauf solltest Du Buddha selbst wahrnehmen. Du fragst wie? Jeder Buddha Tathâgata [der Vollendete] ist einer, dessen Hauchkörper das Prinzip der Natur ist (Dharmadhâtu-kâya, dhâtu = Element), so daß er in das Bewußtsein aller Wesen eingehen kann. Deshalb, wenn Du Buddha wahrgenommen hast, dann besitzt in der Tat Dein Bewußtsein jene zweiunddreißig Zeichen der Vollkommenheit und die achtzig kleineren Zeichen der Ausgezeichnetheit, welche Du an Buddha wahrnimmst. Schließlich ist es Dein Bewußtsein, das Buddha wird, oder besser, es ist Dein Bewußtsein, das in der Tat Buddha ist. Der Ozean des wahren und universellen Wissens aller Buddhas hat seine Quelle in unserem eigenen Bewußtsein und Gedanken. Deshalb solltest Du Deinen Gedanken mit einer ungeteilten Aufmerksamkeit auf eine sorgfältige Meditation über jenen Buddha Tathâgata, den Arhat, den Heiligen und vollkommen Erleuchteten, richten. Wenn Du die Wahrnehmung dieses Buddha gestaltest, so solltest Du zuerst das Bild dieses Buddha wahrnehmen, gleichgültig ob Deine Augen offen oder geschlossen sind. Schaue ihn an, wie ein Idol in Jâmbûnada-Gold [Saft des Jambubaumes], das auf der Blüte sitzt.[4] Wenn Du die sitzende Figur gesehen hast, so wird Dein geistiges Gesicht klar werden und Du wirst imstande sein, die Schönheit jenes Buddha-Landes klar und deutlich zu sehen. Indem Du diese Dinge siehst, lasse sie klar und fest Dir erscheinen, so deutlich wie die Fläche deiner Hände.»

«Wenn Du durch dieses Erlebnis hindurch gehst, so wirst Du zugleich alle Buddhas der zehn Welten sehen. Diejenigen, welche diese Meditation ausgeübt haben, von denen wird gesagt, daß sie die Körper aller Buddhas betrachtet haben. Da sie über den Körper Buddhas meditiert haben, werden sie auch den Geist Buddhas wahrnehmen. Es ist das große Mitleid, welches Buddhas Geist genannt wird. Durch das allumfassende Mitleid geschieht es, daß er alle Wesen annimmt. Diejenigen, welche diese Meditation ausgeübt haben, werden nach ihrem Tode wieder geboren werden in der Gegenwart der Buddhas in einem anderen Leben und werden einen Geist des Verzichtes erreichen, mit dem sie allen Folgen begegnen, welche sich nach diesem ereignen werden. Darum sollten die, welche Weisheit besitzen, ihre Gedanken zu einer sorgfältigen Meditation über diesen Buddha Amitâyus sammeln.»

922 Von denen, welche diese Meditation ausüben, wird gesagt, daß sie nicht mehr in einem embryonischen Zustand leben, sondern freien Zugang haben werden zu den ausgezeichneten und wunderbaren Ländern der Buddhas.

923 «Wenn Du diese Wahrnehmung erreicht hast, solltest Du Dir ein Bild machen von Dir selber, wie Du geboren wirst in der Welt des höchsten Glückes, in der Region des Westens, und wie Du dort sitzest mit gekreuzten Beinen auf einer Lotusblüte. Dann mache Dir ein Bild davon, wie diese Blüte Dich in sich einschließt und wie sie sich nachher wiederum entfaltet. Wenn sich nämlich die Blüte wieder entfaltet, so ist Dein Körper von fünfhundert farbigen Strahlen umspielt. Deine Augen werden geöffnet sein, so daß Du die Buddhas und Bodhisattvas siehst, wie sie den ganzen Himmel erfüllen. Du wirst das Geräusch des Wassers und der Bäume hören, den Gesang der Vögel und die Stimme der vielen Buddhas.»

924 Buddha spricht darauf zu Ânanda und Vaidehî [der Königin]:

«Diejenigen, die wünschen, vermittels ihrer reinen Gedanken im westlichen Lande wiedergeboren zu werden, sollten zuerst über ein Bild des Buddha meditieren, das sechzehn Ellen hoch ist und auf dem Lotus im Wasser des Sees sitzt. Wie vorher gesagt wurde, ist der wirkliche Körper und sein Maß unbegrenzt und unbegreiflich für den gewöhnlichen Verstand. Aber durch die Wirksamkeit des alten Gebetes dieses Tathâgata werden sicherlich alle, die daran denken und sich seiner erinnern, ihr Ziel erreichen.»

925 Der Text fährt fort:

«Als Buddha diese Rede vollendet hatte, da konnte Vaidehî, die Königin, zusammen mit ihren fünfhundert Begleiterinnen, geleitet von den Worten Buddhas, den Anblick der weit sich erstreckenden Welt der Glückseligkeit sehen, und sie konnte ebenso den Körper Buddhas und den Körper der beiden Bodhisattvas sehen. Ihr Geist war erfüllt mit Freude, sie pries diese, indem sie sagte: ‹Niemals habe ich solch ein Wunder gesehen.› Auf der Stelle wurde sie ganz und gar erleuchtet und erreichte den Geist des Verzichtes, nunmehr vorbereitet, alle Folgen zu erdulden, was immer auch diese seien. Ihre fünfhundert Begleiterinnen ebenso erfreuten sich des Gedankens, daß sie nunmehr die höchste vollkommene Erkenntnis erreichten und wünschten in jenem Lande des Buddha wiedergeboren zu werden. Der durch alle Welt Geehrte sagte voraus, daß sie alle in jenem Lande wiedergeboren würden und daß sie imstande sein würden, Samâdhi [die übernatürliche Ruhe] der Gegenwart vieler Buddhas zu erreichen.»

In einem Exkurs über das Schicksal des Unerleuchteten sagt Buddha, die 926 Yogaübung zusammenfassend:

«Aber da er von Schmerzen geplagt ist, so wird er keine Zeit finden, an Buddha zu denken. Ein guter Freund wird dann zu ihm sagen: Auch wenn Du die Erinnerung an Buddha nicht üben kannst, so mögest Du wenigstens den Namen aussprechen: ‹Buddha Amitâyus›. Er möge dies in reiner Gesinnung tun mit konstanter Stimme. Er möge beständig an Buddha denken, bis er zehnmal den Gedanken vollendet hat, indem er wiederholt: ‹Namo (A) mitâyushe Buddhâya› [Verehrung dem Buddha Amitâyus]. Vermöge des Verdienstes des Aussprechens des Buddhanamens wird er durch jede Wiederholung seine Sünden austilgen, die ihn sonst in Geburt und Tod während achtzig Millionen Kalpas verwickeln würden. Er wird, wenn er stirbt, einen goldenen Lotus sehen, gleich der Scheibe der Sonne vor seinen Augen, und in einem Augenblick wird er wiedergeboren sein in Sukhâvatî, der Welt der höchsten Glückseligkeit.»

Das sind die wesentlichen, uns hier interessierenden Inhalte der Yoga- 927 übung. Der Text zerfällt in sechzehn Meditationen, von denen ich hier nur Stücke hervorgehoben habe. Sie mögen aber genügen, um die bis Samâdhi, der höchsten Entzückung und Erleuchtung, aufsteigende Meditation zu schildern.

Die Übung beginnt mit der Konzentration auf die untergehende Sonne. 928 In südlichen Breiten ist die Strahlungsintensität der untergehenden Sonne noch so stark, daß einige Augenblicke des Hinsehens genügen, um ein intensives Nachbild zu erzeugen. Man sieht dann, auch mit geschlossenen Augen, die Sonne noch für eine ganze Weile. Bekanntlich besteht eine der hypnotischen Methoden darin, daß ein glänzender Gegenstand, zum Beispiel ein Diamant oder Kristall, fixiert wird. Man darf vermuten, daß die Fixierung der Sonne einen ähnlichen hypnotischen Effekt bewirken soll. Allerdings soll es kein einschläfernder Effekt sein, insofern mit der Fixierung auch eine «Meditation» der Sonne verknüpft werden muß. Meditation ist ein Nachdenken über die Sonne, ein Sich-Klarmachen und Realisieren der Sonne, ihrer Gestalt, ihrer Eigenschaften und Bedeutungen. Da das Runde in den folgenden Stücken eine bedeutsame Rolle spielt, so darf man auch vermuten, daß die runde Sonnenscheibe als Vorlage zu den nachfolgenden runden Phantasiegebilden dienen soll. Ebenso soll sie vermöge ihres intensiven Lichtes die nachfolgenden strahlenden Visionen vorbereiten. Auf diese Weise soll, wie der Text sagt, «die Wahrnehmung erschaffen» werden.

929   Die nächste Meditation, die des Wassers, stützt sich auf keinen Sinneseindruck mehr, sondern erschafft nun durch Aktive Imagination das Bild einer spiegelnden Wasserfläche, die, wie man aus Erfahrung weiß, das Sonnenlicht vollkommen widerspiegelt. Es soll nun vorgestellt werden, daß das Wasser sich in «leuchtendes und durchsichtiges Eis» verwandelt. Durch diese Prozedur wird das immaterielle Licht des Sonnennachbildes in die Materie des Wassers und diese schließlich in die feste Stofflichkeit des Eises gewandelt. Dadurch wird offenbar keine Konkretisierung und Verstofflichung der Vision bezweckt, und damit entsteht eine Materialität der Phantasieschöpfung, welche an die Stelle der physischen Natur, dieser uns bekannten Welt, tritt. Es wird eine *andere Wirklichkeit* geschaffen, gewissermaßen aus seelischem Stoff. Das Eis, das natürlicherweise eine bläuliche Farbe hat, wandelt sich nun zu dem blauen lapis lazuli, zu einem festen steinernen Gebilde, welches seinerseits zu einem «Boden» wird, der allerdings «leuchtend und durchsichtig» ist. Mit diesem «Boden» ist eine unveränderliche, sozusagen absolut reale Grundlage geschaffen. Dieser blaue, durchsichtige Boden ist wie ein gläserner See, durch dessen durchsichtige Schichten der Blick in die Tiefe dringt.

930   Aus dieser Tiefe leuchtet nun die sogenannte «goldene Fahne» auf. Es ist hier zu bemerken, daß das Sanskritwort dhvaja für Fahne überhaupt die Bedeutung von «Zeichen» und «Symbol» hat. Man könnte daher ebensogut vom Erscheinen eines Symboles reden. Es wird hier klar, daß, indem das Symbol sich «nach den acht Richtungen des Kompaß» erstreckt, die Grundlage ein achtstrahliges System darstellt. Wie der Text sagt, sind durch die Fahne die «acht Ecken der Grundlage vollkommen ausgefüllt». Das System leuchtet wie «tausend Millionen Sonnen». Das leuchtende Sonnennachbild hat also an Strahlungsenergie bedeutend gewonnen und sich zu einer unermeßlichen Leuchtkraft gesteigert. Die eigentümliche Vorstellung von «goldenen Tauen», die sich wie ein Netz über das System ausbreiten, will vermutlich besagen, daß letzteres zusammengebunden und auf diese Weise befestigt sei, so daß es nicht mehr auseinanderfallen kann. Leider sagt der Text nirgends etwas über die Möglichkeit eines Versagens der Methode und über die Zerfallserscheinungen, die infolge eines

Fehlers eintreten könnten. Derartige Störungen eines imaginativen Prozesses sind aber für den Kenner nichts Unerwartetes; sie bilden im Gegenteil ein regelmäßiges Vorkommnis. Es ist daher nicht erstaunlich, daß in der Yogavision eine Art innerer Verfestigung des Bildes durch goldene Taue vorgesehen ist.

Obschon der Text es nicht ausdrücklich erwähnt, ist das achtstrahlige 931 System bereits das Amitâbha-Land. Darin wachsen wunderbare Bäume, wie sich dies für ein Paradies, das es ist, geziemt. Eine besondere Wichtigkeit kommt dem Wasser des Amitâbha-Landes zu. Es findet sich, dem Oktogon entsprechend, in der Gestalt von acht Seen. Die Quelle dieses Wassers ist ein zentrales Juwel, Cintâmani, die Wunschperle, ein Symbol der «schwer erreichbaren Kostbarkeit»[5] und des höchsten Wertes. In der chinesischen Kunst ist es jenes mondartige Gebilde, das häufig mit dem Drachen verbunden erscheint.[6] Die wundersamen «Töne» des Wassers bestehen in zwei Gegensatzpaaren, die dogmatische Grundwahrheiten des Buddhismus ausdrücken, «Leiden und Nichtsein, Vergänglichkeit und Nichtselbst», was besagen will, daß alles Sein leidvoll, und alles Ichhafte vergänglich sei. Aus diesen Irrtümern erlösen das Nicht-Sein und das Nicht-Ich-Sein. Das tönende Wasser ist also etwas wie die Lehre Buddhas überhaupt, ein erlösendes Wasser der Weisheit, eine «aqua doctrinae», um einen Ausdruck des ORIGENES zu gebrauchen. Die Quelle dieses Wassers, die Perle ohnegleichen, ist der Tathâgata, der Buddha selber. Daher folgt nun die imaginative Rekonstruktion des Buddhabildes, und indem dieser Aufbau vorgenommen wird, ergibt sich die Einsicht, daß Buddha eigentlich nichts anderes ist als die in der Meditation tätige Psyche des Yogin, des Meditierenden selber. Aus dem «eigenen Bewußtsein und Gedanken» geht nicht nur die Gestalt des Buddha hervor, sondern die Seele, die diese Gedankenbilder erzeugt, *ist Buddha selber.*

Die Gestalt des Buddha sitzt im runden Lotus, im Zentrum des oktogo- 932 nalen Amitâbha-Landes. Buddha ist ausgezeichnet durch das große Mitleid, mit dem er «alle Wesen annimmt», also auch den Meditierenden; das heißt das innerste Wesen, welches Buddha ist, tritt in der Vision hervor und offenbart sich als das eigentliche Selbst des Meditierenden. Er erfährt sich selber als das alleinig Seiende, als das höchste Bewußtsein, welches eben Buddha ist. Um zu diesem letzten Ziel zu gelangen, brauchte es den ganzen Weg mühsamer geistiger Rekonstruktionsübung, um vom verblendeten Ichbewußtsein, das die Schuld an der leidvollen Illusion der

Welt trägt, loszukommen und an jenen anderen seelischen Pol zu gelangen, in welchem Welt als Illusion aufgehoben wird.

933 Unser Text ist insofern kein bloßes literarisches Museumsstück, als er in dieser und in vielen anderen Formen in der Seele des Inders lebt und dessen Leben und Denken durchdringt bis in die kleinsten Einzelheiten, die dem Europäer so überaus fremdartig vorkommen. Es ist nicht etwa der Buddhismus, der diese Seele formt und erzieht, sondern der Yoga. Der Buddhismus selber ist eine Geburt aus dem Geiste des Yoga, der älter und universaler ist als die historische Reformation Buddhas. Mit diesem Geiste muß sich derjenige wohl oder übel befreunden, welcher danach strebt, indische Kunst, Philosophie und Ethik von innen her zu verstehen. Unser gewohntes Verstehen aus dem Äußeren versagt hier, weil es dem Wesen indischer Geistigkeit hoffnungslos inadäquat ist. Und insbesondere möchte ich warnen vor der so oft versuchten Nachahmung und Anempfindung östlicher Praktiken. Es kommt dabei in der Regel nicht mehr heraus als eine besonders künstliche Verdummung unseres westlichen Verstandes. Ja, wer es fertigbrächte, in jeder Hinsicht auf Europa zu verzichten und wirklich auch nichts anderes zu sein als ein Yogin mit allen ethischen und praktischen Konsequenzen und im Lotussitz auf dem Gazellenfell unter einem staubigen Banyanbaum dahinzuschwinden und seine Tage in namenlosem Nichtsein zu beschließen, einem solchen würde ich es zugestehen müssen, daß er den Yoga auf indisch verstanden hat. Wer das nicht kann, der soll auch nicht tun, als ob er den Yoga verstünde. Er kann und soll nicht auf seinen westlichen Verstand verzichten, sondern im Gegenteil diesen anstrengen, um ohne Nachahmung und Anempfindelei in ehrlicher Weise so viel vom Yoga zu verstehen, als unserem Verstande eben möglich ist. Da die Geheimnisse des Yoga dem Inder so viel oder noch mehr bedeuten als uns die Mysterien des christlichen Glaubens, und wir es doch jedem Exoten verwehren würden, unser mysterium fidei lächerlich zu machen, so dürfen auch wir die seltsamen indischen Vorstellungen und Übungen nicht geringschätzen und für absurden Irrtum halten. Damit würden wir uns nur den Zugang zu einem sinngemäßen Verständnis verbauen. Allerdings haben wir es in Europa schon weit gebracht in dieser Hinsicht, indem uns die geistigen Inhalte des christlichen Dogmas in einem rationalistischen und aufklärerischen Nebel bis zu einem bedenklichen Grade entschwunden sind, und allzuleicht ist es, zu unterschätzen, was man nicht kennt und versteht.

Wenn wir überhaupt verstehen wollen, so kann dies nur auf europäische 934
Weise geschehen. Man kann zwar viels mit dem Herzen verstehen, aber dabei findet es oft der Verstand schwierig, mit der intellektuellen Formulierung nachzukommen und dem Verstandenen den gebührlichen Ausdruck zu geben. Es gibt zwar ein Begreifen mit dem Kopfe und insbesondere mit dem wissenschaftlichen Verstand, wobei aber manchmal das Herz zu kurz kommt. Wir müssen daher bald das eine, bald das andere der wohlwollenden Mitarbeit des Publikums überlassen. Versuchen wir es also zunächst mit dem Kopfe, jene verborgene Brücke aufzufinden oder zu bauen, welche vom Yoga zum europäischen Verständnis herüberführen soll.

Zu diesem Zwecke müssen wir uns noch einmal die Reihe der bereits 935
besprochenen Symbole vergegenwärtigen, aber diesmal mit Rücksicht auf ihren *Sinngehalt*. Die Sonne, mit der die Reihe anhebt, ist die Quelle von Wärme und Licht und unzweifelhafter Mittelpunkt unserer sichtbaren Welt. Als Spenderin des Lebens ist sie daher sozusagen immer und überall entweder die Gottheit selber oder wenigstens ein Bild derselben. Sogar in der christlichen Vorstellungswelt ist sie eine beliebte Allegorie Christi. Eine zweite Quelle des Lebens, und dies namentlich in südlichen Ländern, ist das Wasser, das bekanntlich auch in der christlichen Allegorik eine bedeutende Rolle spielt, zum Beispiel in der Gestalt der vier Paradiesesströme und der Quelle, die an der Seite des Tempelberges entsprang. Diese wurde dem Blute aus der Seitenwunde Christi verglichen. In diesem Zusammenhang erinnere ich auch an das Gespräch Christi mit der Samariterin am Brunnen (*Johannes* 4,5 ff.) und an die Ströme lebendigen Wassers aus dem Leibe Christi (7,38). Eine Meditation über Sonne und Wasser wird unfehlbar solche und ähnliche Bedeutungszusammenhänge evozieren, womit der Meditierende allmählich aus dem Vordergrund der sichtbaren Erscheinung zum Hintergrund, das heißt zu dem *dahinterliegenden geistigen Sinn* der Meditationsgegenstände übergeleitet wird. Dadurch wird er in die psychische Sphäre versetzt, wo Sonne und Wasser ihrer physischen Gegenständlichkeit entkleidet und damit zu Symbolen seelischer Inhalte werden, nämlich zu Bildern der Lebensquelle in der eigenen Seele. Unser Bewußtsein schafft sich ja nicht selber, sondern es quillt auf aus unbekannter Tiefe. Es erwacht allmählich im Kinde, und es erwacht jeden Morgen aus der Tiefe des Schlafes aus einem unbewußten Zustande. Es ist wie ein Kind, das täglich aus dem mütterlichen Urgrunde des Unbewußten geboren wird. Ja, eine genauere Erforschung

des Bewußtseinsprozesses ergibt die Tatsache, daß es nicht nur vom Unbewußten beeinflußt wird, sondern sogar in Form zahlloser spontaner Einfälle überhaupt beständig dem Unbewußten entquillt. Die Meditation der Bedeutung von Sonne und Wasser ist daher etwas wie ein Abstieg zur seelischen Quelle, eben zum Unbewußten selber.

936   Hier liegt nun allerdings ein Unterschied zwischen östlichem und westlichem Geiste vor. Es ist der gleiche Unterschied, dem wir schon begegnet sind: es ist der zwischen Hochaltar und Tiefaltar. Der Westen sucht immer Erhebung, der Osten aber Versenkung oder Vertiefung. Die äußere Wirklichkeit mit ihrem Geist der Körperhaftigkeit und Schwere scheint den Europäer viel stärker und schärfer anzupacken als den Inder. Darum sucht jener sich über die Welt zu erheben, dieser aber kehrt gern in die mütterlichen Tiefen der Natur zurück.

937   Wie nun die christliche Kontemplation, zum Beispiel in den *Exercitia spiritualia* des IGNATIUS VON LOYOLA, mit allen Sinnen sich bestrebt, die heilige Gestalt so konkret wie möglich zu erfassen, so verfestigt auch der Yogin das Wasser, das er betrachtet, zunächst zu Eis und sodann zu lapis lazuli und schafft dadurch einen festen «Boden», wie er es nennt. Er schafft seiner Vision sozusagen einen soliden Körper. Damit gibt er dem Innern, nämlich den Gestalten seiner seelischen Welt, eine konkrete Realität, welche an die Stelle der äußeren Welt tritt. Er sieht zwar zunächst nichts als eine spiegelnde blaue Oberfläche, etwa wie die eines Sees oder Meeres, das auch in unseren Träumen ein beliebtes Symbol des Unbewußten ist. Denn unter der spiegelnden Wasserfläche bergen sich unbekannte Tiefen, die dunkel und geheimnisvoll sind.

938   Wie der Text sagt, ist der blaue Stein *durchsichtig*, womit ausgesagt wird, daß der Blick des Meditierenden in die Tiefe des seelischen Geheimnisses einzudringen vermag. Dort erblickt er nun das, was zuvor nicht gesehen werden konnte, das heißt was unbewußt war. Wie Sonne und Wasser die physischen Lebensquellen sind, so drücken sie als Symbole das essentielle Lebensgeheimnis des Unbewußten aus: in der Fahne, das heißt dem Symbol, das der Yogin durch den Lapislazuliboden erblickt, schaut er gewissermaßen eine Gestalt der vordem unsichtbaren und anscheinend gestaltlosen Bewußtseinsquelle. Durch Dhyâna, das heißt Versenkung und Vertiefung der Kontemplation hat das Unbewußte, wie es scheint, Gestalt angenommen. Es ist, wie wenn das Licht des Bewußtseins, das aufgehört hat, Gegenstände der äußeren Sinneswelt zu beleuchten, nunmehr das Dunkel des

Unbewußten erleuchtete. Wenn die Sinneswelt und der Gedanke an sie gänzlich ausgelöscht sind, so tritt das Innere deutlicher hervor.

Hier überspringt nun der östliche Text ein psychisches Phänomen, das dem Europäer zur Quelle endloser Schwierigkeiten wird. Versucht ein solcher die Vorstellungen der äußeren Welt zu verbannen und seinen Geist von allem Äußeren zu entleeren, so wird er zunächst zur Beute seiner subjektiven Phantasien, die mit den Inhalten unseres Textes nichts zu tun haben. Phantasien haben keinen guten Ruf, sie sind billig und wertlos und werden daher als nutz- und sinnlos verworfen. Sie sind die kleças, jene unordentlichen und chaotischen Triebkräfte, die der Yoga eben «anjochen» will. Dasselbe Ziel verfolgen auch die *«Exercitia spiritualia»*, und zwar suchen beide Methoden den Erfolg dadurch zu erreichen, daß sie dem Meditierenden den Gegenstand der Kontemplation vorhalten, indem sie ihm dasjenige Bild zeigen, auf das er sich konzentrieren soll, eben um die sogenannten wertlosen Phantasien auszuschalten. Beide Methoden, sowohl die östliche wie die westliche, versuchen auf direktem Wege zum Ziel zu gelangen. Ich will die Erfolgsmöglichkeiten dort, wo sich die Meditationsübung in einem bedeutsamen kirchlichen Rahmen abspielt, nicht in Frage stellen. Außerhalb eines solchen aber geht die Sache in der Regel nicht, oder sie führt sogar zu deplorabeln Resultaten. Durch die Erhellung des Unbewußten nämlich gerät man zunächst in die Sphäre des chaotischen persönlichen Unbewußten, in welchem sich alles findet, was man gerne vergißt und was man unter allen Umständen weder sich selber noch einem anderen eingestehen und überhaupt nicht für wahr haben möchte. Man glaubt daher am besten wegzukommen, wenn man möglichst nicht in diese dunkle Ecke schaut. Allerdings, wer so verfährt, der wird auch um diese Ecke nie herumkommen. Keinesfalls wird er auch nur eine Spur von dem erreichen, was der Yoga verspricht. Nur wer diese Dunkelheit durchschreitet, kann hoffen, irgendwie weiter zu kommen. Ich bin darum prinzipiell gegen die kritiklose Übernahme von Yogapraktiken durch Europäer, denn ich weiß zu genau, daß sie sich damit um ihre dunkle Ecke herumzudrücken hoffen. Ein solches Beginnen ist aber völlig sinn- und wertlos.

Hier liegt auch der tiefere Grund, warum wir im Westen (abgesehen von der sehr beschränkten Anwendung des jesuitischen *«Exercitia»*) nichts entwickelt haben, was sich mit dem Yoga vergleichen ließe. Wir haben eine abgrundtiefe Scheu vor der Scheußlichkeit unseres persönlichen Unbewußten. Daher zieht es der Europäer vor, lieber den anderen zu sagen, wie sie es zu machen hätten. Daß die Besserung des Ganzen beim einzelnen, ja bei mir selber anfängt, das will uns schon gar nicht in den Kopf. Viele denken sogar, es sei krankhaft, einmal ins eigene Innere zu blicken, man werde davon melancholisch, wie mir sogar einmal ein Theologe versicherte.

941   Ich habe vorhin gesagt, es hätte sich bei uns nichts entwickelt, was sich dem Yoga vergleichen ließe. Das ist nicht ganz richtig. Es hat sich bei uns, wie das dem europäischen Präjudiz entspricht, eine ärztliche Psychologie entwickelt, die sich speziell mit dem kleças befaßt. Wir nennen dies die «Psychologie des Unbewußten». Die von FREUD inaugurierte Richtung hat die Bedeutung der menschlichen Schattenseite und ihres Einflusses auf das Bewußtsein erkannt und sich in dieses Problem verwickelt. Diese Psychologie beschäftigt sich ausgerechnet mit dem, was unser Text verschweigt und als erledigt voraussetzt. Der Yoga weiß sehr wohl um die Welt des kleças, aber die Naturhaftigkeit seiner Religion kennt den *moralischen Konflikt* nicht, welchen die kleças für uns bedeuten. Ein ethisches Dilemma trennt uns von unserem Schatten. Der Geist Indiens wächst aus der Natur. Unser Geist steht gegen die Natur.

942   Darum ist uns der Boden aus lapis lazuli undurchsichtig, weil die Frage des *Bösen in der Natur* zuerst beantwortet werden muß. Diese Frage kann beantwortet werden, aber sicherlich nicht mit seichter rationalistischer Argumentation oder intellektuellem Geschwätz. Die ethische Verantwortung des einzelnen *kann* eine gültige Antwort geben. Aber Rezepte oder Lizenzen gibt es nicht, sondern nur Bezahlung bis zum letzten Heller. Dann kann der Boden aus lapis lazuli durchsichtig werden. Unser Sûtra setzt also voraus, daß die Schattenwelt unserer persönlichen Phantasien, das heißt des *persönlichen Unbewußten*, durchschritten sei, und fährt nun fort, eine symbolische Gestalt zu schildern, die uns zunächst fremdartig anmutet. Es handelt sich um ein radiäres, achtteiliges, geometrisches Gebilde, um eine sogenannte Ogdoas, eine Achtheit. In der Mitte erscheint ein Lotus, in welchem Buddha sitzt, und das entscheidende Erlebnis ist schließlich die Erkenntnis, daß der Meditierende selber Buddha ist, wodurch der durch die Rahmenerzählung geschürzte Schicksalsknoten als gelöst erscheint. Das konzentrisch gebaute Symbol drückt offenbar höchste Konzentration aus, welche nur dadurch erreicht wird, daß die vorhin geschilderte Abziehung und Überleitung des Interesses von den Eindrücken der Sinneswelt und den objektgebundenen Vorstellungen weg und die Zu-

wendung zum Bewußtseinshintergrund auf die Spitze getrieben wurde. Die Bewußtseinswelt mit ihrer Verhaftung ans Objekt, ja sogar das Zentrum des Bewußtseins, das Ich, erlischt, und dafür erscheint in endloser Steigerung des Glanzes die Amitâbha-Welt.

Psychologisch heißt dies soviel, als daß hinter oder unter der persönlichen Phantasie- und Triebwelt eine noch tiefere Schicht des Unbewußten erscheint, welche im Gegensatz zur chaotischen Unordnung des kleças von höchster Ordnung und Harmonie ist, und im Gegensatz zu deren *Vielheit* die allumfassende *Einheit* des «bodhimandala», des Zauberkreises der Erleuchtung, darstellt. 943

Was hat nun unsere Psychologie zu dieser indischen Feststellung eines überpersönlichen, weltumfassenden Unbewußten zu sagen, welches gewissermaßen dann erscheint, wenn die Dunkelheit des persönlichen Unbewußten durchsichtig geworden ist? Unsere moderne Psychologie weiß, daß das persönliche Unbewußte nur eine Oberschicht ist, die auf einem ganz anders gearteten Fundament ruht. Dieses wird als *kollektives Unbewußtes* bezeichnet. Der Grund zu dieser Bezeichnung ist der Umstand, daß, unähnlich dem persönlichen Unbewußten und dessen rein persönlichen Inhalten, die Bilder des tieferen Unbewußten von ausgesprochen *mythologischem* Charakter sind. Das will besagen, daß sie nach Form und Inhalt mit jenen allverbreiteten Urvorstellungen, wie sie den Mythen zugrunde liegen, übereinstimmen. Sie sind nicht mehr persönlicher, sondern rein überpersönlicher Natur und darum allen Menschen gemeinsam. Darum lassen sie sich auch in allen Mythen und Märchen aller Völker und Zeiten und ebenso bei einzelnen Individuen nachweisen, ohne daß diese die geringste bewußte Kenntnis der Mythologie hätten. 944

Unsere abendländische Psychologie ist tatsächlich so weit wie der Yoga, indem sie nämlich imstande ist, eine tiefere Einheitsschicht des Unbewußten wissenschaftlich nachzuweisen. Die mythologischen Motive, deren Vorhandensein die Erforschung des Unbewußten erwiesen hat, bilden zwar an sich eine Vielheit, aber diese gipfelt in einer konzentrischen oder radiären Anordnung, welche recht eigentlich das Zentrum oder das Wesen des kollektiven Unbewußten ausmacht. Wegen der bemerkenswerten Übereinstimmung der Einsichten des Yoga mit den Ergebnissen der psychologischen Forschung habe ich für dieses Zentralsymbol den Sanskritterminus «Mandala», was «Kreis» bedeutet, gewählt. 945

Man wird nun gewiß fragen: aber wie in aller Welt kommt die Wissen- 946 schaft auf dergleichen Feststellungen? Dazu gibt es zwei Wege. Der erste ist der *historische*. Untersuchen wir zum Beispiel die introspektive Methode der mittelalterlichen Naturphilosophie, so sehen wir, daß sie sich immer wieder des Kreises, und zwar meistens des viergeteilten, zur Symbolisierung des zentralen Prinzips bedient hat, und dies in offenkundiger Anlehnung an die kirchliche Quaternitätsallegorik, wie sie sich in zahlreichen Darstellungen des Rex gloriae mit den vier Evangelisten, den vier Paradiesesströmen, den vier Winden usw. findet.

947   Der zweite Weg ist der *empirisch-psychologische*. In einem gewissen Stadium der psychischen Behandlung zeichnen die Patienten gelegentlich spontan solche Mandalas, entweder weil sie sie träumen oder weil sie plötzlich das Bedürfnis spüren, ihre seelische Unordnung durch die Darstellung einer geordneten Einheit zu kompensieren. Einen solchen Prozeß hat zum Beispiel auch unser nationaler Heiliger, der selige BRUDER NIKLAUS VON FLÜE, durchlaufen, den Endzustand kann man noch im Bilde der Dreifaltigkeitsvision in der Pfarrkirche von Sachseln sehen. BRUDER KLAUS hat seine große Schreckvision, die ihn aufs tiefste erschütterte, mit Hilfe der Kreiszeichnungen im Büchlein eines deutschen Mystikers geordnet.[7]

948   Was aber sagt unsere empirische Psychologie zu dem im Lotus sitzenden Buddha? Folgerichtigerweise müßte ja beim Abendländer Christus in der Mitte des Mandalas thronen. Das war, wie schon gesagt, im Mittelalter bei uns auch der Fall. Aber unsere modernen Mandalas, deren spontane Entstehung wir bei zahlreichen Individuen ohne äußere Voraussetzung oder Einmischung beobachten, enthalten keine Christusfigur, und noch weniger einen Buddha im Lotussitz. Wohl aber kommt das gleichschenklige Kreuz oder gar eine unverkennbare Andeutung der Swastika nicht selten vor. Ich will diese seltsame Tatsache, die an sich allerdings von höchstem Interesse ist, hier nicht diskutieren.[8]

949   Zwischen dem christlichen und dem buddhistischen Mandala besteht ein feiner, aber enormer Unterschied. Der Christ wird in der Kontemplation nie sagen: *Ich* bin Christus, sondern mit Paulus wird er bekennen: «Ich lebe, aber nicht mehr ich, sondern Christus lebt in mir» (Galater 2, 20). Unser Sûtra aber sagt: Du wirst erkennen, daß du Buddha bist. Im Grunde ist das Bekenntnis identisch, insofern der Buddhist diese Erkenntnis nur erreicht, wenn er «anâtman», das heißt ohne Selbst ist, aber in der Formulierung besteht ein grenzenloser Unterschied: der Christ erreicht sein Ende

in Christus, der Buddhist erkennt, daß er Buddha ist. Der Christ kommt eben aus der vergänglichen und ichhaften Bewußtseinswelt, der Buddhist aber ruht auf dem ewigen Grunde der inneren Natur, deren Einssein mit der Gottheit oder dem universalen Wesen uns auch in anderen indischen Bekenntnissen entgegentritt.

Anmerkungen

1 [Vortrag, gehalten in der Schweizerischen Gesellschaft der Freunde ostasiatischer Kultur, in Zürich, Basel und Bern im Zeitabschnitt März – Mai 1943, und veröffentlicht unter obigem Titel in den *Mitteilungen* dieser Gesellschaft (St. Gallen 1943) V, pp. 33–53; dann in: (JUNG), *Symbolik des Geistes* (Rascher, Zürich 1948).]
   (Das Werk von Heinrich Zimmer, auf das sich der Autor eingangs bezieht, ist *Kunstform und Yoga im indischen Kultbild*, dessen zentrale Argumentation in seinen posthumen englischen Werken wieder aufgenommen wurde, besonders in *Myths and Symbols in Indian Art and Civilization*, 1946 und *The Art of Indian Asia*, 1955. Anm. Hrsg.)
2 *Kunstform und Yoga im indischen Kultbild.*
3 *Sacred Books of the East* XLIX, 2. p. 161 ff.
4 Jambunadî = Fluß aus dem Saft der Jambufrucht, fließt rings um den Berg Meru herum und kehrt wieder zum Baum zurück.
5 Vgl. [JUNG] *Wandlungen und Symbole der Libido*, [Neuauflage: *Symbole der Wandlung* (GW V, Paragr. 248)] und anderenorts.
6 [Vgl. JUNG, *Psychologie und Alchemie* (GW XII), Abb. 61.]
7 Vgl. STÖCKLI, *Die Visionen des Seligen Bruder Klaus.*
8 Der Leser findet die nötigen Angaben in: *Psychologie und Religion* [Paragr. 136 ff.].

Teil IV

Buddhismus und der Weg psychischen Heilens

14 Tod und seelische Wandlung

Aus: Psychologischer Kommentar zum Bardo Thödo[1]

Meinem einleitenden Kommentar möchte ich eine kurze Übersicht über den Text voranschicken. Der *Bardo Thödol* ist ein Buch der Belehrung des eben Gestorbenen. Es soll ihm als Führer durch die Zeit der Bardo-Existenz – ein Zwischenzustand von symbolischen 49 Tagen, Dauer zwischen Tod und Wiedergeburt – dienen, ähnlich etwa wie das *Ägyptische Totenbuch*. Der Text zerfällt in drei Teile. Der erste Teil, genannt *Tschikhai-Bardo*, schildert die seelischen Ereignisse im Moment des Todes. Der zweite Teil, der sogenannte *Tschönyid-Bardo*, beschäftigt sich mit dem nach erfolgtem, definitivem Tode eintretenden Traumzustand, den sogenannten karmischen Illusionen. Der dritte Teil, genannt *Sidpa-Bardo*, betrifft das Einsetzen des Geburtstriebes und der pränatalen Ereignisse. Das Charakteristische ist, daß die höchste Einsicht und Erleuchtung und damit die größte Erlösungsmöglichkeit unmittelbar im Prozesse des Sterbens eintritt. Bald danach beginnen die «Illusionen», welche schließlich zur Wiederverkörperung führen, wobei die erleuchtenden Lichter immer trüber und mannigfaltiger werden und die Visionen an Schreckhaftigkeit zunehmen. Dieser Abstieg schildert die Entfremdung des Bewußtseins von der erlösenden Wahrheit und seine Wiederannäherung an die physische Existenz. Die Belehrung hat den Zweck, den Abgeschiedenen auf jeder Stufe der Verblendung und Verstrickung auf die jeweils vorhandene Erlösungsmöglichkeit aufmerksam zu machen und ihn über die Natur seiner Visionen aufzuklären. Die *Bardo*-Texte werden vom Lama in der Nähe der Leiche gelesen.

Ich glaube meine Dankesschuld an die beiden erstmaligen Übersetzer des *Bardo Thödol*, dem verstorbenen Lama KAZI DAWA-SAMDUP und Dr. EVANS-WENTZ, in keiner besseren Weise abzutragen, als daß ich mich bemühe, durch psychologische Kommentierung der deutschen Ausgabe die großartige Ideenwelt und Problematik dieses Werkes dem abendländischen Verständnis näherzurücken. Ich bin gewiß, daß jeder, der dieses Buch mit offenen Augen liest und es vorurteilslos auf sich wirken läßt, reichen Gewinn daraus ziehen wird.

833 Der *Bardo Thödol,* der von seinem Herausgeber W. Y. EVANS-WENTZ mit Recht als «Tibetanisches Totenbuch» bezeichnet wird, hat in den Ländern englischer Zunge bei seinem ersten Erscheinen im Jahre 1927 kein geringes Aufsehen erregt. Er gehört zu jenen Schriften, welche beileibe nicht nur den Spezialisten des Mahāyāna-Buddhismus interessieren, sondern vermöge ihrer tiefen Menschlichkeit und ihrer noch tieferen Einsicht in seelische Geheimnisse vor allem den Laien, der nach Erweiterung seiner Lebenserkenntnis strebt, angehen. Seit dem Jahre seines Erscheinens ist mir der *Bardo Thödol* sozusagen ein steter Begleiter gewesen, dem ich nicht nur viele Anregungen und Kenntnisse, sondern auch sehr wesentliche Einsichten verdanke. Unähnlich dem «Ägyptischen Totenbuch», über das man nur allzu wenig oder allzu viel sagen kann, enthält der *Bardo Thödol* eine menschlich begreifbare Philosophie und spricht zum Menschen, und nicht zu Göttern oder zu Primitiven. Seine Philosophie ist die Quintessenz buddhistischer, psychologischer Kritik und als solche – man kann wohl sagen – von unerhörter Überlegenheit. Nicht nur die «zornigen», auch die «friedlichen» Gottheiten sind sangsarische Projektionen der menschlichen Seele; ein Gedanke, der dem aufgeklärten Europäer nur allzu selbstverständlich vorkommt, weil er ihn an seine eigenen banalisierenden Simplifikationen erinnert. Derselbe Europäer aber wäre nicht imstande, diese wegen Projektion als ungültig erklärten Götter doch zugleich als real zu setzen. Solches aber kann der *Bardo Thödol,* welcher einige der wesentlichsten metaphysischen Prämissen dem aufgeklärten sowohl wie dem unaufgeklärten Europäer voraus hat. Der antinomische Charakter jeder metaphysischen Aussage ist die überall vorhandene stillschweigende Voraussetzung des *Bardo Thödol,* ebenso wie die Idee der qualitativen Verschiedenheit der Bewußtseinsstufen und der durch sie bedingten metaphysischen Realitäten. Ein großartiges Sowohl-Als-auch ist der Hintergrund dieses seltenen Buches. Vielleicht ist es dem westlichen Philosophen unsympathisch, denn der Westen liebt die Klarheit und Eindeutigkeit, deshalb hält es der eine mit der Position «Gott ist», und der andere ebenso inbrünstig mit der Negation «Gott ist nicht». Was werden diese feindlichen Brüder anfangen mit einem Satze wie dem folgenden: «Indem du die Leere deines eigenen Sinnes erkennst als Buddhaschaft und indem du diese be-

trachtest als dein eigenes Bewußtsein, verharrst du im Zustand des göttlichen Geistes des Buddha»?

Ich fürchte, daß solche Sätze unserer abendländischen Philosophie sowohl wie auch der Theologie unwillkommen sind. Der *Bardo Thödol* ist in höchstem Maße psychologisch, jene aber befinden sich noch im mittelalterlichen vorpsychologischen Stadium, wo nur die Aussagen gehört, erklärt, verteidigt, kritisiert und argumentiert werden, wo die Instanz aber, welche die Aussagen macht, nach allgemeiner Vereinbarung, als nicht zum Programm gehörig, von der Tagesordnung abgesetzt ist. 834

Metaphysische Behauptungen sind aber *Aussagen der Seele,* und darum sind sie psychologisch. Dem abendländischen Geiste erscheint diese selbstverständliche Wahrheit entweder als zu selbstverständlich, indem er aus bekannten Ressentiments heraus der Aufklärung frönt, oder als unzulässige Negation der metaphysischen «Wahrheit». Ihm klingt das Wort «psychologisch» immer, wie wenn man gesagt hätte «nur psychologisch». Die «Seele» erscheint ihm irgendwie als etwas sehr Kleines, Minderwertiges, Persönliches, Subjektives und dergleichen mehr. Man braucht darum lieber das Wort «Geist», indem man sich dabei stets den unausgesprochenen Anschein gibt, daß eine vielleicht wirklich sehr subjektive Aussage vom «Geiste» gemacht sei, natürlich stets vom «allgemeinen», sogar – wenn irgendmöglich – vom «absoluten» Geiste. Diese etwas lächerliche Anmaßlichkeit ist wohl eine Kompensation für die beklagenswerte Kleinheit der Seele. Es scheint fast, als ob ANATOLE FRANCE, indem er in seiner *«Ile des Pingouins»* Catherine d'Alexandrie dem lieben Gott den Rat geben läßt, «de leur accorder une âme immortelle, mais petite», eine für das ganze Abendland verbindliche Wahrheit ausgesprochen hätte. 835

Die Seele ist es, die aus eingeborner göttlicher Schöpferkraft die metaphysische Aussage macht; sie «setzt» die Distinktionen der metaphysischen Wesenheiten. Sie ist nicht nur die Bedingung des metaphysisch Realen, sondern sie ist es selbst. 836

Mit dieser großen psychologischen Wahrheit beginnt der *Bardo Thödol*, der kein Begräbniszeremonial, sondern eine Belehrung der Toten ist, ein Führer durch die wechselnden Erscheinungen des Bardolebens, das heißt jener Existenz, die sich 49 Tage lang vom Tode bis zur nächsten Inkarnation erstreckt. Sehen wir zunächst ab von der für den Osten selbstverständlichen Annahme der Überzeitlichkeit der Seele, so können wir uns als Leser des *Thödol* ohne Schwierigkeit in die Lage des Toten versetzen und andäch- 837 tig die Lehre des ersten Paragraphen, die ich oben umrissen habe, betrachten. Hier wird uns folgendes gesagt – nicht anmaßend, sondern in höflicher Sprache:

«O Edelgeborener (so und so), höre zu. Jetzt erfährst du die Strahlung des Klaren Lichtes Reiner Wirklichkeit. Erkenne sie. O Edelgeborener, dein jetziger Interlekt[2], seiner wirklichen Natur nach leer, nicht zu irgend etwas wie Merkmalen oder Farbe geformt, natürlicherweise leer, ist die wahre Wirklichkeit, das All-Gute. – Dein eigener Interlekt, der jetzt Leere ist, jedoch nicht als die Leere des Nichts zu betrachten ist, sondern als Interlekt an sich, unbehindert, leuchtend, erregend und glückselig, ist das wahre Bewußtsein, das Allgute Buddha.»

838 Diese Erkenntnis ist der Dharma-Kāya-Zustand der vollkommenen Erleuchtung; in unserer Sprache ausgedrückt: der schöpferische Urgrund aller metaphysischen Aussage ist das Bewußtsein als sichtbare und faßbare Erscheinung der Seele. Die «Leere» ist der Zustand vor aller Aussage, vor allem «Setzen». Die Fülle der unterschiedlichen Erscheinungen liegt noch latent in der Seele.

839 «Dein eigenes Bewußtsein», fährt der Text weiter, «leuchtend, leer und untrennbar von dem Großen Strahlungskörper, hat weder Geburt noch Tod und ist das Unveränderliche Licht – Buddha Amitābha.»

840 Die Seele ist wahrlich nicht klein, sondern die leuchtende Gottheit selbst. Diese Aussage findet der Westen entweder sehr bedenklich, wenn nicht gar verwerflich, oder er eignet sie sich ebenso unbedenklich an und holt sich dabei eine theosophische Inflation. Irgendwie stehen wir zu diesen Dingen schief. Können wir uns aber so weit beherrschen, daß wir uns unseres Haupttirrtums, immer etwas mit den Dingen *machen* zu wollen, enthalten, so gelingt es vielleicht, daraus eine für uns wichtige Lehre zu ziehen oder wenigstens die Größe des *Bardo Thödol* zu ermessen, welcher dem Toten die letzte und höchste Wahrheit mitgibt, daß auch die Götter Schein und Licht der eigenen Seele sind. Damit ist dem östlichen Menschen keine Sonne untergegangen wie dem Christen, welchem Gott dadurch geraubt würde, sondern seine Seele selber ist das Licht der Gottheit, und die Gottheit ist die Seele. Der Osten kann dieses Paradoxon besser ertragen, als es dem armen ANGELUS SILESIUS vergönnt war. (Dieser wäre übrigens auch heute noch psychologisch unzeitgemäß.)

841 Es ist sinnvoll, dem Toten in allererster Linie den Primat der Seele klarzumachen, denn das Leben macht einem eher alles andere klar. Im Leben

sind wir in eine Unzahl von sich stoßenden, bedrückenden Dingen eingezwängt, wo man schon gar nicht dazu kommt – vor lauter «Gegebenheiten» – daran zu denken, wer eigentlich «gegeben» hat. Aus diesen Gegebenheiten befreit sich der Tote, und die Belehrung bezweckt, seine Befreiung zu unterstützen. Setzen wir uns selber an Stelle des Toten, so ziehen wir nicht minderen Gewinn aus der Belehrung, indem wir nämlich schon durch den ersten Paragraphen erfahren, daß der Geber aller «Gegebenheiten» in uns selber wohnt, eine Wahrheit, die trotz aller Evidenz in den größten sowohl wie in den kleinsten Dingen *nie* gewußt wird, wo es doch nur zu oft so nötig, ja unerläßlich wäre, es zu wissen. Allerdings eignet sich solche Wissenschaft nur für besinnliche Leute, die es darauf abgesehen haben zu verstehen, was sie leben, für eine Art Gnostiker aus Temperament, welche an einen Heiland glauben, der sich, wie derjenige der Mandäer, «Erkenntnis des Lebens» (manda d'hajie) nennt. Es ist vielleicht nicht allzu vielen vergönnt, die Welt auch als eine «Gegebenheit» zu sehen. Es ist wohl eine große und opferreiche Umkehr nötig, um zu sehen, wie die Welt aus dem Wesen der Seele «gegeben» wird. Es ist so viel unmittelbarer, auffallender, eindrücklicher und darum überzeugender, zu sehen, wie es mir zustößt, als zu beobachten, wie ich es mache. Ja, das animalische Wesen des Menschen sträubt sich dagegen, sich als den Macher seiner Gegebenheiten zu empfinden. Deshalb waren Versuche dieser Art immer Gegenstand geheimer Initiationen, zu denen in der Regel ein figürlicher Tod gehörte, der den totalen Charakter der Umkehr symbolisierte. Tatsächlich bezweckt auch die Belehrung des *Thödol,* die Initiationserlebnisse oder die Lehren des Guru dem Toten wieder in Erinnerung zu rufen, denn die Belehrung ist im Grunde nichts anders als eine *Initiation des Toten* ins Bardoleben, wie auch die Initiation der Lebenden nichts anderes ist als eine Vorbereitung auf das Jenseits; wenigstens ist dies bei allen Kulturmysterien der Fall, angefangen mit den ägyptischen und eleusinischen Mysterien. Das «Jenseits» ist aber zunächst – bei der Initiation der Lebenden – keineswegs ein Jenseits des Todes, sondern eine Umkehr der Gesinnung, ein psychologisches Jenseits also, christlich ausgedrückt: eine «Erlösung» aus den Banden der Welt und der Sünde. Die Erlösung ist eine Ablösung und Befreiung aus einem früheren Zustande der Finsternis und Unbewußtheit zu einem Zustande der Erleuchtung, Losgelöstheit, Überwindung und des Triumphes über «Gegebenheiten».

Insofern ist der *Bardo Thödol,* wie auch EVANS-WENTZ fühlt, ein Initia- 842 tionsvorgang mit dem Zweck, die durch die Geburt verlorene Gottheit der Seele wiederherzustellen. Es ist nun für den Osten schlechthin charakteristisch, daß die Belehrung immer mit dem Hauptstück, das heißt mit den letzten und höchsten Prinzipien beginnt, mit all dem, was bei uns zuletzt käme, etwa wie bei APULEIUS, wo Lucius erst zum Schluß als Helios verehrt wird. Dem entsprechend verläuft die Initiation im *Bardo Thödol* als eine «climax a maiori ad minus» und endet mit der Wiedergeburt in utero. Der einzig noch lebendige und praktisch verwendete «Initiationsprozeß» in der abendländischen Kultursphäre ist die von Ärzten verwendete «Analyse des Unbewußten». Dieses aus therapeutischen Rücksichten erfolgende Eingehen auf die Hintergründe und Wurzeln des Bewußtseins ist zunächst eine rationale Maieutik im sokratischen Sinne, eine Bewußtmachung des noch keimhaften, unterschwelligen, noch ungeborenen seelischen Inhaltes. Die ursprüngliche Form dieser Therapie ist, wie bekannt, die FREUDsche Psychoanalyse, welche sich hauptsächlich mit sexuellen Phantasien beschäftigt. Dieses Gebiet entspricht dem letzten Abschnitt des *Sidpa Bardo*, wo der Abgeschiedene, unfähig die Lehren des *Tschikhai* und des *Tschönyid Bardo* aufzunehmen, anfängt sexuellen Phantasien zu verfallen und dadurch von kohabitierenden Paaren angezogen wird, wo er alsdann in einem Uterus gefangen und wieder in die Erdenwelt geboren wird. Dabei tritt auch, wie es sich gehört, der «Ödipuskomplex» in Funktion. Bestimmt das Karma den Toten zur Wiedergeburt als Mann, so wird er sich in seine Mutter in spe verlieben und den entsprechenden Vater eklig und hassenswert finden; umgekehrt wird die zukünftige Tochter den Vater in spe als höchst anziehend, die Mutter dagegen als widerwärtig empfinden. Dieses spezifisch FREUDsche Gebiet durchläuft der Europäer beim analytischen Prozeß der Bewußtmachung unbewußter Inhalte in umgekehrtem Sinne. Er kehrt gewissermaßen zurück in die infantil-sexuelle Phantasiewelt usque ad uterum. Es wurde von psychoanalytischer Seite sogar die Auffassung ausgesprochen, daß das Trauma par excellence die Geburt selber sei; ja, man will sogar zu Erinnerungen intrauterinen Ursprungs vorgedrungen sein. Damit erreicht die abendländische Vernunft allerdings ihre Grenze – leider. Man hätte es nämlich der FREUDschen Psychoanalyse gewünscht, daß sie die sogenannten intrauterinen Erlebnisspuren fröhlich noch weiter zurückverfolgt hätte; sie wäre nämlich bei dieser kühnen Unternehmung über den *Sidpa Bardo* hinaus von hinten in das letzte Kapitel des vorangehenden *Tschönyid Bardo* eingedrungen. Mit dem Rüstzeug unserer biologischen Vorstellungen allerdings wäre einer solchen Unternehmung kein Erfolg beschieden gewesen, denn dazu bedürfte es einer ganz anderen philosophischen Vorbereitung als derjenigen der naturwissenschaftlichen Voraussetzung. Die konsequente Rückwärtsverfolgung hätte ja zum Postulat eines präuterinen Vorlebens, eines richtigen Bardolebens geführt, wenn es tatsächlich möglich gewesen wäre, wenigstens Spuren eines erlebenden Subjektes zu entdecken. Zu mehr als Vermutungen von intrauterinen Erlebnisspuren ist es nicht gekommen, und auch das sogenannte «Geburtstrauma» ist eine solche Binsenwahrheit geblieben, daß es schlechterdings nichts mehr erklärt, so wenig wie die Hypothese, daß das Leben eine Krankheit mit nefaster Prognose sei, denn es ende immer mit einem Todesfall.

So blieb die FREUDsche Psychoanalyse im wesentlichen bei den Erlebnissen des *Sidpa Bardo* stehen, nämlich den sexuellen Phantasien und ähnlichen «inkompatibeln» Neigungen, welche Angst und sonstige Affektzustände verursachen. Die FREUDsche Theorie ist aber der erste abendländische Versuch, gewissermaßen von unten, das heißt von der animalischen Triebsphäre aus, jenes seelische Gebiet zu erkunden, welches im tantrischen Lamaismus dem *Sidpa Bardo* entspricht. Eine allerdings nur zu berechtigte Metaphysikangst hat FREUD daran gehindert, in die «okkulte» Sphäre vorzustoßen. Überdies – wenn wir der Psychologie des *Sidpa Bardo* Glauben schenken dürfen – ist der Sidpa-Zustand charakterisiert durch den heftigen Wind des Karma, der den Abgeschiedenen umtreibt, bis er den Ort der Geburt gefunden; das heißt der Sidpa-Zustand selbst erlaubt kein weiteres Zurückgehen, weil er gegen den Tschönyid-Zustand durch ein intensives Streben nach unten, nach der animalischen Triebsphäre und der physischen Wiedergeburt abgeriegelt ist. Mit anderen Worten gesagt: Wer mit biologischer Voraussetzung ins Unbewußte eindringt, bleibt in der Triebsphäre stecken und kann nicht darüber hinaus, sondern nur immer wieder in die physische Existenz zurück. Es ist daher gar nicht anders möglich, als daß die FREUDsche Voraussetzung mit einer wesentlich negativen Bewertung des Unbewußten abschließt. Es ist «nichts als...». Zugleich aber ist diese Ansicht von der Seele die abendländische überhaupt, nur lauter, deutlicher, schonungs- und rücksichtsloser ausgedrückt, als es andere Leute gewagt hätten. Aber im Grunde genommen denken sie nicht viel anders. Und was der «Geist» in dieser Hinsicht meint, so muß man sich mit dem frommen Wunsche begnügen, daß es überzeugen möge. Daß es mit der Kraft dieses Geistes zum mindesten zweifelhaft bestellt ist, hat selbst MAX SCHELER[3] mit Bedauern angemerkt.

844 Man darf es wohl als eine Tatsache feststellen, daß der abendländische, rationalistische Geist mit der Psychoanalyse bis in den sozusagen neurotischen Sidpa-Zustand vorgedrungen und dort an der unkritischen Voraussetzung, daß alle Psychologie eine subjektive und persönliche Angelegenheit sei, zum unvermeidlichen Stillstand gekommen ist. Immerhin haben wir mit diesem Vorstoß so viel gewonnen, daß wir wenigstens einen Schritt weit hinter unsere Bewußtseinsexistenz gekommen sind. Diese Erkenntnis gibt uns zugleich auch einen Wink, wie wir den *Thödol* zu lesen haben, nämlich von hinten. Wenn es uns gelungen ist, mit Hilfe abendländischer Wissenschaft den psychologischen Charakter des *Sidpa Bardo* einigermaßen zu verstehen, so liegt uns jetzt die eigentliche Aufgabe ob, auch den vorausgehenden *Tschönyid Bardo* dem Verständnis zu erschließen.

845 Der Tschönyid-Zustand ist derjenige der *karmischen Illusionen,* also jener Illusionen, die auf den psychischen Resten (oder Verdiensten) der Vorleben beruhen. Die östliche Anschauung des Karma ist eine Art psychischer Vererbungslehre, basiert auf der Hypothese der Reinkarnation, das heißt der Überzeitlichkeit der Seele in letzter Hinsicht. Weder unser Wissen noch unsere Vernunft kann mit dieser Anschauung Schritt halten. Für uns gibt es hier zu viele Wenn und Aber. Vor allem wissen wir verzweifelt wenig über eine mögliche Fortdauer der individuellen Psyche über den Tod hinaus, so wenig sogar, daß man gar nicht absehen kann, wie man in dieser Hinsicht irgend etwas zu beweisen vermöchte. Überdies wissen wir nur allzu gut, daß dieser Beweis aus erkenntnistheoretischen Gründen ebenso unmöglich ist wie ein Gottesbeweis. Man kann also den Karmabegriff vorsichtigerweise nur insofern annehmen, als er im weitesten Sinne als *psychische Vererbung* überhaupt verstanden wird. Es gibt psychische Vererbung, das heißt Vererbung von psychischen Eigentümlichkeiten, wie Krankheitsdispositionen, Charaktermerkmalen, Begabungen usw. Es tut der psychischen Natur dieser Tatsachenkomplexe keinen Abbruch, wenn unsere naturwissenschaftliche Mode sie auf anscheinend physische Bedingungen (Kernstrukturen!) reduziert. Es sind essentielle Lebenserscheinungen, die sich hauptsächlich psychisch auswirken, wie es ja auch solche Erbeigentümlichkeiten gibt, die sich hauptsächlich physiologisch, das heißt physisch, auswirken. Unter diesen psychischen Vererbungen gibt es nun eine

besondere Klasse, die weder familiär noch durch Rasse wesentlich beschränkt ist. Es sind dies die allgemeinen, geistigen Dispositionen, worunter eine Art von *Formen* (PLATONS eidola), nach denen der Geist seine Inhalte ordnet, zu verstehen sind. Man könnte diese Formen auch als *Kategorien* bezeichnen, analog der logischen Kategorien, welche stets und überall vorhandene, unerläßliche Voraussetzungen des Verstandes sind. Nur handelt es sich bei unseren «Formen» nicht um Kategorien des Verstandes, sondern um solche der *Einbildungskraft.* Da die Gebilde der Phantasie im weitesten Sinne stets anschaulich sind, so haben ihre Formen a priori den Charakter von *Bildern,* und zwar von *typischen* Bildern, welche ich deshalb auch, in Anlehnung an AUGUSTIN, als *Archetypen* bezeichne. Wahre Fundgruben von Archetypen sind die vergleichende Religions- und Mythenforschung und ebenso die Psychologie der Träume und der Psychosen. Der erstaunliche Parallelismus solcher Bilder und der durch sie ausgedrückten Ideen hat sogar häufig Anlaß zu den gewagtesten Wanderungshypothesen gegeben, wo es doch näher gelegen hätte, an eine bemerkenswerte Ähnlichkeit der menschlichen Seele zu allen Zeiten und an allen Orten zu denken. Tatsächlich werden archetypische Phantasieformen jederzeit und überall spontan reproduziert, ohne daß die geringste direkte Überlieferung auch nur denkbar wäre. Die ursprünglichen Strukturverhältnisse der Psyche sind eben von der gleichen überraschenden Uniformität wie diejenigen des sichtbaren Körpers. Die Archetypen sind etwas wie Organe der prärationalen Psyche. Es sind ewig vererbte identische Formen und Ideen, ohne spezifischen Inhalt zunächst. Der spezifische Inhalt ergibt sich erst im individuellen Leben, wo die persönliche Erfahrung in eben diesen Formen aufgefangen wird. Wären diese Archetypen nicht überall in identischer Form präexistent vorhanden, wie wäre es zum Beispiel dann zu erklären, daß der *Bardo Thödol* fast durchwegs voraussetzt, daß die Toten nicht wissen, daß sie tot sind, und daß diese Behauptung ebenso häufig anzutreffen ist in der banalsten, ungebildetsten spiritistischen Literatur Europas und Amerikas? Obschon wir dieser Behauptung schon bei SWEDENBORG begegnen, so ist die Kenntnis seiner Schriften doch nicht dermaßen allgemein verbreitet, daß jedes gewöhnliche Medium gerade über diese Geschichten gestolpert wäre. Vollends undenkbar ist ein Zusammenhang zwischen SWEDENBORG und dem *Bardo Thödol.* Es ist eine ursprünglichste, allgemein verbreitete Idee, daß die Toten ihr Erdenleben einfach fortsetzen und implicite darum häufig nicht wissen, daß sie abgeschiedene

Geister sind. Es ist eine archetypische Idee, welche sofort in faßbare Erscheinung tritt, sobald jemand einen entsprechenden Spuk erlebt. Bemerkenswert ist auch, daß der Spuk auf der ganzen Erde gewisse gemeinsame Züge aufweist. Ich kenne natürlich die unbeweisbare spiritistische Hypothese, ohne sie mir zu eigen zu machen. Ich begnüge mich mit der Hypothese einer allgemein vorhandenen, differenzierten und in dieser Form vererbten psychischen Struktur, welche alle Erlebnisse in bestimmter Richtung und Form determiniert – ja sogar erzwingt. Denn wie die körperlichen Organe keine indifferenten und passiven Gegebenheiten, sondern vielmehr dynamische Funktionskomplexe sind, die ihr Dasein mit unabweisbarer Notwendigkeit bekunden, so sind auch die Archetypen als eine Art psychischer Organe dynamische (Trieb-)Komplexe, welche das seelische Leben in höchstem Maße determinieren. Daher habe ich die Archetypen auch als *Dominanten des Unbewußten* bezeichnet. Die Schicht der unbewußten Seele, welche aus diesen allgemein verbreiteten dynamischen Formen besteht, nannte ich das *kollektive Unbewußte*.

846 Soviel ich weiß, gibt es keine individuellen pränatalen oder gar präuterinen Erinnerungsvererbungen, wohl aber gibt es vererbte Archetypen, die aber inhaltlos sind, da sie zunächst keine subjektiven Erlebnisse enthalten. Sie kommen, wie schon gesagt, erst dann zum Bewußtsein, wenn persönliche Erfahrungen sie sichtbar gemacht haben. Wie wir oben gesehen haben, besteht die Sidpa-Psychologie im Leben- und Geborenseinwollen. (Sidpa = «Bardo des Suchens der Wiedergeburt».) Dieser Zustand an sich erlaubt daher keine Erfahrung transsubjektiver psychischer Realitäten, es sei denn, daß das Individuum sich kategorisch weigert, wieder in die Bewußtseinswelt zurück geboren zu werden. Nach der Lehre des *Thödol* besteht in jedem Bardo-Zustand die Möglichkeit, über den viergesichtigen Berg Meru zum Dharma-Kāya aufzusteigen, vorausgesetzt, daß der Tote seiner Neigung, den trüben Lichtern zu folgen, nicht nachgibt. In unsere Sprache übersetzt würde dies nichts anderes heißen, als daß man der Vernunft, wie wir sie verstehen, verzweifelten Widerstand entgegensetzt und damit auf die vernunftgeheiligte Suprematie seiner Ichhaftigkeit verzichtet. Dies ist praktisch eine folgenschwere Kapitulation vor den objektiven Kräften der Seele, eine Art figürlichen Todes, welche dem Abschnitt des Totengerichtes im *Sidpa Bardo* entspricht. Er bedeutet das Ende der bewußten rationalen und sittlich verantwortlichen Führung des Lebens und eine freiwillige Unterordnung unter das, was der *Thödol* die «karmische Il-

lusion» nennt. Karmische Illusion bedeutet eine Überzeugung oder ein Weltbild von äußerst irrationaler Natur, welches nie und nirgends den Urteilen des Verstandes entspricht oder entspringt, sondern ausschließlich durch ungehemmte Einbildungskraft erzeugt wird. Es ist ein Traum oder eine «Phantasie» schlechthin, wovon jeder Wohlmeinende nicht umhin kann, sofort abzuraten, und in der Tat ist zunächst auch gar nicht einzusehen, was für ein Unterschied zwischen einer solchen Phantasie und dem Hirngespinst eines Verrückten bestehen sollte. Oft genügt allerdings nur ein kleines «abaissement du niveau mental», um diese Illusionswelt zu entfesseln. Die Angst und die Finsternis dieses Momentes entspricht den ersten Abschnitten des *Sidpa Bardo*. Die Inhalte dieses Bardo aber enthüllen die Archetypen, die karmischen Bilder, in ihrer zunächst schreckenerregenden Gestalt. Der Tschönyid-Zustand entspricht dem einer absichtlich herbeigeführten Psychose.

Man hört und liest oft von den Gefahren des Yoga, besonders des übelberüchtigten Kundalini-Yoga. Der absichtlich erzeugte psychotische Zustand, der bei gewissen belasteten Individuen unter Umständen ohne weiteres in eine wirkliche Psychose übergeht, ist diese sehr ernst zu nehmende Gefahr. Es handelt sich hier in der Tat um gefährliche Dinge, mit denen man nichts – in echt abendländischer Weise – «machen» sollte. Es ist ein Eingriff in das Schicksal, welcher ins Tiefste der menschlichen Existenz trifft und eine Quelle von Leiden eröffnen kann, von denen man sich in gesunden Sinnen nichts hätte träumen lassen. Ihnen entsprechen die Höllentorturen des Tschönyid-Zustandes welche der Text folgendermaßen schildert: 847

Der Todesgott schlingt «sein Seil um deinen Hals und zerrt dich entlang; [er] schneidet deinen Kopf ab, nimmt dein Herz heraus, reißt deine Eingeweide heraus, leckt dein Hirn aus, trinkt dein Blut, ißt dein Fleisch und nagt an deinen Knochen; du aber bist unfähig zu sterben. Selbst wenn dein Körper in Stücke zerhackt wird, erholt er sich wieder. Das wiederholte Zerhacken bereitet furchtbaren Schmerz und Qual.»[4]

Diese Tortur schildert den Charakter der Gefahr aufs trefflichste: es handelt sich um eine Desintegration der Ganzheit des Bardokörpers, welcher als ein «subtle body» die Sichtbarkeit der Seele im abgeschiedenen Zustand ausmacht. Das psychologische Äquivalent dieser *Zerstückelung* ist die psychische Dissoziation, in ihrer deletären Form, die *Schizophrenie* (Geisteszerspal- 848 tung). Diese häufigste Geisteskrankheit besteht im wesentlichen in einem ausgesprochenen «abaissement du niveau mental», welches einerseits die normale Hemmung, die vom Bewußtsein ausgeht, aufhebt und damit andererseits das ungehemmte Spiel der unbewußten Dominanten auslöst.

849 Der Übergang vom Sidpa- zum Tschönyid-Zustand ist also eine gefährliche Umkehrung der Strebungen und Absichten des bewußten Zustandes, eine Opferung der Sicherheit der bewußten Ichhaftigkeit und ein Sichhingeben an die äußerste Unsicherheit eines chaotisch erscheinenden Spiels phantastischer Figuren. Als FREUD den Ausdruck prägte, daß das Ich «die alleinige Angststätte» sei, hat er damit einer sehr wahren und tiefen Intuition Ausdruck verliehen. Die Angst vor dem Selbstopfer lauert in und hinter jedem Ich, denn diese Angst ist der oft nur mühsam zurückhaltende Anspruch der unbewußten Mächte, zur völligen Auswirkung zu kommen. Keiner Selbstwerdung (Individuation) ist dieser gefährliche Durchgang erspart, denn zur Ganzheit des Selbst gehört auch das Gefürchtete, die Unter- oder Überwelt der seelischen Dominanten, aus der sich das Ich einst mühsam und nur bis zu einem gewissen Grade zu einer mehr oder weniger illusionären Freiheit emanzipiert hat. Diese Befreiung ist eine gewiß notwendige heroische Unternehmung, aber nichts Endgültiges, denn es ist erst die Erschaffung eines Subjektes, dem zur Erfüllung noch das Objekt gegenübertreten muß. Dies scheint zunächst die Welt zu sein, die auch zu diesem Zwecke durch Projektionen aufgebauscht wird. Man sucht und findet seine Schwierigkeiten, man sucht und findet seinen Feind, man sucht und findet das Geliebte und Kostbare, und es ist gut zu wissen, daß all das Böse und das Gute jenseits im sichtbaren Objekt ist, wo man es überwinden, strafen, vernichten oder beglücken kann. Die Natur selber aber läßt diesen paradiesischen Unschuldszustand des Subjektes auf die Dauer nicht immer zu. Es gibt Leute, und es hat sie immer gegeben, welche die Einsicht nicht hindern können, daß Welt und Welterleben von Gleichnisnatur sind und eigentlich etwas abbilden, was tief im Subjekt selber verborgen liegt, in der eigenen transsubjektiven Wirklichkeit. Diese tiefste Ahnung meint nach der lamaistischen Lehre den Tschönyid-Zustand, deshalb führt der *Tschönyid Bardo* auch den Titel: «Bardo des Erlebens der Wirklichkeit.»

850 Die Wirklichkeit, welche im Tschönyid-Zustand erfahren wird, ist, wie der Text im letzten Abschnitt des *Tschönyid Bardo* lehrt, die Wirklichkeit der Gedanken. Die «Gedankenformen» erscheinen als Wirklichkeiten, Phantasie nimmt reale Gestalt an, und der durch das Karma, die unbewuß-

ten Dominanten, gespielte, schreckenerregende Traum hebt an. Zunächst erscheint als Summe aller Schrecken der vernichtende Todesgott, und darauf folgen (wir lesen den Text von rückwärts) 28 mächtige und grauenhafte Göttinnen und 58 bluttrinkende Gottheiten. Trotz ihrem dämonischen Anblick, der ein verwirrendes Chaos von beängstigenden Attributen und Monstrositäten darstellt, blickt schon hier eine gewisse Ordnung durch. Es sind Götterkompanien, die nach den vier Himmelsgegenden geordnet und durch typische mystische Farben gekennzeichnet sind. Es wird allmählich deutlicher, daß die Gottheiten zu Mandalas (Kreisen) geordnet sind, welche das Kreuz der vier Farben enthalten. Die Farben beziehen sich auf vier Weisheitsformen:

1. Weiß = der Lichtpfad der spiegelgleichen Weisheit
2. Gelb = der Lichtpfad der Weisheit der Gleichheit
3. Rot = der Lichtpfad der unterscheidenden Weisheit
4. Grün = der Lichtpfad der alles wirkenden Weisheit

Auf höherer Stufe der Einsicht weiß der Abgeschiedene, daß die realen Gedankenformen von ihm selber ausgehen und daß die vier Lichtpfade der Weisheit, die vor ihm erscheinen, die Ausstrahlungen seiner eigenen psychischen «Vermögen» sind. Damit sind wir mitten in der Psychologie des lamaistischen Mandala, die ich in dem mit RICHARD WILHELM gemeinsam herausgegebenen Buche «Das Geheimnis der Goldenen Blüte» erörtert habe.⁵ 851

Die rückwärts verfolgte Entwicklung durch den *Tschönyid Bardo* steigert sich zur Vision der vier Großen: 1. der grüne Amogha Siddhi, 2. der rote Amitābha, 3. der gelbe Ratna-Sambhava und 4. der weiße Vajra-Sattva, und schließt ab mit dem leuchtenden blauen Lichte des Dharma-Dhātu, des Buddhakörpers, der im Zentrum des Mandalas aus dem Herzen Vairotschanas hervorgeht. 852

Mit dieser Schlußvision löst sich das Karma und seine Illusion auf; das Bewußtsein wird von aller Form und aller Objektverhaftung gelöst und kehrt zurück in den zeitlosen Anfangszustand des Dharma-Kāya. Damit ist, rückwärts gelesen, der Tschikhai-Zustand, der im Moment des Todes eintritt, erreicht. 853

Es scheint mir, als dürften diese Andeutungen genügen, um dem aufmerksamen Leser die Psychologie des *Bardo Thödol* einigermaßen zu ver- 854 mitteln. Das Buch schildert einen umgekehrten Initiationsweg, der gewissermaßen im Gegensatz zu den christlichen eschatologischen Erwartungen den Abstieg ins physische Werden vorbereitet. Die so gänzlich intellektualistische und rationalistische Weltverlorenheit des Europäers macht es ratsam, den *Thödol* zunächst umzukehren und als Schilderung östlicher Initiationserlebnisse zu betrachten, wobei man die Gottheiten des *Tschönyid Bardo* nach Belieben durch christliche Symbole ersetzen kann. Auf alle Fälle ist die Reihenfolge der Ereignisse eine nahe Parallele zur Phänomenologie des europäischen Unbewußten unter den Bedingungen eines sogenannten Initiationsprozesses, das heißt wenn das Unbewußte analysiert wird. Der während der Analyse stattfindende Wandlungsprozeß des Unbewußten ist das natürliche Analogon der künstlich durchgeführten religiösen Initiationen, welche sich allerdings vom natürlichen Vorgang dadurch prinzipiell unterscheiden, daß sie die natürliche Entwicklung vorwegnehmen und an Stelle der natürlichen Symbolproduktion absichtlich gewählte, durch Tradition festgelegte Symbole setzen, wie dies zum Beispiel bei den Exerzitien des IGNATIUS VON LOYOLA oder bei den buddhistischen und tantrischen Yogameditationen der Fall ist.

855 Die Umkehrung der Kapitelfolge, die ich behufs der Erleichterung des Verständnisses vorschlage, liegt allerdings nicht in der Absicht des *Bardo Thödol*. Auch daß wir einen psychologischen Gebrauch davon machen, entspricht höchstens einer, lamaistisch wohl erlaubten, Nebenabsicht. Der eigentliche Zweck des sonderbaren Buches ist die dem gebildeten Europäer des 20. Jahrhunderts gewiß sehr fremdartig anmutende Bemühung um die Aufklärung des im Bardo befindlichen Toten. Die katholische Kirche ist der einzige Ort in der Welt des weißen Mannes, wo noch wesentliche Reste einer Fürsorge für die abgeschiedene Seele anzutreffen sind. Innerhalb des weltfreudigen Protestantismus gibt es eigentlich nur einige spiritistische «rescue circles», die sich mit der Bewußtmachung von Abgeschiedenen, die ihres Todes unbewußt sind, beschäftigen.[6] Aber wir haben im Westen nichts, was wir irgendwie mit dem *Bardo Thödol* vergleichen könnten, mit Ausnahme gewisser geheimer Schriften, welche aber für das große Publikum und die allgemeine Wissenschaft nicht in Betracht kommen. Nach der Tradition scheint unser *Thödol* auch zu den geheimen Büchern gezählt zu haben.[7] Als solches stellt er ein besonderes Kapitel der magischen Seelsorge dar, welche sich über den Tod hinaus erstreckt. Natürlich beruht die-

ser Totenkult rational auf dem Glauben an die Überzeitlichkeit der Seele, irrational aber auf dem psychologischen Bedürfnis der Lebenden, etwas für die Abgeschiedenen zu tun. Es handelt sich daher um ein ganz elementares Bedürfnis, das auch den Aufgeklärtesten angesichts des Todes von Angehörigen und Freunden befällt. Darum haben wir noch allerhand Totengebräuche, Aufklärung hin oder her. Sogar LENIN mußte sich die Einbalsamierung und ein prunkvolles Mausoleum wie ein ägyptischer Herrscher gefallen lassen, gewiß nicht darum, weil seine Nachfolger an die leibliche Auferstehung glauben. Abgesehen von den Seelenmessen der katholischen Kirche ist aber unsere Sorge für die Abgeschiedenen rudimentär und auf niederster Stufe, nicht etwa weil wir uns von der Unsterblichkeit der Seele nicht hinlänglich überzeugen können, sondern weil wir das seelische Bedürfnis wegrationalisiert haben. Wir benehmen uns so, wie wenn wir dieses Bedürfnis nicht hätten; und weil man an die Fortdauer nach dem Tode nicht glauben kann, darum tut man eben überhaupt nichts. Das naivere Gefühl aber nimmt sich selbst wahr und errichtet sich – wie zum Beispiel in Italien – grauenhaft schöne Grabdenkmäler. Auf bedeutend höherer Stufe steht die Seelenmesse, welche ausgesprochen für die seelische Wohlfahrt des Toten bestimmt ist und nicht bloß eine Befriedigung wehleidiger Sentimente bedeutet. Den höchsten geistigen Aufwand zugunsten der Abgeschiedenen aber stellen die Belehrungen des *Bardo Thödol* dar. Sie sind dermaßen eingehend und den «Zustandswandlungen» des Toten angepaßt, daß jeder ernsthafte Leser sich die Frage vorlegt, ob nicht am Ende diese alten lamaistischen Weisen doch einen Blick in die vierte Dimension getan und dabei einen Schleier von großen Lebensgeheimnissen gelüftet hätten.

Wenn die Wahrheit immer auch eine Enttäuschung sein sollte, so könnte man beinahe versucht sein, der Vision des Bardolebens einige Realität zuzubilligen. Auf alle Fälle ist es zum mindesten unerwartet originell, den Zustand nach dem Tode, von dem unsere religiöse Phantasie sich die unerhörtesten Vorstellungen gemacht hat, in der Hauptsache als einen bedrohlichen Traum- und Degenerationszustand aufzufassen.[8] Die höchsterreichbare Vision tritt nicht zum Schlusse des Bardo, sondern ganz am Anfang desselben, im Momente des Todes auf, und was nachher geschieht, ist ein langsames Abgleiten in Illusion und Trübung bis zum Untergang in neuer physischer Geburt. Der geistige Höhepunkt wird am Schluß des Lebens erreicht. Das menschliche Leben also ist das Vehikel höchstmöglicher Vollendung; in ihm allein wird jenes Karma geschaffen, welches es dem

Toten möglich macht, in der Leere der Lichtfülle objektlos zu verharren und damit auf die Nabe des Rades der Wiedergeburt zu treten, von aller Illusion des Werdens und Vergehens erlöst. Das Bardoleben bringt keine ewigen Belohnungen oder Strafen, sondern bloß einen Abstieg zu einem neuen Leben, welches den Menschen seinem endgültigen Ziel näherbringen soll. Das eschatologische Ziel aber ist das, was der Lebende als letzte und höchste Frucht aus den Bemühungen und Anstrengungen seines menschlichen Dasein geboren hat. Diese Anschauung ist überlegen, ja noch mehr, sie ist mannhaft und heroisch.

857   Der degenerative Charakter des Bardolebens ist trefflich belegt durch die spiritistische Literatur des Abendlandes, welche den Eindruck der blödsinnigen Banalität der Geisterkommunikationen bis zum Überdruß wiederholt. Unsere wissenschaftliche Einsicht zögert allerdings nicht, solche Geisterberichte als Ausflüsse des Unbewußten der Medien und der Zirkelteilnehmer zu erklären und den gleichen Erklärungsmodus auch auf die Jenseitsschilderung unseres Totenbuches anzuwenden. Es ist in der Tat unverkennbar, daß das ganze Buch aus den archetypischen Inhalten des Unbewußten geschöpft ist. Dahinter liegen, und darin hat unsere westliche Ratio recht, keine physischen oder metaphysischen Realitäten, sondern «bloß» die Realität seelischer Gegebenheiten. Ob nun ein Etwas subjektiv oder objektiv «gegeben» ist, es *ist*. Und mehr sagt auch der *Bardo Thödol* nicht, denn selbst seine fünf Dhyani Buddhas sind seelische Gegebenheiten, und das eben soll der Tote erkennen, wenn es ihm nicht schon im Leben klar geworden ist, daß seine Seele und der Geber aller Gegebenheiten ein und dasselbe sind. Die Götter- und Geisterwelt ist «nichts als» das kollektive Unbewußte in mir. Um aber diesen Satz umzukehren, so daß er lautet: Das Unbewußte ist die Götter- und Geisterwelt außer mir, dazu bedarf es keiner intellektuellen Akrobatik, sondern eines ganzen menschlichen Lebens, vielleicht sogar vieler Leben von zunehmender *Vollständigkeit*. Ich sage absichtlich nicht «Vollkommenheit», denn «Vollkommene» machen ganz andere Entdeckungen.

858   Der *Bardo Thödol* war ein geheimes Buch und ist es geblieben, was wir immer für Kommentare darüber schreiben, denn sein Verständnis erfordert ein geistiges Vermögen, das keiner schlechthin besitzt, sondern nur durch eine besondere Lebensführung und -erfahrung erwerben kann. Es ist gut, daß solche in puncto Inhalt und Zweck «nutzlose» Bücher existieren. Sie sind bestimmt für jene Menschen, denen es zugestoßen ist, nicht mehr all-

zuviel vom Nutzen, vom Zweck und vom Sinn unserer derzeitigen «Kulturwelt» zu halten.

Anmerkungen

1 [Kommentar zu: *Das tibetanische Totenbuch,* hg. von W. Y. EVANS-WENTZ, Rascher, Zürich 1935. Neuauflage 1957.]
2 [sic! vgl. Erklärung in der Fußnote EVANS-WENTZ, l. c., pp. 100/101[22].]
3 [Deutscher Philosoph und Soziologe, Verfechter der Wertethik (1874–1928).]
4 (Aus dem Kapitel über den *Sipa Bardo,* doch finden sich ähnliche Folterknechte im Abschnitt über die «Zornigen Gottheiten» des *Tschönyi Bardo.* Anm. Hrsg.)
5 Zu dem unbewußten Ordnungsprinzip vgl.: *Zur Psychologie östlicher Meditation* [Paragr. 908ff.].
6 Über diese spiritistische Betätigung geben Lord DOWDINGS Schriften Auskunft: *Many Mansions,* 1944; *Lychgate,* 1945; *God's Magic,* 1945.
7 Vgl. die Einleitung von EVANS-WENTZ zur englischen Originalausgabe.
8 Ähnliche Auffassung bei ALDOUS HUXLEY, *Time Must Have a Stop.*

15 Die Wirklichkeit der Psyche im buddhistischen Denken

Aus: Psychologischer Kommentar zu:
Das tibetanische Buch der großen Befreiung[1]

Der Unterschied zwischen östlichem und westlichem Denken

759 Dr. EVANS-WENTZ hat mich mit der Aufgabe betraut, einen Text zu kommentieren, der eine wichtige Darstellung der östlichen «Psychologie» enthält. Schon die Tatsache, daß ich Anführungszeichen brauchen muß, zeigt, daß die Anwendbarkeit dieses Ausdrucks fraglich ist. Es ist vielleicht nicht überflüssig zu erwähnen, daß der Osten kein Äquivalent zu unserer Psychologie hervorgebracht hat, sondern nur eine Metaphysik. Kritische Philosophie, die Mutter der modernen Psychologie, ist dem Osten so fremd wie dem mittelalterlichen Europa. So hat das Wort «Geist», wie es im Osten gebraucht wird, metaphysische Bedeutung. Unsere westliche Auffassung von Geist hat diese Bedeutung nach dem Mittelalter verloren, und das Wort bezeichnet jetzt eine «psychische Funktion». Trotz der Tatsache, daß wir weder wissen noch zu wissen vorgeben, was «Psyche» ist, können wir uns doch mit dem Phänomen «Geist» abgeben. Wir nehmen nicht an, daß der Geist eine metaphysische Wesenheit ist oder daß eine Verbindung zwischen dem individuellen Geist und einem hypothetischen Allgeist (Universal Mind) besteht. Daher ist unsere Psychologie eine Wissenschaft der bloßen Phänomene ohne irgendwelche metaphysischen Implikationen. Die Entwicklung der westlichen Philosophie in den zwei letzten Jahrhunderten hat den Erfolg gehabt, den Geist in seiner eigenen Sphäre zu isolieren und ihn aus seiner ursprünglichen Einheit mit dem Weltall zu lösen. Der Mensch selber hat aufgehört, Mikrokosmos und Abbild des Kosmos zu sein, und seine «anima» ist nicht mehr die wesensgleiche scintilla oder ein Funke der Anima Mundi, der Welt-Seele.

760 Demgemäß handelt die Psychologie alle metaphysischen Forderungen und Behauptungen als geistige Phänomene und betrachtet sie als Aussagen

über den Geist und seine Struktur, welche letztlich aus gewissen unbewußten Dispositionen stammen. Die Psychologie betrachtet sie nicht als absolut gültig und gesteht ihnen auch nicht die Fähigkeit zu, eine metaphysische Wahrheit auszusagen. Wir haben keine intellektuellen Mittel, festzustellen, ob diese Haltung richtig oder falsch ist. Wir wissen nur, daß es keine Gewißheit und keine Beweismöglichkeit gibt für die Gültigkeit eines metaphysischen Postulates, wie zum Beispiel eines Allgeistes. Wenn der Verstand uns die Existenz eines Allgeistes versichert, denken wir, er stelle nur eine Behauptung auf. Wir nehmen nicht an, daß durch solch eine Behauptung die Existenz eines Allgeistes bewiesen sei. Es gibt kein Argument gegen diese Überlegung, aber es besteht auch keine Gewißheit, daß unser Schluß richtig ist. Mit anderen Worten, es ist ebenso möglich, daß unser Geist nur eine wahrnehmbare Manifestation eines Allgeistes ist; aber das wissen wir nicht und sehen auch keine Möglichkeit zu erkennen, ob es so ist oder nicht. Die Psychologie nimmt daher an, daß der Geist nichts feststellen oder beweisen kann, was außerhalb seiner Grenzen liegt.

Wenn wir also die unserem Geist auferlegten Grenzen anerkennen, zeigen wir unseren gesunden Menschenverstand. Ich gebe zu, es ist ein gewisses Opfer, Abschied zu nehmen von der Wunderwelt, in der vom Geist geschaffene Dinge und Wesen leben und sich bewegen. Es ist die Welt des Primitiven, wo sogar unbeseelte Objekte mit lebendiger, heilender, magischer Kraft ausgestattet werden, durch die sie an uns und wir an ihnen teilhaben. Früher oder später mußten wir verstehen, daß ihre Macht eigentlich unsere, und ihre Bedeutsamkeit eine Projektion unsererseits ist. Erkenntnistheorie ist nur der letzte Schritt aus der Jugend der Menschheit, aus einer Welt, wo geist-geschaffene Figuren einen metaphysischen Himmel und eine metaphysische Hölle bevölkerten. 761

Trotz dieser unvermeidlichen erkenntnistheoretischen Kritik haben wir dennoch an der Überzeugung festgehalten, daß ein Glaubensorgan den Mensch befähige, Gott zu erkennen. So entwickelte der Westen eine neue Krankheit, den Konflikt zwischen Wissenschaft und Religion. Die kritische Philosophie der Wissenschaft wurde negativ-metaphysisch – mit anderen Worten materialistisch – auf der Basis eines Fehlurteils; man hielt Materie für eine berühr- und erkennbare Realität. Doch ist sie ein gänzlich metaphysischer Begriff, hypostasiert von unkritischen Köpfen. Materie ist eine Hypothese. Wenn man sagt «Materie», schafft man eigentlich ein Symbol für etwas Unbekanntes, welches sowohl Geist als irgend etwas an- 762 deres sein kann; es kann sogar Gott sein. Der religiöse Glaube andererseits weigert sich, seine vorkritische *Weltanschauung* aufzugeben. Im Widerspruch zu Christi Wort versuchen die Gläubigen, Kinder zu *bleiben,* statt zu *werden* wie die Kinder. Sie klammern sich an die Welt der Kindheit. Ein berühmter moderner Theologe gesteht in seiner Autobiographie, daß Jesus sein guter Freund gewesen sei «seit seiner Kindheit». Jesus ist das einleuchtende Beispiel eines Mannes, der etwas anderes predigte als die Religion seiner Väter. Aber die *imitatio* Christi scheint das geistige und seelische Opfer nicht einzuschließen, welches er am Anfang seiner Laufbahn bringen mußte und ohne welches er nie ein Erlöser geworden wäre.

763 Der Konflikt zwischen Wissenschaft und Religion ist in Wirklichkeit ein Mißverstehen von beiden. Der wissenschaftliche Materialismus hat nur eine neue Hypostase eingeführt, und das ist eine intellektuelle Sünde. Er hat dem höchsten Realitätsprinzip einen anderen Namen gegeben und hat angenommen, daß er dadurch etwas Neues erschaffen und etwas Altes zerstört habe. Ob man nun das Prinzip des Seins Gott, Materie, Energie oder sonstwie benennt, man hat damit nichts erschaffen; man hat nur ein Symbol gewechselt. Der Materialist ist ein Metaphysiker malgré lui. Der Gläubige andererseits versucht aus rein sentimentalen Gründen einen primitiven geistigen Zustand beizubehalten. Er ist nicht gewillt, die primitive, kindliche Beziehung zu geistgeschaffenen und hypostasierten Gestalten aufzugeben, er will sich weiter der Sicherheit und des Vertrauens in einer Welt erfreuen, in der mächtige, verantwortliche und gütige Eltern die Aufsicht führen. Der Glaube schließt möglicherweise ein sacrificium intellectus ein (vorausgesetzt, daß Intellekt zum Opfern vorhanden ist), aber nie ein Gefühlsopfer. So bleiben die Gläubigen Kinder, statt zu werden wie die Kinder, und sie gewinnen ihr Leben nicht, weil sie es nicht verloren haben. Dazu kommt noch, daß der Glaube mit der Wissenschaft kollidiert und auf diese Weise seinen Lohn bekommt, denn er weigert sich, am geistigen Abenteuer unserer Zeit teilzunehmen.

764 Jeder ehrliche Denker muß die Unsicherheit aller metaphysischen Positionen zugeben, speziell die Unsicherheit aller Glaubensbekenntnisse. Er muß auch die unverbürgbare Natur aller metaphysischen Behauptungen zugeben und die Tatsache annehmen, daß es gar keinen Beweis gibt für die Fähigkeit des Menschenverstandes, sich an den eigenen Haaren aus dem Sumpf zu ziehen. Es ist also sehr fraglich, ob der menschliche Geist etwas Transzendentales feststellen kann.

Materialismus ist eine metaphysische Reaktion gegen die plötzliche 765
Einsicht, daß Erkenntnis eine geistige Fähigkeit und, wenn über die Grenzen des menschlichen Bereichs hinausgeführt, eine Projektion ist. Die Reaktion war «metaphysisch», insofern als ein Mensch von durchschnittlicher philosophischer Bildung die zu folgernde Hypostase nicht durchschauen konnte; er merkte nicht, daß Materie einfach ein anderer Name für das höchste Prinzip war. Demgegenüber zeigt die Glaubenshaltung, mit welchem Widerstreben die Menschen philosophische Kritik annehmen. Sie zeigt auch, wie groß die Furcht ist, die Sicherheit der Kindheit aufgeben zu müssen und in eine fremde, unbekannte Welt zu stürzen; eine Welt, die von Kräften regiert wird, denen der Mensch gleichgültig ist. Es verändert sich eigentlich nichts in beiden Fällen: der Mensch und seine Umgebung bleiben gleich. Er muß nur einsehen, daß er in seiner Psyche eingeschlossen ist und daß er nie, nicht einmal im Wahnsinn, diese Grenzen überschreiten kann; ebenso muß er erkennen, daß die Erscheinungsform seiner Welt oder seiner Götter in hohem Maße von seiner eigenen geistigen Verfassung abhängt.

Wie ich schon betont habe, ist die Struktur des Geistes in erster Linie 766
verantwortlich für unsere Aussagen über metaphysische Dinge. Wir haben auch verstanden, daß der Intellekt nicht ein «ens per se» oder eine unabhängige geistige Fähigkeit ist, sondern eine psychische Funktion und als solche abhängig von der Beschaffenheit der Psyche als eines Ganzen. Eine philosophische Feststellung ist das Produkt einer bestimmten Persönlichkeit, die zu einer bestimmten Zeit an einem bestimmten Orte lebt. Sie ist nicht das Resultat eines rein logischen und unpersönlichen Vorganges. Soweit ist die Aussage hauptsächlich subjektiv. Ob sie objektive Gültigkeit hat oder nicht, hängt davon ab, ob viele oder wenige Menschen in derselben Art denken. Die Isolierung des Menschen in seiner Psyche als Resultat der erkenntnistheoretischen Kritik hat folgerichtigerweise zur psychologischen Kritik geführt. Diese Art von Kritik ist bei den Philosophen nicht beliebt, da sie den philosophischen Intellekt gern als das vollkommene und unvoreingenommene Instrument der Philosophie betrachten. Dennoch ist dieser Intellekt eine Funktion, die von der individuellen Psyche abhängt und von allen Seiten durch subjektive Bedingungen bestimmt wird, ganz abgesehen von den Einflüssen der Umgebung. Wir haben uns ja schon dermaßen an diese Anschauung gewöhnt, daß «Geist» seinen universellen Charakter ganz verloren hat. Er ist zu einer mehr oder weniger vermensch-

lichten Größe geworden ohne irgendwelche Spuren des früheren metaphysischen und kosmischen Aspektes als anima rationalis. Geist wird heutzutage als etwas Subjektives oder sogar Willkürliches betrachtet. Nachdem es sich gezeigt hat, daß die früher hypostasierten universellen Ideen geistige Prinzipien sind, dämmert es uns, in welchem Ausmaße unsere ganze Erfahrung der sogenannten Wirklichkeit psychisch ist; jeder Gedanke, jedes Gefühl und jede Wahrnehmung besteht aus psychischen Bildern, und die Welt selbst existiert nur insofern, als wir fähig sind, ein Bild von ihr zu produzieren. Wir sind so tief beeindruckt von der Tatsache unserer Gefangenschaft und Begrenzung in der Psyche, daß wir sogar bereit sind, die Existenz von Dingen, die wir nicht kennen, in der Psyche anzunehmen; diese Dinge nennen wir «das Unbewußte».

767   Die scheinbar universale und metaphysische Weite des Geistes hat sich so zum kleinen Kreis der individuellen Bewußtheit verengt, und das Bewußtsein ist aufs tiefste beeindruckt von seiner beinahe grenzenlosen Subjektivität und infantil-archaischen Tendenz zur hemmungslosen Projektion und Illusion. Manche wissenschaftlich denkenden Menschen haben sogar ihre religiösen und philosophischen Neigungen geopfert aus Furcht vor unkontrolliertem Subjektivismus. Als Kompensation für den Verlust einer Welt, die mit unserem Blut lebte und mit unserem Atem atmete, haben wir einen Enthusiasmus für *Tatsachen* entwickelt, Berge von Tatsachen, die vom Einzelnen nie ganz überblickt werden können. Wir hegen die fromme Hoffnung, daß diese zufällige Anhäufung einst ein bedeutungsvolles Ganzes bilden werde; aber niemand ist dessen sicher, weil kein menschliches Gehirn die gigantische Schlußsumme dieses in Massen produzierten Wissens umfassen kann. Die Tatsachen begraben uns, aber wer zu spekulieren wagt, muß dafür bezahlen mit einem schlechten Gewissen – und nicht zu Unrecht, denn er wird sofort über Tatsachen stolpern.

768   Der westlichen Psychologie ist der Geist bekannt als die geistige Funktion der Psyche. Er ist die «Mentalität» eines Individuums. In der philosophischen Sphäre kann man noch einen unpersönlichen Allgeist finden, der ein Überbleibsel der ursprünglichen menschlichen «Seele» zu sein scheint. Dieses Bild unserer westlichen Anschauung erscheint vielleicht etwas drastisch, aber es dünkt mich nicht sehr weit von der Wahrheit entfernt zu sein. Auf alle Fälle präsentiert sich etwas Derartiges, wenn wir die *östliche Mentalität* betrachten. Im Osten ist der Geist ein kosmisches Prinzip, die Essenz des Seins überhaupt, während wir im Westen zur Einsicht gelangt

sind, daß Geist die unerläßliche Bedingung zur Erkenntnis und daher auch zur Welt als Vorstellung bildet. Im Osten gibt es keinen Konflikt zwischen Religion und Wissenschaft, weil keine Wissenschaft auf der Leidenschaft für Tatsachen begründet ist und keine Religion bloß auf dem Glauben; es gibt religiöse Erkenntnis und erkennende Religion.[2] Bei uns ist der Mensch unendlich klein, und die Gnade Gottes bedeutet alles; im Osten dagegen ist der Mensch Gott und erlöst sich selber. Die Götter des tibetischen Buddhismus gehören zur Sphäre der illusorischen Getrenntheit und zu den geist-geschaffenen Projektionen, und doch existieren sie; aber was uns anbetrifft, bleibt eine Illusion eine Illusion und ist demnach überhaupt nichts. Es ist paradox und doch wahr, daß bei uns ein Gedanke keine richtige Wirklichkeit hat; wir behandeln ihn, wie wenn er ein Nichts wäre. Obgleich der Gedanke möglicherweise richtig ist, nehmen wir an, daß er nur existiert kraft gewisser von ihm formulierter Tatsachen. Wir können eine höchst destruktive Tatsache, wie zum Beispiel die Atombombe, mit Hilfe dieser schillernden Phantasiegebilde von nicht wirklich existierenden Gedanken erfinden, aber es erscheint uns ganz absurd, daß man je die Wirklichkeit des Gedankens selber im Ernste annehmen könnte.

«Psychische Wirklichkeit» ist ein umstrittener Begriff; ebenso wie «Psyche» oder «Geist». Die letzteren Begriffe werden von den einen als das Bewußtsein und seine Inhalte verstanden, andere wieder geben die Existenz von «dunklen» oder «unterbewußten» Bildern zu. Die einen schließen die Instinkte in den psychischen Bereich ein, die anderen schließen sie davon aus. Die große Mehrzahl betrachtet die Seele als ein Resultat von biochemischen Prozessen in den Hirnzellen. Einige mutmaßen, daß die Psyche die Funktion der kortikalen Zellen verursache. Einige identifizieren «Leben» mit Psyche. Aber nur eine unbedeutende Minderheit betrachtet das psychische Phänomen als eine Kategorie des Seins an und für sich und zieht die notwendigen Schlüsse. Es ist in der Tat ein Widerspruch, daß *die* Kategorie des Seins, die unerläßliche Bedingung alles Seins, nämlich die Psyche, als nur halb wirklich behandelt wird. Psychisches Sein ist in Wahrheit die einzige Kategorie des Seins, von der wir unmittelbare Kenntnis haben, weil nichts bekannt sein kann, wenn es nicht als psychisches Bild erscheint. Nur psychische Existenz ist unmittelbar nachweisbar. Wenn die Welt nicht die Form eines psychischen Bildes annimmt, ist sie praktisch nichtexistierend. Das ist eine Tatsache, die der Westen mit wenigen Ausnahmen – zum Beispiel in SCHOPENHAUERS Philosophie – noch nicht vollständig realisiert hat. Aber SCHOPENHAUER war ja vom Buddhismus und den *Upanishaden* beeinflußt.

770 Sogar eine oberflächliche Kenntnis des östlichen Denkens genügt, um zu sehen, daß eine fundamentale Verschiedenheit Osten und Westen trennt. Der Osten basiert auf psychischer Realität, das heißt auf der Psyche als hauptsächlicher und einziger Existenzbedingung. Es scheint, als wäre diese östliche Erkenntnis eher eine psychologische Erscheinung als das Resultat philosophischen Denkens. Es handelt sich um einen typisch introvertierten Standpunkt im Gegensatz zum ebenso typisch extravertierten Gesichtspunkt des Westens.³ Introversion und Extraversion sind bekanntlich temperamentmäßige oder sogar konstitutionelle Haltungen, die unter normalen Umständen nie absichtlich angenommen werden. In Ausnahmefällen können sie willentlich hervorgebracht werden, aber nur unter sehr speziellen Bedingungen. Introversion ist, wenn man es so ausdrücken darf, der Stil des Ostens, eine habituelle und kollektive Haltung; Extraversion ist der Stil des Westens. Introversion wird im Westen als anomal, morbid oder sonst als unzulässig empfunden. FREUD identifiziert sie mit einer autoerotischen Geisteshaltung. Er hat die gleiche negative Einstellung wie die Naziphilosophie des modernen Deutschland⁴, welche die Introversion als ein Vergehen gegen das Gemeinschaftsgefühl ansieht. Im Osten dagegen wird unsere zärtlich gehegte Extraversion als trügerische Begehrlichkeit gewertet, als Existenz im Sangsara, als innerstes Wesen der Nidana-Kette, die ihren Höhepunkt in der Summe des Leidens der Welt erreicht.⁵ Wer die gegenseitige Herabsetzung der Werte zwischen Introvertierten und Extravertierten praktisch erfahren hat, wird den emotionalen Konflikt zwischen dem östlichen und dem westlichen Standpunkt wohl verstehen. Der erbitterte Streit um die «universalia», der mit PLATON begann, wird dem in der europäischen Geschichte der Philosophie Bewanderten ein lehrreiches Beispiel sein. Ich möchte nicht auf alle Verzweigungen des Konfliktes zwischen Introversion und Extraversion eingehen, aber ich muß die religiösen Aspekte des Problems erwähnen. Der christliche Westen betrachtet den Menschen als gänzlich abhängig von der Gnade Gottes oder wenigstens von der Kirche als ausschließlichem und von Gott sanktioniertem, irdischem Instrument der Erlösung. Der Osten dagegen beharrt darauf, daß der Mensch selber die einzige Ursache zu seiner höheren Entwicklung sei; denn der Osten glaubt an die Selbsterlösung.

771 Der religiöse Standpunkt stellt immer die wesentliche psychologische

Einstellung und ihre spezifischen Vorurteile dar, auch für Menschen, die ihre eigene Religion vergessen oder nie etwas von ihr gehört haben. Was die Psychologie anbetrifft, ist der Westen trotz allem durch und durch christlich. TERTULLIANS «anima naturaliter christiana» gilt für den Westen, nicht, wie er dachte, in religiösem, sondern in psychologischem Sinne. Gnade kommt von anderswo; auf alle Fälle von außen. Jede andere Ansicht ist reine Ketzerei. So ist es ganz verständlich, warum die menschliche Seele an Minderwertigkeitsgefühlen leidet. Wer es wagt, an eine Beziehung zwischen der Seele und der Gottesidee zu denken, wird sofort angeklagt, Psychologismus zu treiben, oder er wird eines krankhaften Mystizismus verdächtigt. Der Osten andererseits duldet mitleidig diese «unteren» geistigen Stufen, wo sich der Mensch in seiner blinden Unkenntnis von *Karma* mit der Sünde beschäftigt oder seine Imagination quält mit einem Glauben an absolute Götter, die, wenn er nur tiefer sähe, bloße Schleier von Illusionen sind, welche sein eigener unerleuchteter Geist gewoben hat. Die Psyche ist daher das Allerwichtigste; sie ist der alles-durchdringende Atem, das Buddha-Wesen; sie ist der Buddha-Geist, der Eine, der Dharma-Kaya. Alles Leben strömt von ihr, und alle verschiedenen Erscheinungsformen lösen sich wieder auf in ihr. Dieses ist die grundlegende psychologische Vorbedingung, von welcher der östliche Mensch in jeder Faser seines Wesens durchdrungen ist, die all seine Gedanken, Gefühle und Taten bestimmt, zu welchem Glauben auch immer er sich bekennt.

Gleicherweise ist der westliche Mensch christlich, gleichgültig zu welcher Konfession er gehört. Für ihn ist der Mensch innerlich ganz klein, fast nichts; dazu kommt noch, wie KIERKEGAARD sagt, daß der Mensch immer im Fehler ist vor Gott. Er sucht die große Macht gnädig zu stimmen durch Furcht, Buße, Versprechen, Unterwerfung, Selbsterniedrigung, gute Taten und Lobpreisungen. Die große Macht ist nicht er selber, sondern «totaliter aliter», das Ganzandere, welches absolut vollkommen und außerhalb ist, die einzige Wirklichkeit.[6] Wenn man die Formel etwas verschiebt und für Gott eine andere Größe, zum Beispiel die Welt oder das Geld, einsetzt, bekommt man das vollständige Bild eines westlichen Menschen – fleißig, furchtsam, fromm, sich selbst demütigend, unternehmend, gierig und leidenschaftlich im Erraffen von Gütern dieser Welt wie Besitztümer, Gesundheit, Wissen, technische Meisterschaft, öffentliche Wohlfahrt, politische Macht, Eroberungen usw. Welches sind die großen populären Bewegungen unserer Zeit? Versuche, Geld oder Besitz von anderen an uns zu reißen und unseren eigenen Besitz zu bewahren. Der Geist wird hauptsächlich damit beschäftigt, passende «-ismen» zu erfinden, um die wirklichen Motive zu verbergen oder mehr Beute zu erringen. Ich will nicht beschreiben, was dem östlichen Menschen geschehen würde, wenn er sein Buddha-Ideal vergäße; ich möchte meinem westlichen Vorurteil nicht solch einen unfairen Vorteil geben. Aber ich kann mich nicht enthalten, die Frage aufzuwerfen, ob es für beide Teile möglich oder ratsam wäre, des anderen Standpunkt zu imitieren. Die Verschiedenheit ist so groß, daß man keine vernünftige Möglichkeit zur Nachahmung sieht, noch viel weniger deren Ratsamkeit. Man kann Feuer und Wasser nicht mischen. Die östliche Haltung verdummt den westlichen Menschen und vice versa. Man kann nicht ein guter Christ sein und sich selbst erlösen, auch kann man nicht ein Buddha sein und Gott verehren. Es ist viel besser, den Konflikt anzunehmen; denn wenn es überhaupt eine Lösung gibt, dann nur eine irrationale.

773 Durch einen unvermeidlichen Schicksalsbeschluß wird nun der Westen mit der Eigenart der östlichen Geisteshaltung bekannt. Es ist nutzlos, diese entwerten zu wollen oder falsche und trügerische Brücken über gähnende Abgründe zu bauen. Statt die geistigen Techniken des Ostens auswendig zu lernen und sie in einer ganz christlichen Art mit entsprechend forcierter Einstellung zu imitieren – Imitatio Christi! –, wäre es viel wichtiger, herauszufinden, ob im Unbewußten eine introvertierte Tendenz existiert, die dem führenden geistigen Prinzip des Ostens ähnlich ist. Wir wären dann in der Lage, auf unserem Boden und mit unseren Methoden aufzubauen. Wenn wir diese Dinge uns direkt vom Osten aneignen, haben wir nur unserer westlichen Erwerbstüchtigkeit nachgegeben. Damit bestärken wir wieder, daß «alles Gute draußen ist», von wo es geholt und in unsere unfruchtbaren Seelen gepumpt werden muß.[7] Es scheint mir, daß wir wirklich etwas vom Osten gelernt haben, wenn wir verstehen, daß die Seele genug Reichtümer enthält, ohne daß sie von außen befruchtet werden muß, und wenn wir uns fähig fühlen, uns mit oder ohne Gnade Gottes zu entwickeln. Aber wir können uns nicht auf dieses anspruchsvolle Unternehmen einlassen, ehe wir gelernt haben, ohne geistigen Hochmut und blasphemische Selbstsicherheit zu handeln. Die östliche Haltung verletzt die speziell christlichen Werte, und es nützt nichts, diese Tatsache zu übersehen. Wenn unsere neue Haltung ehrlich, das heißt verankert in unserer eigenen Geschichte, sein soll, müssen wir uns diese Haltung aneignen mit

dem vollen Bewußtsein der christlichen Werte und mit dem Bewußtsein des Konfliktes zwischen diesen Werten und der introvertierten Einstellung des Ostens. Wir müssen von innen zu den östlichen Werten gelangen, nicht von außen; wir müssen sie in uns, im Unbewußten, suchen. Dann werden wir entdecken, wie groß unsere Furcht vor dem Unbewußten ist und wie heftig unsere Widerstände sind. Dieser Widerstände wegen bezweifeln wir gerade das, was dem Osten so offensichtlich erscheint, nämlich die Kraft der introvertierten Mentalität zur Selbstbefreiung.

Dieser Aspekt des Geistes ist dem Westen sozusagen unbekannt, obschon er die wichtigste Komponente des Unbewußten bildet. Viele Leute leugnen die Existenz des Unbewußten gänzlich, oder sie behaupten, es bestehe nur aus Instinkten oder aus verdrängten und vergessenen Inhalten, die vorher ein Teil des Bewußtseins waren. Wir können ruhig annehmen, daß der östliche Ausdruck für «mind» eher mit unserem «Unbewußten» zu tun hat, während unser Ausdruck «Geist» mehr oder weniger identisch ist mit Bewußtheit. Für uns ist Bewußtheit undenkbar ohne ein Ich. Sie ist gleichgesetzt mit der Bezogenheit von Inhalten auf ein Ich. Wenn kein Ich existiert, ist niemand da, dem etwas bewußt werden kann. Das Ich ist daher unentbehrlich für den Bewußtwerdungsprozeß. Dem östlichen Geist hingegen fällt es nicht schwer, sich ein Bewußtsein ohne Ich zu denken. Man hält das Bewußtsein für fähig, über den Ich-Zustand hinauszugelangen; in diesem «höheren» Zustand verschwindet das Ich sogar vollständig. Solch ein Ich-loser geistiger Zustand kann für uns nur unbewußt sein, weil ganz einfach kein Zeuge dabei wäre. Ich bezweifle die Existenz von geistigen Zuständen, die über das Bewußtsein hinausgehen, nicht. Aber die Bewußtheit nimmt in dem Maße ab, wie der Zustand über sie hinausgeht. Ich kann mir einen bewußten geistigen Zustand, der nicht auf ein Subjekt, das heißt ein Ich bezogen ist, nicht vorstellen. Dem Ich kann seine Macht entzogen werden – zum Beispiel kann es seines Körpergefühls beraubt werden –; aber solange noch Wahrnehmungen gemacht werden, muß jemand da sein, der wahrnimmt. Nur mittelbar und auf indirektem Wege wird uns schließlich bewußt, daß ein Unbewußtes existiert. Bei Geisteskranken können wir Manifestationen von unbewußten Fragmenten der Persönlichkeit beobachten, die von der Bewußtheit des Patienten losgelöst sind. Aber es gibt keinen Beweis dafür, daß die unbewußten Inhalte auf ein unbewußtes Zentrum, analog dem Ich, bezogen wären; es gibt im Gegenteil gute Gründe dafür, daß solch ein Zentrum nicht einmal wahrscheinlich ist.

774

775 Die Tatsache, daß der Osten das Ich so leicht beiseitestellt, scheint auf einen Geist zu deuten, der nicht mit unserem «Geist» identifiziert werden kann. Das Ich spielt im Osten sicher nicht dieselbe Rolle wie bei uns. Der östliche Geist scheint weniger egozentrisch, seine Inhalte scheinen nur lose auf das Subjekt bezogen, und wichtiger scheinen jene Zustände zu sein, welche ein geschwächtes Ich voraussetzen. Es scheint auch, als ob Hatha-Yoga hauptsächlich dazu dienen würde, das Ich durch Beherrschung seiner ungezähmten Impulse auszulöschen. Es ist nicht zu bezweifeln, daß die höheren Yoga-Formen, sofern sie *samadhi* zu erreichen versuchen, auf einen Geisteszustand hinzielen, in dem das Ich praktisch aufgelöst ist. Bewußtheit in unserem Sinne des Wortes wird entschieden als inferior angesehen, nämlich als Zustand von *avidya* (Unwissenheit), während das, was wir den «dunkeln Hintergrund der Bewußtheit» nennen, im Osten als «höhere» Bewußtheit verstanden wird.[8] So wäre unser Begriff von «kollektiven Unbewußten» das europäische Äquivalent zu *buddhi,* dem erleuchteten Geist.

776 Wenn man alles dies betrachtet, läuft die östliche Form der «Sublimation» darauf hinaus, den psychischen Schwerpunkt zurückzunehmen aus dem Ich-Bewußtsein, welches eine mittlere Position zwischen dem Körper und den ideellen Prozessen der Psyche einnimmt. Die unteren, halb-physiologischen Schichten der Psyche werden beherrscht durch Askese, das heißt «Übung», und so unter Kontrolle gehalten. Sie werden nicht gerade geleugnet oder durch höchste Willensanstrengung unterdrückt, wie es bei der westlichen Sublimation üblich ist. Man könnte eher sagen, daß die unteren psychischen Schichten durch geduldige Übung von Hatha-Yoga angepaßt und geformt werden, bis sie die Entwicklung des «höheren» Bewußtseins nicht länger stören. Dieser eigenartige Prozeß scheint gefördert zu werden durch die Tatsache, daß das Ich und seine Wünsche eingedämmt werden durch die größere Wichtigkeit, welche der Osten gewöhnlich dem «subjektiven Faktor» einräumt.[9] Damit meine ich den «dunkeln Hintergrund» des Bewußtseins, das Unbewußte. Die introvertierte Haltung ist gewöhnlich charakterisiert durch die a priori Gegebenheiten der Apperzeption. Wie bekannt, besteht die Tatsache der Apperzeption aus zwei Phasen: erstens die Wahrnehmung des Objektes und zweitens die Assimilation der Wahrnehmung in das schon vorhandene Bild oder in den Begriff, mittels dessen das Objekt «verstanden» wird. Die Psyche ist keine Non-entität, die jeder Qualität ermangelt. Sie ist ein bestimmtes System, das aus bestimmten Bedingungen besteht, und sie reagiert auf spezifische Art. Jede

neue Vorstellung, sei es eine Wahrnehmung oder ein spontaner Gedanke, erweckt Assoziationen, welche aus dem Vorrat des Gedächtnisses stammen. Diese springen sofort ins Bewußtsein und produzieren das komplexe Bild eines Eindrucks, obschon das bereits eine Art von Interpretation darstellt. Die unbewußte Disposition, von welcher die Qualität des Eindrucks abhängig ist, nenne ich den «subjektiven Faktor». Er verdient die Qualifikation «subjektiv», weil Objektivität bei einem ersten Eindruck fast nie möglich ist. Gewöhnlich ist ein eher mühsamer Prozeß von Verifikation, Analyse und Vergleichung nötig, um die unmittelbaren Reaktionen des subjektiven Faktors zu mäßigen und anzupassen.

Trotz der Bereitschaft der extravertierten Einstellung, den subjektiven Faktor als «nur subjektiv» zu bezeichnen, zeigt dessen Prominenz nicht notwendigerweise einen persönlichen Subjektivismus an. Die Psyche und ihre Struktur sind wirklich genug. Wie bereits gesagt, verwandeln sie sogar materielle Gegenstände in psychische Bilder. Sie nehmen nicht die Wellen wahr, sondern den Ton, nicht die Wellenlängen, sondern die Farben. Wie wir es sehen und verstehen, so *ist* das Sein. Es gibt unzählige Dinge, die auf ganz verschiedenartige Weise gesehen, gefühlt und verstanden werden können. Abgesehen von rein persönlichen Vorurteilen assimiliert die Psyche äußere Tatsachen auf ihre eigene Art, die sich letztlich auf die Gesetze oder Grundformen der Apperzeption stützt. Diese Formen ändern sich nicht, obwohl sie in verschiedenen Zeiten oder verschiedenen Weltteilen verschieden benannt werden. Auf einem primitiven Niveau fürchten sich die Menschen vor Zauberern, auf dem modernen Niveau beobachten wir ängstlich die Mikroben. Dort glaubt jedermann an Geister, hier glaubt jeder an Vitamine. Früher waren die Menschen vom Teufel besessen, heute sind sie es nicht weniger von Ideen usw.

Der subjektive Faktor wird schließlich vollendet durch die ewigen Formen der psychischen Tätigkeit. Jeder, der sich auf den subjektiven Faktor verläßt, stützt sich daher auf die Wirklichkeit der psychischen Voraussetzungen. So kann man kaum sagen, er irre sich. Wenn es ihm dadurch gelingt, sein Bewußtsein nach unten auszudehnen, so daß er die grundlegenden Gesetze des seelischen Lebens berühren kann, dann gelangt er in den Besitz der Wahrheit, welche natürlicherweise aus der Psyche hervorgeht, wenn sie dabei nicht gestört wird durch die nicht-psychische, *äußere Welt*. Auf jeden Fall würde diese Wahrheit die Summe alles Wissens aufwiegen, das durch die Erforschung des Äußeren erworben werden kann. Wir im

Westen glauben, daß eine Wahrheit nur überzeugend ist, wenn sie durch äußere Tatsachen verifiziert werden kann. Wir glauben an genaueste Beobachtung und Erforschung der Natur; unsere Wahrheit muß mit dem Verhalten der äußeren Welt übereinstimmen, sonst ist sie «nur subjektiv». Wie der Osten seinen Blick vom Tanz der *prakriti* (physis) und den vielfältigen Scheinformen der *maya* abwendet, so scheut der Westen das Unbewußte und seine nichtigen Phantasien. Der Osten versteht aber trotz seiner introvertierten Einstellung sehr gut, mit der äußeren Welt umzugehen, und trotz seiner Extraversion kann auch der Westen auf die Psyche und ihre Forderungen eingehen. Er besitzt eine Institution, die Kirche, welche der Psyche des Menschen Ausdruck gibt durch ihre Riten und Dogmen. Auch sind Naturwissenschaft und moderne Technik keineswegs nur westliche Erfindungen. Ihre östlichen Äquivalente sind etwas altmodisch oder sogar primitiv, aber was wir vorweisen können an geistiger Einsicht und psychologischer Technik muß, verglichen mit Yoga, ebenso rückständig erscheinen wie östliche Astrologie und Medizin, wenn wir diese mit den westlichen Wissenschaften vergleichen. Ich möchte die Wirksamkeit der christlichen Kirche nicht bestreiten; aber wenn man die Exerzitien des IGNATIUS VON LOYOLA mit Yoga vergleicht, wird verständlich, was ich sagen will. Es ist ein Unterschied, und zwar ein beträchtlicher. Von diesem Niveau direkt zum östlichen Yoga überzugehen, ist ebensowenig ratsam wie die plötzliche Verwandlung der Asiaten in halbe Europäer. Der Segen der westlichen Zivilisation scheint mir zweifelhaft, und ich habe ähnliche Bedenken in bezug auf die Übernahme der östlichen Geisteshaltung durch den Westen. Diese zwei gegensätzlichen Welten sind sich jedoch begegnet. Der Osten ist in voller Umwandlung begriffen; er ist ernstlich und in folgenschwerer Weise gestört worden. Sogar die wirksamsten Methoden der europäischen Kriegsführung werden mit Erfolg nachgeahmt. Was uns betrifft, scheint die Schwierigkeit eher psychologischer Art zu sein. Unser Verhängnis sind Ideologien – sie entsprechen dem langerwarteten Antichrist. Der Nationalsozialismus ist so ähnlich einer religiösen Bewegung, wie irgendeine Bewegung seit anno 622[10] es war. Der Kommunismus erhebt den Anspruch, das Paradies auf Erden zu sein. Wir sind tatsächlich besser geschützt gegen Mißernten, Überschwemmungen und Epidemien als gegen unsere eigene klägliche geistige Minderwertigkeit, die so wenig Widerstand gegen psychische Epidemien aufzubringen scheint.

Der Westen ist auch in seiner religiösen Haltung extravertiert. Heutzutage wirkt es beleidigend, zu sagen, das Christentum enthalte Feindseligkeit oder auch nur Indifferenz gegen die Welt und ihre Genüsse. Der gute Christ ist im Gegenteil ein jovialer Bürger, ein unternehmungslustiger Geschäftsmann, ein ausgezeichneter Soldat, der Beste in jedem Beruf. Oft werden weltliche Güter als spezielle Belohnung für christliches Verhalten aufgefaßt, und im Unser-Vater ist das Adjektiv ἐπιούσιος, «supersubstantialis»[11], das sich auf das Brot bezog, schon lange weggelassen worden; denn das wirkliche Brot ist offensichtlich so viel sinnvoller. Es ist nur logisch, daß so weitgehende Extraversion dem Menschen keine Seele zutrauen kann, die irgendetwas enthält, das nicht von außen durch menschliche Lehren oder göttliche Gnade in sie hineingebracht wurde. Von diesem Standpunkt aus ist die Behauptung, der Mensch trage die Möglichkeit zur eigenen Erlösung in sich, offene Blasphemie. Nichts in unserer Religion unterstützt die Idee von der selbstbefreienden Kraft des Geistes; aber eine sehr moderne Form der Psychologie – Analytische oder Komplexe Psychologie – zieht die Möglichkeit in Betracht, daß sich im Unbewußten gewisse Prozesse abspielen, welche kraft ihres Symbolismus die Mängel und Verworrenheiten der bewußten Einstellung kompensieren. Wenn diese unbewußten Kompensationen durch die analytische Technik bewußtgemacht werden, verursachen sie solch eine Veränderung in der bewußten Einstellung, daß wir berechtigt sind, von einem neuen Bewußtseinsniveau zu sprechen. Die Methode kann jedoch den eigentlichen Prozeß der unbewußten Kompensation nicht hervorbringen; dieser hängt ganz von der unbewußten Psyche oder der «Gnade Gottes» ab – Namen tun hier nichts zur Sache. Aber der unbewußte Prozeß selber erreicht das Bewußtsein fast nie ohne technische Hilfe. Wenn er an die Oberfläche gebracht wird, offenbart er Inhalte, die einen auffallenden Gegensatz zur allgemeinen Richtung der bewußten Gedanken und Gefühle bilden. Wenn dem nicht so wäre, hätten diese Inhalte keinen kompensatorischen Effekt. Die erste Wirkung ist jedoch gewöhnlich ein Konflikt, da die bewußte Einstellung dem Eindringen von scheinbar inkompatibeln und fremdartigen Tendenzen, Gedanken und Gefühlen Widerstand entgegensetzt. Bei Schizophrenien sieht man die erstaunlichsten Beispiele solcher Intrusionen von gänzlich fremden und unannehmbaren Inhalten. In solchen Fällen handelt es sich natürlich oft um pathologische Verzerrungen und Übertreibungen, aber mit der leisesten Kenntnis des normalen Materials wird man leicht die Gleichartigkeit des zugrunde liegenden Schemas erkennen. Es sind übrigens die gleichen Bilder, die man in der Mythologie und bei anderen archaischen Gedankenformen findet.

780 Unter normalen Bedingungen regt jeder Konflikt die Psyche zur Aktivität an, damit eine möglichst befriedigende Lösung zustande gebracht werde. Gewöhnlich – das heißt im Westen – entscheidet der bewußte Standpunkt willkürlich gegen das Unbewußte, da alles, was von innen her kommt, durch ein Vorurteil als inferior oder nicht ganz richtig angesehen wird. Aber in den Fällen, welche uns hier beschäftigen, ist man übereingekommen, daß die scheinbar inkompatiblen, unverständlichen Inhalte nicht wieder verdrängt werden dürfen und daß der Konflikt angenommen und ertragen werden soll. Zuerst erscheint keine Lösung möglich, und auch diese Tatsache muß mit Geduld ertragen werden. Der so eingetretene Stillstand «konstelliert» das Unbewußte – mit anderen Worten, der bewußte Aufschub bewirkt im Unbewußten eine neue kompensatorische Reaktion. Diese Reaktion (sie manifestiert sich gewöhnlich in Träumen) wird nun ihrerseits zur bewußten Realisierung gebracht. Das Bewußtsein wird so mit einem neuen Aspekt der Psyche konfrontiert, wodurch ein anderes Problem aufgeworfen oder ein bereits vorhandenes auf unerwartete Weise modifiziert wird. Diese Prozedur dauert an, bis der ursprüngliche Konflikt in befriedigender Weise gelöst ist. Der ganze Prozeß wird «die transzendente Funktion» genannt.[12] Es ist zugleich ein Prozeß und eine Methode. Die Produktion von unbewußten Kompensationen ist ein *spontaner Prozeß*; die bewußte Realisierung ist eine *Methode*. Die Funktion wird «transzendent» genannt, weil sie den Übergang von einer seelischen Verfassung in eine andere durch wechselseitige Konfrontation von Gegensätzen ermöglicht.

781 Dies ist eine sehr skizzenhafte Beschreibung der transzendenten Funktion; für Einzelheiten muß ich den Leser auf die in der Fußnote angegebene Literatur verweisen. Aber ich mußte auf diese psychologischen Beobachtungen und Methoden aufmerksam machen, weil sie den Weg anzeigen, auf dem wir zu jener Art von Geist Zugang finden, auf die sich unser Text bezieht. Es ist dies der bilderschaffende Geist, die Matrix aller jener Grundformen, die der Apperzeption ihren besonderen Charakter geben. Diese Formen sind der unbewußten Psyche eigen; sie sind ihre strukturellen Elemente, und nur durch sie kann erklärt werden, warum gewisse mythologische Motive mehr oder weniger überall erscheinen, sogar dort, wo Migration als Übertragung sehr unwahrscheinlich ist. Träume, Phantasien

und Psychosen bringen Bilder hervor, die allem Anschein nach identisch sind mit mythologischen Motiven, von denen die betreffenden Menschen keinerlei Kenntnis hatten, nicht einmal indirekte Kenntnis durch Redewendungen oder durch die symbolische Sprache der Bibel.[13] Ohne Zweifel weist die Psychopathologie der Schizophrenie ebenso wie die Psychologie des Unbewußten das Vorhandensein von archaischem Material nach. Was auch immer die Struktur des Unbewußten sein mag, soviel ist sicher: es enthält eine unbestimmte Anzahl von Motiven oder Formen von archaischem Charakter, die im Prinzip identisch sind mit den Grundideen der Mythologie und ähnlichen Gedankenformen.

Weil das Unbewußte die geistige Matrix ist, haftet ihm die Qualität des Schöpferischen an, es ist der Geburtsort von Gedankenformen, so wie unser Text es von dem universalen Geist annimmt. Da wir dem Unbewußten keine bestimmte Form zuschreiben können, scheint die östliche Behauptung, daß der Allgeist ohne Form, *arupaloka,* und doch der Entstehungsort aller Formen sei, psychologisch gerechtfertigt. Da die Formen des Unbewußten zu keiner bestimmten Zeit gehören, also anscheinend ewig sind, geben sie ein eigenartiges Gefühl von Zeitlosigkeit, wenn sie bewußt realisiert werden. Wir können ähnliche Feststellungen in der primitiven Psychologie finden; das australische Wort aljira[14] zum Beispiel bedeutet zugleich «Traum» und «Geisterland» und die «Zeit», in welcher die Vorfahren lebten und immer noch leben. Es ist, wie sie sagen, die «Zeit, als noch keine Zeit war». Dies sieht aus wie eine offensichtliche Konkretisierung und Projektion des Unbewußten mit all seinen charakteristischen Qualitäten – seinen Traummanifestationen, seinen urtümlichen Gedankenformen und seiner Zeitlosigkeit.

Eine introvertierte Einstellung, bei welcher die Betonung nicht auf der äußeren Welt (der Welt des Bewußtseins), sondern auf dem subjektiven Faktor (dem Hintergrund des Bewußtseins) liegt, ruft daher notwendigerweise die charakteristischen Manifestationen des Unbewußten hervor, nämlich archaische Gedankengebilde, durchsetzt mit «anzestralen» oder «historischen» Gefühlen und außerdem mit dem Gefühl von Unbestimmtheit, Zeitlosigkeit und Einheit. Das besondere Gefühl von *Einheit* ist eine typische Erfahrung bei allen Formen von Mystik und kommt wahrscheinlich von der allgemeinen Kontamination der Inhalte, die sich verstärkt mit der Abschwächung der Bewußtheit (abaissement du niveau mental). Die fast unbeschränkte Vermischung von Bildern in Träumen, wie auch in den Produkten der Geisteskranken, zeugt von deren unbewußtem Ursprung. Im Gegensatz zu der klaren Unterscheidung und Differenzierung der Formen im Bewußtsein sind die unbewußten Inhalte äußerst unbestimmt und vermischen sich daher leicht. Wenn wir versuchten, uns einen Zustand vorzustellen, in welchem nichts deutlich ist, würden wir sicherlich das Ganze als Eines empfinden. Es ist daher nicht unwahrscheinlich, daß die eigenartige Empfindung von Einheit von dem unterschwelligen Wissen um den All-Zusammenhang im Unbewußten herrührt.

784 Durch die transzendente Funktion gewinnen wir nicht nur den Zugang zum «Einen Geiste» (One Mind); wir lernen auch verstehen, warum der Osten an die Möglichkeit der Selbstbefreiung glaubt. Wenn es einem durch Introspektion und bewußte Realisierung von unbewußten Kompensationen möglich wird, den psychischen Zustand umzugestalten und so die Lösung von schmerzlichen Konflikten zu erreichen, scheint man berechtigt, von «Selbstbefreiung» zu sprechen. Wie ich aber schon andeutete, ist der stolze Anspruch auf Selbstbefreiung nicht ohne weiteres zu realisieren; denn man kann diese unbewußten Kompensationen nicht willentlich hervorrufen; man muß hoffen, daß sie vielleicht produziert werden. Man kann auch den besonderen Charakter der Kompensation nicht ändern: «Es ut est aut non est.»[15] Es ist seltsam, daß die östliche Philosophie auf diesen höchst wichtigen Faktor fast nicht zu achten scheint. Und es ist gerade diese Tatsache, die den westlichen Gesichtspunkt psychologisch rechtfertigt. Die westliche Psyche scheint ein intuitives Wissen zu haben von der Abhängigkeit des Menschen von einer dunklen Macht, die mitwirken muß, wenn alles gut gehen soll. Wenn und wo das Unbewußte nicht mitwirkt, befindet er sich sofort in Verlegenheit, auch in seinen gewöhnlichsten Tätigkeiten. Es kann sich dabei handeln um ein Versagen des Gedächtnisses, des koordinierten Handelns, des Interesses und der Konzentration; und solch ein Versagen kann die Ursache von ernstlichen Unannehmlichkeiten oder möglicherweise einem fatalen Unfall sein. Es kann zu einem beruflichen oder moralischen Zusammenbruch führen. In früheren Zeiten nannten die Menschen dann die Götter ungnädig; heute nennen wir es eine Neurose. Den Grund suchen wir im Vitaminmangel, in endokrinen oder sexuellen Störungen oder in Überarbeitung. Wenn die Mitarbeit des Unbewußten, über die wir nie nachdenken und die wir für ganz selbstverständlich halten, plötzlich aussetzt, ist es eine sehr ernste Angelegenheit.

785 Im Vergleich mit anderen Rassen – der chinesischen zum Beispiel –

scheint das geistige Gleichgewicht oder, grob gesagt, das Gehirn, die schwache Stelle des Europäers zu sein. Verständlicherweise wollen wir so weit weg wie nur möglich von unseren Schwächen gelangen, eine Tatsache, welche die Art von Extraversion erklärt, die immer Sicherheit sucht, indem sie ihre Umgebung beherrscht. Extraversion geht immer Hand in Hand mit dem Mißtrauen dem inneren Menschen gegenüber, wenn man sich seiner überhaupt irgendwie bewußt ist. Überdies neigen wir alle dazu, die Dinge, die wir fürchten, zu unterschätzen. Unsere absolute Überzeugung, «nihil sit in intellectu quod non antea fuerit in sensu»[16], welches das Motto der westlichen Extraversion ist, muß einen solchen Grund haben. Aber wie wir betont haben, ist diese Extraversion psychologisch gerechtfertigt durch die wesentliche Tatsache, daß die unbewußte Kompensation jenseits der menschlichen Kontrolle liegt. Ich weiß, daß der Yoga sich dessen rühmt, sogar die unbewußten Prozesse kontrollieren zu können, so daß in der Psyche als Ganzem nichts vorgehen kann, was nicht durch ein höchstes Bewußtsein gelenkt wird. Ich habe keinen Zweifel, daß solch ein Zustand mehr oder weniger möglich ist. Aber er ist nur unter einer Bedingung möglich: man muß identisch werden mit dem Unbewußten. Diese Identität ist das östliche Äquivalent unseres westlichen Idols der absoluten Objektivität, der maschinenmäßigen Ausrichtung auf ein Ziel, eine Idee oder Sache, selbst auf die Gefahr hin, daß jede Spur von innerem Leben verlorengeht. Für den östlichen Standpunkt ist diese absolute Objektivität erschreckend, denn sie ist gleichbedeutend mit vollständiger Identität mit dem *sansara;* für den Westen hingegen ist *samadhi* nichts als ein bedeutungsloser Traumzustand. Im Osten hat der innere Mensch immer solche Macht über den äußeren Menschen gehabt, daß die Welt nie die Möglichkeit hatte, ihn von seinen inneren Wurzeln loszureißen; im Westen aber trat der äußere Mensch so sehr in den Vordergrund, daß er sich seinem innersten Wesen entfremdet hat. Der Eine Geist, Einheit, Unbestimmbarkeit und Ewigkeit blieben dem Einen Gott vorbehalten. Der Mensch wurde klein, nichtig und war grundsätzlich im Unrecht.

Es dürfte aus meinen Ausführungen hervorgehen, daß jeder dieser Standpunkte, obwohl sie im Widerspruch zueinanderstehen, seine psychologische Berechtigung hat. Beide sind einseitig, indem sie versäumen, jene Faktoren, die nicht zu ihrer typischen Einstellung passen, zu sehen und zu berücksichtigen. Der eine unterschätzt die Welt der Bewußtheit, der andere die Welt des Einen Geistes. Das Resultat ist, daß in ihrer extremen

Haltung beide eine Hälfte des Universums verlieren; ihr Leben ist von der totalen Wirklichkeit abgeschnitten und wird leicht künstlich und unmenschlich. Im Westen haben wir die Manie der «Objektivität», die asketische Einstellung des Wissenschaftlers oder die Einstellung des Börsenmaklers, der die Schönheit und Universalität des Lebens für ein mehr oder weniger ideales Ziel wegwirft. Im Osten sind es Weisheit, Friede, Losgelöstheit und Unbewegtheit einer Psyche, die zu ihrem dunkeln Ursprung zurückgekehrt ist, und allen Kummer und alle Freude des Lebens, wie es ist und wahrscheinlich auch sein soll, hinter sich gelassen hat. Es ist kein Wunder, daß diese Einseitigkeit in beiden Fällen sehr ähnliche Formen des Mönchtums hervorbringt; sie garantiert dem Eremiten, dem heiligen Mann, dem Mönch oder dem Wissenschaftler ungestörte Konzentration auf ein Ziel. Ich habe nichts gegen Einseitigkeit als solche. Der Mensch, das große Experiment der Natur oder sein eigenes großes Experiment, ist offensichtlich zu derartigen Unternehmungen berechtigt – wenn er sie ertragen kann. Ohne Einseitigkeit könnte sich der menschliche Geist nicht in seiner Differenziertheit entwickeln. Aber es kann wohl nicht schaden, wenn man versucht, beide Seiten zu verstehen.

787   Die extravertierte Tendenz des Westens und die introvertierte Tendenz des Ostens haben einen wichtigen gemeinsamen Zweck; beide machen verzweifelte Anstrengungen, die bloße Naturhaftigkeit des Lebens zu besiegen. Es ist die Behauptung des Geistes über die Materie, das «opus contra naturam», ein Symptom für die Jugendlichkeit des Menschen, der sich immer noch daran ergötzt, die mächtigste von der Natur je erfundene Waffe, den bewußten Geist, zu gebrauchen. Der Nachmittag der Menschheit, der in einer fernen Zukunft liegt, kann immer noch ein anderes Ideal mit sich bringen. Mit der Zeit wird man vielleicht nicht einmal mehr von Eroberungen träumen.

Anmerkungen

1 [Geschrieben 1939. Erstmals erschienen auf englisch in: *The Tibetan Book of the Great Liberation,* hg. von W. Y. EVANS-WENTZ, 1954. Deutsche Ausgabe Rascher, 1955.]
2 Ich übergehe den modernisierten Osten absichtlich.
3 Siehe [JUNG] *Psychologische Typen,* Definitionen, s. v. «Extraversion» und «Introversion». [GW VI]
4 Dieser Kommentar wurde 1939 verfaßt.
5 *Samyutta-nikâya* 12, *Nidâna-samyutta.*
6 [OTTO, *Das Heilige,* p. 28; vgl. auch *Das Gefühl des Überweltlichen,* p. 212ff.]
7 «Wem ... Gott nicht solch innerer Besitz ist, sondern sich allen Gott von draußen holen muß ... so hat man ihn eben nicht, und da kommt dann leicht etwas, was einen stört.» (*Meister Eckeharts Schriften und Predigten,* hg. von BÜTTNER, II, p. 8)
8 Insofern als «höher» und «niederer» klassifizierende Urteile des Bewußtseins sind, unterscheidet die westliche Psychologie unbewußte Inhalte nicht in dieser Art. Es scheint, daß der Osten untermenschliche psychische Konditionen anerkennt, ein wirkliches «Unterbewußtsein», das Instinkte und halb physiologische Psychismen enthält, aber als «höheres Bewußtsein» bezeichnet wird.
9 *Psychologische Typen* [GW VI, Paragr. 691 ff.]
10 [Darum von Mohammeds Flucht (Hedschra) nach Medina: Beginn der islamischen Zeitrechnung.]
11 [Supersubstantialis entspricht nicht der eigentlichen (korrekten) Bedeutung von ἐπιούσιος (HIERONYMUS), wie spätere Forschungen gezeigt haben, sondern der alten spirituellen Interpretation durch TERTULLIAN, ORIGENES und andere. Vgl. angloamerikanische Ausgabe, p. 488.]
12 Siehe *Psychologische Typen,* Definitionen, s. v. «Symbol» [GW VI].
13 Manche Leute finden solche Feststellungen unglaubhaft; aber entweder kennen sie die primitive Psychologie nicht, oder sie wissen nichts von den Resultaten der psychopathologischen Forschungen. Spezifische Beobachtungen liegen vor in: [JUNG] *Symbole der Wandlung* [GW V]; in: *Psychologie und Alchemie* [GW XII]; ferner in: NELKEN, *Analytische Beobachtungen über Phantasien eines Schizophrenen,* p. 504ff.; SPIELREIN, *Über den psychologischen Inhalt eines Falles von Schizophrenie,* p. 329ff.; MEIER, *Spontanmanifestationen des kollektiven Unbewußten.*
14 LÉVI-BRUHL, *La Mythologie primitive,* p. 23 ff.
15 [Es ist, wie es ist, oder es ist überhaupt nicht.]
16 [Nichts sei im Verstande, was nicht vorher durch die Sinne wahrgenommen wurde.]

16 Zen, Erleuchtung und Psychotherapie

Aus: Vorwort zu Daisetz Teitaro Suzuki: Die große Befreiung[1]

877 DAISETZ TEITARO SUZUKIS Werke über den Zen-Buddhismus gehören zum Besten, was die letzten Jahrzehnte zur Kenntnis des lebenden Buddhismus beigebracht haben, und das Zen selber ist wohl das Bedeutendste, was aus jenem Baum, dessen Wurzeln die Sammlungen des Pali-Kanon sind, hervorging.[2] Man kann dem Autor nicht dankbar genug sein, erstens für die Tatsache, daß er das Zen dem westlichen Verständnis nahegebracht hat, und zweitens für die Art und Weise, wie er sich dieser Aufgabe entledigt. Östliche religiöse Vorstellungen pflegen dermaßen von unseren westlichen verschieden zu sein, daß selbst schon die bloße Wortübersetzung oft auf die größten Schwierigkeiten stößt, ganz abgesehen vom Sinn des Begriffes, der unter Umständen sogar besser unübersetzt bleibt. Ich erinnere nur an das chinesische «Tao», dem noch keine europäische Übersetzung beigekommen ist. Schon die urbuddhistischen Schriften enthalten Anschauungen und Begriffe, die dem gewöhnlichen europäischen Verstande so gut wie unverdaulich sind. Ich weiß nicht, was für geistige (oder klimatische?) Voraussetzungen oder Vorbereitungen dazu gehören, bis man sich etwas lückenlos Klares unter dem urbuddhistischen «Kamma» vorstellen oder denken kann. Nach allem, was wir vom Wesen des Zen wissen, handelt es sich auch hier um eine zentrale Anschauung von nicht zu überbietender Fremdartigkeit. Diese eigenartige Anschauung wird als «Satori» bezeichnet und ist als «Erleuchtung» zu übersetzen. «Satori ist die raison d'être des Zen. Ohne Satori ist Zen kein Zen», sagt SUZUKI.[3] Was ein Mystiker etwa unter «Erleuchtung» versteht oder was in der religiösen Sprache so genannt wird, das zu begreifen dürfte dem westlichen Verstande nicht allzu schwer fallen. «Satori» aber bezeichnet eine Art und einen Weg der Erleuchtung, welche nachzufühlen dem Europäer fast unmöglich ist. Ich verweise auf die Erleuchtung des HYAKUJO (PAI-CHANG HUAI-HAI, 724–814 nach Christus) und auf die Legende von KOZANKOKU (HUANG

SHAN-KU), dem konfuzianischen Dichter und Staatsmann, wie SUZUKI sie beschreibt.⁴

Als ein weiteres Beispiel möge das Folgende dienen: Einmal kam ein Mönch zu Gensha und wünschte zu erfahren, wo der Eingang zum Pfade der Wahrheit wäre. Gensha fragte: «Hörst du das Murmeln des Baches?» «Ja, ich höre», antwortete der Mönch. «Dort ist der Eingang», belehrte ihn der Meister.

Ich will mich begnügen mit diesen wenigen Beispielen, aus denen die Undurchsichtigkeit des Satori-Erlebnisses klar hervorgeht. Es bleibt bemerkenswert dunkel, auch wenn wir viele Beispiele häuften, wieso es überhaupt zu einer Erleuchtung kommt und woraus eine solche besteht, das heißt wovon oder worüber man erleuchtet wird. Von der Erleuchtung sagt KAITEN NUKARIYA, welcher selber Professor am Sō-Tō-Shū Buddhist College in Tokio ist:

«Wenn wir uns vom Mißverständnis des Selbst befreit haben, so müssen wir unsere innerste, reine und göttliche Weisheit aufwecken. Diese nennen die Zen-Meister den Buddhageist (Mind of Buddha) oder Bodhi (das Wissen, durch das man Erleuchtung erfährt) oder Prajñā (höchste Weisheit). Sie ist das göttliche Licht, der innere Himmel, der Schlüssel zu allen Schätzen des Gemütes, der Mittelpunkt von Denken und Bewußtsein, die Quelle von Einfluß und Macht, der Sitz der Güte, der Gerechtigkeit, des Mitfühlens, des Maßes aller Dinge. Wenn dieses innerste Wissen völlig erwacht ist, so sind wir imstande zu verstehen, daß jeder von uns identisch ist, im Geiste, im Wesen und in der Natur, mit dem universalen Leben oder Buddha, daß jeder mit Buddha lebt von Angesicht zu Angesicht, daß jeder die überquellende Gnade des Geheiligten (Buddha) empfängt, daß Er unsere moralischen Kräfte erweckt, daß Er uns das geistige Auge öffnet, daß Er unser neues Vermögen entwickelt, daß Er uns Sendung gibt, und daß das Leben kein Meer von Geburt, Krankheit, Alter und Tod, auch nicht ein Tal der Tränen ist, sondern vielmehr Buddhas heiliger Tempel, das ‹Reine Land› (Sukhāvatī, das Land der Seligkeit), wo wir die Wonne des Nirvāna genießen können. Dann wird unser Geist völlig verwandelt. Wir sind nicht mehr gestört von Zorn und Haß, nicht mehr verwundet von Neid und Ehrgeiz, nicht mehr gekränkt von Sorge und Kummer und nicht mehr überwältigt von Traurigkeit und Verzweiflung» usw.⁵

So drückt sich ein östlicher Mensch und dazu ein Kenner des Zen über das Wesen der Erleuchtung aus. Man muß gestehen, daß dieser Text nur geringfügiger Änderungen bedürfte, um jederzeit Eingang in ein christlich-mystisches Andachtsbuch finden zu können. Aber irgendwie läßt er uns leer ausgehen hinsichtlich des Verständnisses des von der umfangreichen Kasuistik geschilderten Satori-Erlebnisses. Vermutlich spricht NUKARIYA zum westlichen Rationalismus, von dem er selber eine gute Dosis zu sich genommen hat, und darum klingt alles so flach-erbaulich. Man zieht das abstruse Dunkel der Zen-Anekdoten dieser Zustutzung ad usum delphini entschieden vor. Es sagt irgendwie viel mehr, indem es viel weniger spricht.

881   *Zen ist alles, nur keine Philosophie im westlichen Sinne dieses Wortes.*[6] So meint auch RUDOLF OTTO in seinem Geleitwort zu OHASAMAS Buch über Zen, daß NUKARIYA die «Magische Ideenwelt des Ostens ... in unsere westlichen philosophischen Kategorien» hineingedacht und mit diesen verwechselt habe. «... wenn die hölzernste aller Lehren, der ‹psychophysische Parallelismus› angerufen wird, um diese mystische Intuition der Nichtzweiheit und der Einheit und der coincidentia oppositorum zu deuten, so ist man sicherlich aus der Sphäre der Kôan und des Kwatsu und des Satori gründlich hinausgejagt.»[7] Man tut gewiß viel besser daran, sich vorderhand einmal vom fremdartigen Dunkel der Zen-Anekdote tief beeindrucken zu lassen und sich immer wieder vor Augen zu halten, daß das Satori, wie es auch die Zen-Meister wollen, ein mysterium ineffabile ist. Zwischen der Anekdote und der mystischen Erleuchtung klafft für unser Gefühl ein Abgrund, dessen Überbrückungsmöglichkeit höchstens angedeutet, aber niemals in praktische Ausführung übersetzt werden kann.[8] Man hat das Gefühl, hier ein wirkliches und kein eingebildetes oder vorgegebenes Geheimnis zu berühren, das heißt es handelt sich nicht um mystifizierende Geheimniskrämerei, sondern um ein Erlebnis, das allen die Sprache verschlägt. Satori kommt als ein Unerwartetes, nicht zu Erwartendes.

882   Wenn innerhalb des Christentums nach langer geistiger Vorbereitung die Heilige Trinität, die Gnadenmutter, der Crucifixus oder der Schutzpatron in der Vision erscheinen, so kommt es einem vor, als ob dies mehr oder weniger in der Ordnung sei. Daß JACOB BÖHME mittels des im Zinnteller reflektierten Sonnenstrahls einen Blick ins centrum naturae tun konnte, geht auch noch. Schwieriger zu digerieren ist MEISTER ECKARTS Vision vom «schonen nackenden buoben»[9] und gar SWEDENBORGS Mann im purpur Mantel, der ihm das Zuvielessen abgewöhnen wollte und den er doch oder vielleicht gerade darum als Gott den Herrn erkannte.[10] Solche Dinge gehen nicht leicht ein, da sie zu nahe ans Groteske streifen. Viele der

Satori-Erlebnisse aber streifen nicht nur an das Groteske, sondern stehen mitten drin und hören sich an wie blühender Unsinn.

Wer sich aber längere Zeit in verständnis- und liebevoller Weise mit der Blumenhaftigkeit des fernöstlichen Geistes beschäftigt hat, für den fallen viele jener Erstaunlichkeiten weg, welche den allzu naiven Europäer von einer Verlegenheit in die andere versetzen. Zen ist wohl eine der wunderbarsten Blüten des chinesischen Geistes[11], welcher sich willig von der ungeheuren Gedankenwelt des Buddhismus befruchten ließ. Wer sich daher auch nur einigermaßen – das heißt unter Verzicht auf gewisse abendländische Vorurteile – mit der buddhistischen Lehre auseinandergesetzt hat, der wird unter der bizarren Hülle der individuellen Satori-Erlebnisse Tiefen erahnen oder beunruhigende Schwierigkeiten wittern, von denen der philosophische und religiöse Westen bisher glaubte, absehen zu dürfen. Wenn man ein Philosoph ist, so hat man es ja ausschließlich mit jenem Verstand zu tun, der seinerseits mit dem Leben nichts zu tun hat. Und wenn man ein «Christ» ist, so hat man es überhaupt mit keinen Heidentümern zu tun. («Herr, ich danke dir, daß ich nicht bin wie dieser da.») Innerhalb dieser abendländischen Bezirke gibt es kein Satori. Letzteres ist eine östliche Angelegenheit. Ist sie es wirklich? Gibt es bei uns in der Tat kein Satori?

Wenn man die Zen-Texte aufmerksam liest, so kommt man wohl nicht um den Eindruck herum, daß es sich, bei all der Bizarrerie, im Satori um ein *natürliches Geschehen* handelt, ja sogar um etwas dermaßen Einfaches[12], daß man vor lauter Bäumen den Wald nicht sieht, und wenn man es erklären will, immer gerade das sagt, was den anderen in die größte Verwirrung stürzt. NUKARIYA sagt daher mit Recht, daß es ein vergeblicher Versuch wäre, den Inhalt des Zen, respektive der Erleuchtung erklären oder analysieren zu wollen. Immerhin wagt es dieser Autor doch, von der Erleuchtung zu behaupten, daß sie eine «Einsicht in die Natur des Selbst»[13] in sich schließe, und daß sie eine Emanzipation des Bewußtseins von einer illusionären Auffassung des Selbst sei.[14] Die Illusion bezüglich der Natur des Selbst ist die vulgäre Verwechslung von Ich und Selbst. NUKARIYA versteht unter «Selbst» den Allbuddha, das heißt eine Bewußtseinstotalität des Lebens schlechthin. Er zitiert PAN SHAN, welcher sagte: «Der Mond des Geistes (mind) schließt das ganze Universum ein in seinem Lichte», und fügt hinzu: «Es ist kosmisches Leben und kosmischer Geist (spirit) und zugleich individuelles Leben und individueller Geist (spirit).»[15]

Wie man das Selbst immer definieren mag, so ist es etwas anderes als das

Ich, und insofern eine höhere Einsicht vom Ich überleitet zum Selbst, so ist dieses ein Umfänglicheres, welches die Erfahrung des Ich in sich schließt und es daher überragt. Gleich wie das Ich eine gewisse Erfahrung meiner selbst ist, so ist das Selbst eine Erfahrung meines Ich, welche aber nicht mehr in Form eines erweiterten oder höheren Ich, sondern in Form eines Nicht-Ich erlebt wird.

886   Solche Gedanken sind auch dem Verfasser der Deutschen Theologie geläufig:

«In welcher Kreatur immer dies Vollkommene bewußt werden soll, da muß Kreatürlichkeit, Geschöpfesart, Etwasheit, Selbstheit verloren und verschwunden sein.»[16] «Daß ich mir Gutes zueigne, das kommt von dem Wahne, es sei mein, oder ich sei gut. Das ist immer ein Zeichen von Unvollkommenheit und Torheit. Wäre die Wahrheit in mir bewußt geworden, so wäre ich mir auch bewußt, daß ich es nicht bin, es mein nicht ist und nicht aus mir.» «So spricht denn der Mensch: Ich armer Tor, ich wähnte, ich wär's, nun ist es und war es wahrlich Gott.»[17]

887   Damit ist aber über den «Inhalt der Erleuchtung» schon Erhebliches ausgesagt. Der Vorgang des Satori ist gedeutet und formuliert als ein *Durchbruch* eines in der Ichform beschränkten Bewußtseins in die Form des *nichtichhaften Selbst*. Diese Auffassung entspricht dem Wesen des Zen, aber auch der Mystik des MEISTER ECKHART. In der Predigt übt er «beati pauperes spiritu» sagt der Meister:

«Als ich aus Gott heraustrat, da sprachen alle Dinge: ‹Es gibt einen *Gott*!› Nun kann mich das nicht selig machen, denn hierbei faßte *ich mich* als *Kreatur*. Aber in dem Durchbruche[18], da ich ledig stehn will im Willen Gottes und ledig auch von diesem Gotteswillen, und aller seiner Werke, und Gottes selber – da bin ich mehr als alle Kreaturen, da bin ich weder Gott noch Kreatur: ich bin was ich war und was ich bleiben werde, jetzt und immerdar! Da erhalte ich einen Ruck, daß er mich emporbringt über alle Engel. In dem Ruck werd' ich so reich, daß *Gott* mir nicht genug sein kann, nach allem was er als Gott ist, nach allen seinen göttlichen Werken: denn ich empfange in diesem Durchbruche, was ich und Gott *gemeinsam* sind. Da bin ich, was ich war[19], da nehme ich weder ab noch zu, denn ich bin da ein Unbewegliches, welches alle Dinge bewegt. Hier findet Gott keine Stätte mehr im Menschen, denn hier hat der Mensch durch seine *Armut* wieder errungen, was er ewiglich gewesen ist und immer bleiben wird.»[20]

Der Meister schildert hier wohl ein Satori-Erlebnis, eine Ablösung des Ich 888
durch das Selbst, dem «Buddha-Natur», also göttliche Universalität zukommt. Da ich hiermit – aus wissenschaftlicher Selbstbescheidung – keine metaphysische Aussage mir anmaße, sondern eine erfahrbare Bewußtseinsveränderung meine, so behandle ich das Satori zunächst als *psychologisches Problem*. Wer aber diesen Standpunkt nicht teilt oder nicht versteht, für den besteht die «Erklärung» aus lauter Wörtern, die ihm keinen tastbaren Sinn ergeben. Man ist dann eben nicht imstande, von diesen Abstraktionen eine Brücke zu den Tatsachenberichten zu schlagen, das heißt man kann nicht einsehen, wieso der Wohlgeruch des blühenden Lorbeers[21] oder die gezwickte Nase[22] eine so erhebliche Bewußtseinsveränderung bewirken sollten. Es wäre natürlich das einfachste, alle diese Anekdoten ins Gebiet der amüsanten Märchen zu verweisen, oder, wenn man die Tatsachen als solche gelten läßt, sie wenigstens als Selbsttäuschung abzutun. (Man gebraucht hierfür auch gerne den Ausdruck «Autosuggestion», diesen traurigen Ladenhüter aus dem Arsenal geistiger Unzulänglichkeiten!) Eine ernsthafte, verantwortliche Untersuchung des befremdlichen Phänomens kann an dessen Tatsächlichkeit nicht achtlos vorübergehen. Selbstverständlich können wir nie endgültig entscheiden, ob jemand *wirklich* «erleuchtet» oder «erlöst» sei, oder ob er es sich bloß einbildet. Dazu fehlen uns alle Kriterien. Überdies weiß man zur Genüge, daß ein eingebildeter Schmerz oft viel peinlicher ist als ein sogenannter wirklicher, indem sich dazu noch ein subtiles moralisches Leiden gesellt aus der dumpfen Ahnung eines geheimen Selbstverschuldens. Es handelt sich also nicht in diesem Sinne um «Tatsächlichkeit», sondern um die *seelische Wirklichkeit,* nämlich das psychische Geschehen des als Satori bezeichneten Vorganges.

Alles seelische Geschehen ist ein Bild und eine Ein-Bildung, sonst 889
könnten ja gar kein Bewußtsein und keine Phänomenalität des Vorganges existieren. Auch die Einbildung ist ein psychischer Vorgang, weshalb es völlig irrelevant ist, ob eine Erleuchtung «wirklich» oder «eingebildet» genannt wird. Der, welcher eine Erleuchtung hat oder zu haben vorgibt, meint auf alle Fälle, erleuchtet zu sein. Was andere davon halten, entscheidet ihm in bezug auf seine Erfahrung gar nichts. Selbst wenn er löge, wäre seine Lüge eine seelische Tatsache. Ja, wenn alle religiösen Berichte nichts anderes wären als bewußte Erfindungen und Fälschungen, so könnte noch immer eine sehr interessante psychologische Abhandlung über die Tatsache solcher Lügen geschrieben werden, mit der gleichen Wissenschaftlich-

keit, mit der man die Psychopathologie der Wahnideen darstellt. Die Tatsache, daß es eine religiöse Bewegung gibt, an der viele Jahrhunderte und viele geistvolle Köpfe gearbeitet haben, ist genügend Anlaß, wenigstens den ernsthaften Versuch zu wagen, solche Vorgänge in den Bereich des wissenschaftlichen Verständnisses zu ziehen.

890 Ich habe oben die Frage aufgeworfen, ob es auch bei uns im Westen etwas gäbe wie Satori. Wenn wir die Aussagen unserer westlichen Mystiker ausnehmen, so gibt es bei oberflächlichem Zusehen allerdings nichts, was man damit auch nur im entferntesten vergleichen könnte. In unserem Denken spielt die Möglichkeit, daß es Stufen der Bewußtseinsentwicklung gibt, eigentlich keine Rolle. Schon der bloße Gedanke, daß zwischen dem Bewußtsein von der Existenz eines Objektes und dem «Bewußtsein vom Bewußtsein» eines Objektes ein gewaltiger psychologischer Unterschied bestünde, grenzt an kaum mehr zu verantwortende Spitzfindigkeit. Man könnte sich darum auch nur schwer dazu entschließen, ein solches Problem überhaupt so weit ernst zu nehmen, daß man sich von den psychologischen Bedingungen einer derartigen Problemstellung Rechenschaft ablegen würde. Es ist bezeichnend, daß solche und ähnliche Fragestellungen auch in der Regel nie einem intellektuellen Bedürfnis entspringen, sondern, wo sie vorhanden sind, fast stets in einer ursprünglich religiösen Übung wurzeln. In Indien war es der Yoga und in China der Buddhismus, welche die Triebkraft zu diesen Versuchen sich der Gebundenheit an eine bestimmte, als unvollkommen empfundene Bewußtseinslage zu entwinden, geliefert haben. Was die westliche Mystik betrifft, so sind ihre Texte voll von Anweisungen, wie der Mensch sich der Ichhaftigkeit seines Bewußtseins entledigen kann und soll, um durch die Erkenntnis seines Wesens sich über dieses zu erheben und zum inwendigen (göttlichen) Menschen zu gelangen. RUYSBROECK gebraucht dafür ein Bild, das auch die indische Philosophie kennt, nämlich den Baum, der die Wurzeln oben, die Krone aber unten hat[23]: «Und er muß hinaufklettern in den Baum des Glaubens, der von oben nach unten wächst, da er in der Gottheit wurzelt.»[24] Ähnlich wie der Yoga spricht auch RUYSBROECK: «Der Mensch soll frei und ohne Bilder sein, befreit von allen ihm anhängenden Beziehungen und entleert aller Kreaturen.»[25] «Er muß unberührt sein von Lust und Leid, Vorteil und Verlust, Steigen und Fallen, Bekümmerung um andere, Vergnügen und Furcht, und er soll keiner Kreatur anhängen.»[26] Daraus entsteht die «Einheit» des Wesens, und diese bedeutet «Einwärtsgewandtsein». Einwärts-

gewandtsein heißt, «daß ein Mensch nach innen gewendet sei, in sein eigenes Herz, so daß er dadurch das innere Wirken und die inneren Worte Gottes verstehen und fühlen kann.»[27] Dieser durch religiöse Übung entstandene neue Bewußtseinszustand ist dadurch gekennzeichnet, daß die äußeren Dinge nicht mehr ein ichhaftes Bewußtsein affizieren, wodurch eine gegenseitige Verklammerung entstanden ist, sondern daß ein leeres Bewußtsein einer anderen Wirkung offensteht. Diese «andere» Wirkung wird nicht mehr empfunden als eigene Tätigkeit, sondern als die Wirkung eines Nicht-Ich, welche das Bewußtsein zum Objekt hat.[28] Es ist also, wie wenn der Subjektcharakter des Ich übergewandert oder von einem anderen Subjekt übernommen worden wäre, welches an die Stelle des Ich getreten ist.[29] Es handelt sich um jene bekannte religiöse Erfahrung, die schon von Paulus formuliert worden ist.[30] Zweifellos wird damit eine neue Bewußtseinslage geschildert, welche durch einen tief eingreifenden religiösen Wandlungsprozeß vom früheren Bewußtseinszustand getrennt ist.

Man mag dagegen einwenden, daß sich das *Bewußtsein an sich* nicht geändert hätte, sondern nur das *Bewußtsein von etwas*, gleichsam wie wenn man in einem Buche eine Seite umgeblättert hätte und nun mit denselben Augen bloß ein anderes Bild betrachtete. Ich fürchte, daß diese Auffassung nichts anderes sei als eine willkürliche Deutung, denn sie trägt den Tatsachen nicht Rechnung. Tatsache ist, daß in den Texten nicht bloß ein anderes Bild oder Objekt beschrieben wird, sondern vielmehr ein oft unter den heftigsten Konvulsionen erfolgendes Wandlungserlebnis. Die Auslöschung des einen Bildes und dessen Ersetzung durch ein anderes ist ein höchst alltäglicher Vorgang, dem niemals die Eigenschaften eines Wandlungserlebnisses zukommen. Es handelt sich eben nicht darum, daß etwas *anderes gesehen* wird, sondern daß man *anders sieht.* Es ist, wie wenn der räumliche Sehakt durch eine neue Dimension geändert worden wäre. Wenn der Meister fragt: «Hörst du das Murmeln des Baches?» so meint er damit offenbar ein ganz anderes «Hören» als das gewöhnliche.[31] Bewußtsein ist etwas wie Wahrnehmen, und wie letzteres Bedingungen und Beschränkungen unterliegt, so auch das Bewußtsein. Man kann zum Beispiel auf verschiedenen Stufen bewußt sein, in engerem oder weiterem Kreise, oberflächlicher oder tiefer. Diese Gradunterschiede sind aber häufig auch Wesensunterschiede, indem sie von der Entwicklung der Persönlichkeit im ganzen abhängen, nämlich von der Beschaffenheit des erkennenden Subjektes.

Der Intellekt hat kein Interesse an der Beschaffenheit des erkennenden

Subjektes, insofern dieses nur logisch denkt. Er beschäftigt sich wesentlich mit der Verarbeitung der Bewußtseinsinhalte und etwa noch mit den Methoden der Verarbeitung. Es bedarf schon einer philosophischen Leidenschaft, um den Versuch zu erzwingen, den Intellekt zu überwinden und zur Erkenntnis des Erkennenden durchzustoßen. Solche Leidenschaft aber läßt sich von religiösen Triebkräften kaum mehr unterscheiden, und darum gehört auch dieses ganze Problem zum religiösen Wandlungsprozeß, der mit Intellekt inkommensurabel ist. Wohl steht die antike Philosophie in weitem Umfang im Dienste des Wandlungsprozesses, was sich von der neueren Philosophie in zunehmendem Maße nicht mehr behaupten läßt. SCHOPENHAUER ist noch bedingt antik. Aber NIETZSCHES «*Zarathustra*» ist keine Philosophie mehr, sondern ein dramatischer Wandlungsprozeß, der den Intellekt völlig verschlungen hat. Es geht nicht mehr um das Denken, sondern in höchstem Verstande um den Denker des Denkens – und zwar auf jeder Seite des Buches: ein Neuer, ein gänzlich Gewandelter soll auf den Plan treten, einer, der die Schalen des Alten zerbrochen und einen neuen Himmel und eine neue Erde nicht nur erschaut, sondern auch erschaffen hat. Bescheidener wohl als Zarathustra hat es ANGELUS SILESIUS ausgedrückt:

> Mein Leib ist ein Schal, in dem ein Küchelein
> Vom Geist der Ewigkeit will ausgebrütet sein.[32]

893 Im christlichen Bereiche entspricht Satori einem religiösen *Wandlungserlebnis*. Da es aber verschiedene Stufen und Arten eines solchen gibt, so dürfte es wohl nicht überflüssig sein, jene Kategorie genauer zu bezeichnen, welche dem Zen-Erlebnis am ehesten entspräche. Dies ist wohl ohne Zweifel jenes Mystikerlebnis, welches sich von ähnlichen dadurch unterscheidet, daß dessen Vorbereitung aus einem «Sich-Lassen», einer «Entleerung von Bildern» und ähnlichem besteht; dies im Gegensatz zu religiösen Erlebnissen, die, wie die Exerzitien des IGNATIUS, auf der Einübung und «Einbildung» heiliger Bilder beruhen. Ich möchte dieser Kategorie auch die Wandlung durch Glauben und Gebet und durch das Gemeinschaftserlebnis innerhalb des Protestantismus zurechnen, indem hier eine sehr bestimmte Voraussetzung die ausschlaggebende Rolle spielt, und keineswegs eine «Leere» oder ein «Ledig-Sein». Die da charakteristische Aussage: «Gott ist ein Nichts», dürfte mit Passionsbetrachtung, Glauben und Gemeinschaftserwartung im Prinzip unvereinbar sein.

Damit beschränkt sich die Analogie von Satori mit westlichem Erleben auf jene wenigen christlichen Mystiker, deren Aussage um ihrer Paradoxie willen die Grenze der Heterodoxie berühren oder bereits überschritten haben. Diese Eigenschaft hat bekanntlich den Schriften des MEISTER ECKHART das kirchliche Verdammungsurteil zugezogen. Wäre der Buddhismus eine «Kirche» in unserem Sinne, so wäre die Zen-Bewegung ihr gewiß eine unerträgliche Belastung. Der Grund hierfür ist ohne weiteres gegeben in der extrem individuellen Gestaltung der Methode sowohl wie in der ikonoklastischen Einstellung vieler Meister.[33] Insofern Zen eine Bewegung ist, so haben sich im Laufe der Jahrhunderte zwar kollektive Formen herausgebildet, wie aus der Schrift SUZUKIS über die Erziehung der Zen-buddhistischen Mönche[34] zu ersehen ist, aber sie betreffen in Form und Inhalt doch nur das Äußere. Abgesehen vom Typus der Lebensweise scheint der geistige Erziehungs- oder Gestaltungsmodus in der Methode des «Kōan» zu bestehen. Als Kōan wird eine paradoxe Frage, Äußerung oder Handlung des Meisters verstanden. Nach der Schilderung SUZUKIS scheint es sich hauptsächlich um überlieferte Meisterfragen in Anekdotenform zu handeln. Diese werden vom Lehrer dem Schüler zur Meditation vorgelegt. Ein klassisches Beispiel ist die Wu- oder Mu-Anekdote. Ein Mönch fragte einmal den Meister: «Hat der Hund auch Buddha-Natur?» Worauf der Meister antwortete: «Wu.» Mit diesem «Wu» ist, wie SUZUKI bemerkt, ganz einfach Wu gemeint, offenbar das, was der Hund selber auf diese Frage zu antworten hätte.[35]

Auf den ersten Blick scheint es, als ob mit der Verlegung einer solchen Frage als Meditationsgegenstand eine Vorwegnahme oder Präjudizierung des Endergebnisses geschehen und damit das Erlebnis inhaltlich bedingt wäre, wie etwa die jesuitischen Exerzitien oder gewisse Yogameditationen, die inhaltlich durch eine vom Lehrer gestellte Aufgabe bestimmt werden. Die Kōans sind aber von einer solchen Mannigfaltigkeit, Vieldeutigkeit und über alles hinaus von einer nicht mehr zu überbietenden Paradoxie, daß es auch einem Kenner völlig unerfindlich ist, was als passende Lösung in Betracht kommen könnte. Zudem sind die Schilderungen des Enderlebnisses von solcher Dunkelheit, daß man in keinem einzigen Fall zwischen dem Kōan und dem Erlebnis eine einwandfreie rationale Beziehung erkennen könnte. Da sich nirgends eine logische Folge nachweisen läßt, so steht zu vermuten, daß die Kōan-Methode der Freiheit des seelischen Geschehens nirgends auch nur die geringste Fessel anlegt und darum das Endergebnis auch aus nichts anderem hervorgeht als aus der *individuellen Disposition* des Initianden. Die durch die Erziehung angestrebte völlige Vernichtung des rationalen Intellekts schafft eine möglichst vollkommene Voraussetzungslosigkeit des Bewußtseins. Damit ist zwar die bewußte Voraussetzung tunlichts ausgeschlossen, nicht aber die unbewußte Voraussetzung, nämlich die vorhandene, aber unerkannte psychologische Disposition, die alles, nur keine Leere und keine Voraussetzungslosigkeit ist. Sie ist ein naturgegebener Faktor, und wenn sie antwortet – was offenbar das Satori-Erlebnis ist –, so ist es eine *Antwort der Natur*, der es gelungen ist, ihre Reaktion dem Bewußtsein unmittelbar zuzuführen.[36] Was die unbewußte Natur des Schülers dem Lehrer oder dem Kōan als Antwort entgegenstellt, ist offenbar Satori. Dies scheint mir wenigstens die Anschauung zu sein, welche das Wesen des Satori, den Beschreibungen entsprechend, mehr oder weniger zutreffend formuliert. Diese Anschauung stützt sich auch auf die Tatsache, daß dem Zen-Meister der «Blick in die eigene Natur», der «ursprüngliche Mensch» und die Tiefe des Wesens häufig ein besonderes Anliegen sind.[37]

896 Zen unterscheidet sich von allen andern philosophischen und religiösen Meditationsübungen durch seine *prinzipielle Voraussetzungslosigkeit*. Buddha selbst erfährt oft strengste Abweisung, ja beinahe blasphemische Mißachtung, obschon – oder vielleicht gerade weil – er stärkste geistige Voraussetzung der Übung sein könnte. Aber auch er ist noch ein Bild und darum abzulehnen. Es soll nichts vorhanden sein als das eben Vorhandene: das ist der Mensch mit seiner ganzen unbewußten geistigen Voraussetzung, deren er sich, eben wegen ihrer Unbewußtheit, nie und nimmer entledigen kann. Die Antwort darum, die anscheinend aus dem Leeren kommt, das Licht, das aus schwärzester Finsternis aufleuchtet, ist stets als wunderbare, beglückende Erleuchtung empfunden worden.

897 Die Welt des Bewußtseins ist unvermeidlicherweise eine Welt voll von Beschränkungen und Wege versperrenden Mauern. Sie ist stets eine notwendige Einseitigkeit, welche dem Wesen des Bewußtseins selber entspringt. Kein Bewußtsein kann mehr als eine ganz kleine Anzahl simultaner Vorstellungen beherbergen. Alles andere muß im Schatten liegen und der Sicht entzogen sein. Eine Vermehrung der simultanen Inhalte erzeugt sofort eine Bewußtseinsdämmerung, ja Verwirrung bis zur Desorientiertheit. Bewußtsein selber verlangt nicht bloß, sondern ist, seinem Wesen gemäß, strengste Beschränkung auf Weniges und darum Deutliches. Wir verdanken eine all-

gemeine Orientierung einzig und allein dem Umstande, daß wir durch Aufmerksamkeit eine relativ rasche Abfolge der Bilder bewirken können. Aufmerksamkeit ist aber eine Anstrengung, deren wir nicht beständig fähig sind. Wir müssen daher sozusagen mit einem Minimum simultaner Vorstellungen und Bildabfolgen auskommen. Dabei scheiden beständig gewaltige Bezirke möglicher Vorstellungen aus, und damit bleibt auch das Bewußtsein immer an engste Zirkel gebunden. Es ist darum völlig unausdenkbar, was dann geschehen würde, wenn es einem individuellen Bewußtsein gelänge, mit *einem* Blick ein Simultangemälde dessen, was es sich überhaupt vorstellen könnte, zu umfassen. Wenn es dem Menschen schon gelungen ist, aus dem wenigen Deutlichen, was er sich zugleich vorstellen kann, das Gebäude der Welt aufzubauen, welche göttliche Gesamtschau müßte sich seinem Auge öffnen, wenn er Vieles und Deutliches zugleich sich vorstellen könnte? Diese Frage gilt nur den uns *möglichen* Vorstellungen. Wenn wir nun aber die unbewußten, das heißt noch nicht oder nicht mehr bewußtseinsfähigen Inhalte hinzunehmen und uns dann eine Totalschau vorzustellen versuchen, so versagt auch die kühnste Phantasie. Diese Unausdenkbarkeit ist natürlich in der bewußten Form eine völlige Unmöglichkeit, aber in der unbewußten Form insofern eine Tatsache, als alles Unterschwellige eine stets vorhandene Möglichkeit von Vorstellung ist. Das Unbewußte ist eine nicht anschaubare Ganzheit aller subliminalen psychischen Faktoren, eine «Totalschau» potentieller Natur. Es macht die Gesamtdisposition aus, von welcher das Bewußtsein jeweils nur kleinste Stücke heraushebt.

Wenn nun das Bewußtsein von Inhalten möglichst entleert wird, so geraten auch diese in einen (wenigstens vorübergehenden) Zustand von Unbewußtsein. Die Verdrängung erfolgt im Zen in der Regel dadurch, daß den Inhalten die Energie des Bewußtseins entzogen und entweder auf die Vorstellung der Leere oder auf das Kōan übergeleitet wird. Da diese stabil sein müssen, fällt auch die Bildabfolge weg, und damit die Energie, welche die Bewußtseinskinetik unterhält. Die ersparten Energiebeträge verfallen dem Unbewußten und verstärken dessen natürliche Ladung bis zu einem gewissen Maximum. Dadurch vermehrt sich die Bereitschaft der unbewußten Inhalte, ins Bewußtsein einzubrechen. Weil nun die Entleerung und Stillegung des Bewußtseins keine einfache Sache ist, bedarf es eines besonderen Trainings sowohl wie einer unbestimmt langen Zeitdauer[38], um jenes Maximum an Spannung herzustellen, welches zum schließlichen Durchbruch unbewußter Inhalte ins Bewußtsein führt.

899 Die durchbrechenden Inhalte sind keineswegs x-beliebige. Wie die psychiatrische Erfahrung bei Geisteskranken zeigt, bestehen eigentümliche Beziehungen zwischen den Bewußtseinsinhalten und den einbrechenden Wahnideen und Delirien. Es sind die gleichen Beziehungen, die zwischen den Träumen und dem Wachbewußtsein normaler Menschen bestehen. Der Zusammenhang ist ein im wesentlichen kompensatorisches Verhältnis.[39] Die Inhalte des Unbewußten bringen nämlich alles an die Oberfläche, was im weitesten Sinne zur Ergänzung, das heißt zur *Ganzheit der bewußten Orientierung* nötig ist.[40] Wenn es gelingt, die vom Unbewußten dargebotenen oder aufgezwungenen Stücke dem Bewußtseinsleben sinnvoll einzubauen, so entsteht daraus eine psychische Existenzform, welche dem Ganzen der individuellen Persönlichkeit besser entspricht und darum auch fruchtlose Konflikte zwischen der bewußten und der unbewußten Persönlichkeit aufhebt. Auf diesem Prinzip beruht die moderne Psychotherapie, insofern sie sich von dem historischen Vorurteil freimachen konnte, daß das Unbewußte nur infantile und moralisch minderwertige Inhalte beherberge. Gewiß gibt es auch eine minderwertige Ecke, eine Rumpelkammer schmutziger Geheimnisse, welche aber nicht so sehr unbewußt, als vielmehr versteckt und nur halbwegs vergessen sind. Aber das hat mit dem Ganzen des Unbewußten gerade so viel zu tun, wie etwa ein hohler Zahn mit der Gesamtpersönlichkeit. Das Unbewußte ist der Mutterboden aller metaphysischen Aussagen, aller Mythologie, aller Philosophie (insofern sie nicht bloß kritisch ist) und aller auf psychologischen Voraussetzungen beruhenden Lebensformen.

900 Jeder Einbruch des Unbewußten ist eine Antwort auf eine bestimmte Bewußtseinslage, und zwar erfolgt diese Antwort aus der Gesamtheit der vorhandenen Vorstellungsmöglichkeiten, das heißt aus der Gesamtdisposition, welche, wie oben erläutert, ein Simultanbild in potentia psychischer Existenz überhaupt ist. Die Aufsplitterung in Einzelnes, das Einseitige, der fragmentarische Charakter eignet dem Wesen des Bewußtseins. Die Reaktion aus der Disposition hat stets Ganzheitscharakter, da sie einer durch kein diskriminierendes Bewußtsein aufgeteilten Natur entspricht.[41] Daher ihre überwältigende Wirkung! Es ist die unerwartete, umfassende, völlig einleuchtende Antwort, die um so mehr als Erleuchtung und Offenbarung wirkt, als das Bewußtsein sich in einer aussichtslosen Sackgasse festgerannt hat.[42]

901 Wenn daher dem Zen-Beflissenen, nach vielen Jahren härtester Übung und angestrengtester Verödung des rationalen Verstandes, die Natur selbst

eine – die einzig richtige – Antwort gibt, so läßt sich alles, was von Satori gesagt wird, verstehen. Wie man unschwer sehen kann, leuchtet aus weitaus den meisten Zen-Anekdoten *Naturhaftigkeit* der Antwort hervor. Ja, man kann es irgendwie mit urinnigem Behagen verstehen, daß der erleuchtete Schüler, wie eine Geschichte berichtet, dem Meister eine Tracht Prügel als Belohnung wünscht.[43] Wieviel Weisheit liegt im «Wu» des Meisters, der auf die Frage nach der Buddha-Natur des Hundes antwortet! Man muß dabei nur immer berücksichtigen, daß es einerseits eine Unzahl von Menschen gibt, die zwischen einem geistreichen Witz und Unsinn nicht unterscheiden können, und andererseits recht viele, die von ihrer Gescheitheit dermaßen überzeugt sind, daß sie in ihrem Leben immer nur Dummköpfe angetroffen haben.

So groß der Wert des Zen-Buddhismus für das Verständnis des religiösen Wandlungsprozesses ist, so wenig wahrscheinlich ist seine Verwendbarkeit beim westlichen Menschen. Die zum Zen nötigen, geistigen Vorbedingungen fehlen im Westen. Wer würde bei uns das unbedingte Vertrauen in einen überlegenen Meister und dessen unverständliche Wege aufbringen? Diese Achtung vor der größeren menschlichen Persönlichkeit findet sich nur im Osten. Wer könnte sich rühmen, an die Möglichkeit eines über alle Maßen paradoxen Wandlungserlebnisses zu glauben, und zwar in dem Maße, daß er viele Lebensjahre der mühseligen Verfolgung solchen Zieles opferte? Wer würde es schließlich wagen, die Autorität einer erlebten heterodoxen Wandlung auf sich zu nehmen? Es sei denn einer von geringer Vertrauenswürdigkeit, einer, der vielleicht aus pathologischen Gründen den Mund zu voll nimmt. Eben ein solcher wird sich auch bei uns nicht über Mangel an Gefolgschaft zu beklagen haben. Stellt der «Meister» aber eine schwierige Aufgabe, welche mehr als Nachplappern erfordert, dann verfällt der Europäer dem Zweifel, denn traurig und düster wie der Hades erscheint ihm der steile Pfad der Selbstwerdung.

Ich zweifle nicht, daß das Erlebnis des Satori auch im Westen vorkommt, denn auch bei uns gibt es Menschen, welche letzte Ziele wittern und keine Mühe scheuen, sich diesen anzunähern. Aber sie werden das Erfahrene verschweigen, nicht nur aus Scheu, sondern weil sie wissen, daß jeder Versuch zur Übermittlung aussichtslos ist. Denn nichts in unserer Kultur kommt diesem Streben entgegen, nicht einmal die Kirche, die Verwalterin religiöser Güter. Es ist sogar ihre raison d'être, sich aller Urerfahrung entgegenzustemmen, denn diese kann nur heterodox sein. Die einzige Bewegung innerhalb unserer Kultur, welche für dieses Streben ein Verständnis teils hat, teils haben sollte, ist die Psychotherapie. Es ist daher kein Zufall, daß es gerade ein Psychotherapeut ist, der dieses Geleitwort schreibt.

904   Die Psychotherapie ist, im Grunde genommen, eine dialektische Beziehung zwischen Arzt und Patient. Es ist eine Auseinandersetzung zwischen zwei seelischen Ganzheiten, in welcher alles Wissen nur Werkzeug ist. Das Ziel ist die Wandlung, und zwar eine nicht vorausbestimmte, sondern vielmehr unbestimmbare Veränderung, deren einziges Kriterium das Verschwinden der Ichhaftigkeit ist. Kein Bemühen des Arztes erzwingt das Erlebnis. Er kann dem Patienten höchstens den Weg ebnen zur Erreichung einer Haltung, welche dem entscheidenden Erlebnis den geringsten Widerstand entgegensetzt. Wenn bei unserem westlichen Verfahren dem Wissen keine geringe Rolle zufällt, so entspricht dies der Bedeutung, welche die traditionelle geistige Atmosphäre des Buddhismus im Zen hat. Das Zen und dessen Technik konnten nur auf dem Boden der buddhistischen Geisteskultur entstehen und haben diese zur Voraussetzung. Es kann kein rationalistischer Intellekt vernichtet werden, welcher nie vorhanden war. Kein Adept des Zen geht aus der Unwissenheit und der Unkultur hervor. Daher kommt es auch bei uns nicht allzu selten vor, daß zuallererst einmal durch die Therapie ein bewußtes Ich und ein bewußter, kultivierter Verstand hergestellt werden muß, bevor man überhaupt daran denken kann, eine Ichhaftigkeit oder einen Rationalismus aufzuheben. Überdies hat es auch die Psychotherapie keineswegs mit Menschen zu tun, die um der Wahrheit willen, wie die Zen-Mönche, zu jedem Opfer bereit wären, sondern oft geradezu mit den Verstocktesten aller Europäer. So sind natürlich die Aufgaben der Psychotherapie viel mannigfaltiger und die einzelnen Phasen des langen Prozesses viel widerspruchsvoller als im Zen.

905   Aus diesen und vielen anderen Gründen ist daher eine direkte Übertragung des Zen auf westliche Verhältnisse weder empfehlenswert noch überhaupt möglich. Es kann aber den Psychotherapeuten, der sich ernstlich um die Frage des Zieles seiner Therapie bemüht, nicht kalt lassen, zu sehen, nach welchem Endergebnis eine östliche Methode der seelischen «Heilung», das heißt Ganzmachung strebt. Im Osten hat bekanntlich dieses Problem die kühnsten Geister für mehr als zwei Jahrtausende aufs stärkste beschäftigt, und es haben sich Methoden und philosophische Lehren in dieser Hinsicht entwickelt, welche alle westlichen Ansätze ähnlicher Art

schlechtweg in den Schatten stellen. Unserer Versuche – mit wenigen Ausnahmen – sind alle entweder im Magischen (Mysterienkulte, zu denen auch das Christentum zu rechnen ist) oder im Intellektuellen (die Philosophie von PYTHAGORAS bis SCHOPENHAUER) steckengeblieben. Erst die geistigen Tragödien des GOETHEschen *«Faust»* und des *«Zarathustra»* NIETZSCHES markieren den ahnungsweise erfaßten Einbruch eines Ganzheitserlebnisses in unserer westlichen Hemisphäre.[44] Und wir wissen heutzutage noch nicht einmal, was diese zukunftsträchtigsten aller Erzeugnisse europäischen Geistes im letzten Grunde bedeuten, so sehr sind sie beladen mit der ganzen Stofflichkeit und Anschaulichkeit unseres griechisch präformierten Geistes.[45] Obschon unser Intellekt jene Fähigkeit des Raubvogels, aus größter Höhe die kleinste Maus zu erspähen, bis zu annähernder Vollkommenheit entwickelt hat, so faßt ihn die Erdenschwere, und die «Sangskâras» verwickeln ihn in eine Welt bestürzender Bilder, wenn er nicht mehr nach Beute sucht, sondern wenigstens sein eigenes Auge einwärts wendet, um *den, der sucht, zu finden.* Ja, er fällt in die Wehen einer dämonischen Geburt, die von unbekannten Schrecknissen und Gefahren umlauert und von täuschenden Spiegelungen und labyrinthischen Irrwegen bedroht ist. Dem Wagemutigen droht das schlimmste Schicksal: die abgründige, lautlose *Einsamkeit* in der Zeit, die er die seine nennt. Wer weiß von den tiefsten Beweggründen zum «Hauptgeschäft», wie GOETHE den *«Faust»* nannte, oder von den Schauern des «Dionysos-Erlebnisses»? Man muß schon den *Bardo Thödol,* das Tibetanische Totenbuch, rückwärts lesen, wie ich es vorgeschlagen habe[46], um eine östliche Parallele zu finden zu den Qualen und Katastrophen des westlichen «Erlösungsweges» zur Ganzheit. Um solche handelt es sich und nicht um gute Absichten, tüchtige Nachahmungen oder gar um intellektuelle Akrobatik. Solches bekommt der Psychotherapeut, der sich von vorschnellen und allzu kurzsichtigen Lehrmeinungen befreit hat, in Andeutungen oder in kleineren oder größeren Bruchstücken vorgesetzt. Ist er ein Sklave seines quais-biologischen Glaubensbekenntnisses, so wird er stets versuchen, das Geschaute auf ein banal Bekanntes zu reduzieren und damit auf einen rationalistischen Nenner zu bringen, welcher nur dem genügt, dem eben Illusionen genug sind. Die vornehmste aller Illusionen aber ist, daß einem etwas genüge. Sie steht hinter allen Unerträglichkeiten und vor allen Fortschritten, und es gehört zum Schwersten, sie zu überwinden. Hat der Psychotherapeut neben seiner hilfreichen Tätigkeit noch Zeit zu einigem Nachdenken, oder stößt es ihm etwa gar zu, seine eigenen Illusionen durchschauen zu müssen, so kann es ihm aufdämmern, wie hohl und schal, ja wie lebenswidrig alle rationalistischen Reduktionen sind, wenn sie auf ein Lebendiges stoßen, das werden will. Folgt er diesem aber, so bekommt er bald eine Ahnung, was es heißen will, «jene Pforten aufzureißen, an denen jeder gern vorüberschleicht».[47]

906   Ich möchte unter keinen Umständen dahin verstanden werden, daß ich mit dem Gesagten etwas empfehle oder anrate. Wenn man im Westen aber vom Zen zu sprechen anfängt, so halte ich es für meine Pflicht, dem Europäer auch zu zeigen, wo bei uns der Eingang liegt zu jener «längsten Straße», die zu Satori führt, und mit was für Schwierigkeiten jener Pfad besät ist, den bei uns nur wenige Große beschritten haben – vielleicht als Feuerzeichen auf hohen Bergen, in dämmerige Zukunft hinausleuchtend. Es wäre ein unheilvoller Irrtum, anzunehmen, daß Satori oder Samâdhi irgendwo unterhalb jener Höhen anzutreffen wäre. Als Ganzheitserlebnis kann es nichts Billigeres und Geringeres sein als eben das Ganze. Was dies psychologisch bedeutet, kann man sich klarmachen an der einfachen Überlegung, daß nämlich das Bewußtsein jeweils nur ein Teil des Seelischen überhaupt ist und daher nie der seelischen Ganzheit fähig: es gehört dazu noch die unbestimmte Ausdehnung des *Unbewußten*. Dieses aber läßt sich weder mit geschickten Formeln einfangen, noch mit wissenschaftlichen Lehrsätzen bannen; denn es haftet ihm Schicksalsmäßiges an, ja es ist bisweilen das große Schicksal selbst, wie *«Faust»* sowohl als *«Zarathustra»* nur allzu deutlich erkennen lassen. Die Erreichung der Ganzheit fordert den Einsatz des Ganzen. Diese Forderung kann niemand unterbieten, und darum gibt es weder billigere Bedingungen, noch Ersatz, noch Kompromiß. Insofern aber *«Faust»* sowohl wie *«Zarathustra»* trotz höchster Anerkennung an der Grenze des europäisch Begreifbaren stehen, so kann man auch von einem gebildeten Publikum, das eben erst angefangen hat, von der Dunkelwelt der Seele zu hören, kaum erwarten, daß es sich eine irgendwie zureichende Vorstellung machen kann von der geistigen Verfassung eines Menschen, der in die Wirrnisse des *Individuationsprozesses,* als welchen ich die Ganzwerdung bezeichnet habe, hineingeraten ist. Man zieht dann das Vokabular der Pathologie hervor und tröstet sich mit Neurosen- und Psychosenterminologie, oder man flüstert vom «schöpferischen Geheimnis» – was «schöpft» der aber, der zufällig kein Dichter ist? Diesem Mißverständnis zuliebe sahen sich in neuerer Zeit nicht wenige veranlaßt, sich aus eigenen Gnaden zu «Künstlern» zu ernennen. Wie wenn «Kunst» mit

«Können» gar nichts zu tun hätte. Wenn man schon gar nichts zu «schöpfen» hat, so schafft man vielleicht sich selbst.

Zen zeigt, wie viel dem Osten die Ganzwerdung bedeutet. Die Beschäftigung mit den Rätseln des Zen mag vielleicht dem kleinmütigen Europäer den Rücken stärken oder seiner seelischen Kurzsichtigkeit eine Brille aufsetzen, so daß er von seinem «dumpfen Mauerloch» aus wenigstens die Aussicht auf eine Welt seelischer Erfahrung, die bisher vernebelt lag, genießen kann. Schlimm wird es ja nicht ausgehen, denn die allzu Erschrockenen werden durch die hilfreiche Idee der «Autosuggestion»[48] vor weiterem Verderben sowohl wie vor aller Bedeutsamkeit wirksam geschützt werden. Den aufmerksamen und anteilnehmenden Leser aber möchte ich davor warnen, die Geistigkeit des Ostens zu unterschätzen und irgend etwas Billiges hinter Zen zu vermuten.[49] Die im Westen so eifrig gepflegte Wortgläubigkeit östlichem Gedankengut gegenüber ist in diesem Fall eine geringere Gefahr, da es im Zen glücklicherweise keine so wundersam unverständlichen Wörter gibt wie im Indischen. Auch spielt Zen nicht mit komplizierten Hatha-Yoga-Techniken[50], welche dem physiologisch denkenden Europäer die trügerische Hoffnung vorspiegeln, man könne am Ende den Geist doch noch ersitzen und eratmen. Dagegen fordert Zen Intelligenz und Willenskraft, wie alle größeren Dinge, welche *wirklich* werden wollen.

Anmerkungen

1 [D. T. SUZUKI, *Die große Befreiung in den Zen-Buddhismus* (Rascher, Zürich 1939; Neuauflage 1958).]
  (Der Suzukitext war von Heinrich Zimmer nach der Originaledition von *An Introduction to Zen Buddhism* ins Deutsche übertragen worden. Das Vorwort von Jung wurde in der früheren Übersetzung von Constance Rolfe in eine Neuausgabe des Werks von Suzuki aufgenommen, London und New York 1949, Anm. Clarke).
2 Ursprung [des Zen] ist, wie östliche Autoren selber angeben, die «Blumenpredigt» des Buddha, welche darin bestand, daß er einmal wortlos die Versammlung der Schüler eine Blume emporhob. Nur KASYAPA verstand ihn (OHASAMA, *Zen. Der lebendige Buddhismus in Japan*, p. 3).
3 SUZUKI, *Die große Befreiung*, p. 133.
4 [l. c., pp. 125 und 129f.]
5 NUKARIYA, *The Religion of the Samurai*, p. 133f.

6 «Zen ist weder Psychologie noch Philosophie» (SUZUKI, *Essays in Zen Buddhism* II, p. 84).
7 OTTO in: OHASAMA, *Zen*, p. VIII.
8 Wenn ich trotzdem im folgenden «Erklärungen» versuche, so bin ich mir doch völlig bewußt, im Sinne des Satori nur Ungültiges gesagt zu haben. Ich mußte aber den Versuch wagen, unseren westlichen Verstand wenigstens in die Nachbarschaft eines Verständnisses hineinzumanövrieren, was ein so schwieriges Unternehmen ist, daß man dafür schon einige Vergehen gegen den Geist des Zen auf sich nehmen muß.
9 Vgl. *Texte aus der deutschen Mystik des 14. und 15. Jahrhunderts*, hg. von SPAMER, p. 143.
10 WHITE, *Emanuel Swedenborg*, I, p. 243 ff.
11 «Ohne Zweifel ist Zen eines der kostbarsten und in vielen Hinsichten eines der bemerkenswertesten geistigen Güter, mit denen der östliche Mensch begnadet ist» (SUZUKI, *Essays* I, p. 249).
12 Ein Meister sagte: «Bevor Einer Zen studiert, sind ihm Berge Berge, und Gewässer sind Gewässer. Wenn er aber eine Einsicht in die Wahrheit des Zen bekommt durch die von einem guten Meister erteilte Belehrung, dann sind ihm Berge nicht mehr Berge und Gewässer keine Gewässer; aber nachmals, wenn er wirklich zum Orte der Ruhe gelangt ist [d. h. Satori erlangt hat], so sind ihm Berge wieder Berge und Gewässer Gewässer» (SUZUKI, 1. c., p. 12).
13 In: *The Religion of the Samurai*, p. 123.
14 l. c., p. 124: «Die Erleuchtung schließt eine Einsicht in die Natur des Selbst in sich. Sie ist eine Befreiung des Geistes (mind) von der Täuschung über das Selbst.»
15 l. c., p. 132.
16 *Das Büchlein vom vollkommenen Leben*, hg. von BÜTTNER, p. 4.
17 l. c., p. 8.
18 Ein ähnliches Bild findet sich auch im Zen: als ein Meister gefragt wurde, worin die Buddhaschaft bestünde, antwortete er: «Der Boden eines Kruges ist durchgebrochen» (SUZUKI, *Essays* I, p. 217). Ein anderes Gleichnis ist das «Aufplatzen des Sackes» (l. c. II, p. 100).
19 Vgl. l. c., pp. 220 und 241. Zen bedeutet, einen Blick tun in die ursprüngliche Natur des Menschen oder die Erkenntnis des ursprünglichen Menschen. Vgl. auch SUZUKI, *Die große Befreiung*, p. 144.
20 *Meister Eckeharts Schriften und Predigten*, hg. von BÜTTNER, I, p. 176 f.
21 SUZUKI, *Die große Befreiung*, p. 130.
22 l. c., p. 125.
23 «Da ist der alte Baum, seine Wurzeln wachsen nach oben, seine Äste nach unten... Er heißt Brahman, und er allein heißt der Unsterbliche» (*Katha-Upanishad*, II Adhyâya, 6 Vallî, 1 [in: *Sacred Books of the East* XV, p. 21]).
24 JOHN OF RUYSBROECK, *The Adornment of the Spiritual Marriage*, p. 47 [diese Zitate nicht identif.]. Man kann nicht wohl annehmen, daß dieser flämische Mystiker, der 1273 geboren ist, dieses Bild etwa indischen Texten entnommen hätte.
25 l. c., p. 51.
26 l. c., p. 57.
27 l. c., p. 62.
28 «O Herr, unterrichte mich in deiner Lehre, die sich gründet auf die Selbst-Natur des Geistes (self-nature of mind). Unterrichte mich in der Lehre des Nicht-Ich» usw. (Zit. aus dem *Lankāvatārasūtra*. SUZUKI, *Essays* I, p. 78).
29 Ein Zen-Meister sagt: «Der Buddha ist nichts anderes als der Geist (mind) oder vielmehr jener, der diesen Geist zu sehen strebt» (l. c., II, p. 104).

30 [*Gal.* 2,20: «... ich lebe, aber nicht mehr ich, sondern Christus lebt in mir.»]
31 SUZUKI sagt von dieser Veränderung: «Die frühere Anschauungsform wird verlassen, und die Welt gewinnt einen neuen Sinn. Einige von ihnen (die Erleuchteten) erklären, daß sie in der Täuschung gelebt haben oder daß ihr früheres Wissen in Vergessenheit geriet; andere bekennen, daß sie bis zur Stunde nichts ahnten von der neuen Schönheit des ‹erfrischenden Windes› oder des ‹glänzenden Edelsteins›» (*Essays* I, p. 235) Siehe auch SUZUKI, *Die große Befreiung,* p. 123f.).
32 *Cherubinischer Wandersmann.*
33 «Satori ist das allerintimste individuelle Erlebnis» (SUZUKI, *Essays* I, p. 247). Ein Meister sagt zu seinem Schüler: «Ich habe dir in der Tat nichts mitzuteilen, und wenn ich es doch versuchte, so gäbe ich dir Gelegenheit, mich später zu verlachen. Überdies, was ich dir immer lehren kann, gehört mir und wird nimmer zu deinem Eigenen werden» (1. c. I, p. 227). – Ein Mönch sagte zum Meister: «Ich habe den Buddha gesucht, aber ich weiß nicht, wie ich meine Nachforschung fortsetzen soll.» «Es ist dasselbe, wie wenn man den Ochsen sucht, auf dem man reitet» (1. c. II, p. 59). – Ein Meister sagte: «Der Verstand, der nicht versteht, das ist der Buddha. Es gibt keinen anderen» (1. c. II, p. 57).
34 SUZUKI, *The Training of the Zen Buddhist Monk.*
35 SUZUKI, *Essays* II, p. 74.
36 SUZUKI (1. c., II, p. 46) sagt wörtlich: «... das Zen-Bewußtsein muß sich bis zur Reife entwickeln. Ist es voll ausgereift, so bricht es mit Sicherheit durch *in Gestalt des Satori, das ein Einblick in das Unbewußte ist.*» [Von JUNG hervorgehoben.]
37 Maxime IV des Zen lautet: Einblick in die eigene Natur und Erreichung der Buddhaschaft (1. c. I, pp. 7 und 204ff.). – Als ein Mönch Hui-nêng um Unterricht bat, sagte der Meister zu ihm: «Zeig mir dein ursprüngliches Gesicht, bevor du geboren warst» (1. c. I, p. 210). – Ein japanisches Zen-Buch sagt: «Wenn du den Buddha willst, so solltest du in deine eigene Natur hineinblicken, denn diese Natur ist der Buddha selbst» (1. c. I, p. 219). – Ein Satori-Erlebnis offenbart einem Meister den «ursprünglichen Menschen» (1. c. I, p. 241). – Hui-nêng sagte: «Denke nicht an Gutes, denke nicht an Böses, sondern sieh, was in diesem Augenblick dein eigenes ursprüngliches Aussehen ist, das du schon hattest vor deiner Geburt» (1. c. II, p. 28).
38 BODHIDHARMA, der Gründer des Zen in China, sagt: «Die unvergleichliche Lehre des Buddha ist nur zu verstehen nach langer harter Übung, durch Ertragen dessen, was am schwersten zu ertragen, durch Ausüben dessen, was am schwersten auszuüben ist. Menschen von geringerer Kraft und Weisheit können nichts davon verstehen. Jede Bemühung solcher Menschen muß scheitern» (1. c. I, p. 176).
39 Wahrscheinlicher als ein bloß komplementäres.
40 Dieses «Nötigsein» ist eine Arbeitshypothese. Man kann darüber verschiedener Ansicht sein und ist es auch. Sind z. B. religiöse Vorstellungen «nötig»? Darüber kann nur der Ablauf des individuellen Lebens entscheiden, d. h. die Erfahrung am Einzelnen. Es gibt hier keine abstrakten Kriterien.
41 «Wenn der Geist (mind) unterscheidet, so entsteht die Vielheit der Dinge; wenn er nicht unterscheidet, sieht er die wahre Beschaffenheit der Dinge» (Zt. aus *Lānkāvatārasūtra.* in: SUZUKI, *Essays* I, p. 88).
42 HSÜAN-TSE sagte: «Euer Geist soll sein wie der Raum und soll doch nicht am Gedanken der Leerheit festhalten. Dann wird sich die Wahrheit in voller Kraft und ungehindert entfalten. Jede Regung eures Wollens komme aus einem unschuldigen Herzen, und ihr wer-

det mit dem Unwissenden und mit dem Weisen gleichermaßen verfahren» (l.c. I, p. 209).
43 Vgl. SUZUKI, *Die große Befreiung*, p. 131.
44 Ich muß in diesem Zusammenhang auch den englischen Mystiker WILLIAM BLAKE erwähnen. Vgl. die treffliche Darstellung in: MILTON O. PERCIVAL, *William Blake's Circle of Destiny*.
45 Der Genius der Griechen bedeutet den Einbruch des Bewußtseins in die Stofflichkeit der Welt, wodurch letztere ihrer ursprünglichen Traumhaftigkeit beraubt wurde.
46 EVANS-WENTZ, *Das tibetanische Totenbuch* [vgl. Paragr. 844 ff. dieses Bandes].
47 [*Faust*, 1. Teil, 1. Szene.]
48 Vgl. SUZUKI, *Die große Befreiung,* p. 132.
49 Zen «ist kein Zeitvertreib, sondern die allerernsthafteste Aufgabe im Leben. Kein leerer Kopf wird sich jemals daran wagen» (SUZUKI, *Essays* I, p. 16; siehe auch *Die große Befreiung,* p. 76).
50 «Wenn du Buddhaschaft suchst, indem du mit gekreuzten Beinen sitzest, so mordest du ihn. Solange du dich nicht von dieser Art des Sitzens befreist, wirst du nimmer zur Wahrheit kommen», sagt ein Meister (SUZUKI, *Essays* I, p. 222).

17 Mandalas und der Pfad zu psychischer Ganzheit

Aus: Erinnerungen, Träume, Gedanken

1918/19 war ich in Château-d'Œx Commandant de la Région Anglaise des Internés de Guerre. Dort skizzierte ich jeden Morgen in ein Carnet eine kleine Kreiszeichnung, ein Mandala, welches meiner jeweiligen inneren Situation zu entsprechen schien. Anhand der Bilder konnte ich die psychischen Wandlungen von Tag zu Tag beobachten. Einmal erhielt ich z. B. einen Brief jener ästhetischen Dame, in welchem sie wieder einmal hartnäckig die Ansicht vertrat, daß die dem Unbewußten entstammenden Phantasien künstlicherischen Wert besäßen und darum Kunst bedeuteten. Der Brief ging mir auf die Nerven. Er war keineswegs dumm und darum insinuierend. Der moderne Künstler ist ja bestrebt, Kunst aus dem Unbewußten zu gestalten. Der aus den Zeilen des Briefes sprechende Utilitarismus und die Wichtigtuerei berührten einen Zweifel in mir, nämlich die Unsicherheit, ob die hervorgebrachten Phantasien wirklich spontan und natürlich und nicht am Ende meine eigene arbiträre Leistung seien. Ich war keineswegs frei von dem allgemeinen Vorurteil und der Hybris des Bewußtseins, daß jeder einigermaßen ansehnliche Einfall das eigene Verdienst sei, wogegen minderwertige Reaktionen nur zufällig entstünden, oder sogar aus fremden Quellen herrührten. Aus dieser Irritation und Uneinigkeit mit mir selber ging andertags ein verändertes Mandala hervor: ein Teil der Rundung war herausgebrochen, und die Symmetrie war gestört.

Nur allmählich kam ich darauf, was das Mandala eigentlich ist: «Gestaltung – Umgestaltung, des ewigen Sinnes ewige Unterhaltung».[1] Und das ist das Selbst, die Ganzheit der Persönlichkeit, die, wenn alles gut steht, harmonisch ist, die aber keine Selbsttäuschungen erträgt.

Meine Mandalabilder waren Kryptogramme über den Zustand meines Selbst, die mir täglich zugestellt wurden. Ich sah, wie das Selbst, d. h. meine Ganzheit, am Werke war. Das konnte ich allerdings zuerst nur andeutungsweise verstehen; jedoch schienen mir die Zeichnungen schon damals hochbedeutsam, und ich hütete sie wie kostbare Perlen. Ich hatte das deutliche Gefühl von etwas Zentralem, und mit der Zeit gewann ich eine lebendige Vorstellung des Selbst. Es kam mir vor wie die Monade, die ich bin und die meine Welt ist. Das Mandala stellt diese Monade dar und entspricht der mikrokosmischen Natur der Seele.

Ich weiß nicht mehr, wie viele Mandalas ich damals gezeichnet habe. Es waren sehr viele. Während ich daran arbeitete, tauchte immer wieder die Frage auf: «Wohin führt der Prozeß, in dem ich stehe? Wo liegt sein Ziel?» Ich wußte aus eigener Erfahrung, daß ich von mir aus kein Ziel hätte wählen können, das mir vertrauenswürdig erschienen wäre. Ich hatte erlebt, daß ich die Idee der Überordnung des Ich vollkommen aufgeben mußte. Daran war ich ja gescheitert: Ich wollte die wissenschaftliche Durcharbeitung der Mythen fortsetzen, so wie ich sie in «Wandlungen und Symbole der Libido» begonnen hatte. Das war mein Ziel. Aber keine Rede davon! Ich wurde gezwungen, den Prozeß des Unbewußten selber durchzumachen. Ich mußte mich zuerst von diesem Strom mitreißen lassen, ohne zu wissen, wohin er mich führen würde. Erst als ich die Mandalas zu malen anfing, sah ich, daß alles, alle Wege, die ich ging, und alle Schritte, die ich tat, wieder zu einem Punkte zurückführten, nämlich zur Mitte. Es wurde mir immer deutlicher: das Mandala ist das Zentrum. Es ist der Ausdruck für alle Wege. Es ist der Weg zur Mitte, zur Individuation.

Während der Jahre zwischen 1918 bis ungefähr 1920 wurde mir klar, daß das Ziel der psychischen Entwicklung das Selbst ist. Es gibt keine lineare Entwicklung, es gibt nur eine Circumambulation des Selbst. Eine einsinnige Entwicklung gibt es höchstens am Anfang; später ist alles Hinweis auf die Mitte. Diese Erkenntnis gab mir Festigkeit, und allmählich stellte sich die innere Ruhe wieder ein. Ich wußte, daß ich mit dem Mandala als Ausdruck für das Selbst das für mich Letzte erreicht hatte. Vielleicht weiß ein anderer mehr, aber ich nicht.

Eine Bestätigung der Gedanken über das Zentrum und das Selbst erhielt ich Jahre später (1927) durch einen Traum. Seine Essenz habe ich in einem Mandala dargestellt, das ich als «Fenster in die Ewigkeit» bezeichnete. Das Bild ist in «Das Geheimnis der Goldenen Blüte» abgebildet.[2] Ein Jahr später malte ich ein zweites Bild, ebenfalls ein Mandala, welches im Zentrum ein goldenes Schloß darstellt.[3] Als es fertig war, fragte ich mich: «Warum ist das so chinesisch?» – Ich war beeindruckt von der Form und Farbenwahl, die mir chinesisch erschienen, obwohl äußerlich nichts Chinesisches an dem Mandala war. Aber das Bild wirkte so auf mich. Es war ein seltsames Zusammentreffen, daß ich kurz darauf einen Brief von RICHARD WILHELM erhielt. Er schickte mir das Manuskript eines chinesischen taoistisch-alchemistischen Traktates mit dem Titel «Das Geheimnis der Goldenen Blüte» und bat mich, ihn zu kommentieren. Ich habe das Manuskript sofort verschlungen; denn der Text brachte mir eine ungeahnte Bestätigung meiner Gedanken über das Mandala und die Umkreisung der Mitte. Das war das erste Ereignis, das meine Einsamkeit durchbrach. Dort fühlte ich Verwandtes, und dort konnte ich anknüpfen.

Zur Erinnerung an dieses Zusammentreffen, an die Synchronizität, schrieb ich damals unter das Mandala: «1928, als ich das Bild malte, welches das goldne wohlbewehrte Schloß zeigt, sandte mir RICHARD WILHELM in Frankfurt den chinesischen, tausend Jahre alten Text vom gelben Schloß, dem Keim des unsterblichen Körpers.»

Aus: Über Mandalasymbolik[4]

Mandala (sanskr.) heißt *Kreis*. Dieser indische Terminus bezeichnet kultische Kreiszeichnungen. Ich habe im großen Tempel von Madura (Südindien) beobachtet, wie ein derartiges Bild zustande kam. Es wurde von einer Frau auf den Fußboden des Mandapam (Vorhalle) mit farbigen Kreiden gezeichnet und maß drei Meter im Geviert. Ein mich begleitender Pandit erklärte auf mein Befragen, er wisse mir nichts darüber mitzuteilen. Das wüßten nur die Frauen, die solche Bilder ausführten. Die Zeichnerin selber erwies sich als ablehnend. Sie wollte offenkundig bei ihrer Arbeit nicht gestört sein. Elaborierte Mandalas, in Rötel ausgeführt, finden sich auch an den getünchten Außenwänden vieler Hütten. Die besten und bedeutsamsten Mandalas trifft man im Verbreitungsgebiet des tibetanischen Buddhismus an.[5] Als ein Beispiel möge das folgende tibetanische Mandala[6] dienen, dessen Kenntnis ich RICHARD WILHELM verdanke. 629

Ein Mandala dieser Art ist im rituellen Gebrauch ein sogenanntes Yantra, ein Instrument zur Kontemplation. Es soll die Konzentration unterstützen durch die gewissermaßen kreisförmige Einengung des psychischen Blickfeldes auf das Zentrum hin. Gewöhnlich enthält das Mandala drei Kreise, schwarz oder dunkelblau gemalt, die Äußeres ausschließen und In- 630

Tibetisches Mandala

neres zusammenhalten sollen. Fast regelmäßig besteht der äußere Rand aus Feuer, nämlich dem Feuer der concupiscentia, des Begehrens, aus dem die Höllenleiden hervorgehen. Meist sind auf dem äußersten Rand die Greuel des Begräbnisplatzes dargestellt. Dann folgt nach innen ein Kranz von Lotusblättern, die das Ganze als Padma, Lotusblüte, charakterisieren. Innen ist eine Art Klosterhof mit vier Toren zu sehen. Er bedeutet die heilige Abgeschlossenheit und Konzentration. Im Inneren dieses Hofes befinden sich in der Regel die vier Grundfarben Rot, Grün, Weiß und Gelb, welche die vier Himmelsrichtungen und zugleich auch psychische Funktionen darstellen, wie der tibetanische *Bardo Tödol*[7] ausweist. Darauf folgt, gewöhnlich nochmals durch einen magischen Kreis abgetrennt, das Zentrum als das wesentliche Objekt oder Ziel der Kontemplation.

Dieses Zentrum wird nun sehr verschieden behandelt, je nach den Erfordernissen des rituellen Gebrauches oder dem Grade der Einweihung des Kontemplierenden oder der Richtung der Sekte. In der Regel ist hier Shiva in seinen weltschöpfenden Emanationen dargestellt. Shiva ist nach der tantrischen Lehre das Eine Seiende, das Zeitlose in seinem vollkommenen Zustand. Die Schöpfung beginnt dann, wenn dieser unausgedehnte, punktförmige Shiva – als Shiva-bindu bezeichnet – in ewiger Umarmung seiner weiblichen Seite, das heißt des Weiblichen überhaupt, nämlich der Shakti, erscheint. Dann tritt er aus dem Zustande des An-sich-Seins heraus, um den Zustand des Für-sich-Seins zu erreichen, um mich HEGELscher Sprache zu bedienen.

In der Symbolik des Kundalini-Yoga ist Shakti als Schlange dargestellt, welche dreieinhalbmal das Lingga, nämlich Shiva in Gestalt des Phallus, umschlingt. Dies ist die Darstellung der *Möglichkeit* der Erscheinungen im Raume. Aus Shakti geht Maja, der Baustoff der entfalteten Einzeldinge, hervor; sie ist somit die Erzeugerin der wirklichen Welt. Diese wird als eine Illusion, als seiend-nichtseiend gedacht. Sie *ist* zwar und bleibt dennoch in Shiva aufgehoben. Die Schöpfung beginnt also mit einem Akt der Entzweiung der im Gott geeinten Gegensätze. Aus deren Spannung entsteht, als ein gewaltiger Energieausbruch, die Mannigfaltigkeit der Welt.

Das Ziel der Kontemplation der im Mandala dargestellten Vorgänge ist, daß der Yogin des Gottes «inne» wird, das heißt: durch die Betrachtung erkennt er sich selber als Gott wieder und kehrt damit aus der Illusion des Einzelseins in die universale Ganzheit des Gottes-Zustandes zurück.

Wie schon erwähnt, heißt Mandala Kreis. Es gibt viele Varianten des hier dargestellten Motives, die aber allesamt auf der Quadratur des Zirkels beruhen. Ihr Grundmotiv ist die Ahnung eines Persönlichkeitszentrums, sozusagen einer zentralen Stelle im Inneren der Seele, auf die alles bezogen, durch die alles geordnet ist, und die zugleich eine Energiequelle darstellt. Die Energie des Mittelpunktes offenbart sich im beinahe unwiderstehlichen Zwang und Drang, das zu werden, was man ist, wie jeder Organismus annähernd jene Gestalt, die ihm wesenseigentümlich ist, unter allen Umständen annehmen muß. Dieses Zentrum ist nicht gefühlt oder gedacht als das Ich, sondern, wenn man so sagen darf, als das Selbst. Obschon das Zentrum einerseits einen innersten Punkt darstellt, so gehört zu ihm andererseits auch eine Peripherie oder ein Umkreis, der alles in sich enthält, was zum Selbst gehört, nämlich die Gegensatzpaare, welche das Ganze der Persönlichkeit ausmachen. Dazu gehört das Bewußtsein in erster Linie, sodann das sogenannte persönliche Unbewußte, und schließlich noch ein unbestimmt großer Ausschnitt des kollektiven Unbewußten, dessen Archetypen allgemeinmenschlich sind. Eine gewisse Anzahl derselben aber sind dauernd oder temporär in den Umfang der Persönlichkeit einbezogen und erfahren durch diesen Kontakt eine individuelle Prägung, wie zum Beispiel – um einige bekannte Figuren zu erwähnen – Schatten, Animus und Anima. Das Selbst ist, obschon einesteils ein Einfaches, anderenteils doch ein höchst Zusammengesetztes, eine «conglomerate soul», um mich der indischen Anschauung zu bedienen.

635   Es bestehen in der lamaistischen Literatur bis ins Einzelne gehende Vorschriften, wie ein solcher Kreis gemalt werden muß und wie er zu gebrauchen ist. Form und Farben sind traditionell festgelegt, deshalb bewegen sich die Varianten in relativ engen Grenzen. Der rituelle Gebrauch des Mandalas ist eigentlich unbuddhistisch, jedenfalls ist er dem Ur-Buddhismus des Hinayana fremd und erscheint erst im Mahayana-Buddhismus.

636   Das hier gezeigte Mandala (Bild 1) schildert den Zustand, in dem ein Mensch aus der Kontemplation heraus in den absoluten Zustand übergegangen ist. Darum fehlen auf diesem Mandala die Darstellungen der Hölle und der Greuel des Begräbnisplatzes. Der diamantene Donnerkeil, das Dorje in der Mitte, zeigt den vollendeten Zustand des vereinigten Männlichen und Weiblichen an. Die Welt der Illusionen ist endgültig verschwunden. Alle Energien haben sich wieder im Anfangszustande gesammelt.

637   Die vier Donnerkeile in den Toren des inneren Hofes sollen andeuten,

daß die Lebensenergie nach innen strömt; sie hat sich von den Objekten abgelöst und kehrt ins Zentrum zurück. Wenn die vollkommene Vereinigung aller Energien in den vier Aspekten der Ganzheit erreicht ist, entsteht ein statischer Zustand, der keiner Veränderung mehr unterliegt. In der chinesischen Alchemie heißt dieser Zustand der Diamant-Leib, welcher dem «corpus incorruptibile» der mittelalterlichen Alchemie entspricht. Dieses ist identisch mit dem «corpus glorificationis» in der christlichen Anschauung, nämlich dem unverweslichen Auferstehungsleib. So zeigt dieses Mandala die Vereinigung aller Gegensätze, eingebettet zwischen Yang und Yin, zwischen Himmel und Erde, den Zustand des ewigen Gleichgewichtes und damit der unerschütterlichen Dauer.

Für unsere bescheideneren psychologischen Absichten müssen wir allerdings von dieser farbenreichen metaphysischen Sprache des Ostens Abstand nehmen. Was der Yoga mit dieser Übung bezweckt, ist ohne Zweifel eine psychische Veränderung des Adepten. Das Ich ist der Ausdruck des Einzel-Seins. Der Yogin tauscht in dieser rituellen Übung sein Ich gegen Shiva oder Buddha um; er produziert also eine ganz wesentliche psychologische Zentrumsverschiebung vom persönlichen Ich auf ein unpersönliches Nicht-Ich, das nunmehr als der eigentliche Seinsgrund der Persönlichkeit erfahren wird.

Anmerkungen

1 (J. W. von Goethe: *Faust II*. Anm. Hrsg.)
2 Abb. 3. In Ges. Werke IX/1, 1976, Bild 6.
3 «Das Geheimnis der Goldenen Blüte», 10. Aufl. 1973, Abb. 10, in Ges. Werke IX/1, 1976, Bild 36.
4 (Zuerst veröffentlicht in *Gestaltungen des Unbewußten*, Psychologische Abhandlungen VII, Zürich 1950. Anm. Hrsg.)
5 Siehe dazu *Psychologie und Alchemie* [Paragr. 122ff.].
6 Aus dem China-Institut in Frankfurt.
7 [Vgl. JUNG, Psychologischer Kommentar zum Bardo Tödol in: *Das tibetanische Totenbuch*, Paragr. 850.]

18 Die Befreiung vom Leiden

Aus: Zu Karl Eugen Neumann «Die Reden Gotamo Buddhos»[1]

1575 Dem Wunsche des Artemis Verlages nach einer Äußerung meinerseits anläßlich einer neuen Ausgabe von KARL EUGEN NEUMANNS Übersetzung der Reden Buddhas komme ich gerne entgegen, wenn auch mit dem Zögern eines Fremden in fremdem Lande. Ich kenne zwar einiges aus der buddhistischen Literatur, aber aus Mangel an Sprachkenntnissen leider nur in Übersetzungen, womit meinem Verständnis eine nicht zu verschiebende Grenze gesetzt ist. Auch habe ich mich der buddhistischen Gedankenwelt weder auf dem Wege der Religionshistorie noch auf dem der Philosophie genähert, sondern es war das professionelle Interesse des Arztes, der sich die Behandlung psychisch bedingter Leiden zur Aufgabe gemacht hat, welches mich veranlaßt hat, Anschauung und Methode jenes großen Menschheitslehrers, dem vor allem das Leiden der Welt, Alter, Krankheit und Tod Motiv waren, kennenzulernen. Wennschon die *Heilung* des Leidens dem Arzte zunächst am Herzen liegt, so kann er daneben doch nicht übersehen, daß es nicht wenige Krankheits- oder Leidenszustände gibt, die, sich einer direkten Heilung entziehend, eine Einstellung des Leidenden sowohl wie des Arztes zur Tatsache ihrer Unaufhebbarkeit erfordern. Auch wenn es sich nicht geradezu um Unheilbarkeit handelt, so gibt es doch fast in allen derartigen Fällen Phasen des Stillstandes und der Hoffnungslosigkeit, welche unerträglich erscheinen und deshalb ebensosehr wie ein direktes Symptom des Leidens Behandlung erheischen, das heißt eine gewisse moralische Haltung, wie ein religiöser Glaube oder eine philosophische Überzeugung sie vermitteln können. Leider fehlt es dazu nur zu oft an den nötigen Voraussetzungen. In dieser Beziehung nun war mir das Studium buddhistischer Schriften von nicht geringem Nutzen; geben sie doch Anleitung zu einer Objektivierung des Leidens einerseits und zu einer allgemeinen Bewertung von dessen Ursachen andererseits. Wie Buddha selber nach der Tradition in vorbildlicher

Weise sein Bewußtsein aus der Verstrickung in die zehntausend Dinge und sein Gemütsleben aus der Verwicklung in Emotionen und Illusionen durch die objektive Betrachtung der Kette der Ursachen gerettet hat, so kann auch der Kranke und Leidende unserer westlichen Kultursphäre, die dem Osten fremd und oft fast inkommensurabel gegenübersteht, aus der buddhistischen Geisteshaltung beträchtlichen Nutzen ziehen, sofern ihm die dazu nötigen Geisteskräfte zur Verfügung stehen. Letzeres ist allerdings eine nicht zu übersehende beschränkende Voraussetzung, welche aber sowieso der ärztlichen Therapie unerbittliche Grenzen setzt. Wo die Natur nicht mithilft, arbeitet der Arzt umsonst.

In dieser Beziehung nun sind gerade die Reden des Buddha in der NEUMANNschen Bearbeitung von nicht zu unterschätzender Bedeutung. Nicht zu sprechen von ihrem tiefen Sinne geht auch von ihrer sozusagen rituellen Form, nämlich der einer feierlichen «praefatio», eine durchdringende Strahlung von erhebender und entrückender Wirkung aus, welcher sich die Empfindung auf die Dauer kaum zu entziehen weiß. Man könnte gegen diesen Gebrauch östlichen Geistesgutes vom christlichen Standpunkt aus einwenden – und hat es auch schon des öfteren getan –, daß der Glaube des Abendlandes ein mindestens ebenso bedeutendes «consolamentum» gewähre und daß keinerlei Notwendigkeit bestehe, den Geist des Buddhismus mit seiner in höchstem Sinne rationalen Einstellung anzurufen. Ganz abgesehen davon, daß in den meisten Fällen jener christliche Glaube, von dem man spricht, überhaupt nicht vorhanden und es auch nicht abzusehen ist, woher er bezogen werden könnte (ausgenommen eine «providentia specialis» Gottes), ist es eine bekannte Tatsache, daß das Vertraute durch häufigen Gebrauch dermaßen familiarisiert und formelhaft wird, daß es allmählich seinen Sinn und damit auch seine Wirkung einbüßt; wohingegen ein Fremdes und Unbekanntes und in seinem Wesen so ganz anderes bisher verschlossene Türen und neue Möglichkeiten erschließen kann. Wenn ein Christ noch so sehr auf seinem Glauben, der ihm nicht einmal gegen eine Neurose hilft, insistiert, so ist sein Glaube eitel, und es ist dann besser, daß er das, wessen er bedarf, demütig annimmt, gleichgültig, wo er es antrifft, wenn es ihm nur hilfreich entgegenkommt. In diesen Dingen geht es schließlich nicht mehr ums Rechthaben und um den Machtanspruch des Einziggültigseins, sondern um lebenswichtige Einsichten und Umstellungen. Der Christ braucht keineswegs seine religiöse Überzeugung zu verleugnen, wenn er Anleihen beim Buddhismus aufnimmt, denn er kommt damit der Aufforderung des Apostels nach: «Omnia autem probate; quod bonum est tenete» (*Thessalonicher* 5,21).

1577 Zu diesem Guten, das man behalten soll, gehören zweifellos viele der Lehren Buddhas, die überdies auch dem, der sich keiner christlichen Überzeugung rühmen kann, vieles zu bieten haben. Sie beruhen nämlich auf psychologischen Voraussetzungen, die allgemeine, wenn auch nicht ausschließlich Gültigkeit haben. Sie vermitteln dem westlichen Menschen Möglichkeiten zur Disziplinierung seines seelischen Innenlebens, die seine verschiedenen Christentümer in oft beklagenswerter Weise vermissen lassen. Die buddhistische Lehre kann sich darum gerade dort als hilfreiche Erziehung erweisen, wo entweder das Mittel des christlichen Ritus oder die Dominierung durch Glaubensvorstellungen versagen, wie dies bei psychogenen Störungen nur zu häufig der Fall ist.

1578 Man hat mir zum Vorwurf gemacht, daß ich die Religionen sozusagen vom Standpunkt der «mental hygiene» aus betrachte und bewerte. Man möge es der professionellen Selbstbeschränkung und -bescheidung des Arztes verzeihen, daß er sich nicht anheischig macht, metaphysische Behauptungen beweisen oder konfessionelle Bekenntnisse ablegen zu wollen, sondern sich damit begnügt, die psychotherapeutische Wichtigkeit einer allgemeinen Einstellung zum Problem des seelischen Leidens hervorzuheben und die Bedeutung der weltanschaulichen Voraussetzungen zu betonen. Ein unverstandenes Leiden ist bekanntlich schwer zu ertragen, und auf der anderen Seite ist es oft erstaunlich, zu sehen, was ein Mensch alles aushalten kann, wenn er das Warum und Wofür versteht. Die Mittel hierzu geben ihm übergeordnete weltanschauliche Voraussetzungen religiöser oder philosophischer Natur, die sich damit zumindesten als *Heilmethoden* psychischer Art ausweisen, und zwar in des Wortes eigentlicher Bedeutung. Selbst Christus und seine Jünger haben es nicht verschmäht, Kranke zu heilen und damit die Heilkraft ihrer Mission zu beweisen. Der Arzt ist nicht in der risikolosen Lage des Theologen, der mit der Bezeichnung «pathologisch» den Fall in die Hände des Arztes legen kann. Dieser muß sich mit dem konkreten Leiden auf Gedeih und Verderb auseinandersetzen und weiß nichts mehr hinter sich als das Mysterium der Weltregierung. Es ist daher kein Wunder, daß er religiöse und philosophische Ideen und Haltungen, sofern diese sich als hilfreich erweisen, als «Heil»systeme preist und daß er gegebenenfalls gerade Buddha, dessen Lehre die Erlösung vom Leiden durch höchste Bewußtseinsentwicklung zum Kernproblem hat, als einen der wichtigsten Helfer auf dem Wege zur Heilung anerkennt. Es ist ja eine schon im Mittelalter aufs tiefste empfundene Tatsache, daß in gewissen Fällen weder der Glaube noch der Ritus allein genügen, um ein unverstandenes Leiden zu beheben. Die Ärzte haben darum schon seit der Antike sich nach einer Panazee, einer «medicina catholica», umgesehen und haben sich auf Grund ihrer anhaltenden Bemühungen in dieser Hinsicht unbewußt den zentralen Ideen östlicher Religion und Philosophie in erstaunlichem Maße angenähert.

Daß es gerade vielfach Ärzte waren, welche die mittelalterliche Naturphilosophie entwickelten, war insofern natürlich, als einerseits die damalige Pharmakologie in ärztlicher Hand lag, und andererseits dem Arzt «heilsame» Vorstellungen und Auffassungen von der Krankheit sowohl wie von der Wirkung der Arzneimittel nötig waren. Wie das Beispiel des PARACELSUS zeigt, war ihm schon früh die praktische Bedeutung der «theoria», nämlich der therapeutischen «Besprechung» und Erklärung der Krankheit geläufig und bewußt. Die Wahrnehmung der suggestiven Wirkung seiner Maßnahmen und Ansichten und nicht zuletzt die seiner eigenen Persönlichkeit war ihm vielleicht sogar weniger verborgen als der heutigen wissenschaftlichen Medizin. Es ist jedem Kenner der hypnotischen Suggestivmethode bekannt, daß plausible Suggestionen eher und besser wirken als solche, die dem Wesen des Patienten allzusehr widersprechen. Der Arzt war also nolens volens darauf angewiesen, Auffassungen zu entwickeln, welche den vorhandenen psychologischen Bedingungen möglichst entsprachen. Es ist daher kein Wunder, daß infolgedessen eine «Philosophie» oder Theorie entstand, welche sich der archetypischen, das heißt allgemein menschlichen Voraussetzung tunlichst anpaßte. Damit entstand eine Sphäre der Anschauung, welche nicht nur das traditionelle Gedankengut in sich verarbeitete, sondern auch die die unvermeidliche programmatische Einseitigkeit desselben kompensierende Konstellation des Unbewußten mit in Berücksichtigung zog, das heißt alle jene Faktoren, denen die vorherrschende christliche Philosophie kein Genüge tat. Es waren darunter nicht wenige jener Aspekte, welche die östliche Philosophie, dem Westen unbekannt, schon seit alters entwickelt hatte. Dieser Tatsache entspricht zum Beispiel der Aufschwung der östlich orientierten Theosophie und Anthroposophie, welche allerdings, da sie als Kompensationen unbewußt bleiben, zu einer neuen Einseitigkeit zu werden drohen. Im Gegensatz dazu hat sich die mittelalterliche «reli-

1579

gio medici» in der Regel mit dem Bewußtsein, eine Ergänzung zu sein, begnügt.

1580 Wenn ich daher vom ärztlichen Standpunkt aus die vielfache Hilfe und Anregung, die ich gerade der buddhistischen Lehre verdanke, anerkenne, so bewege ich mich auf einer Linie, welche sich etwa zwei Jahrtausende weit in die menschliche Geistesgeschichte zurückverfolgen läßt.

Anmerkungen

1 [Beitrag für den Prospekt zu NEUMANNS Textneuausgabe (3 Bde., Zürich–Wien 1956/57). – JUNG behielt die Schreibart Buddha bei.]

2 (Beiträge wurden auch den Prospekten von Thomas Mann und Albert Schweitzer beigefügt. Neumann (1865–1915) hatte 1911 eine frühere Fassung seiner Übersetzung publiziert, die von Jung in *Wandlungen und Symbole der Libido* (1911–12) zitiert wurde; vgl. *Symbole der Wandlung,* GW V, § 437^{38}. Anm. Hrsg.)

Anhang

Quellenverzeichnis

(GW = C. G. Jung: Gesammelte Werke in 20 Bänden, herausgegeben von Lilly Jung-Merker, Elisabeth Rüf und Leonie Zander. Walter: Olten und Freiburg im Breisgau 1971 ff.)

1 Jungs Reise nach Indien:
«Indien»; aus: *Erinnerungen, Träume, Gedanken von C. G. Jung*, aufgezeichnet und herausgegeben von Aniela Jaffé (Walter: Olten 1987), S. 277–288.

2 Jungs Weg nach China:
«Zum Gedächtnis Richard Wilhelms», GW 15, § 74–96 (Auflage 1990).

3 Auf der Suche nach Indiens spirituellen Werten:
«Über den indischen Heiligen», GW 11, § 950–963 (Auflage 1992).

4 Ost und West – ein psychologischer Vergleich:
«Was Indien uns lehren kann», GW 10, § 1002–1013 (Auflage 1991); und «Geleitwort zu Abegg ‹Ostasien denkt anders›», GW 18/2, § 1483–1485 (Auflage 1981).

5 Die Verlockungen des Ostens:
Aus: «Über die Archetypen des kollektiven Unbewußten», GW 9/I, §§ 11 und 21–29 (Auflage 1992); und aus: «Das Seelenproblem des modernen Menschen», GW 10, § 188–190 (Auflage 1991).

6 Die chinesische Weltsicht:
Aus: «Synchronizität als ein Prinzip akausaler Zusammenhänge», GW 8, § 906–914 (Auflage 1991); und aus: «Über Grundlagen der Analytischen Psychologie», GW 18/I, § 141–144 (Auflage 1981).

7 *Yin* und *Yang* – die Einheit der Gegensätze:
Aus: «Das Typenproblem in der Dichtkunst», GW 6, § 358–370 (Auflage 1994).

8 Chinesische Alchemie und psychische Individuation:
«Kommentar zu ‹Das Geheimnis der Goldenen Blüte›», GW 13, § 1–84 (Auflage 1993).

9 Ein Gespräch mit dem *I Ging:*
«Richard Wilhelm», aus *Erinnerungen, Träume, Gedanken von C. G. Jung, S. 380–384;* und «Vorwort zum I Ging», GW 11, § 964–1017 (Auflage 1992).

10 *Brahma* und die Vereinigung der Gegensätze:
Aus: «Über Schillers Ideen zum Typenproblem», GW 6, § 189–192 (Auflage 1994); und aus: «Das Typenproblem in der Dichtkunst», GW 6, § 327–344 (Auflage 1994).

11 Die psychologische Symbolik des *Kundalini-Yoga:*
Aus: «The Realities of Practical Psychotherapy, Collected Works, Vol. 16, § 561 und 560; und aus: *Bericht über das Seminar von Prof. Dr. J. W. Hauer, 3.–8. Oktober 1932 im psychologischen Club Zürich* (Tantra Yoga). Zürich: Vervielfältigtes Typoskript 1933, S. 138–146.

12 Yoga und die spirituelle Krise des Westens:
«Yoga und der Westen»; GW 11, § 859–76 (Auflage 1992).

13 Meditation und westliche Psychologie:
«Zur Psychologie östlicher Meditation»; GW 11, § 908–949 (Auflage 1992).

14 Tod und seelische Wandlung:
«Psychologischer Kommentar zum Bardo Thödol»; GW 11, § 831–858 (Auflage 1992).

15 Die Wirklichkeit der Psyche im buddhistischen Denken:
«Psychologischer Kommentar zu: Das tibetische Buch der Großen Befreiung»; GW 11, § 759–787 (Auflage 1992).

16 Zen, Erleuchtung und Psychotherapie:
«Vorwort zu Daisetz Teitaro Suzuku: Die Große Befreiung»; GW 11, § 877–907 (Auflage 1992).

17 Mandalas und der Pfad zu psychischer Ganzheit:
Aus: «Die Auseinandersetzung mit dem Unbewußten», in *Erinnerungen, Träume, Gedanken von C. G. Jung,* S. 199–203; und aus: «Über Mandalasymbolik», GW 9/I, § 629–638 (Auflage 1992).

18 Die Befreiung vom Leiden:
«Zu Karl Eugen Neumann ‹Die Reden Gotamo Buddhos›»; GW 18/2, § 1575–1580 (Auflage 1981).

Verzeichnis der Abbildungen

Seite 135 Vier Stadien der Meditation. 1. Stadium: Sammlung des Lichts
Seite 136 Vier Stadien der Meditation. 2. Stadium: Entstehung der Neugeburt im Raum der Kraft
Seite 137 Vier Stadien der Meditation. 3. Stadium: Ablösung des Geistleibes zu selbständiger Existenz
Seite 138 Vier Stadien der Meditation. 4. Stadium: Mitte inmitten der Bedingungen
Seite 304 Tibetisches Mandala, aus GW 9/I.

Bibliographie

Werke mit Beiträgen von Jung

Evans-Wentz, Walter Y. (Hrsg.): *Das Tibetanische Totenbuch oder die Nachtod-Erfahrung auf der Bardo-Stufe.* Mit einem Geleitwort und einem Kommentar von C. G. Jung. Olten: Walter 1971.
–: *Das tibetische Buch der großen Befreiung.* Mit einem psychologischen Kommentar von C. G. Jung. Zürich: Rascher 1955.
Suzuki, Daisetz. T.: *Die große Befreiung. Einführung in den Zen-Buddhismus.* Mit einem Geleitwort von C. G. Jung. Leipzig: Curt Weller 1939.
Wilhelm, Richard (Übers.): *Das Geheimnis der Goldenen Blüte. Ein chinesischen Lebensbuch.* Mit einem europäischen Kommentar von C. G. Jung. Olten: Walter 1971.
–: *I Ghing, or Book of Changes.* New York: Pantheon 1950. Enthält Jungs Vorwort.

Werke über Jung und das östliche Denken

Coward, Harold et al.: *Jung and Eastern Thought.* Albany: State University of New York Press 1985. Geht besonders auf Yoga und die indische Tradition ein und enthält eine umfassende Bibliographie.
Clarke, J. J.: *Jung and Eastern Thought: A Dialogue with the Orient.* London: Routledge 1994. Bietet eine kritische Untersuchung aller Aspekte über die Philosophie des Ostens in Jungs Schriften und bespricht sie im weiteren Zusammenhang des West-Ost-Dialogs.
Wegener-Stratmann, Martina: *C. G. Jung und der östliche Weg. Perspektiven heute.* Olten: Walter 1990.

Werke über besondere Aspekte der Jungschen Schriften

Avens, Robert: *Imagination is Reality: Western Nirvana in Jung, Hillman, Barfield & Cassirer.* Dallas: Spring 1980. Untersucht die Rolle des Mythischen und Imaginalen in der modernen Philosophie und verknüpft sie und das Konzept der Individuation mit den Themen östlichen Denkens.
Faber, Philip A. und Saayman, Graham S.: «On the Relation of the Doctrines of Yoga to Jung's Psychology», in Renos K. Papadopoulos und Saayman, Graham S. (Hrsg.): *Jung in Modern Perspective.* London: Wildwood House 1984. Eine vergleichende Studie auf dem Hintergrund der Analytischen Psychologie.

Fincher, Susanne F.: *Creating Mandalas*. Boston: Shambhala 1991. (Dt.: *Mandala-Malen. Der Weg zum eigenen Zentrum*. Braunschweig: Aurum 1994.) Enthält Diskussionsbeiträge zu Jungs Vorstellungen über Mandalasymbolik.
Messing, Marcel (Hrsg.): *Von Buddha bis Jung. Religion als lebendige Erfahrung*. Olten: Walter 1990. Enthält Beiträge aus der Sicht der Analytischen Psychologie.
Moacanin, Radmilla: *Jung's Psychology and Tibetan Buddhism: Western and Eastern Paths to the Heart*. London: Wisdom Publications 1986. (Dt.: *Archetypische Symbole und tantrische Geheimlehren. Der tibetische Buddhismus im Licht der Psychologie C. G. Jungs*. Interlaken: Ansata 1988.) Sucht den Buddhismus mit der Analytischen Psychologie zu verbinden, ohne die Unterschiede zu vertuschen.
Scott, Mary: *Kundalini in the Physical World*. London: Routledge 1983. Enthält einiges an Diskussionen von Jungs psychologischer Interpretation des Kundalini-Yoga.
Spiegelman, J. M. und Miyuki, Mokusen: *Buddhism and Jungian Psychology*. Phoenix: Falcon Press 1985. Eine Artikelsammlung, die buddhistische Vorstellungen mit jungianischer Psychologie zu verbinden sucht.
Spiegelman, J. M. und Vasavada, Arwind: *Hinduism and Jungian Psychology*. Phoenix: Falcon Press 1987. Eine Artikelsammlung, die eine Brücke zwischen östlicher und westlicher Tradition schlagen will.

Beiträge in allgemeinen Werken über Jung

Hannah, Barbara: *C. G. Jung – Sein Leben und Werk*. Fellbach: Bonz 1982. Enthält ein Kapitel über Jungs Reise nach Indien.
Progroff, Ira: *Jung, Synchronicity and Human Destiniy*. New York: Julian Press 1973. Enthält ein Kapitel über Jungs Verwendung des I Ging sowie eine Untersuchung über die Beziehung zwischen Synchronizität und östlicher Philosophie.
Stern. P. J.: *C. G. Jung: The Haunted Prophet*. New York: Braziller 1976. (*C. G. Jung. Prophet des Unbewußten*. München: Piper 1977.) Eine höchst kritische Untersuchung über Jung mit einer Betrachtung über dessen Indienreise und seine Beziehung zu östlichen Ideen.
Wehr, Gerhard: *C. G. Jung*. Hamburg: Rowohlt 1969. Enthält ein Kapitel über Jungs Indienreise und einen Anhang über «Westliches Bewußtsein und östliche Spiritualität».
Whitmont, Edward C.: *The Symbolic Quest. Basic Concepts of Analytical Psychology*. Princeton: Princeton University Press 1969. Enthält eine Betrachtung über die Beziehung zwischen der Yang-Yin-Polarität und der Unterscheidung von Männlich und Weiblich in Hinblick auf Jungs Schriften.

Diskussion und Kritik von Jungs Schriften über den Osten

Ajaya, S.: *Psychotherapie East and West*. Homsdale: Himalayan International Institute 1984. Enthält eine kritische Untersuchung von Jungs Deutung der Philosophie und Meditationspraxis des Yoga.
Bishop, Peter: «Jung, Eastern Religions, and the Language of the Imagination», *The Eastern*

Buddhist 17:1, 1984. Eine kurze, aber umfassende Diskussion von Jungs Schriften über östliche religiöse Vorstellungen.

Borelli, John: «Jung's Psychology and Yoga Spirituality», *Riverdale Studies* 4, 1977. Untersucht Jungs Kritik am Gebrauch östlicher spiritueller Praktiken durch Menschen des Westens.

Claxton, Guy (Hrsg.): *Beyond Therapy. The Impact of Eastern Religions on Psychological Theory and Practice.* London: Wisdom Publications 1986. Eine Sammlung von Essays, die den Einfluß östlicher Lehren auf die psychologische Theorie und Praxis untersuchen.

Grisson, Pierre: «The Golden Flower and its Fruit», *Studies in Comparative Religion,* 2:3, 1968. Höchst kritischer Kommentar über Jungs Versuch, östliche Spiritualität mit westlichen psychologischen Begriffen zu erklären.

Grof, Stanislav: *Beyond the Brain. Birth, Death ad Transcendence in Psychotherapy.* (Dt.: *Geburt, Tod und Transzendenz. Neue Dimensionen in der Psychologie.* Reinbek: Rowohlt Tb 1991.) New York: State University of New York Press 1985. Diskutiert die Einflüsse Jungs und östlicher Philsophien auf die Entwicklung der transpersonalen Psychologie.

Harding, Esther: «The Reality of the Psyche», in Joseph B. Wheelwright (Hrsg.), *The Reality of the Psyche.* New York: Putnam 1968. Macht Gebrauch von der psychologischen Interpretation Jungs über den Kundalini-Yoga.

Henderson, Joseph L.: «The Self and Individuation», *International Encyclopedia of Neurology, Psychiatry, Psychanalysis and Psychology,* 1, 1975. Betont den Beitrag des Hinduismus in bezug auf Jungs Vorstellung vom Selbst.

Jones, R. H.: «Jung and Eastern Religous Traditions», *Religion* 9:2, 1975. Kritisiert an Jung, daß er östliche Ideen durch die begriffliche Brille der Analytischen Psychologie sehe und sie damit verdrehe.

Mokusen, Miyuki: «The Psychodynamics of Buddhist Meditation», *The Eastern Buddhist* 10:2, 1977. Bringt Jungsche Analyse mit der Praxis des Zazen in Verbindung.

Odajuyk, V. W.: *Gathering the Light. A Psychology of Meditation.* Bosten: Shambhala 1993. Enthält eine Diskussion über Jungs Sicht der östlichen Meditation.

Watts, Alan: *Psychotherapie East and West.* Harmondsworth: Penguin Books 1973. Enthält die Kritik an Jung, dieser habe ein mangelhaftes Verständnis von der östlichen Idee der Befreiung.

Welwood, John (Hrsg.): *The Awakening Heart. East/West Approaches to Psychotherapy and the Healing Relationship.* Bosten: Shambhala 1985. Enthält eine Darstellung über das Verhältnis zwischen psychischem Wandel und spirituellem Wachstum, mit speziellem Bezug auf Jung und östliche Überlieferungen.

Zur Übersetzung östlicher Texte

Cleary, Thomas (Übers. und Hrsg.): *The Secret of the Golden Flower.* San Francisco: Harper 1991. Verweist auf die Unzulänglichkeiten des Textes von Richard Wilhelm, der Jung zur Verfügung stand.

Reynolds, John M. (Übers. und Hrsg.): *Self-Liberation through Seeing with Naked Awareness.* Barrytown: Station Hill Press 1989. Enthält einen Anhang mit einer Untersuchung der

Unzulänglichkeiten in der Übersetzung des Tibetischen Buchs der Großen Befreiung durch Evans-Wentz – wovon dies eine mit neuem Titel versehene und rückübersetzte Ausgabe ist – und der Folgen für Jungs Interpretation.

Einfluß der Schriften Jungs auf den Osten

Abegg, Lilly: *The Mind of East Asia.* London: Thames & Hudson 1952. Verwendet in ihrer Studie über die psychologischen Unterschiede zwischen Ost und West Jungs typologische Ideen zu Introversion und Extraversion.

Sharpe, Eric J.: *Comparative Religion: A History.* London: Duckworth 1992. Untersucht Jungs Einfluß auf die Entwicklung psychologischer und vergleichender Religionsstudien.

Ulanov, Barry: *Jung and the Outside World.* Wilmette: Chiron 1992. Enthält ein Kapitel über den Einfluß von Jungs Schriften über östliches Denken und untersucht seinen Einfluß auf das Studium der vergleichenden Religionswissenschaft.

Personenregister

Abegg, E. 82, 200
Apollonius 68
Apuleius 248
Aristoteles 132
Arnold, E. 11
Augustin 224

Bahai, Abdul 214
Bayle, P. 10
Baynes, C. F. 175, 177, 184
Besant, A. 213
Bingen, Hildegard von 133, 160
Blake, W. 300
Blavatsky, H. P. 213
Böhme, Jacob 128, 282
Bohr, N. 107
Buber, M. 16
Buddho, Gotamo 20

Chùang-Tse 104
Conze, E. 42

Dawa-Samdup, Kazi 243
Deussen, P. 11, 13, 95, 195, 198
Dorneus, Gerardus 51
Douglas, M. 42
Duperron, A. 66, 213

Eliade, M. 16
Evans-Wentz, W. Y. 243f., 247, 260
France, A. 74, 245
Freud, S. 7, 13, 21, 24, 34, 140, 148, 166, 200, 220, 236, 248f., 254, 266
Fröbe-Kapteyn, O. 16

Gensha 281
Goethe, J. W. von 198, 295
Granet, M. 105
Gu De 154

Hauer, J. W. 14ff., 67, 71, 212
Hegel, G. W. F. 10, 305
Heraklit 65, 101
Hieronymus 279
Hippokrates 108
Homer 202, 212
Hu Shih 163
Huang Shan-Ku s. Kozankoku
Huxley, A. 259
Hyakujo (Pai-Chang Huai-Ha) 280

Inouye, T. 113
Iyer, S. Subramanya 51

Kant, I. 33, 158
Keller, G. 222
Keyserling, Graf, Hermann 13, 162
Kierkegaard, S. 91, 267
Kingsford, Anna 131
Kipling, R. 9
Klages, L. 117
Konfuzius 10
Kozankoku 280f.
Krischna, Hare 9
Kullûka 189
Kung-Fu-Tse 171, 176f., 184

Lao Tse 44, 75, 102, 109f., 112, 188f.
Laplace, P. S. 141
Legge, J. 27, 62, 164, 175, 184

Leibniz, G. W. von 10, 42, 65
Lenin, W. I. 257
Lévy-Bruhl, L. 150
Lin Hua Yang 127
Loyola, Ignatius von 76, 215, 234, 256, 272, 288
Lü Dsu 124f.

Maharadscha von Mysore 52
Maharshi, Shri Ramana 15, 17
Maitland, E. 131
McDougall, W. 106, 108
Meister Eckhart 19, 124, 155, 282, 284, 289
Müller, F. M. 11, 13, 95, 164, 213

Needham, R. 42
Neumann, K. E. 308f.
Nietzsche, F. 10f., 156, 288, 295
Nukariya, K. 281ff.

Ohasama, S. 282
Oldenberg, H. 13, 95
Origenes 231, 279
Otto, R. 16, 282

Pându 190
Paracelsus 311
Pauli, W. 107
Paulus, 132, 156f., 238, 287
Platon 104, 251, 266
Polo, Marco 9
Pound, E. 9
Pythagoras 295

Quesnay, F. 10

Radin, P. 16
Ramakrishna 73, 77f., 80
Ramana, Shri 72f., 75ff., 80, 82

Rhines, J. B. 184
Rousseau, J. J. 218
Rousselle, E. 16
Ruysbroeck, J. of 286

Scheler, M. 250
Schiller, F. von 111, 188
Schmitz, O. A. H. 13, 96
Schopenhauer, A. 10f., 13, 42, 56, 113, 265f., 288, 295
Schultz, J. H. 220
Shan, Pan 283
Silesius, Angelus 78, 246, 288
Sokrates 177
Steiner, R. 213
Suzuki, D. T. 19, 41, 280, 289, 297ff.
Swedenborg, E. von 251, 282

Tertullian 158, 267, 279
Tillich, P. 16, 42
Toju, Nakae 112f.
Toynbee, A. 42

Voltaire, F. M. A. 10

Wagner, F. 10
Watts, A. 39, 43
Wilhelm, R. 12ff., 24ff., 28, 41, 61–71, 96, 102f., 105, 114, 118, 127, 144ff., 162ff., 170ff., 178f., 181, 184, 255, 303
Woodroffe, J. 15

Yâjñavalkya 192
Yang-Ming, Wang 113
Yeats, W. B. 9

Zaehner, R. C. 42
Zimmer, H. 14ff., 17, 19, 54, 72, 80f., 82, 222

Begriffe der östlichen Philosophien und Religionen

(Die Schreibweise in den Gesammelten Werken ist uneinheitlich)

Achtfacher Pfad 226
âdhibuddha 224
adûkan anâtman 52
Agni 197
aham 77
ahamkâra 75, 77f.
ājñā 203, 205, 207f., 210f.
ājñā-Zentrum 204f.
Allbuddha 283
Amitâbha 224ff., 231, 237, 255
Amitâbha-Meditation 224
Amitâbha-Reich 225
Amitâyur-dhyâna-sûtra 224
Amogha Siddhi 255
anāhata 203ff., 208ff.
anāhata-Chakra 204
anāhata-Kultur 208
anāhata-Zentrum 205
ânanda 113, 187, 224, 228
anâtman 239
Arhat 227
Arjuna 190
asatyam 191
Atharvaveda 194f.
Âtman 34, 75, 78, 187, 191, 193f., 200, 217
avatar 72
avidya 270

Bardo 243, 245, 249, 252f., 256ff.
Bardo Thödol 18, 32, 131, 139, 141, 243ff., 251, 255ff., 295, 305
Bardoleben 247
Befreiung 53, 77, 187, 193, 247, 254
Belehrung der Toten 245, 247
Bhagavadgita 13

Bodhi 281
bodhimandala 237
Bodhisattvas 228
Brahma 13, 191, 194
Brahman 110, 113, 187ff., 195f., 199, 201, 208, 210, 298
Brahman Vâyu 194
Brahman-Âtman 188
brahmanistisch 189, 193
Brihadâranyaka-Upanishad 194
Brihat 198
Buddha 17, 20f., 55f., 59f., 73, 83f., 224f., 226ff., 231f., 236, 238f., 244ff., 255, 267f., 281, 285, 289, 290, 293, 297ff., 307ff.
Buddha Amitâbha 246
Buddha Amitâyus 228f.
Buddha Tathâgata 227
Buddhaschaft 299f.
Buddhâya, mitâyushe 229
Buddhismus 8, 10, 13, 18f., 21, 31, 35, 37, 42, 55f., 139, 148, 214, 231f., 266, 280, 283, 286, 289, 309
–, theistischer 224
–, tibetanischer 129, 265, 303
Buddhist 66, 239
buddhistisch 13, 20, 91, 224, 283, 308

Çâkyamuni 224, 225
Çatapatha-Brâhmanam 197f.
Chakra 15, 202f., 207, 210, 217
Chakrasymbol 203
Chakrasystem 205, 207, 211
Chu-Hi-Schule 112
Cintâmani 226, 231

Begriffe der östlichen Philosophien und Religionen

Dalada-Maligawa-Tempel 59
Das Geheimnis der Goldenen Blüte 12, 17, 24, 26, 33, 41, 43, 302f.
Das tibetanische Totenbuch 18, 26, 32
Das tibetische Buch der großen Befreiung 18, 26
deva 60
Dharma 54
Dharma-Dhâtu 255
Dharmadhâtu-kâya 227
Dharma-Kâya 141, 246, 252, 255, 267
dhvaja 230
Dhyâna 223, 235
Dhyâni-Bodhisattvas 224
Dhyâni-Buddha 224, 258
Diamant-Leib 307
Die große Befreiung 41
Dorje 306
dvandva 189

Elefant, Weißer 202
Erleuchteter 56
Erleuchtung 10, 15, 19, 27, 35, 40f., 44, 83, 229, 243, 246f., 280ff., 284f.
Erlösungspfad, Buddhas 83

Geist, chinesischer 69
—, indischer 224
—, östlicher 88
Geisteshaltung, buddhistische 309
Geisteskultur, buddhistische 294
Geistesleben, indisches 22, 52
Geistigkeit, indische 52f., 222
Goldblume 156f.
gui 144
Gun 190
Guna 190
Guru 247

Hatha-Yoga 224, 270, 297
Hinayana-Buddhismus 18, 306
Hinduismus 37, 57
hinduistisch 13, 105
Hinduphilosophie 84

Hui 160
Hui Ming Ging 127, 129, 134, 142, 149, 157, 160
Hun 144ff.
Hwunseele 111

I Ging 13f., 27f., 32, 44, 62ff., 71, 117f., 120, 162ff., 171ff., 182ff.
I Ging-Orakel 163, 169
Illusion, karmische 243, 250
Inkarnation 160, 245
Intellekt, östlicher 118
Islam 57, 214

Jâmbûnada 227
jñâna 77

Kalpa 229
Kamma 280
Karma 54, 248ff., 254f., 257, 267
karmisch 252f.
Kathakali 223
Kathakalitänzer, indische 222
Ki 112f.
kleças 224, 235ff.
Kôan 27, 282, 289ff.
Kôan-Technik 41
Konfuzianismus 10
Krishna 189
Kundalini 15, 202, 207, 211
Kundalini-Yoga 130, 202, 220, 253, 305
Kwatsu 282

Lama 243
Lamaismus 220, 257, 306
—, tantrischer 249
Leere 53, 143f., 244, 246, 288, 290f.
Lehre, buddhistische 310, 312
—, tantrische 305
Lichtpfad 255
Lingga 305
Lotus 202, 236, 238
Lotussitz 238

Mahâbuddha 224
Mahadevishakti 202
Maha-Parinibbana-Sûtra 55
Maharshi 74f., 78, 80
Maharshi von Tiruvannamalai 72
Mahatma 96
Mahāyāna-Buddhismus 39, 244, 306
–, tibetischer 18
Mahāyāna-Schule 18
Maja s. Mâjâ
Makara 202
maladhara 210
Manas 198f.
Mandala 21, 128ff., 134, 160, 238, 255, 301ff., 305ff.
Mandala nritya 129
Mandapam 60, 303
Manipūra 203f., 209
Mantra 59, 60
Maudgalyâyana 224
Mâyâ 41, 74, 143, 202, 272, 305
Meditation 10, 16, 40, 52f., 87, 223, 225ff., 231, 233ff., 289
Meru 252
Metaphysik, östliche 39
Ming 147
Mitra 197
Mönch, zen-buddhistischer 289
Mu-Anekdote 289
mūlādhāra 202, 204, 206f., 211
mūlādhāra-Chakra 209
Münzenorakel 165
Mystik 12, 19, 43
Mystiker 238
Mythos 29, 40, 188, 237, 251
Mythologie 13, 15f., 72, 96, 147, 237

Nephrit 176
Nephritstadt 129, 157
Nidâna-Kette 56, 266
Nirdvandva 53, 121, 189f.
Nirvāna 60, 281

Ogdoas 236
Om mani padme hum 55
Omphaloskepten 213
Orakel 162ff., 169, 172, 174ff., 179f.
Orakeltechnik 178

Padma 202, 305
Pali-Kanon 83, 84, 280
Pandit 54, 303
parā-Aspekt 208
Parameshtin 193
Patanjali 190
Philosophie
–, buddhistische 13
–, chinesische 22, 101, 117f., 145, 164
–, indische 41, 213
–, östliche 18, 107
–, tantrische 205, 209
–, taoistische 91
po 144f.
Prajâpati 193f., 197f.
Prajñā 281
prakriti 272
Prâna 194, 201, 216f., 219
Prânayâma 216
Projektion, sangsarische 244
Psychologie, östliche 88f.
Purusha 217
Pûshan 194

Ramakrishna 214
Ramayana 13
Ratna-Sambhava 255
Reinkarnation 250
Ri 112f.
Rigveda 196
Rishi 73
Rita 109, 188
Rita-Brahman-Atman 110
Ryochi 112f.

Sahasrāra 203, 208
Samâdhi 34, 39, 77, 217, 226, 229, 270, 277, 190, 296
Sâman 201
Sanchi 17, 55, 222
Sangskâras 295
Sangsara 266
sansara 277
Sanskritlitertatur 84
San-tsai 111
sat 200
Satori 19, 27, 40, 280ff., 288ff., 293, 296, 298f.
satyam 191
Savitar 194
Schêli 127
schen 144
Schenseele 111
Schriften, buddhistische 308
Seele 222f., 232f., 245ff., 249ff., 257, 264f., 268
–, göttliche 72
–, indische 222
–, östliche 88
Sejin 113
Shakti 305
Shiva 13, 54, 305, 307
Shiva-bindu 305
Sidpa 249f., 252, 254
Sidpa-Bardo 243, 248ff., 252f., 259
sing 146, 160
Sonnenrad 131, 134
Sō-Tō-Shū Buddhist College 281
sthūla 208, 211
sthūla-Aspekt 205, 207ff.
Strahlungskörper, großer 246
Stupa 16, 55, 222
Sukhâvatî 224, 226, 229, 281
sūkṣma 205, 207f., 210f.
sūkṣma-Aspekt 205, 207f., 210
Sûrya 194, 197
Sûtra 224, 236, 239
Svādhiṣṭhāna 202, 204, 206, 209f.
Swastika 238

Tantra-Yoga 220
Tantrismus 15, 36, 202
Tao 22, 33, 67, 101f., 104, 106f., 109ff., 126ff., 131, 146, 157, 163, 188, 280
Taoismus 8, 18, 37
Taoist, taoistisch 41, 44, 105
Tao-tê-king 75, 102, 109
Tapas 131, 187, 188, 194, 197
tat twam asi 187
Tathâgata 228, 231
Theosoph 8, 36, 45, 94, 96
Theosophie, theosophisch 11, 67, 96, 115, 215
Thödol 245, 247, 250, 252, 256
Totenbuch, tibetanisches 139, 244, 295
Tschikhai 248, 255
Tschikhai-Bardo 243
Tschönyid 249f., 253f.
Tschönyid-Bardo 243, 248, 250, 254ff.
tya 200

Upanishaden 10, 66, 73, 193, 213, 266
Urbuddha 224
Ur-Buddhismus 306

Vâc 198f.
Vaidehî 228
Vairotschana 255
Vajra-Sattva 255
Varuna 197
Vedanta 208
Vedanta-Philosophie 31
Veden 10, 190, 195
vena 193
Versenkung 223f., 234f.
Viçvakarman 198
Vishnu 13
Viśhuddha 205

Wen 65
Wiedergeburt 32
–, Rad der 258
Wiederverkörperung 243
Wu 289, 293
Wuwei 112, 124

Yaksha 199
Yama 194
Yang 22, 69, 111, 120, 131, 144, 177, 307
Yantra 303
Yin 22, 69, 111, 117, 120, 131, 144, 307
Yoga 8f., 15f., 21, 27, 31, 33ff., 42, 52, 67, 96, 115, 143, 187f., 200, 213, 215ff., 224f., 229, 231ff., 235ff., 253, 270, 272, 277, 286, 307

–, buddhistisches 141
–, chinesisches 63, 66, 121, 134, 151
–, indisches 15, 18, 219
–, taoistisches 220
Yogalehre 148
Yogameditation 289
–, buddhistische 256
–, tantrische 256
Yogasûtra 190
Yogin 72, 217, 219, 231f., 234, 305, 307

Zazen 40f.
Zen 9, 19, 27, 35, 37, 41, 280ff., 288ff., 293f., 296ff.